Lorenz Aggermann, Ralph Fischer, Eva Holling, Philipp Schulte, Gerald Siegmund (Hrsg.)

„Lernen, mit den Gespenstern zu leben"
Das Gespenstische als Figur, Metapher und Wahrnehmungsdispositiv in Theorie und Ästhetik

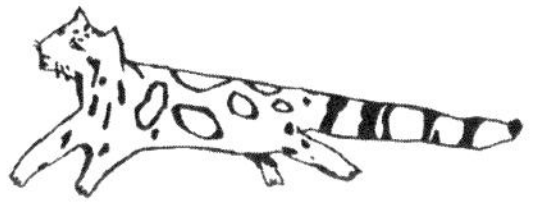

Lorenz Aggermann, Ralph Fischer, Eva Holling,
Philipp Schulte, Gerald Siegmund (Hrsg.)

„Lernen, mit den Gespenstern zu leben“

Das Gespenstische als Figur, Metapher und Wahrnehmungsdispositiv in Theorie und Ästhetik

Neofelis Verlag

Bibliografische Information der Deutschen Nationalbibliothek
Die Deutsche Nationalbibliothek verzeichnet diese Publikation in der Deutschen Nationalbibliografie; detaillierte bibliografische Daten sind im Internet über http://dnb.d-nb.de abrufbar.

Umschlaggestaltung: Marija Skara
Druck: PRESSEL Digitaler Produktionsdruck, Remshalden
Gedruckt auf FSC-zertifiziertem Papier.
ISBN (Print): 978-3-943414-47-9
ISBN (PDF): 978-3-943414-72-1
2. Auflage, 2016

Inhalt

Haunted Media

Enter Ghost:

Wann immer Gespenster erscheinen, gibt es Zweifel: Mit ihrem Auftritt treten zugleich Zweifel darüber auf, ob wir ‚richtig' gesehen oder gehört haben, Zweifel, ob wir unseren Sinnen und unserem Verstand trauen können, Zweifel, ob wir verstanden haben, was die Gespenster von uns wollen und warum sie gerade uns erscheinen. Mit der Gespenstererscheinung verschwinden alle Sicherheiten. Sie taucht aus der Tiefe unserer Zweifel über uns und die Welt, die wir zu kennen glaubten, auf und ist ein Zeichen dafür, dass der Mensch niemals völlig in seiner Existenz aufgeht. Immer gibt es eine Dimension unseres Seins, die uns entgleitet, die wir nicht einsehen und derer wir nicht habhaft werden können. So wissen wir alle, dass wir sterben müssen. Doch korrespondiert mit diesem abstrakten Wissen über die biologische Tatsache des Todes keinerlei Erfahrung. Wir können nicht wissen, wann oder wie wir sterben werden, noch wissen wir, wie es sich anfühlt. Ebenso wie das Ende ist uns auch der Anfang nicht greifbar: Obgleich wir alle die Geburt erleben, besitzen wir keine bewusste Erinnerung hiervon. Zwar markiert ein abstraktes Datum einen Beginn, und doch können wir uns das an diesem Tag Erlebte nicht in Erinnerung rufen. Aus diesem Spalt tiefer Verunsicherung zwischen Wissen und Erfahrung, gegenüber Leben und Tod, tauchen Gespenster als Figuration einer radikalen Unverfügbarkeit auf.

Von der Anthropologie über die Phänomenologie und hin zur Psychoanalyse hat jede Wissensdisziplin ihre eigene Idee des Gespenstischen entwickelt, die aus der exzentrischen Position des Menschen resultiert. Und den Künsten kommt von jeher die Funktion zu, uns mit einem Leben mit den Gespenstern vertraut zu machen, indem sie sie heraufbeschwören und ihnen eine Stimme geben. Wenn Heiner Müller exemplarisch vom Theater als einer Totenbeschwörung spricht,[1] so spricht er damit nicht nur die rituell-kultische

1 Vgl. Heiner Müller: *Gesammelte Irrtümer 2*. Frankfurt am Main: Verlag der Autoren 1990, S. 136.

Funktion des Theaters an. Vielmehr versteht er Theater als Ort der Auseinandersetzung mit dem Uneingelösten, Unverfügbaren, das in Form der Geschichte dennoch seinen Anspruch an die Gegenwart stellt.

So viele Zweifel Gespenster mit ihrem Erscheinen auch auslösen, so wenig Zweifel besteht doch darüber, dass Gespenster heute wieder Konjunktur haben. In Filmen, Computerspielen, Comics oder Fernsehserien wie *American Horror Story* wimmelt es nur so von Gespenstern und anderen Hybridwesen, die uns ständig vor Augen führen, dass der Mensch, so wie wir ihn bisher kannten, nur eine Form der (menschlichen) Identität neben anderen ist und nicht einmal eine besonders vorteilhafte. Die Tatsache, dass unsere Populärkultur Gespenster allgegenwärtig gemacht hat, ist jedoch, und diese These sei zu Beginn gewagt, nur ein Symptom für ein anderes Symptom. Gespenster sind populär, weil unsere Wirklichkeit selbst gespenstisch geworden ist. Damit einher geht paradoxerweise der Verlust von Gespenstern im traditionellen Sinn. In einer gespenstisch gewordenen Wirklichkeit geht die Funktion der alten Gespenster, Ansprüche an uns zu stellen, uns an Unabgegoltenes, Vergessenes zu erinnern, verloren. *Unser neuerliches Interesse an den Gespenstern ist daher das Symptom für unsere Angst, die Gespenster gänzlich zu verlieren.*

In jenem Moment, in dem unsere Kultur durch die neuen digitalen Technologien in der Lage ist, anscheinend nichts mehr zu vergessen und alles gegenwärtig zu halten, verschwinden die alten Geister, weil sie gar nicht mehr erscheinen können. Im digitalen Zeitalter des Informationsüberschusses wird alles zugleich potentiell wichtig und unwichtig, echt und unecht, es ist (da) und ist zugleich nicht (da) – kurzum: Es wird gespenstisch. Hinzu kommen Entwicklungen im Spätkapitalismus, die die von Marx bereits beschriebene Ökonomie des Scheins als gespenstische Scheinökonomie der Banken für alle sichtbar werden lässt. Techniken der Selbstoptimierung auf dem allgegenwärtig gewordenen Markt verwandeln jedes Subjekt in sein eigenes gespenstisches Produkt, in dem das Imaginäre unmittelbar ins Reale umschlagen muss. Darin ist das Problem unserer Zeit dem Problem Hamlets, der ja bekanntlich schon in der Frühen Neuzeit überall Geister sah, nicht unähnlich.

Diesem Gedanken folgend gibt es also in dieser Hinsicht zwei Typen von Gespenstern: die alten und die neuen. Die alten sind diejenigen, die noch aus einer anderen Zeit zu uns sprechen. Obwohl wir nie sicher sein können, was sie von uns wollen, wollen sie doch etwas von uns, indem sie uns ansprechen und verpflichten. Sie subjektivieren uns und machen uns zu Sub-jekten. Die neuen lösen jede verpflichtende Bindung auf und überlassen uns dem Geisterreich der ewigen Gegenwart, indem wir angeblich die Wahl haben, uns selbst zu entwerfen. Unser Interesse an den Gespenstern ist ein Symptom für den Wunsch, es möge doch noch gute Geister geben, die uns von einem anderen Ort und einer anderen Zeit aus Möglichkeiten für ein anderes Leben vorstellbar machen. Gespenster sind nach wie vor ein Appell an unsere Imagination. Unser Interesse an den Gespenstern ist mithin ein phantasmatischer Ausweg aus der Krise unserer Zeit, die mehr und mehr der geschlossenen Immanenz einer ‚gated community' zu ähneln beginnt.

*

An der Schwelle zur dunklen Jahreszeit, am 31. Oktober 2013, startete im Künstlerhaus Mousonturm in Frankfurt am Main ein dreitägiges, interdisziplinäres Symposium, das sich ganz dem Gespenstischen widmete, jenem Schwellenphänomen zwischen Diesseits und Jenseits, Sichtbarkeit und Unsichtbarkeit, Faszination und Furcht. „Lernen, *mit* den Gespenstern zu leben. Das Gespenstische als Figur, Metapher und Wahrnehmungsdispositiv in Theorie und Ästhetik" – so lautete der Titel des Symposiums, zu dem Wissenschaftlerinnen und Wissenschaftler aus insgesamt sechs Nationen angereist waren, um ihre Forschung zum Gespenstigen zur Diskussion zu stellen.

Im Zentrum der Auseinandersetzung stand ein zunächst befremdlich anmutendes Plädoyer Jacques Derridas: „Lernen, *mit* den Gespenstern zu leben, in der Unterhaltung, der Begleitung oder der gemeinsamen Wanderschaft, im umgangslosen Umgang mit den Gespenstern."[2] Was kann es bedeuten, *mit* den Gespenstern zu leben, ihnen zu folgen, ihren Stimmen zu lauschen, eine Behausung mit ihnen zu teilen, wie Derrida in *Marx' Gespenster* fordert? Vor allem dann, wenn das Gespenstige im eigentlichen Sinne *nicht* ist, sondern sich lediglich als Präsenz der Absenz generiert und kondensiert? Welches politische, ethische und ästhetische Potential birgt dieser umgangslose Umgang mit den Gespenstern, den Derrida einfordert?

Diese Frage erweist sich vor allem deshalb als schwierig, weil die Gespenster sich nicht an Verabredungen halten: Gespenster wechseln, doppeln und spalten ständig Bedeutung und Kontext. Sie fungieren als Chiffren der Erinnerung, um an Unabgeschlossenes und Verdrängtes zu mahnen, sie erscheinen aber auch als Trugbilder, mediale Ver-Lockungen, insbesondere im Kontext einer multimedialen Lebenswirklichkeit, die in ihren inneren Mechanismen

2 Jacques Derrida: *Marx' Gespenster. Der Staat der Schuld, die Trauerarbeit und die neue Internationale.* Frankfurt am Main: Suhrkamp 1996, S. 10.

selbst gespenstisch geworden ist. Sie kehren wieder, obwohl ihnen kein Platz mehr unter den Lebenden eingeräumt wird. Sie halten sich weder an räumliche noch an zeitliche Begrenzungen. Sie suchen Körper, Orte und Objekte heim, geistern durch wissenschaftliche Diskurse und durch das menschliche Vorstellungsvermögen. Die ambivalente Strahlkraft des Gespenstischen zeigt sich nicht zuletzt auch darin, dass die Idee des menschlichen Geistes etymologisch mit dessen gespenstischen Double verkoppelt ist, das durch die Nächte spukt.

Wie kann also ein Leben *mit* den Gespenstern erlernt werden? Vielleicht sollte auch gefragt werden, ob ein Leben *ohne* die Gespenster überhaupt verantwortet werden kann – der Dialog mit den Gespenstern birgt offenbar die Chance auf eine bessere Zukunft. Es ist also wichtig, dem Beispiel Hamlets zu folgen und mit den Gespenstern zu wandern, um zu hören, was sie zu sagen haben. Denn:

> [K]eine Gerechtigkeit scheint möglich oder denkbar ohne das Prinzip einer *Verantwortlichkeit*, jenseits jeder *lebendigen Gegenwart*, in dem, was die lebendige Gegenwart zerteilt, vor den Gespenstern jener, die noch nicht geboren oder schon gestorben sind, seien sie nun Opfer oder nicht: von Kriegen, von politischer oder anderer Gewalt, von nationalistischer, rassistischer, kolonialistischer, sexistischer oder sonstiger Vernichtung […].[3]

Mit seiner Hantologie, der Lehre der Heimsuchung, stellt Derrida ein Denken in das Zentrum seiner Ethik, das sowohl die Gespenster der Opfer jeglicher Formen von Gewalt und Unterdrückung als auch die Noch-Nicht-Geborenen, die Gespenster zukünftiger Generationen, berücksichtigt. Dieses Denken, das über den Horizont der Lebenden hinausgeht und somit ein neues Instrumentarium für Ästhetik, Ethik und soziopolitische Metareflexion zur Verfügung stellt, wurde während des Symposiums als Denkmodell und Wahrnehmungsdispositiv erprobt und verhandelt.

Es stellte sich nicht nur die Frage, nach dem Zusammenleben *mit* den Gespenstern, sondern auch: Von wem oder was geht die Rede, wenn von Gespenstern die Rede geht? Was bedeutet es, sich heimsuchen zu lassen? Und vor allem: Mit welchem Typus von Gespenst sind wir konfrontiert? Sind es die Gespenster der alten Zeit, womöglich die namenlosen Opfer der Historie, die ihren Platz im kollektiven Gedächtnis fordern? Oder sind es die spektralen Truggebilde der Medienwirklichkeit, deren phantomhafte Reproduktionsmechanismen eine ewige Gegenwart suggerieren? Der vorliegende Band versammelt nun die Beiträge des Symposiums. Er stellt sich den Herausforderungen

3 Derrida: *Marx' Gespenster*, S. 11.

von Derridas Hantologie und konfrontiert die interdisziplinäre Auseinandersetzung immer wieder mit der Frage: Was bedeutet es, *mit* den Gespenstern zu leben? Das Gespenstische als Denk- und Erfahrungsmodell zur Auseinandersetzung mit offenen Fragen zu Politik und Historie, Körperlichkeit und Medialität, Geistesgeschichte und Raumpolitik, sowie als Darstellungsdispositiv in Theater, Film, Medien, Literatur und Bildender Kunst ist daher Untersuchungsgegenstand der Beiträge dieses Buches. Der Band ordnet sie fünf Themenkreisen der Heimsuchung zu, die jeweils mit einer eigenen Einleitung versehen sind: Philosophie, Geschichte, Raum, Theater und Medien.

*

„Lernen, *mit* den Gespenstern zu leben“ ist ein Kooperationsprojekt des Instituts für Angewandte Theaterwissenschaft der Justus-Liebig-Universität Gießen, der Evangelischen Akademie Frankfurt und des Künstlerhauses Mousonturm in Frankfurt am Main.

Für großzügige finanzielle Unterstützung danken wir der Hessischen Theaterakademie, der Bundeszentrale für politische Bildung, der EKHN-Stiftung, dem Kulturamt der Stadt Frankfurt und dem Zentrum für Medien und Interaktivität der Justus-Liebig-Universität Gießen. Matthias Pees, Marcus Droß und Martine Dennewald vom Künstlerhaus Mousonturm in Frankfurt danken wir für die Gastfreundschaft und die gute Zusammenarbeit, die es ermöglichte, das Gespenster-Symposium an einem jener bedeutungsvollen Orte stattfinden zu lassen, die bereits seit der Antike Heimstatt der Geister, Phantome und Gespenster sind: In einem Theater.

Des Weiteren danken wir für tatkräftige Unterstützung: Gregor Glogowksi, Christopher Weickenmeier, sowie Serena Schranz für die große Hilfe beim Lektorat; Katharina Speckmann für die atmosphärische Foto-Dokumentation des Symposiums; Stefan Apostolou-Hölscher, Frank Max Müller und Matthias Dreyer für die Hilfe bei der Moderation; Eike Dingler für die gespenstisch-ausdrucksstarke Gestaltung der Folder, Plakate und des Tagungsraumes; Ulrike Obut für ihren unermüdlichen Einsatz als Tagungsassistentin.

Die HerausgeberInnen

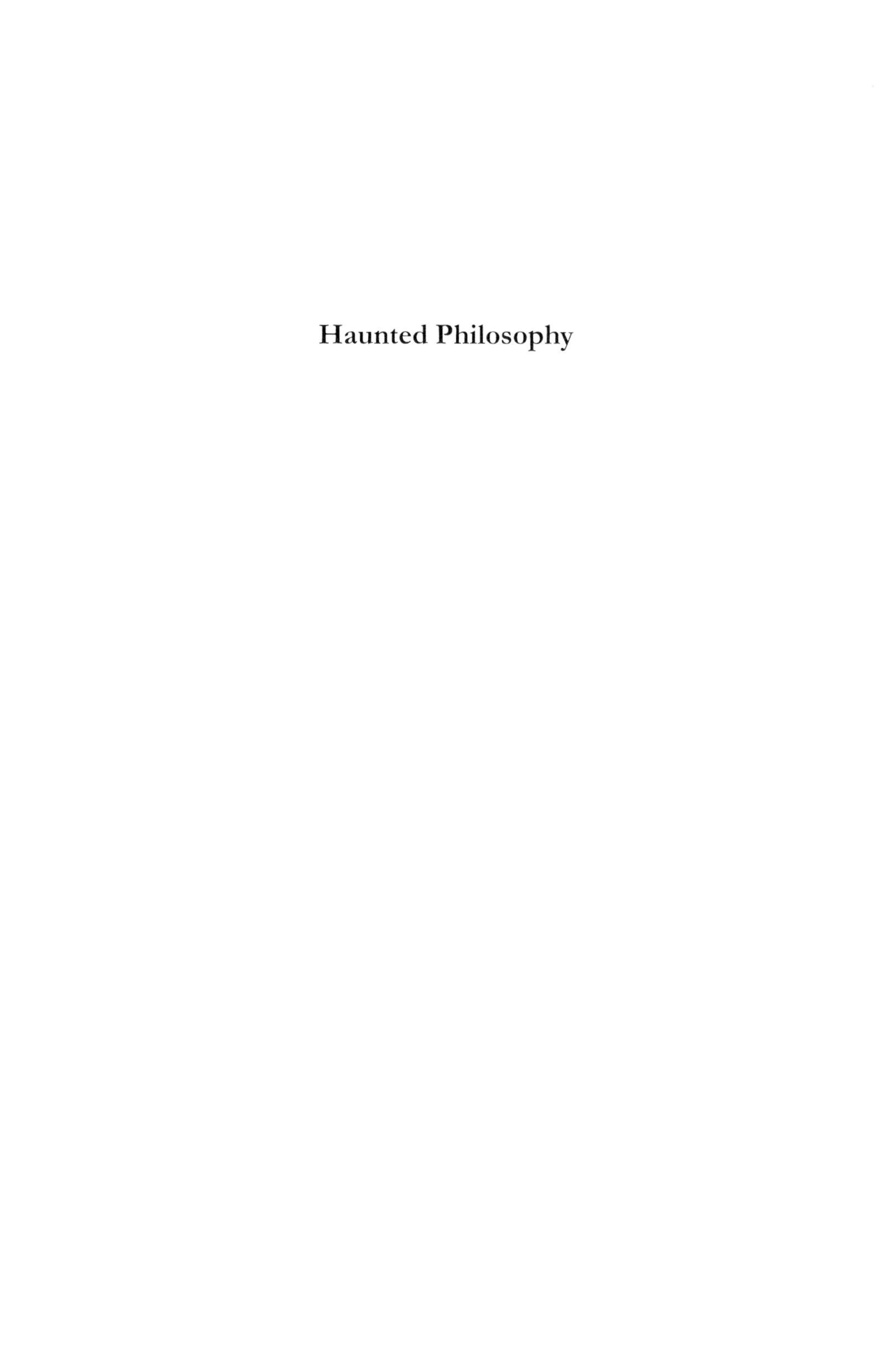

Haunted Philosophy

Unheimliches Denken

Lorenz Aggermann

Der Geist und das Gespenst: In der Philosophie, die sich nichts anderem als dem Geistigen widmet, hat das Gespenstische keinen leichten Stand. Und doch wird nachgerade das abendländische Denken immer wieder von Figurationen des Gespenstischen heimgesucht, als ob der Unfug die notwendige Kehrseite einer jeden logischen, philosophischen Ordnung sein muss. Das Gespenstische und seine mannigfaltigen Figurationen – von Platons Schatten über Descartes' subtile Geister bis zu den schemenhaften Gegenständen Husserls – decken nicht nur die Kehrseite philosophischer Konstrukte auf, sondern weisen dieses Denken als heimgesuchtes und heimzusuchendes aus. Es handelt sich im Falle dieses Spuks indes nicht nur um einen Hausfriedensbruch im abendländischen Geistesgebäude,[1] das Gespenstische stellt für das Denken eine Verlockung dar, der sich nur schwerlich entsagen lasst.[2] Mehr noch, ist es im ganz und gar freudschen Sinne das Unheimliche des Denkens: seine allzubekannte, aber verdrängte Ordnung,[3] die eigentlich nicht in Erscheinung tritt. Demnach führt jedes Denken sein Gespenst mit sich.

Als ein erstes Beispiel für dieses unheimliche, heimgesuchte Denken vermag amüsanterweise das Lemma „Gespenst" aus dem *Handwörterbuch des deutschen*

1 Heimsuchung: ursprünglich ein Terminus aus der Jurisdiktion für den Hausfriedensbruch. Vgl. Friedrich Kluge. *Etymologisches Wörterbuch der deutschen Sprache.* Berlin: de Gruyter 2011, S. 406.

2 Gespenst: althochdeutsch *gispensti*, Anlockung, Verführung, abgeleitet aus dem im Neuhochdeutschen ausgestorbenen Verb *spanen* mit der Bedeutung locken, reizen, aber auch eingeben (vom lat. *suggere*). Vgl. Wolfgang Pfeifer: *Etymologisches Wörterbuch des Deutschen.* München: dtv 1997, S. 440.

3 Vgl. Freuds Definition des Unheimlichen in Sigmund Freud: Das Unheimliche. In: Ders.: *Psychologische Schriften. Studienausgabe*, Bd. IV. Frankfurt am Main: Fischer 1982, S. 241–274, hier S. 264.

Aberglaubens firmieren.[4] In der Form des Handbuches tritt der abendländische Geist, in diesem Fall mündlich tradiertes Wissen bezüglich des Unbeweis- und Unwissbaren, in einer kanonischen und strukturierten Form hervor. Das darin Besprochene gibt in seiner alphabetischen Anordnung schon mehr Dinge über sich preis, als die Herausgeber ahnen. Das Gespenst wird im dritten Band zwischen dem plattdeutschen Ausdruck für Heiraten, *freen*, und dem plötzlich auftretenden Schmerz im Ischiasnerv, *Hexenschuß*, also zwischen amouröser Bindung und Übermannung durch Schmerz situiert, eine Verortung, die, obgleich einzig dem Zufall einer alphabetischen Ordnung geschuldet, eine erste, unheimliche Qualifizierung des Gespenstischen leistet.
Aber auch bei der Wiedergabe des gesammelten Wissens über das Gespenst spukt es. Die Zeilen eines nicht namentlich erwähnten Autors werten das Gespenst mit der Bemerkung ab, dass sich erst in jüngerer Zeit ein Bedeutungswandel bemerkbar gemacht habe, wodurch das Gespenst als Begriff und Vorstellung allmählich populär wurde. Damit wird das Gespenstische, die singuläre Erscheinung gleichsam wie die Denkfigur, seiner historischen Dimension beraubt, ganz Walter Benjamins Diktum – „die Geisterwelt ist geschichtslos“[5] – folgend. Zugleich wird das Gespenst als Modeerscheinung einer bestimmten Epoche zugeschrieben, und zwar den Jahrhunderten nach Einsetzen der Aufklärung. Zwar beherrschten im Mittelalter kollektive Geisterscharen die Nacht, diese müssen mythologisch indes auf die antike Vorstellung des Totenreichs zurückgeführt werden, was einige Zitate aus mittelalterlichen Handschriften verbürgen sollen. Um demgegenüber die neumodische, bis in die Gegenwart gültige Auffassung des Gespenstes darzulegen, wendet sich der ungenannte Autor unvermittelt dem Phänomenalen, Äußerlichen dieser Erscheinung zu: „Nach einer auf der ganzen Erde verbreiteten Anschauung erscheinen die Gespenster vornehmlich in weiße Tücher eingehüllt, ihr Gesicht ist bleich, die Wangen eingefallen und die Stimme besteht in einem leisen Summen.“[6] Hier tut sich tatsächlich ein Unfug auf: Die Argumentation wechselt von der imaginären, diskursiven Figur zu einem konkreten, wahrnehmbaren Phänomen über. Doch es ist vor allem der Nachsatz,

4 Hanns Bächtold-Stäubli / Eduard Hoffmann-Krayer (Hrsg.): *Handwörterbuch des deutschen Aberglaubens*, Bd. III. Unveränderter photomechanischer Nachdruck der Ausgabe von 1931. Berlin: de Gruyter 2000, Sp. 766–771.

5 Walter Benjamin: *Ursprung des deutschen Trauerspiels*. Frankfurt am Main: Suhrkamp 1982, S. 116.

6 Bächtold-Stäubli / Hoffmann-Krayer: *Handwörterbuch des deutschen Aberglaubens*, Bd. III, Sp. 767.

der die Heimsuchung dieser lexikalischen Form des Denkens und Wissens vor Augen führt und einen Spalt eröffnet, der es dem Gespenstischen erlaubt, unvermittelt Gestalt anzunehmen und sich zugleich der Verhaftung im Stofflichen zu entziehen, und der so die Argumentation des Lemmas seltsam verrückt: „Daher der in verschiedenen Erdteilen vertretene Glaube, Europäer seien die Geister Verstorbener.“[7]

Das Lemma gibt nicht nur das oral tradierte, landläufige Wissen über Gespenster wieder, sondern führt zugleich vor Augen, wie das ihm zugrunde liegende Denken selbst heimgesucht wird. Es bleibt vollkommen unklar, ob sich die Herausgeber der Konsequenzen und Aussage dieses Eintrags so recht bewusst waren. Der Aberglaube, den das Handwörterbuch im Titel führt und den es als Wissenskorpus konturieren will, scheint weniger in der generellen Annahme von Gespenstern zu liegen, als in der Auffassung, das Gespenst als etwas Imaginäres abtrennen und anderen Zeiten, anderen Räumen, vor allem aber einem anderen Denken zuschreiben zu können. Die Gespenster, so die unheimliche Pointe, haben nicht nur keine Vergangenheit und Geschichte – wir selber im Hier und Jetzt sind Gespenster.

Es war nicht zuletzt Jacques Derrida, der eindrücklich darauf verwiesen hat, dass die abendländische Geistesgeschichte immer auch die Spuren einer Gespenstergeschichte mit sich führt, und der deshalb der Ontologie den nur schlecht zu übersetzenden Begriff der Hantologie zur Seite gestellt hat, die gleichsam die Heimsuchung wie auch das Unverfugte im Begriff führt. Mit der Hantologie fokussiert Derrida primär ethische und politische Fragen der Philosophie, besonders deutlich wird dies, wenn er mit der (unmöglichen) Geste des Vokativs „lernen, mit den Gespenstern zu leben“[8] von den Zuhörenden gleichsam wie von den Lesenden „eine [neue] Politik des Gedächtnisses, des Erbes und der Generationen“[9] einfordert. Derrida formuliert vordergründig ein Plädoyer für einen ethisch korrekten Umgang mit dem Anderen. Hierbei streift er indes auch die Agenden der klassischen Ontologie und analysiert mehrfach jene „paradoxe Phänomenalität“[10], die gewissen Dingen zu eigen ist, auf die jedoch erst das Gespenst so recht aufmerksam macht. Lernen mit Gespenstern zu leben heißt demnach nicht nur, das- respektive diejenigen

7 Ebd.

8 Jacques Derrida: *Marx' Gespenster. Der Staat der Schuld, die Trauerarbeit und die neue Internationale*, aus d. Franz. v. Susanne Lüdemann. Frankfurt am Main: Fischer 1996, S. 10.

9 Ebd., S. 11.

10 Ebd., S. 23.

anzuerkennen, „die nicht mehr oder noch nicht da sind“[11], sondern auch sich der paradoxen Phänomenalität bewusst zu werden, die uns selbst als Körper, als Ding zu eigen ist.

Die Ontologie rückt, auch das ist ein möglicher (verborgener) Schluss von Derridas Thesen, bereits dort in die Nähe der Hantologie, wo sie versucht, den Dingen an sich (und damit auch uns) auf die Spur zu kommen und die Struktur der Welt zu erklären. Es ist vor allem das Streben nach einer allumfassenden Ontologie, das die Philosophie als gespenstische Wissenschaft ausweist. Denn dem Wunsch, die Dinge und Objekte dieser Welt (und darüber hinaus) *an sich*, in ihrem Wesen zu erkennen, steht die zutiefst subjektive Perspektive eines jeden Denkenden entgegen – eine Einsicht, die sich spätesten mit Kant durchgesetzt hat:

> Was es für eine Bewandtnis mit den Gegenständen an sich und abgesondert von aller Rezeptivität unserer Sinnlichkeit habe, bleibt uns gänzlich unbekannt. Wir kennen nichts als unsere Art, sie wahrzunehmen, die uns eigentümlich ist, die auch nicht notwendig jedem Wesen, ob zwar jedem Menschen zukommen muß.[12]

An sich und *für sich* bilden eine Kontradiktion, die nicht so ohne Weiteres im Rahmen einer logischen Argumentation überwunden werden kann. Das Wesen des Dings *an sich* bleibt dem Menschen *für sich* entzogen, welche Strukturen und Ordnungen er auch immer erfinden mag, um sich die Dinge zu erklären und ein Wissen darüber zu erlangen. Die paradoxe Phänomenalität ist somit nicht nur den Gespenstern zu eigen, sondern fast allen Dingen dieser Welt, denen wir begegnen. Ihr zu entgegnen müsste demnach die Grundintention einer jeden Philosophie sein. Dass die neuzeitliche Philosophie in diesem Versuch zwangsläufig zu einer gespenstischen Wissenschaft werden muss, beweist nachgerade Immanuel Kant, der im Rahmen seiner *Kritik der reinen Vernunft* nicht nur das *an sich* vom *für sich* trennt, sondern ebenso jene transzendentalen Kategorien einführt, die sich nicht aus der Anschauung und der Sinnlichkeit ableiten lassen, sondern nur als bloße Form in Erscheinung treten und entsprechend gespenstisch bleiben. Aber auch in methodischer Hinsicht hat Kant mehr mit den zeitgenössischen Geistersehern gemeinsam, als ihm lieb sein kann, basieren doch deren Erkenntnisse ebenso exklusiv auf *audita et visa*, dem Primat von Anschauung und Sinneserfahrungen. Aus dieser Warte ist es mehr als konsequent, dass ausgerechnet

11 Derrida: *Marx' Gespenster*, S. 11.

12 Immanuel Kant: *Kritik der reinen Vernunft*, hrsg. v. Raymund Schmidt. Hamburg: Meiner 1956, S. 83–84.

Kant, der die Philosophie von aller Spekulation befreien und ausschließlich auf die menschliche Ratio gründen will, die Gespenster und ihre Agenten direkt adressieren muss.[13] Oder, wie Friedrich Balke unter Bezugnahme auf Derrida treffend formuliert: „Kant *will* nicht an Gespenster glauben. Aber er denkt an nichts anderes.“[14]

Eineinhalb Jahrhunderte nach Kant und ein halbes Jahrhundert vor dem Entwurf der Hantologie legt Jean-Paul Sartre mit *Das Sein und das Nichts* einen (womöglich gar den letzten) Versuch einer phänomenologischen Ontologie vor, ehe sich die Unternehmungen zu derart vollumfänglichen Erklärungen des Seins ab der Mitte des zwanzigsten Jahrhunderts verlieren. Zahlreiche Sentenzen aus *Marx' Gespenster* lesen sich wie Kommentare zu diesem letzten Versuch einer Ontologie. Das *an sich* der Dinge und das *für sich* des bewussten Subjekts ergänzt Sartre durch eine dritte Kategorie, *für Andere*, denn das solipsistische Bewusstsein lässt in Bezug auf die Anderen, und damit auch für sich, nur den nicht minder gespenstischen Schluss „wahrscheinlich ein Mensch“ zu.[15] Diese dritte Kategorie, *für Andere*, muss mitunter gar nicht real und konkret sein, genaugenommen ist sie gespenstisch verfasst – das ist die Pointe, die Derrida der Ontologie letztlich unterschiebt und mit der er das *an sich* in eine unmittelbare Nähe des *für sich* rückt.

Doch auch bei Derrida gilt für das, was wiederkehrt und an sich erscheint, einzig die Prämisse: wahrscheinlich ein Gespenst. Derrida greift Sartre als letzten Vertreter einer philosophischen Ontologie an zahlreichen Stellen auf, *Das Sein und das Nichts* bildet mehr oder weniger offensichtlich das Gerüst, von dem er seine Hantologie ableitet. So stehen beispielsweise seine Überlegungen zum „Visier-Effekt“[16] in einem deutlichen Bezug zu Sartres Analyse des menschlichen Blicks, und auch die Ausführungen zur spezifischen Zeit des Gespenstes klingen wie eine Widerlegung jener chronokratischen Ordnung der Zeit, die Sartre hypostasiert.[17] Dabei fällt auf, dass Derrida

13 So in Immanuel Kant: Träume eines Geistersehers, erläutert durch Träume der Metaphysik. In: Ders.: *Vorkritische Schriften bis 1768. Werkausgabe*, Bd. II, hrsg. v. Wilhelm Weischedel. Frankfurt am Main: Suhrkamp 1996, S. 823–884.

14 Friedrich Balke: Wahnsinn der Anschauung. Kants Träume eines Geistersehers und ihr diskursives Apriori. In: Moritz Baßler / Bettina Gruber / Martina Wagner-Egelhaaf (Hrsg.): *Gespenster. Erscheinungen – Medien – Theorien.* Würzburg: Königshausen & Neumann 2005, S. 297–313, hier S. 306.

15 Vgl. Jean-Paul Sartre: *Das Sein und das Nichts. Versuch einer phänomenologischen Ontologie*, hrsg. u. aus d. Franz. v. Traugott König / Hans Schöneberg. Reinbek: Rowohlt 1991, S. 459.

16 Derrida: *Marx' Gespenster*, S. 23.

17 Vgl. Sartre: *Das Sein und das Nichts*, S. 480–481.

zentrale, subjektkonstituierende Mechanismen, die Sartre einzig dem Anderen zuschreibt, auf Dinge – namentlich auf das Gespenst – überträgt und hierdurch gleichsam Ontologie wie Subjekttheorie konterkariert. Gespenster sind Dinge, die so tun, als wären sie *für sich*, also sich selbst bewusste Dinge. Aus Sartres Intersubjektivität macht die Hantologie eine eigentümliche ‚Interobjektivität', bei welcher das Subjekt in Konsequenz abdriftet, sich selbst entgleitet. Derart verrückt, betont Derrida die gespenstische Schlagseite einer jeden Ontologie und dekonstruiert sie.
Es hieße indes die Ausführungen Derridas zu sehr zu strapazieren, wenn nicht doch eine Differenz zwischen den Dingen, und ihren Ideen, Schemen oder Schatten und den Gespenstern benannt würde. Hantologie ≠ Ontologie. Obgleich Derrida in seinen Sätzen sehr ausführlich jenes Wortfeld umkreist, das sich rund um spectre/Spektrum eröffnet,[18] so differenziert er andererseits ganz genau zwischen dem Ding, das für uns nie ganz anwesend ist, und dem Gespenst, das für uns nie ganz abwesend ist. Der Unterschied zwischen Ding und Gespenst ist vor allem epistemologischer Natur:

> [Das Gespenst] ist nämlich etwas, was man nicht weiß, und man weiß nicht, ob das eigentlich ist, ob das existiert, ob es auf einen Namen hört und ihm ein Wesen entspricht. Man weiß es nicht – aber nicht aus Unwissenheit, sondern weil dieser Nicht-Gegenstand, dieses Anwesende ohne Anwesenheit, dieses Da-Sein eines Abwesenden oder eines Entschwundenen nicht mehr dem Wissen untersteht.[19]

Für Derrida zeitigt das Gespenstische eine spezifische Eigenschaft, die anderen Dingen fehlt: Es ist etwas Abwesendes, das paradoxerweise doch da ist, zugleich aber dem Wissen entgleitet. Das Ding ist vor allem im Wissen, nie aber in der Anschauung und Wahrnehmung vollständig gegeben, während das Gespenst *abwissend*, oder, wie eingangs bereits gesagt, unheimlich ist. Es ist da, aber wir wissen es nicht.
Es gilt an dieser Stelle zu präzisieren, wofür denn das Gespenst nun konkret steht und worin es sich manifestiert. Denn wenn wir nichts vom Gespenst wissen, stellt sich umso mehr die Frage, wie es in Erscheinung tritt, wie wir es erfahren. Jedwede Ontologie verschattet, spektralisiert das Subjekt; sie lässt, wenn sie logisch und funktionabel verfasst ist, gar kein Subjekt zu, weil sie primär das *an sich* argumentieren muss und das *für sich* missachtet beziehungsweise der Ordnung der Dinge subsummiert. Auch am Ausgangspunkt zu

18 Vgl. die ausführlichen Anmerkungen der Übersetzerin Susanne Lüdemann in Derrida: *Marx' Gespenster*, S. 277–283.
19 Derrida: *Marx' Gespenster*, S. 21–22.

Sartres Ontologie ist der Mensch paradoxerweise nichts weiter als ein Ding.[20] Eine derartig fokussierte Ordnung elidiert das Subjekt, reiht es – wahrscheinlich kein Mensch – in die Ordnung der Dinge ein. Die Anrufung, die aus dieser Ordnung erfolgt, lautet somit nicht „He, Sie da!"[21], sondern bestenfalls „Dingsda!" Das ist die Erfahrung des Gespenstischen, die wir machen. Die Ordnung des Denkens gebraucht uns nicht mehr als Subjekte. Sie macht uns stattdessen zum Ding, oder aber, sie setzt das Ding an die Stelle des Anderen, über den wir üblicherweise zum Subjekt werden. In beiden Fällen wird die philosophische Ordnung in Konsequenz zum Selbstläufer und lässt sich für eine Subjektkonstitution nicht mehr in die Pflicht nehmen. In beiden Fällen werden Mechanismen analysiert und geschildert, die nicht zur Subjektkonstitution, sondern einzig zur Objektkonstitution taugen.

Vor dem Hintergrund der unmöglichen Prämisse jedweder Ontologie scheint es unabdingbar, dass jedem philosophischen Denken der Moment widerfährt, in dem es als leere Hülle, als bloße Struktur aufscheint, und in welchem es das denkende Subjekt mitsamt seinem lebendigen Körper elidiert. Statt das Subjekt zu konstituieren und sein Bewusstsein zu beweisen, tritt die Ordnung des Denkens zu Tage wie das weiße Tuch des Gespenstes, das zwar die Konturen eines Subjekts annimmt, aber de facto nichts derartiges darunter birgt. Der Moment des Gespenstes ist jener, in dem sich die Struktur des Denkens als leergelaufene preisgibt – ein Moment, den sich das Gespenstische, Unheimliche mit dem Komischen teilt, da auch dort, wie beispielsweise im Slapstick, die leerlaufende Struktur zu einer Stolperstelle für das Subjekt wird und der Körper respektive sein Skelett haltlos in sich zusammensackt. Wir erleben eine Ordnung, die zwar *an sich* dem Subjekt und seinem Denken entspringt, die aber *für sich* bleibt und aus der wir folglich auch kein Wissen, keine Erfahrung ableiten können. So werden wir als Subjekt in diesen Fällen zum Ding, das nicht mehr *für sich* sein kann, sondern nur mehr *an sich* einer logischen und rationellen Ordnung gegenübersteht. Das ist die unheimliche Erfahrung des Gespenstischen, die wir machen.

Mit dieser Definition geht indes ein Problem einher, das sowohl der Ontologie als auch der Hantologie eingeschrieben ist: wie etwas erfahren, das nicht da ist, oder aber, das da ist, von dem wir aber nichts wissen. Derrida löst dieses Problem, indem er auf das zu sprechen kommt, was er den „Visier-Effekt"

20 Vgl. Sartre: *Das Sein und das Nichts*, S. 470.

21 Louis Althusser: Ideologie und ideologische Staatsapparate. In: Ders.: *Ideologie und ideologische Staatsapparate. Aufsätze zur marxistischen Theorie.* Hamburg / Berlin: VSA 1977, S. 108–153, hier S. 142.

nennt. Den Sachverhalt, dass ein Ding an sich ist, ohne dass wir etwas davon wissen, das aber zugleich offensichtlich etwas über uns weiß, betont Derrida mit den folgenden Worten: „Dieses Ding blickt dagegen uns und sieht uns, wie wir es nicht sehen, selbst wenn es da ist.“[22] Und etwas später präzisiert er:

> Daß wir uns gesehen fühlen von einem Blick, den zu kreuzen immer unmöglich bleiben wird, darin besteht der Visier-Effekt, von dem her wir das Gesetz erben. Da wir nicht sehen, wer uns sieht und wer das Gesetz macht [...] können wir ihn oder es nicht mit voller Sicherheit identifizieren.[23]

Diese Worte rufen abermals deutlich Sartres Ontologie ins Gedächtnis, im Besonderen dessen Bemerkungen zum Blick und seiner subjektkonstituierenden Funktion.[24] Für Sartre ist weniger das Blicken als das Angeblickt-werden zentral für unser Bewusstsein: „Einen Blick erfassen ist nicht ein Blick-Objekt in der Welt erfassen (außer, wenn dieser Blick nicht auf uns gerichtet ist), sondern Bewußtsein davon erlangen, *angeblickt zu werden*. Der Blick, den die Augen manifestieren [...] ist reiner Verweis auf mich selbst.“[25] Von diesem Verweis nimmt für Sartre das Bewusstsein für ein menschliches Bewusstsein den Ausgangspunkt, respektive das, was Sartre als Intersubjektivität thematisiert. Allein auf Basis der Beobachtung kann es keinen empirischen Beweis dafür geben, dass der Andere auch ein vergleichbares Innenleben besitzt, ohne diesen Beweis verbleibt jedoch auch das eigene Bewusstsein nur eine wahrscheinliche Annahme.[26] Das Auge ist für Sartre der Träger des Blickes

22 Derrida: *Marx' Gespenster*, S. 22.

23 Ebd., S. 24.

24 An diesem Punkt könnte auch eine Verknüpfung zur Blicktheorie von Jacques Lacan erfolgen, was nur deshalb nicht geschieht, um in gebotener Kürze die Nähe von Onto- und Hantologie herauszuarbeiten. (Ausführungen hierzu bieten die Einführungen in die Medien- als auch in die Theatersektion.) Bei Derrida ist der Blick strenggenommen nicht intersubjektiv, aber auch nicht vollends symbolische Struktur: „Dieses Ding, das uns ansieht, angeht, spottet der Semantik ebenso wie der Ontologie, der Psychoanalyse ebenso wie der Philosophie.“ (Ebd.) Sartres Bestimmung einer „erblickten Welt“ lässt sich hingegen durchaus als Hinweis auf eine symbolische Ordnung und Struktur lesen, zugleich aber beharrt er auf der Annahme ebenjener fundamentalen Anwesenheit des Anderen, die durch den Blick erfahren wird und für das Subjekt maßgeblich ist. Für Lacan hingegen spielt die Anwesenheit und somit das Faktisch-materielle, Intersubjektive keine Rolle. (Vgl. hierzu Andreas Cremonini: *Die Durchquerung des cogito. Lacan contra Sartre*. München: Fink 2003, insb. S. 161–173.) Derrida dekonstruiert mit seinem Visier-Effekt und dem permanenten Verweis auf das ‚interobjektive' Ding als materielle Manifestation des Gespenstes gleichsam beide Denkansätze.

25 Sartre: *Das Sein und das Nichts*, S. 467.

26 Vgl. Axel Honneth: Die Gleichursprünglichkeit von Anerkennung und Verdinglichung. Zu Sartres Theorie der Intersubjektivität. In: Otfried Höffe: *Klassiker Auslegen*, Bd. 22: Jean-Paul

und damit dieses Verweises – es können indes auch andere Objekte und Dinge den Blick übertragen. In einer etwas gespenstischen Sentenz schreibt Sartre:

> Was am häufigsten einen Blick manifestiert, ist das Sichrichten zweier Augäpfel auf mich. Aber es ist ebensogut anläßlich eines Raschelns von Zweigen, eines von der Stille gefolgten Geräusches von Schritten, eines halboffenen Fensterladens, der leichten Bewegung eines Vorhangs gegeben.[27]

Der Blick ist für Sartre somit weder ein Kennzeichen des Subjekts noch eine Qualität des Objekts, weshalb seine Träger sowohl Augen wie auch Blätter oder ein Fensterladen und ein wehender Vorhang sein können. Der Blick steht stattdessen für einen subjektkonstituierenden Mechanismus, den Sartre in die etwas sperrigen Worte kleidet: „Das ‚Vom-Andern-gesehen-werden' ist die *Wahrheit* des ‚Den-Anderen-sehens'."[28] Mit dem Blick geht letztlich nicht nur die Transformation meiner Selbst – ich werde gewiss zum Subjekt – sondern auch eine Metamorphose der Welt einher: „Ich werde in einer erblickten Welt erblickt."[29]

Das, was Sartre unter dem Blick versteht, lässt sich ohne Weiteres auch auf ein weißes Laken oder einen Helm mit offenem Visier übertragen, und Derrida macht augenscheinlich genau das. Der für die Intersubjektivität notwendige Andere (*für sich*) wird durch ein Ding (*an sich*) ersetzt. Ein Ding, von dem wir nichts wissen, überträgt den Blick und zeigt damit gerade jene Ordnung an, die uns sichtbar macht. Da der Blick sich aus der fokussierten und konzentrierten Ausrichtung der Augen ergibt, und nicht abseits intersubjektiver Bezüge funktioniert, also im eigentlichen Sinne eine Kulturtechnik ist, die physiologische und kognitive Fähigkeiten und ihr soziales Umfeld aneinander bindet, vermag er paradigmatisch für die Ordnung des Sichtbaren einzustehen. Die damit einhergehende Metamorphose, die für Sartre darin liegt, dass wir in einer erblickten Welt erblickt werden, ohne uns dabei haben zu können, benennt Derrida wiederum als „das Gesetz", welches wir von unseren Vätern übernehmen und zu erfüllen haben, von dem wir aber nichts wissen. Dieses Gesetz/diese Ordnung gilt und funktioniert, gerade wenn ich nichts von ihr weiß, wenn die Väter nicht mehr da sind und ein Ding an ihre Stelle getreten ist. Das Gespenst, so lässt sich Derrida unter Zuhilfenahme von Sartre

Sartre. Das Sein und das Nichts, hrsg. v. Bernard N. Schumacher. Berlin: Akademie 2003, S. 135–157, hier S. 137.

27 Sartre: *Das Sein und das Nichts*, S. 465.

28 Ebd., S. 464.

29 Ebd., S. 485.

interpretieren, ist jenes Ding *an sich*, das unsere geistige Ordnung (*für sich*) prätendiert. Es ist im besten Sinne des Wortes die unheimliche Ordnung, die unser Leben strukturiert, wahrnehmbar und intelligibel macht, die aber für gewöhnlich *abwissend* bleibt. Offen bleibt, ob respektive zu welchem Subjekt uns dieses Gespenst macht.

Auch das *Handwörterbuch des Aberglaubens* beschreibt, wie wir das Gespenst erfahren. Obgleich es vor allem bewusste und erkennbare Merkmale für eine qualitative Beschreibung verpflichtet (das weiße Laken, das indifferente Summen – also Dinge, die wir sehr wohl wissen und erkennen), entpuppen sich diese objektiven Oberflächen letztlich ebenso als Träger für maßgebliche, subjektkonstituierende Mechanismen, die im verborgenen wirken und die dem Visier-Effekt und dem Blick gleichen. Auch die Stimme bietet einen zentralen subjektkonstitutiven Mechanismus, der seine Funktion allerdings erst über die Ohren entfalten kann, worauf das Summen eindringlich verweist. Und auch die Haut mitsamt den verschiedenen, an sie gekoppelten propriozeptiven Sensoren ist für die Konturierung eines eigenen, bewussten Ichs von nicht zu unterschätzender Bedeutung. Die hierbei wirksamen Mechanismen lassen sich offensichtlich ebenfalls auf ein Tuch übertragen, von dem wir auf sensorischer Ebene, aber auch rationell und affektiv berührt werden. Auch hier wird ein *an sich*, das an Objekte gebunden ist, zentral für jene Ordnung, die das Subjekt *für sich* existieren lässt.

Die Verlockung des Gespenstischen scheint also nicht zuletzt darin zu liegen, dass durch das Gespenst das Subjekt und sein Denken verrückt wird, seine Ordnung und Verfassung ins Gleiten gerät. Umgekehrt kann durch das bewusste Einsetzen eines Unfugs eine Erfahrung des Gespenstischen lanciert werden und das Denken einen Anschub bekommen. Die Artikel dieser Sektion zeigen diese Doppelbewegung anhand äußerst unterschiedlicher Beispiele nach. Sie widmen sich der leeren Ordnung und ihrer diskursiven Verfasstheit am Beispiel von Kant und dessen Umfeld, der Anrufung und ihren ideologischen Konsequenzen am Beispiel der Verfilmungen von Lyman Frank Baums Kinderbuch *Der Zauberer von Oz*, unserer eigenen Endlichkeit und den diese übersteigende Zeitkonzeptionen von Derrida und Lévinas, und nicht zuletzt der Frage nach dem (einen) Gesetz und den praktischen Implikationen der Philosophie Derridas. Die Artikel führen hierbei auf vielfältige Weise das Unheimliche des Denkens vor Augen. Ihnen allen ist zu eigen, dass das Gespenst hierbei stets mehr als eine Metapher ist, die den immer wieder auftauchenden Unfug im Denken markiert.

Erika Thomalla zeichnet in ihren Ausführungen „Botschafter aus dem Geisterreich. Die Gespensterdebatte um 1800" nach, wie das Gespenst als diskursive Figur ausgerechnet auf dem Höhepunkt der Aufklärung einen Aufschwung erlebt. Thomalla lässt infolge Gegner als auch Befürworter des Gespensterglaubens zu Wort kommen und verweist auf weitere Diskurse und Entdeckungen, wie jener der Welt des Unsichtbaren, welche unmittelbar in diese Debatte hineinwirken. Dabei fällt auf, dass den Gespenstern mit bloß rationalen und theoretischen Argumenten nicht beizukommen ist, sie im Gegenteil aus nahezu jeder Widerlegung gestärkt hervorgehen. „Der zweifelhafte epistemische Status der Gespenster", so resümiert Thomalla, scheint nicht nur deren Popularität zu erklären, sondern auch

> an das Grundverständnis der aufklärerischen Wissenschaften selbst zu rühren. Das Sujet provoziert und befördert die Auseinandersetzung mit Gegenständen unterhalb der Wahrnehmungsschwelle und den Diskussionen rund um die zeitgenössischen Techniken zur Sichtbarmachung des Unsichtbaren. Sowohl die Geschichten der Gespensterkritiker als auch die ihrer Anhänger greifen diese Themen auf und bringen dadurch ein Diskursobjekt, das sie als ein gegebenes behandeln, allererst hervor.[30]

Stefan Apostolou-Hölscher nimmt in seinem Beitrag „Derridas Gespenster. Oder: Warum interpretieren nicht verändern ist" einige diskursanalytische Anmerkungen zu *Marx' Gespenster* vor. Die vielleicht zentrale Frage, die er aus den editionsgeschichtlichen Präliminarien entwickelt, lautet: „Inwiefern kann die Dekonstruktion als *Praxis* wirklich mehr tun als nur zu registrieren, dass die Welt aus den Fugen ist?"[31] Diese Frage nutzt Apostolou-Hölscher, um das Umfeld der Entstehung von *Marx' Gespenster* und dessen Rezeption bzw. die Kritik daran zu resümieren. Hierbei wird auch das Zerwürfnis zwischen Foucault und Derrida thematisiert und die grundsätzlich unterschiedlichen Ansätze der beiden Philosophen betont. Die Pointe, die Apostolu-Hölscher aus seinen editionsgeschichtlichen Anmerkungen zieht, mündet darin, Derrida selbst zu ebenjenem Gespenst zu erklären, das sich einerseits nicht erfassen, sich andererseits nicht entkommen kann: „Letztlich beweist Derrida, dass er, während er die Texte anderer dekonstruiert, sich selbst gegenüber immer treu bleibt, vielleicht als ein Gespenst, das sich vor allem selbst heimsucht, wie schon Descartes in seinen Meditationen vor ihm."[32]

30 Erika Thomalla: Botschafter aus dem Geisterreich. Die Gespensterdebatte um 1800, S. 43.

31 Stefan Apostolou-Hölscher: Derridas Gespenster. Oder: Warum interpretieren nicht verändern ist, S. 47.

32 Ebd., S. 58.

Christian Sternad fragt sich unter dem Titel „Die Zeit ist aus den Fugen. Auf der Jagd nach sterblichen Gespenstern mit Emmanuel Lévinas und Jacques Derrida", woher das Narrativ von Gespenstern als Widergängern, als Nachhall Verstorbener kommt, das sich so wirkmächtig in Film, Romanen und anderen Medien festgesetzt hat. Denn bei Derrida verweist das Gespenst nicht nur auf einen ‚Un-fug' in der weltlichen Ontologie, sondern auch auf eine Irritation (in) der Zeit. Das Gespenst zwingt, in mehreren Zeiten zu denken, es handelt sich bei dieser Denkfigur somit nicht nur um einen Toten, der wiederkehrt. Sie inkludiert ebenso den Sachverhalt, dass sich die Lebenden als Noch-Lebende stets hinterher jagen. Sternad zieht damit eine Verbindung von *Marx' Gespenster* zu Levinas' *Die Zeit und der Andere*, da in beiden Texten mit verschiedenen phänomenologischen Zeit-Konzeptionen gegen die Auffassung einer einzigen linearen, chronokratischen Zeit argumentiert wird. Um diese andere Zeitlichkeit zu konturieren, zitiert Sternad auch mehrfach aus Texten Derridas, die verstorbenen Freunden wie Hans Georg Gadamer oder Paul de Man gewidmet sind und die den Umgang mit den Toten thematisieren. Derrida macht nach Ansicht Sternads vor allem deutlich, „dass wir stets, als diese Lebendigen, die wir sind, in einer Kommunion bzw. einer unmöglichen Kommunion mit den Toten leben."[33] Sternads Fazit: „Lernen, *mit* den Gespenstern zu leben [...], bedeutet zu allererst, mit sich selbst leben zu lernen – mit sich selbst als Sterblicher" und die Gespenster nicht als Widergänger von Toten, sondern als ein Signum des Lebens zu verstehen.[34]

Björn Wittmayers Vortrag „Der Zauberer als Filmvorführer: Ideologie als Geist aus der Maschine" nimmt seinen Ausgang bei Althusser, um Ideologie als Geist aus der Maschine zu erklären. Als Beispiel dienen ihm die beiden Verfilmungen von *Der Zauberer von Oz*, bei deren Interpretation er in weiten Teilen Slavoj Žižeks Bonmot von ‚Hollywood als *ideological machine*' folgt. Ideologie ist primär ein Effekt medientechnischer Apparate, die gänzlich verschiedene Formen der Anrufung lancieren. Mit Schillers *Geisterseher* weist Wittmayer darauf hin, dass der Zusammenhang zwischen Filmtechnik, Geistern und Ideologie bereits seit der Aufklärung kritisch reflektiert wird und plädiert vor diesem Hintergrund dafür, gerade die technisierte, medialisierte Welt als eine Welt voller Gespenster zu begreifen und zu erkennen,

33 Christian Sternad: Die Zeit ist aus den Fugen. Auf der Jagd nach sterblichen Gespenstern mit Emmanuel Lévinas und Jacques Derrida, S. 67.

34 Ebd., S. 69–70.

dass „unsere Welt nicht einfach gegeben, sondern gemacht ist."[35] Nachgestellte Ergänzungen dienen der Präzisierung: Derridas Beschreibung des ‚körperlosen Leibs' eines jeden Gespenstes ist für Wittmayer die paradigmatische Definition eines Zeichens. Das Zeichen-Werden wiederum, so wie es durch eine Verfilmung stattfindet, verwandelt Personen in Phantome, spektralisiert die Gegenstände und unterminiert solcherart den Gegensatz zwischen Illusion und ihrem Gegenteil. Von diesen Geistern, so Wittmayer, erlernen wir indes unsere Ordnung, sie haben also ‚reale', materielle Folgen. Gerade deshalb gilt es, die Maschine hinter der Projektion und mit ihr die Ideologie zu erkennen.

35 Björn Wittmayer: Der Zauberer als Filmvorführer: Ideologie als Geist aus der Maschine, S. 80.

Botschafter aus dem Geisterreich
Die Gespensterdebatte um 1800

Erika Thomalla

Die Frage nach der Existenz von Gespenstern und nach der Möglichkeit ihres Erscheinens wird in der zweiten Hälfte des 18. Jahrhunderts Gegenstand einer gelehrten Debatte, die ein beachtliches Maß an Schriften hervorbringt. Wie eine zeitgenössische Bibliografie zeigt, erscheinen allein in der 2. Hälfte des 18. Jahrhunderts über vierhundert Publikationen zu dem Thema.[1] Obwohl die Autoren gespensterkritischer Abhandlungen ihr Ziel in der Regel darin bestimmen, dem Aberglauben leichtgläubiger Schwärmer ein Ende setzen zu wollen, scheinen sie dem bekämpften Gegenstand durch die intensive Form der Auseinandersetzung erst zu seiner eigentlichen Popularität zu verhelfen. Von einer Verdrängung oder Beseitigung des Gespensterglaubens durch die Aufklärung kann angesichts der hohen Anzahl an Beiträgen, in denen die Erscheinung von Geistern als eine ernstzunehmende Möglichkeit verhandelt wird, jedenfalls keine Rede sein. Vielmehr muss von dem Effekt einer diskursiven Verstärkung ausgegangen werden.

Dies wird umso deutlicher mit Blick auf die Publikationsformate, in denen die Gespensterdebatte ausgetragen wird. Bei der Mehrzahl der Schriften handelt es sich um die Kombination aus einer dogmatischen Abhandlung und einer Anthologie. Diese Erzählsammlungen tragen populäre Berichte von geisterhaften Begegnungen zusammen, um sie dann auf ihre Wahrscheinlichkeit hin zu befragen und gegebenenfalls ihre natürliche Ursache zu benennen. Die Besonderheit dieser Publikationsform bringt einige der gespensterkritischen Autoren in enorme Erklärungsnöte. Schließlich müssen sie plausibel

1 Vgl. Samuel Christoph Wagener: *Neue Gespenster. Kurze Erzählungen aus dem Reiche der Wahrheit.* Berlin: Friedrich Maurer 1801–1802, S. XI–LXVII.

machen, weshalb sie eben jene Geschichten immer wieder reproduzieren, die als Gegenstand des Aberglaubens eigentlich eliminiert werden sollen. Im Vorwort einer 1833 erschienenen Schrift mit dem Titel *Neueste Blicke in das abentheuerliche Reich der Gespenster und bösen Geister* wird diese publizistische Strategie mit der Absicht begründet,

> einestheils meinen verehrten Lesern eine kleine Unterhaltung aus einem Capitel zu liefern, von welchem man doch noch zuweilen einmal gern etwas hört oder spricht, so wenig man auch daran glaubt, – anderntheils aber auch zu Nutz und Frommen der noch Schwachgläubigen, die Unvernunft solcher widersinnigen Albernheiten und Träumereien so abgeschmackt und entehrend zu machen, [...] daß man auch bald nicht einmal noch etwas davon wird hören oder sprechen mögen.[2]

Das paradoxe Kalkül der Schrift scheint darin zu bestehen, die Zirkulation beliebter Gespenstergeschichten ausgerechnet durch deren erneute Verbreitung zu boykottieren. Dass die horazische Formel *prodesse et delectare* dabei ad absurdum geführt wird, weil das Nützliche sich als das exakte Gegenteil des Unterhaltsamen erweist, wird als Widerspruch nicht weiter problematisiert.

Gerade die offensichtliche Paradoxie dieser Publikationsstrategie weist allerdings auf eine zentrale Problematik hin, die den Diskurs über die Gespenster beschäftigt: Eine Schwierigkeit bei der Auseinandersetzung mit den populären Geschichten von Geistererscheinungen scheint darin zu bestehen, dass ihnen mit bloß rationalen und theoretischen Argumenten nicht beizukommen ist. Es ist ein Topos in den Erscheinungsgeschichten des 18. und 19. Jahrhunderts, dass die Wahrhaftigkeit des übersinnlichen Erlebnisses durch den unaufhörlichen Verweis auf die Zuverlässigkeit von Zeugen und die kritische Instanz des eigenen Urteils bekräftigt wird. Oft handelt es sich bei den Protagonisten der Erzählungen um Personen, die zunächst als Skeptiker und Ungläubige vorgestellt werden, sich dann aber doch in der Begegnung mit dem Übersinnlichen von dessen Existenz überzeugen lassen. Solche vorgeblich empirischen Berichte können nicht einfach mit dem Postulat der Nichtexistenz von Gespenstern abgetan werden. Aus diesem Grund sehen sich viele Gegner des Gespensterglaubens gezwungen, immer wieder neu und für jeden Einzelfall gesondert nachzuweisen, welche natürliche Ursache für die berichtete übernatürliche Erscheinung verantwortlich gewesen sein könnte.

Diese Strategie gegen den Aberglauben erweist sich allerdings als ein Projekt, das nicht vollendet werden kann. In seiner *Sammlung der merkwürdigsten*

2 Siegmund Philipp Paulus: *Neueste Blicke in das abentheuerliche Reich der Gespenster und bösen Geister.* Göttingen: Diederichsche Buchhandlung 1833, S. VI.

Visionen, Erscheinungen, Geister- und Gespenstergeschichten aus dem Jahr 1792 erklärt der theosophische Schriftsteller Karl von Eckartshausen, weshalb bei dem Thema der Gespenster jede voreilige Schlussfolgerung verfehlt sei:

> Tausend Betrügereyen vertilgen nicht eine einzige wahre, beurkundete, nach allen Regeln der Glaubwürdigkeit bewiesene, oder beweisbare Geschichte. Wenn schon tausend Betrügereyen gespielt worden sind, so ist es noch nicht ausgemacht, daß in diesem Fache keine Wahrheit liegen soll. Tausend falsche Louisd'or vernichten keinen wahren.[3]

Wenn eine einzige unwiderlegbare Ausnahme reicht, um das Vorhandensein von Geistern nachzuweisen, kann umgekehrt nur dann eine gültige Aussage über deren Nichtexistenz getroffen werden, wenn jede singuläre Erscheinung als Sinnestäuschung oder Betrug nachgewiesen worden ist. Die hohe Zahl an Nachfolgebänden, die die Anthologien gespensterkritischer Schriftsteller teilweise aufweisen, gibt über diesen Umstand anschaulich Aufschluss.[4]

Die akribische, narrative und empirische Form der Beweisführung der Gespenstergegner steht symptomatisch für eine erkenntnistheoretische Problemstellung, die sich mit dem Gespensterglauben verbindet: Während in der ersten Hälfte des 18. Jahrhunderts vorwiegend auf der Basis abstrakter Argumente gegen den Gespensterglauben vorgegangen wurde und den Einzelfällen nicht besonders viel Aufmerksamkeit gewidmet werden musste, erhält das Thema in der zweiten Hälfte des Jahrhunderts eine neue Relevanz.[5] Paradigmatisch lässt sich das an Immanuel Kants Beitrag zur Gespensterdebatte ablesen: Wie geht eine kritische Philosophie, die von der bloßen Spekulation

3 Karl von Eckartshausen: *Sammlung der merkwürdigsten Visionen, Erscheinungen, Geister- und Gespenstergeschichten; nebst einer Anweisung, dergleichen Vorfälle vernünftig zu untersuchen, und zu beurtheilen.* München: Lindauer 1792, S. 2.

4 Vgl. dazu z.B. die Anthologien von Samuel Christoph Wagener, auf dessen vierbändige Geschichtensammlung *Die Gespenster* die ebenfalls mehrbändige, bereits zitierte Reihe *Neue Gespenster* folgte. Samuel Christoph Wagener: *Die Gespenster. Kurze Erzählungen aus dem Reiche der Wahrheit.* Berlin: Maurer 1797–1800.

5 Dies widerspricht dem Befund Ulrich Stadlers, der den Streit zwischen Anhängern und Gegnern des Gespensterglaubens als eine kontinuierliche Auseinandersetzung um das Primat von Vernunft oder Erfahrung beschreibt. Dagegen hat bereits Yvonne Wübben in ihrer Arbeit zum Gespenstertraktat Georg Friedrich Meiers gezeigt, dass die auf erfahrungsunabhängigen Hypothesen basierende Gespensterkritik spätestens Mitte des 18. Jahrhunderts ihre Überzeugungskraft eingebüßt hat. Dass Ende des 18. Jahrhunderts überwiegend Publikationen erscheinen, die sich im Einzelnen und detailliert mit den vielen kursierenden Erscheinungsgeschichten beschäftigen, ist ein Hinweis darauf, dass die Kategorie der Erfahrung eine Schlüsselrolle innerhalb der Auseinandersetzung innehat. Dieser Hypothese wird im Folgenden weiter nachgegangen. Vgl. Ulrich Stadler: Gespenst und Gespensterdiskurs im 18. Jahrhundert. In: Moritz Baßler / Bettina Gruber / Martina Wagner-Egelhaaf (Hrsg.): *Gespenster. Erscheinungen – Medien – Theorien.* Würzburg: Königshausen & Neumann 2005, S. 127–139, bes. S. 129; Yvonne Wübben: *Gespenster und Gelehrte. Die ästhetische Lehrprosa G. F. Meiers.* Tübingen: de Gruyter 2007, bes. S. 88.

absehen und dagegen die Grenzen der Erkenntnis auf der Grundlage der Erfahrung ausloten will, mit Phänomenen um, die der Vernunft widersprechen, deren Anhänger sich aber auf Augenzeugenberichte und empirische Belege berufen? Diese Frage liegt Kants Abhandlung *Träume eines Geistersehers, erläutert durch Träume der Metaphysik* aus dem Jahr 1766 zugrunde. Der Gespensterdiskurs wird mit diesem Text zum Vollzugsort eines philosophischen Paradigmenwechsels, der für den weiteren Verlauf der Debatte äußerst einflussreich ist.

Den Anlass für die zunächst anonym veröffentlichte Schrift bildet Kants Auseinandersetzung mit dem im 18. Jahrhundert als Geisterseher berüchtigten Emanuel von Swedenborg, dessen Berichte über Erscheinungen und Visionen großes Aufsehen erregten. Allerdings legt bereits der Titel von Kants Abhandlung nahe, dass die „Hirngespinste"[6] Swedenborgs für die theoretische Philosophie vor allem deswegen von Interesse sein dürften, weil sie den Spekulationen und Phantasmen der eigenen Disziplin mitunter gar nicht so unähnlich sind. Die Provokation der Schrift liegt in der impliziten Unterstellung, dass zwischen dem literarischen Genre der Erscheinungsgeschichte und der traditionellen Schulmetaphysik eine strukturelle Parallele bestehe. Kant degradiert damit nicht nur die zeitgenössischen Geisterseher, sondern indirekt auch die Vertreter der scholastischen Metaphysik zu „Phantasten" und „Träumern".[7]

Allerdings ist es nicht Kants Absicht, die Metaphysik insgesamt als Wissenschaft zu diskreditieren, indem er ihr eine geistige Verwandtschaft zu den „Blendwerken" Swedenborgs unterstellt. Er habe „das Schicksal", betont Kant im zweiten Teil seiner Abhandlung, in die Metaphysik „verliebt zu sein", und schließt an dieses Bekenntnis sogleich eine Definition an, die den zeitgenössischen Begriff der Metaphysik invertiert.[8] Die Metaphysik sei eine „Wissenschaft von den Grenzen der menschlichen Vernunft" und müsse ihren eigenen Zuständigkeitsbereich – in den Worten Kants: das kleine und begrenzte „Land" der menschlichen Vernunft – besser kennen lernen, statt blinden Spekulationen nachzugehen.[9] Nicht um ein Eindringen in unbekannte Räume oder unendliche Weiten, sondern um eine Auslotung

6 Immanuel Kant: Träume eines Geistersehers, erläutert durch Träume der Metaphysik. In: Ders.: *Vorkritische Schriften bis 1768. Werkausgabe*, Bd. II, hrsg. v. Wilhelm Weischedel. Frankfurt am Main: Suhrkamp 1996, S. 823–884, hier A 112.

7 Ebd., A 84.

8 Ebd., A 115.

9 Ebd., A 116.

der Grenzen von Vernunft und Erfahrung geht es, wenn die Hirngespinste zeitgenössischer Geisterseher und diejenigen der Metaphysik Gegenstand ein und derselben Untersuchung sind.
Aus dieser Sicht sind die *Träume eines Geistersehers* für die Entwicklung der Transzendentalphilosophie nicht so irrelevant, wie das von der älteren Kantforschung behauptet wurde.[10] Denn wenn Kant in der Kritik der reinen Vernunft konstatiert, dass schlechthin „keine Erkenntnis apriori möglich [sei], als lediglich von Gegenständen möglicher Erfahrung", dann gilt das nicht nur für die traditionellen Themen der Metaphysik – die Annahme der Existenz Gottes, der Unsterblichkeit der Seele und des freien Willens – sondern ebenso für die Geisterseherei Swedenborgs.[11]
Allerdings steht Kant im Hinblick auf die Geisterseherei vor dem Problem, dass sie sich gerade nicht auf bloße Spekulationen, sondern auf Beweise, Augenzeugen und Erfahrungen beruft. Diese können von einer metaphysikkritischen Philosophie nicht einfach bestritten werden, ohne dass sie ihrerseits Gefahr läuft, das Terrain der Erfahrung zu verlassen. Da es Kant in *Träume eines Geistersehers* nicht gelingt, eine philosophische Lösung für dieses Problem zu entwickeln, greift er letztlich auf ein medizinisches Argument zurück: Er identifiziert das Phänomen der Geisterseherei als eine pathologische Abweichung und bezeichnet seine Protagonisten als „Kandidaten des Hospitals", deren Einbildungskraft ihrer Wahrnehmung Streiche spiele.[12] Dieser überraschende Paradigmenwechsel kann allerdings bloß als eine Scheinlösung angesehen werden, die umso deutlicher macht, dass das eigentliche erkenntnistheoretische Problem bestehen bleibt.

10 Vgl. dazu z. B. Karl Vorländer: *Geschichte der Philosophie*, Bd. 2. Paderborn: Salzwasser 2011, S. 179. Die These, dass bei Kant „eine Verschränkung von Geistersehen und philosophischer Metaphysik" stattfindet, die sich nicht nur auf den vorkritischen Text beschränkt hat, vertritt auch Stefan Andriopoulos. Andriopoulos weist insbesondere auf den zweideutigen Umgang mit den Begriffen ‚Geist' und ‚Erscheinung' hin, den er nicht nur in der Philosophie Kants, sondern auch in den Systementwürfen Hegels und Schopenhauers nachweist. Vgl. Stefan Andriopoulos: Die Laterna Magica der Philosophie. Gespenster bei Kant, Hegel und Schopenhauer. In: *DVjs* 80,2 (2006), S. 171–211, bes. S. 176; ders.: *Ghostly Apparitions. German Idealism, the Gothic Novel, and Optical Media*. New York: Zone Books 2013, S. 9–22.

11 Immanuel Kant: *Die Kritik der reinen Vernunft. Werkausgabe*, Bd. III, hrsg. v. Wilhelm Weischedel. Frankfurt am Main: Suhrkamp 1974, B 166.

12 Kant: Träume eines Geistersehers, A 97. Zur Pathologisierung der Geisterseherei bei Kant vgl. Friedrich Balke: Wahnsinn der Anschauung. Kants Träume eines Geistersehers und ihr diskursives Apriori. In: Baßler / Gruber / Wagner-Egelhaaf (Hrsg.): *Gespenster*, S. 297–313, bes. S. 307.

Ein weiteres Problem, das die Auseinandersetzung mit den Gespenstern erschwert, ist die wissenschaftliche Erschließung neuer Welten des Unsichtbaren. Durch die Entdeckung von Kräften wie Magnetismus oder Elektrizität, die zwar menschliche Wahrnehmungsschwellen unterschreiten, aber dennoch wahrnehmbare Effekte aufweisen, sowie durch die Entwicklung von Visibilisierungstechniken wie Mikroskop oder Laterna magica erhält die Frage nach dem Gespenstischen auch eine medientechnische Aktualität. Die neue Sichtbarkeit des Unsichtbaren zwingt dazu, ein scheinbar gesichertes Wissen, das durch die Grenzen der menschlichen Wahrnehmung definiert war, zu hinterfragen. Auf diesen Umstand weist der Würzburger Philosoph und Theologe Joseph Kast hin: „Die Unsichtbarkeit der Geister beweiset ja nichts gegen ihre mögliche Existenz; […] schließlich gibt es ja Milliarden Geschöpfe auf der Erde, die wir kaum mit dem Mikroskope bemerken."[13]

Diese Haltung teilen auch Skeptiker wie Christoph Martin Wieland, der 1796 in einem Beitrag in der Zeitschrift *Der Teutsche Merkur* feststellt, dass die naturwissenschaftliche Forschung das Gespenstische nicht eliminiert habe, sondern umgekehrt durch die Erweiterung ihrer Erkenntnisse kein Mysterium in der Natur mehr prinzipiell ausschließen könne.[14]

Gerade die technische Erschließung des Unsichtbaren gibt also Anlass zu erkenntnistheoretischer Verunsicherung. Der Streit über Gespenster schließt daher auch Diskussionen um die menschliche Wahrnehmungsfähigkeit und Einbildungskraft ein,[15] wobei bezeichnenderweise auf medientechnische Argumente zurückgegriffen wird.[16] Ein zentraler Streitpunkt kreist um die Frage, ob die Einbildungskraft positiv im Sinne einer erkenntniserweiternden

13 Joseph Kast: *Ernster Blick in das kuenftige Leben oder das Reich der Geister.* Würzburg: Dorbath 1818, S. 2.

14 Christoph Martin Wieland: Ueber den Hang der Menschen, an Magie und Geistererscheinungen zu glauben. In: Ders.: *Sämmtliche Werke*, Bd. 30. Leipzig: Göschen'sche Verlagsbuchhandlung 1857, S. 89–103, bes. S. 95–97.

15 Im Laufe des 18. Jahrhunderts erhält das Vermögen der Einbildungskraft hinsichtlich seiner produktiven Leistungen eine Aufwertung. Während ihre Aufgabe traditionell darauf beschränkt war, äußere Reize bloß zu ordnen und zu synthetisieren, wird um 1800 – insbesondere in den erkenntnistheoretischen Entwürfen Kants und Fichtes – die Selbsttätigkeit der Einbildungskraft betont. Diese Debatten um den Anteil und die Funktion der Einbildungskraft bei der Erzeugung von Realität werden im Gespensterdiskurs aufgegriffen und weitergeführt. Vgl. für eine Rekonstruktion der Begriffsgeschichte der „Einbildungskraft" im 18. Jahrhundert Wolfgang Iser: *Das Fiktive und das Imaginäre. Perspektiven literarischer Anthropologie.* Frankfurt am Main: Suhrkamp 1991, bes. S. 292–331.

16 Dies ist auch schon bei Kant der Fall, der die Projektionen der Einbildungskraft mit einer Laterna magica vergleicht. Vgl. zur medientechnischen Metaphorik bei Kant auch Andriopoulos: Die Laterna Magica der Philosophie, bes. S. 180–186.

Funktion gewertet werden könne oder ob Einbildungen tendenziell als Gefahr für die Realitätswahrnehmung zu werten seien. Ein Hauptargument der Gespensterkritiker lautet, dass in bestimmten Situationen und unter dem Einfluss einer stärkeren Zirkulation des Blutes bloße Vorstellungen die Wahrnehmung der Realität überlagern. Die Entstehung solcher Visionen wird häufig mit der Wirkungsweise eines Hohlspiegels oder einer Laterna magica verglichen. Demnach können Einbildungen, die unter dem Einfluss einer überhitzten Imagination erwachsen sind, nach außen projiziert werden, so dass das Abbild der Seele für die Realität gehalten wird. Das vermeintliche Gespenst kann dann entweder ein realer Gegenstand sein, der durch die Fantasie modifiziert wird, oder aber die Geistererscheinung beruht auf der bloßen Projektion einer eingebildeten Vorstellung.[17]

Dass solche Wahnvorstellungen mitunter lebensgefährliche Folgen nach sich ziehen, lehren die Gespenstergeschichten von Aufklärungsschriftstellern wie Samuel Christoph Wagener oder Gottlob Heinrich Heinse. Die Figuren in ihren Erzählungen werden, anders als im zeitgenössischen Schauerroman, am Ende keineswegs von ihrer obskuren Angst befreit. Zwar enden die Erzählungen in der Regel damit, dass eine natürliche Ursache der vermeintlichen Geistererscheinung angegeben wird. Doch diese Entdeckung kommt für die leichtgläubigen Protagonisten der Geschichten oft zu spät. Der Schrecken, den sie, in der Annahme, ein Gespenst vor sich zu sehen, erfahren, erweist sich als ein selbstverstärkender Effekt mit fatalen Folgen: Selbst wenn sie noch erkennen, dass sie einer Täuschung erlegen sind, sterben sie häufig an den körperlichen Folgen ihrer Furcht.[18]

Mit dieser dramaturgischen Pointe legen die Erzählungen nahe, dass nichts so gefährlich und so sehr zu fürchten sei wie die unkontrollierbaren Operationen der eigenen Psyche. Angst muss man nicht vor vermeintlichen Gespenstern haben, sondern vor den Fehlleistungen der Fantasie. Pointiert formuliert dies bereits 1747 Georg Friedrich Meier. In seinen *Gedancken von Gespenstern* rät er dazu, jederzeit „Herr über die Leidenschaft der Furcht“ zu bleiben, weil andernfalls das eigene physische Wohlergehen gefährdet sei: „Alles Uebel entsteht in diesem Falle von uns selbst, folglich ist man sein eigener

17 Vgl. zu diesem Argument z. B. Samuel Hibbert: *Andeutungen zur Philosophie der Geistererscheinungen oder: Versuch, die hierbei statthabenden Täuschungen auf ihre natürlichen Ursachen zurückzuführen.* Weimar: Verlag des Gr. H. S. priv. Landes-Industrie-Comptoirs 1825, bes. S. 17–20.

18 Vgl. Gottlob Heinrich Heinse: *Geister und Gespenster in einer Reihe von Erzählungen dargestellt. Ein nothwendiger Beitrag zu des Hofraths Jung genannt Stilling Theorie der Geisterkunde.* Basel: Flick 1810, z. B. S. 123; Wagener: *Neue Gespenster*, S. 179, 183.

Hencker."[19] Diese Maxime wird in den Erzählsammlungen von Schriftstellern des späten 18. Jahrhunderts wie Wagener oder Heinse literarisch umgesetzt. Wenn die Gespensterfurcht hier regelmäßig tödliche Folgen hat, dann haben diese Geschichten offensichtlich nicht das Ziel, den Lesern ihre Angst zu nehmen. Vielmehr wird die Notwendigkeit, die eigene Fantasie und die aus ihr resultierende Angst zu beherrschen, ausgerechnet durch die Produktion einer neuen Form der Angst – einer Angst vor der Einbildungskraft und ihren Folgen – plausibilisiert. Der einzige praktische Rat, der den Lesern noch gegeben werden kann, besteht darin, die Gesetze der Optik zu studieren, um über die Funktionsweise einer übersteigerten Fantasie informiert zu sein.[20]

Bezeichnenderweise wird diese medientechnische Herleitung von Geistererscheinungen aber nicht nur von den Gespenstergegnern, sondern auch von ihren Anhängern herangezogen – auch wenn diese zu völlig anderen Schlussfolgerungen kommen. Die Täuschung wird hier nicht mehr als Ausnahme von der Regel, sondern als Normalfall beschrieben, und der Geisterseher wird vom Wahnsinnigen zum privilegierten Beobachter. Karl von Eckartshausen behauptet etwa, dass die Wahrnehmung der sichtbaren Welt nur eine defizitäre und niedrige Form des Erkennens darstelle, über die der Durchschnittsmensch nicht hinauskomme. Nur durch eine Verfeinerung der Sinne sei es einigen wenigen Ausnahmemenschen gelungen, „durch eine Spalte im Reiche der Unsterblichkeit Dinge [zu] sehen, die der gemeine Mensch nicht sieht."[21] Die Einbildungskraft, die Eckartshausen auch als „inneren Sinn" oder als „Seelendolmetsch" bezeichnet,[22] ist das zentrale Vermittlungsorgan zwischen den Welten. Mit ihrer Hilfe können äußere, unsichtbare Dinge, die dem Auge entgehen, ins Innere getragen, dann aber auch wieder als Sichtbares nach Außen projiziert werden: „Es verhält sich wie mit einem Hohlspiegel; dieser konzentrirt den simplen Abdruck des Bildes durch seine Cavität, und formirt daher einen Körper ausser sich, der unserer Organisation sichtbar wird."[23]

Eine besonders entwickelte Einbildungskraft ermögliche es, Gespenster zu sehen und von ihnen Dinge zu erfahren, die anderen Menschen verborgen

19 Georg Friedrich Meier: *Gedancken von Gespenstern.* Halle: Hemmerde 1749, S. 44–45.

20 Vgl. Wagener: *Neue Gespenster*, S. 277.

21 Eckartshausen: *Sammlung der merkwürdigsten Visionen*, S. 2.

22 Karl von Eckartshausen: *Aufschlüsse zur Magie aus geprüften Erfahrungen über verborgene philosophische Wissenschaften und verdeckte Geheimnisse der Natur* [1788]. München: Pflüger 1923, S. 31.

23 Ebd., S. 43.

bleiben. Das betrifft nicht nur Gegenwärtiges, sondern auch Botschaften aus der Zukunft. Menschen mit besonders feinen Sinnen können demnach von den Geistern beispielsweise politische Ereignisse oder Witterungen vorausgesagt bekommen und sie sogar bildhaft vor sich sehen. Dieser Vorgang, so Eckartshausen, gleiche einem Blick in ein Teleskop oder dem Steigen und Fallen eines Quecksilberbarometers.[24]

Heinrich Jung-Stillings *Theorie der Geister-Kunde* von 1808 mutet in vielerlei Hinsicht wie eine erzählerische Umsetzung dieser medialen Gespenstertheorie an. Jung-Stilling schildert Fälle, in denen plötzliche, scheinbar unvorhersehbare Ereignisse vor ihrem Eintreten durch die Hilfe unsichtbarer Wesen vorhergesagt werden. Gegenstand der Prophezeiungen sind überwiegend katastrophische Begebenheiten wie Schiffbrüche, plötzliche Gewitter oder Todesfälle. Nur eine einzige Episode, in der der Erzähler einen Lotteriegewinn vorausgesagt bekommt, fällt aus dieser Serie desaströser Visionen heraus. All diesen Formen zukünftigen Wissens ist allerdings der Umstand gemein, dass sie um 1800 längst nicht mehr nur Gegenstand einer zweifelhaften Prophetie sind, sondern vor allem den Forschungsfeldern der wissenschaftlichen Prognostik angehören: Die Vorhersage der Wetterentwicklung ist Gegenstand der Meteorologie; mit der Kalkulation der Lebenserwartung befassen sich die Policeywissenschaften; und das Glücksspiel ist Gegenstand der mathematischen Wahrscheinlichkeitsrechnung, die überdies in Programmen der Risikokalkulation zur Anwendung kommt.

Aussagen über die Wahrscheinlichkeit von Unwettern, das Eintreten von Todesfällen oder die Erfolgschancen beim Glücksspiel zu treffen, ist also im Grunde nichts, was um 1800 notwendig dem Einfluss von Gespenstern zugeschrieben werden müsste. Dem Mediziner und Kameralwissenschaftler Jung-Stilling dürfte das bei der Auswahl seiner Beispiele, die allesamt mit den Themen und Fragestellungen der zeitgenössischen wissenschaftlichen Forschung korrespondieren, sehr bewusst gewesen sein. Wenn sie dennoch Teil jener ‚wunderbaren' Ahnungsgeschichten sind, die in der Gespensterdebatte diskutiert werden, liegt das daran, dass sie der Logik rationaler Erklärungsversuche geradezu entgegenzulaufen scheinen: Ein plötzlicher Todesfall ereilt den völlig Gesunden; an einem sonnigen, wolkenlosen Tag schlagen plötzlich Blitze in ein Haus ein. Und die Propheten dieser Unglücksfälle verfügen

24 Vgl. zur Metapher des Fernrohrs Karl von Eckartshausen: *Blicke in die Zukunft oder Prognostation des 19. Jahrhunderts nach den Gesetzen der Wahrscheinlichkeit berechnet, vermöge welcher man künftige Ereignisse voraussagen kann* [1799]. Müllheim: Ambra 1997, S. 42; zum Quecksilberbarometer ders.: *Aufschlüsse zur Magie*, S. 44.

über keinerlei Expertenwissen, das ihnen ermöglichen würde, den Eintritt des Ereignisses zu kalkulieren.

Sie besitzen, wie Jung-Stilling schreibt, allerdings eine besonders feine Organisation, die sie befähigt, Botschaften aus der Welt des Unsichtbaren zu empfangen. Im Prinzip, so die Behauptung, könnten alle Menschen die „Stimmen" der Geister vernehmen, wenn sie das entsprechende „Organ" dafür besitzen würden.[25] Das Reich der Geister wird als ein Ort der permanenten Zirkulation von Nachrichten beschrieben, die von den meisten Menschen indes nicht wahrgenommen werden können, weil deren Sinnesorgane für den Empfang geistiger Botschaften nicht fein genug sind. Die geisterhaften Vorhersagen, von denen Jung-Stilling erzählt, unterlaufen dabei gezielt die Trennung von Prognostik und Prophetie: Sie werden nicht dem Bereich eines Übernatürlichen zugeordnet, das – entsprechend der theologischen Tradition des Wunders – die Gesetze der Natur außer Kraft setzen würde; sondern sie sind Bestandteil der Naturgesetze und Teil einer Realität, die sich bloß beschränkten Wahrnehmungsapparaten nicht erschließt. Potenziell, so Jung-Stillings Argument, wären alle Ereignisse, die von den Geistern berichtet werden, kalkulierbar; fantastisch erscheinen sie nur deshalb, weil die Kausalitäten, auf denen sie beruhen, von den meisten Menschen nicht erkannt werden können. Nur wer über Sinnesorgane verfügt, die so fein sind, dass sie Daten empfangen wie technische Messgeräte, kann die Botschaften, die in der unsichtbaren Welt zirkulieren, entziffern.

Allerdings weist der in diesen Geschichten zunächst scheinbar reibungslos ablaufende Nachrichtenverkehr zwischen dem Reich des Unsichtbaren und seinen privilegierten Rezipienten einige Dysfunktionalitäten auf. Denn die Bewohner der Geisterwelt sind keineswegs nur als neutrale und selbstlose Informanten einer höheren Instanz unterwegs. Vielmehr stehen sie aus Sicht ihrer Theoretiker tendenziell unter Verdacht, dass sie bloß im Dienst ihrer eigenen Interessen agieren.

Sie unterscheiden sich darin von den Engeln, die traditionell als Versinnbildlichung einer idealisierten Kommunikationssituation, einer störungsfreien Nachrichtenübertragung gelten.[26] Die Gespenster, so die Erklärung der geistergläubigen Schriftsteller, stehen in der himmlischen Rangfolge unter den Engeln. Im Grunde sind sie überhaupt nicht dazu bestimmt, Botschaften zu

25 Heinrich Jung-Stilling: *Theorie der Geister-Kunde, in einer Natur-, Vernunft- und Bibelmäßigen Beantwortung der Frage: Was von den Ahnungen, Gesichten und Geistererscheinungen geglaubt und nicht geglaubt werden müßte.* Nürnberg: Raw'sche Buchhandlung 1808, S. 111.

26 Vgl. Michel Serres: *Die Legende der Engel*, aus d. Franz. v. Michael Bischoff. Frankfurt am Main: Insel 1995, bes. S. 99.

übermitteln, sondern sie sollen durch ihre Dauerpräsenz auf der Erde für sittliche Ordnung sorgen. Während die Engel als Minister an der Seite Gottes benötigt würden und nur von Zeit zu Zeit entbehrlich seien, um Botschaften an die Erde zu übermitteln, bestehe die Aufgabe der Gespenster darin, „das schlafende Gewissen [der Menschen] aufzuwecken, oder zu erschüttern" bzw. sie dazu zu bringen, „über [ihre] bösen Handlungen ernsthaft nachzudenken" – so die Idee des Jenaer Superintendenten Johann Christoph Jonas Schwarze.[27] Ähnlich bestimmt der Theologe Gustav Ernst Wilhelm Dedekind die Funktion der Gespenster: Die dauerhafte Präsenz unsichtbarer „Zeugen" könne dazu dienen, das Bewusstsein einer allgegenwärtigen Überwachung zu erzeugen und somit eine Verinnerlichung moralischer Prinzipien zu erreichen.[28]

Solche Fantasien einer unsichtbaren Fremdsteuerung, die eine auffällige Ähnlichkeit zu den Wunschkonstellationen zeitgenössischer Pädagogen, Mediziner oder Strafrechtler aufweisen,[29] funktionieren allerdings nur dann, wenn die Gespenster sich in Schweigen hüllen. Sobald sie zu sprechen beginnen, werden sie zu zweifelhaften Quellen, für deren Validität kein Theoretiker und Erzähler von Geistergeschichten mehr einstehen möchte. Bei den Geistern, so betont etwa Eckartshausen, müsse man zwischen guten und bösen unterscheiden, weil sonst die Gefahr bestehe, dass bestimmte Menschen zum Spielwerk verworfener Geister werden könnten.[30] Und auch Jung-Stilling weist in seiner *Theorie der Geister-Kunde* immer wieder auf den zweifelhaften Wahrheitsgehalt gespenstischer Botschaften hin. Es gebe unter den Einwohnern der Geisterwelt „Gute und Böse, Halbgute und Halbböse", und während die Guten zumindest der Intention nach die Wahrheit verbreiten möchten, machen es sich die Bösen „zum Vergnügen, Menschen zu betrügen"[31]. Jung-Stilling berichtet von Fällen, in denen manipulative Gespenster die Leichtgläubigkeit menschlicher Seher missbraucht haben, und rät seinen Lesern

27 Johann Christoph Jonas Schwarze: *Die ungegründete Leugnung der Gespenster betrachtet in einem Sendschreiben an den Herrn Hofrath Hennings zu Jena*. Jena: Mauke 1779, S. 51.

28 Ernst Gustav Wilhelm Dedekind: *Ueber Geisternähe und Geisterwirkung oder Ueber die Wahrscheinlichkeit, daß die Geister der Verstorbenen den Lebenden sowohl nahe seyn, als auch auf sie wirken können*. Hannover: Hahn'sche Buchhandlung 1825, S. 4.

29 Vgl. zum Umbau gesellschaftlicher Machtstrukturen im 18. Jahrhundert und der Herausbildung der sog. „Disziplinargesellschaft", in der die unsichtbare Beobachtung zum institutionellen Paradigma schlechthin wird, Michel Foucault: *Überwachen und Strafen. Die Geburt des Gefängnisses*, aus d. Franz. v. Walter Seitter. Frankfurt am Main: Suhrkamp 1994.

30 Vgl. Eckartshausen: *Sammlung der merkwürdigsten Visionen*, S. 11, 31.

31 Jung-Stilling: *Theorie der Geister-Kunde*, S. 150.

daher, jede Erscheinung und Botschaft aus dem Geisterreich eingehend zu prüfen.[32]
Zusätzlich verkompliziert wird die Unterscheidung von wahren und falschen Nachrichten durch Jung-Stillings Hinweis, dass auch gute Geister fehlgeleitet werden können und dass das unsichtbare Nachrichtensystem insgesamt mehr nach dem Hörensagen als nach den Prinzipien der gewissenhaften Berichterstattung funktioniert:

> [A]uch die guten Geister wissen noch nicht Alles, besonders so lange sie noch im Hades sind und das, was sie wissen, blos von Andern erfahren haben; oft mischen sich auch falsche eitle Geister dazu, die den Seher zu täuschen oder irre zu führen suchen: diese studiren die Neigungen und Wünsche desselben, und lenken dann die Eingebungen, Bilder, und Vorstellungen so, daß sie seinen Lieblings-Meinungen entsprechen.[33]

Der Geschmack des irdischen Publikums ist auch für gespenstische Botschafter oft wichtiger als die Frage nach der Wahrheit. Deshalb müssen die Rezipienten der Geisternachrichten eine Art Medienkompetenz besitzen, um wahre von falschen Aussagen unterscheiden zu können. Das Gewicht, das Jung-Stilling auf das Problem der Manipulation von Botschaften legt, ist auch deshalb bemerkenswert, weil es dem Stand der im 18. Jahrhundert ausgetragenen Debatten entspricht. Mitunter reflektiert Jung-Stilling Probleme, die auch innerhalb der publizistischen Auseinandersetzung rund um Gespenster diskutiert wurden.
Prominenten Zeitschriften wie der *Berlinischen Monatsschrift* wurde im Kontext der Gespensterdebatte vorgeworfen, nicht an der Eliminierung des Aberglaubens, sondern nur an der Erhöhung der eigenen Verkaufszahlen interessiert zu sein. Grund dafür war ihre offene dualistische Diskussionskultur, durch die Debatten oft über lange Zeiträume hinausgezogen wurden, ohne dass der Prozess der Wahrheitsfindung zu einem befriedigenden Ende gebracht werden konnte. Das dialogische Prinzip der Zeitschriften, das Nebeneinander entgegengesetzter Meinungen und die polemische und subjektive Form der Auseinandersetzung bedeutete für das Publikum nicht nur einen erhöhten Unterhaltungswert, sondern auch eine enorme Zumutung, erforderten sie doch einige Versiertheit im Umgang mit solchen Publikationsformen. Fern davon, in Fragen wie der nach der Möglichkeit von Geistererscheinungen eine stringente Haltung zu vermitteln, waren die Zeitschriften ebenso „Ort

32 Vgl. Jung-Stilling: *Theorie der Geister-Kunde*, S. 71–73.
33 Ebd., S. 73.

kritisch moralischen Raisonnements wie okkulter Schauplatz“[34]. Mitunter wurden die Vertreter der „Journalistokratie“ deshalb selbst zu Gespenstern erklärt, die „an den Köpfen [der Leser, E.T.] saugen“ und aufgrund dieser unsichtbaren Manipulation des Publikums weit gefährlicher seien als die Gespenster Swedenborgs und anderer Geisterseher.[35]

Vor diesem Hintergrund weist Jung-Stillings Entwurf einer geisterhaften Medienwelt, in der die Botschafter ihre Mitteilungen auf den Geschmack der irdischen Rezipienten abstimmen und Gerüchte mehr Gewicht haben als göttliche Wahrheiten, auffällige Parallelen mit der Medienrealität der Jahrhundertwende auf. In ihm werden zugleich die Möglichkeitsbedingungen der Gespensterdebatte selbst thematisiert. Denn diese ist auch und vor allem ein Diskursphänomen und wird durch die spezifische Publikationskultur der Aufklärungsmedien erst ermöglicht und produziert.

Der Streit um die Gespenster, so lässt sich zusammenfassend sagen, reflektiert in vielerlei Hinsicht Fragen, die auch die zeitgenössischen Wissenschaften und die Publizistik um 1800 beschäftigen. Das betrifft erkenntnistheoretische Debatten um die Funktionsweise der Einbildungskraft genauso wie die Vorhersage der Zukunft oder Diskussionen um eine unsichtbare Steuerung des Publikums durch die zeitgenössische Medienwelt. Diese Themen sind gekoppelt an die Entwicklung neuer Medientechniken, die die Wahrnehmungs- und Sehgewohnheiten modifizieren und einen Bereich des Unsichtbaren sichtbar machen, dessen Ausmaße und Grenzen nicht genau bestimmbar scheinen. Die Popularität des Gegenstandes in gelehrten Publikationen um 1800 lässt sich nicht dadurch erklären, dass es sich hierbei um ein Phänomen archaischen Aberglaubens handele, das aus unaufgeklärten Köpfen vertrieben werden müsse. Vielmehr scheint der zweifelhafte epistemische Status der Gespenster an das Grundverständnis der aufklärerischen Wissenschaften selbst zu rühren. Das Sujet provoziert und befördert die Auseinandersetzung mit Gegenständen unterhalb der Wahrnehmungsschwelle und den Diskussionen rund um die zeitgenössischen Techniken zur Sichtbarmachung des Unsichtbaren. Sowohl die Geschichten der Gespensterkritiker als auch die ihrer Anhänger greifen diese Themen auf und bringen dadurch ein Diskursobjekt, das sie als ein gegebenes behandeln, allererst hervor.

34 Klaus H. Kiefer: *„Die famose Hexen-Epoche“. Sichtbares und Unsichtbares in der Aufklärung.* München: Oldenbourg 2004, S. 64–65.

35 Dieser Vorwurf wurde formuliert von Johann Georg Schlosser: Erklärung über die Aufforderung der Berliner Monatsschrift Nov. 1787, S. 449, den Grafen Cagliostro betreffend. In: *Deutsches Museum* 1 (1788), S. 51–60, hier S. 57.

Derridas Gespenster
Oder: Warum interpretieren nicht verändern ist

Stefan Apostolou-Hölscher

> Dieses reale Leben muß sich zeigen und sich manifestieren, es muß *sich* über Europa, über das alte Europa oder neue Europa hinaus in der universalen Dimension einer Internationale *präsentieren.*
>
> (Jacques Derrida)

> Wenn das Leben (der *bios*) des Redners stimmt, wenn es einen Einklang zwischen der Rede und dem Sein von jemandem gibt, dann nehme ich die Rede an.
>
> (Michel Foucault)

Jacques Derridas *Marx' Gespenster*, das aus einem ursprünglich aus zwei Sitzungen bestehenden und am 22. und 23. April 1993 im Rahmen der Konferenz *Whither Marxism?* an der Universität von Kalifornien in Riverside präsentierten Vortrag hervorgegangen ist, stellt in erster Linie eine gespenstische Genealogie abwesender Väter und ihrer umherirrenden Söhne dar und versteht sich als ein besonders schillerndes Glasstück im Mosaik seiner langjährigen Kritik an dem, was er die *lebendige* Gegenwart nennt. Die These lautet: Von einem Wunsch nach *Präsenz* hätte auch Marx in unterschiedlichen Etappen seines Denkens nicht abweichen wollen. Derrida beginnt seine Ausführungen mit dem Hinweis auf ein Motiv, das er „Visier-Effekt"[1] nennt und an Shakespeares *Hamlet* demonstriert: „Dieser Schutz ist im strengsten Sinn des Wortes *problematisch* (*problema*, das ist auch der Schild), denn er verbietet der Wahrnehmung die Entscheidung über die Identität dessen, den sie so fest in

1 Vgl. Jacques Derrida: *Marx' Gespenster. Der Staat der Schuld, die Trauerarbeit und die neue Internationale*. Frankfurt am Main: Suhrkamp 2004, S. 22.

ihrem Panzer verschließt."[2] Bereits an dieser Stelle zeichnet sich ab, worauf die Relektüren des vielschichtigen marxistischen Erbes – in dessen Schweif Derrida nun auch explizit die Dekonstruktion stellt[3] – hinauslaufen werden, nämlich erstens auf eine Durchkreuzung der (Selbst-)Präsenz des Subjekts und zweitens eine Einklammerung der Objekte, von denen es in seiner Rede spricht. Hamlet zaudert und zögert. Er weiß nicht, was er aus der Stimme des Vaters machen soll, kann sich dessen Gesetz also einerseits nicht entziehen, andererseits aber will er es zunächst nicht ausführen. Letztlich ist er, so wie Derrida ihn präsentiert, vielleicht sogar der erste Dekonstruktivist der Literaturgeschichte, denn „keine Gerechtigkeit scheint möglich oder denkbar ohne das Prinzip einer *Verantwortlichkeit*, jenseits jeder *lebendigen Gegenwart*, in dem, was die lebendige Gegenwart zerteilt, vor den Gespenstern jener, die noch nicht geboren oder schon gestorben sind […]."[4]

Weitere Gespenster betreten die Bühne. Väter, die einmal Söhne waren, und Söhne, die bald Väter sein werden. Auf das Gespenst von Hamlets Vater und Hamlet folgen Kant und Hegel und später die hinsichtlich Hegels fast als Kain und Abel auftretenden Namen von Marx und Stirner. Und natürlich Heidegger, nicht nur das Gespenst Derridas, sondern auch derjenige, den Derrida jetzt Marx heimsuchen lässt. Heidegger-Marx? Vergessen wir nicht: Den Visier-Effekt. Fast immer sind die Visiere (hat Derrida auch eines?) der Väter *Probleme*, und ständig müssen die Söhne entschlüsseln, was die Gesichter dahinter ihnen sagen wollen, können sich aber nicht sicher sein über ihre Gestalt, weil die sie verbindende *Schrift* von einer ewigen *différance* zerteilt wird und ewig ebenso unterschieden wie aufgeschoben bleibt. Deshalb dürfen die Söhne, so ließe sich schlussfolgern, den Auftrag der Väter nicht realisieren, sollten ihnen aber sehr genau zuhören und zwischen den Zeilen lesen, was sie ihnen mitzuteilen haben.

In *Marx' Gespenster* bleibt Derrida sich und seinem eigenen Erbe treu, indem er ein unlösbares Spannungsverhältnis zwischen *Recht* und *Gerechtigkeit* entfaltet und die Vaterstimmen nicht mehr bei sich oder als Befehle in den Ohren der Söhne sein lässt, sondern sie aushebelt und ihre Ränder weitestgehend ausfranst. In *Marx & Sons*, seiner durchwegs defensiven Replik auf die in

2 Derrida: *Marx' Gespenster*, S. 22.

3 „Die Dekonstruktion hat, zumindest in meinen Augen, immer nur Sinn und Interesse gehabt als eine Radikalisierung, das heißt auch *in der Tradition* eines gewissen Marxismus, in einem gewissen Geist *des Marxismus*." (Ebd., S. 130).

4 Ebd., S. 11.

Ghostly Demarcations[5] enthaltenen Antworten mehr oder weniger orthodox ‚marxistischer' Philosophen auf sein Marx-Buch – nicht nur von Terry Eagletons Polemik gegen ihn fühlt er sich zutiefst gekränkt – wird er fragen:

> Wie soll man diese idiomatischen und unübersetzbaren Unterschiede formalisieren und sich zugleich den Anschein geben, zu allen von einer gewissermaßen metasprachlichen Position aus zu sprechen, einer Position, die zumal sehr vorteilhaft und unvergleichlich ist, sehr absurd und unhaltbar und jedenfalls überhaupt nicht gerecht?[6]

Wie immer besteht Derrida auf dem Recht dessen, was vom Recht ausgeschlossen wurde, treibt also im Angesicht einer ‚unreinen' Vernunft und deren Selbstkritik sowie ihrer immer problematischen Ideen auch sein eigenes philosophisches Denken in Richtung eines Scheiterns, dem „meine Rede *versprochen ist*."[7] Für diesen der Dekonstruktion so wichtigen Gestus einer Dialektik *ohne* Identität hat Christoph Menke jüngst sehr treffende Worte gefunden:

> Das Recht des Rechts und das Recht des Nichtrechtlichen sind ein und dasselbe; in der Verwirklichung des einen verwirklicht sich zugleich auch das andere. Dagegen zeigt die Selbstreflexion des Rechts, dass die beiden Ansprüche sich genau deshalb, weil sie ineinander umschlagen, einander widersprechen. Mehr noch: Beide Ansprüche widersprechen sich selbst. Indem das Recht sein Recht gegen das Nichtrechtliche durchsetzt, proklamiert es zugleich das Recht des Nichtrechtlichen.[8]

Aufgrund Derridas Privilegierung einer ihrerseits nicht weiter dekonstruierbaren Gerechtigkeit gegenüber dem Recht ist seine späte Auseinandersetzung mit Marx in vielerlei Hinsicht bewundernswert, wirft aber eine Reihe von Problemen auf, die weniger mit den hinter Visieren verborgenen Gesichtern der Väter zu tun haben, sondern vielmehr damit, dass Derrida selbst ein Visier trägt. Sie alle laufen auf eine nach der Lektüre bleibende Frage hinaus: Inwiefern kann die Dekonstruktion als *Praxis* wirklich mehr tun als nur zu registrieren, dass die Welt aus den Fugen ist? Bis in seine ‚Antwort' auf die kritischen Stimmen mancher seiner Freunde und Gegner in *Marx & Sons* hinein redet Derrida nämlich nur von der Politik der Dekonstruktion. An keiner Stelle jedoch analysiert er die politische *Ökonomie* sowie eine Ungerechtigkeit, die mit ökonomischen Fragen verbunden ist. Antonio Negri, dessen Beitrag in *Ghostly Demarcations* er zusammen mit dem von Fredric Jameson als

5 Jacques Derrida / Michael Sprinker (Hrsg.): *Ghostly Demarcations. A Symposium on Jacques Derrida's Specters of Marx*. New York: Verso 1999.

6 Jacques Derrida: *Marx & Sons*, aus d. Franz. v. Jürgen Schröder. Frankfurt am Main: Suhrkamp 2004, S. 22.

7 Ebd.

8 Christoph Menke: *Recht und Gewalt*. Berlin: August 2012, S. 90.

die „spannensten Essays dieses Bandes“[9] bezeichnet und von dem er meint, er sei „sicher ein besserer Marxist als ich“[10], bringt wie folgt auf den Punkt, was Derrida auslässt:

> In this sense, what becomes increasingly important in the progressive constructing of deconstruction is the relation it engages in the transformation of its object, in other words the perception of that spectral redefinition of the real which it does not produce, but which it progressively registers as a paradigmatic mutation.[11]

Bereits im *Kommunistischen Manifest* hatten Marx und Engels festgestellt, dass die Bewegung des Kapitals alles Ständische und Stehende verdampfen lasse und jedes soziale Band auflöse. Gilles Deleuze und Félix Guattari werden diese Tendenz in ihrem 1972 erschienen *Anti-Ödipus* die Decodierung der Ströme im und durch den Kapitalismus nennen.[12] Von der primitiven Akkumulation zur realen Subsumption ist der Weg zwar weit, aber was auf ihm vollständig zerstört wird, ist eine Welt, in der die Tische noch nicht auf dem Kopf stehen, weil sie noch nicht zu Waren geworden sind. In *Das Gespenst des Kapitals* merkt Joseph Vogl hierzu an:

> Darum aber müssen nach Marx die Bedingungen der Produktion zwangsläufig als Bedingungen der Reproduktion verstanden werden. Die filiativen Qualitäten des Kapitals bringen es mit sich, dass der kapitalistische Produktionsprozess ‚durch seinen eigenen Vorgang' die ‚Scheidung zwischen Arbeitskraft und Arbeitsbedingungen', die Entgegensetzung von Arbeitskräften und Produktionsmitteln und somit seine eigenen ‚Exploitationsbedingungen' fortwährend und immer von neuem reproduziert […].[13]

Vom für Marx so zentralen Problem der *Lohn*arbeit, also der überhaupt nicht messianischen und dafür leider umso profaneren Tatsache, dass der Kapitalismus *auch* eine Produktionsweise darstellt, in der manche ihre Arbeits*kraft* verkaufen müssen und andere von deren Abschöpfung und Aneignung leben, ist bei Derrida nicht die Rede. Er spricht vor allem davon, dass die Idee der *lebendigen* Arbeit die Heimsuchung des Lebens durch den Tod verkenne, weil sie „in ihrem unterstellten Gegensatz zur gespenstischen Logik, die die Effekte der Virtualität, des Simulakrums, der ‚Trauerarbeit', des Phantoms,

9 Derrida: *Marx & Sons*, S. 19.

10 Ebd., S. 95.

11 Antonio Negri: The Specter's Smile. In: Derrida / Sprinker (Hrsg.): *Ghostly Demarcations*, S. 5–17, hier S. 6.

12 Vgl. Gilles Deleuze / Félix Guattari: *Anti-Ödipus. Kapitalismus und Schizophrenie 1*. Frankfurt am Main: Suhrkamp 1977.

13 Joseph Vogl: *Das Gespenst des Kapitals*. Berlin / Zürich: Diaphanes 2010, S. 132–133.

des Wiedergängers usw."[14] beinhaltet, eine ideologische Präsenz des Subjekts bei sich selbst anstrebe. Wie aber verhält sich dann die *Methode* der Dekonstruktion zur „*unsinnliche[n] Sinnlichkeit*"[15] des Kapitals? Wie verhält sich das Kapital, nachdem es Kants Ideen der reinen Vernunft ihre regulative Funktion für eine jede sinnliche Tätigkeit streitig gemacht hat, zur *Arbeitskraft* der Körper, auf die Derrida leider nur am Rande zu sprechen kommt? Wie ist es bei ihm um die *Praxis* der Körper bestellt? Derrida verweist auf Marx, der auf Hegel verweist, der auf den Geist der Geschichte verweist:

> Aber wenn die Menschen dieser Logik zufolge nur als ‚Repräsentanten' einer abstrakten Allgemeinheit existieren, eines Wesens, eines Begriffs oder eines Geistes, eines Heiligen oder eines Fremden, dann sind sie ‚nur als Gespenstige, Gespenster füreinander vorhanden'. Die Menschheit ist nichts als eine Kollektion oder eine Serie von Gespenstern. Gehorsame Anwendung hegelianischer Logik? Angemessene Rezitation der *Phänomenologie des Geistes*?[16]

Demgegenüber irrt der junge Marx, derjenige der Entfremdung ebenso wie des Wunsches nach Präsenz, Derrida zufolge, wenn er den *Gebrauchswert* der Waren als naive Unmittelbarkeit ihrem *Tauschwert* entgegensetzt, weil er dadurch verkenne, dass die Vermittlung zwischen Subjekt und Objekt zwar nie auf*gehoben*, aber immer schon auf*geschoben* sei, sowohl aufgrund väterlicher Gespenster als auch im Sinne der *différance*, also deswegen, weil das Subjekt sich selbst und seinen Objekten gegenüber abwesend ist, wenn es Stimmen hinter Visieren vernimmt. Das Subjekt wird dadurch zwar nicht deutlich durchkreuzt, jedoch deutet sich seine Einklammerung zumindest als eine spektrale Spur dessen an, was Hegel, der neben Heidegger, trotz aller offensichtlicher Abstandnahmen wohl einer der ‚leiblichen' Väter Derridas ist, einmal den *Weltgeist* nannte und von dem er annimmt, dass er nie mit sich selbst identisch werden dürfe:

> In seiner ursprünglichen Iterabilität ist ein Gebrauchswert im Vorhinein versprochen, dem Tausch versprochen und jenseits des Tauschs versprochen. Er ist im Vorhinein auf den Markt der Äquivalenzen geworfen. Das ist nicht immer von Übel, auch wenn es immer mit dem *Risiko* verbunden ist, in der Ware seine Seele zu verlieren.[17]

Von *Arbeit*, welche zumindest beim frühen Marx noch mit der Idee *lebendiger* Arbeit verknüpft ist, spricht Derrida zuallererst im Sinne der *Trauer*arbeit[18],

14 Derrida: *Marx' Gespenster*, S. 109.
15 Ebd., S. 21.
16 Ebd., S. 188.
17 Ebd., S. 221.
18 Vgl. Derrida.: *Marx & Sons*, S. 97.

indem er sie in den Schatten seines zwischen Leben und Tod aufgespannten Messianismus *ohne* Messias stellt. Über wen erzählt er uns in *Marx' Gespenster* also mehr? Über Marx und ‚die Marxismen' im Plural[19] oder über sich und eine Lektüremethode rein als Philosophie rezipierter Texte, deren Name einmal Dekonstruktion gewesen sein wird und für die er nun den Namen *Hantologie*[20] prägt? Derrida führt, indem er sich diesmal explizit auf das Gespenst – sowohl als Metapher als auch als einen affektiven Zustand des von ihm heimgesuchten Subjekts – beruft, seine Dekonstruktion der Geschichte des Rechts, auch noch der sogenannten Menschenrechte, letztlich konsequent fort. Von innen heraus will er etwas aus den Fugen bringen, das er zu Recht als das Recht dessen ansieht, was sich durchgesetzt hat, durchsetzt und vielleicht ewig weiter durchsetzen wird, und konfrontiert es mit dem, was er seit längerem Gerechtigkeit nennt. Wo aber meint er diese Gerechtigkeit außerhalb seiner überaus schlüssigen und scharfsinnigen Lesart der Texte anderer zu finden? Schlägt er, weil er diesmal Marx gegenüber gerecht sein will, eine emanzipatorische Praxis (ganz banal, wie schon bei Feuerbach) auch außerhalb dekonstruktiver Lektüren vor? Zumindest schreibt er:

> Diese Dimension der performativen Interpretation, das heißt einer Interpretation, die das, was sie interpretiert, zugleich verändert, wird in dem, was ich heute Abend sagen möchte, eine unerlässliche Rolle spielen. Eine Interpretation, die das, was sie interpretiert, verändert – das ist eine Definition des Performativen, die von der *Sprechakttheorie* aus betrachtet ebenso unorthodox ist wie in Bezug auf die elfte *These über Feuerbach* […].[21]

Um die Frage zu beantworten, ob Derrida, wie ihm viele der Referenten in *Ghostly Demarcations* vorwerfen, in *Marx' Gespenster* am eigentlichen Thema vorbeigearbeitet und den Kern der von Marx und Engels aufgeworfenen Probleme verfehlt hat, soll nun zunächst der Umweg über Derridas gespaltene Beziehung zu Michel Foucault beschritten werden, um danach Marxens elfte Feuerbach-These in Erinnerung zu rufen und eine vorsichtige und kurze Antwort zu formulieren, denn die Geister Derridas und Foucaults scheiden sich letztlich an sehr unterschiedlichen Verständnissen des Begriffs *Praxis*.

Im Rahmen seiner allerletzten Vorlesungen am *Collège de France* widmet sich Foucault dem auch während seines ebenso in diese Zeit fallenden Gastaufenthalts in Berkeley[22] angeschnittenen Problem der *parrhesia* (παρρησία). Er

19 Vgl. Derrida.: *Marx & Sons*, S. 46.

20 Vgl. ebd., S. 77.

21 Ebd., S. 88.

22 Vgl. Michel Foucault: *Diskurs und Wahrheit. Berkeley-Vorlesungen 1983*, aus d. Engl. v. James Pearson. Berlin: Merve 1996.

betont, dass es ein großer Fehler wäre, Philosophie auf der Entfaltung eines Gesetzes der Vernunft – *logos* (λόγος) – zu begründen oder auch nur mit deren Selbstkritik zu identifizieren. Demgegenüber macht er vielmehr die Idee von Philosophie als Aufgabe und Arbeit im Sinne des *ergons* (ἔργον) stark und beruft sich auf eine für seine Generation sehr ungewöhnliche Weise auf Platon, um eine Analogie ihrer heilsamen Wirkung für die Gesellschaft mit derjenigen der Medizin für einzelne Körper aufzustellen. Philosophie sei nicht nur Diskurs, möchte er nicht missverstanden werden, sondern lege Hand an die Wirklichkeit, indem sie ihre eigene Realität mit der Realität von Machtverhältnissen konfrontiere, also auf etwas hinziele, das man entweder ganz einfach *Praxis* oder heutzutage mit François Laruelle auch „Nicht-Philosophie" nennen mag.[23]
Den *kairos* (καιρός) zu ergreifen hieße schon bei Platon, die Gelegenheit zu nutzen, sich im richtigen Moment einzumischen und den Mut zu haben, das Wort zu ergreifen, auch wenn man sich damit, wie schon Sokrates bewiesen habe, dem Risiko aussetze, das eigene Leben in Gefahr zu bringen. Doch soweit müsse es nicht kommen. Auch was mit Immanuel Kant die Bedingung der Möglichkeit des Denkens genannt werde, sei etwas, dem man die Stirn bieten müsse und das immer wieder kritisch auf seinen scheinbaren Grund hin untersucht werden sollte. Foucault im Wortlaut:

> In einem gewissen Sinne ist die *parrhesia* also das Gegenteil des Performativen, wo die Äußerung von etwas in Abhängigkeit von einem allgemeinen Code und von einem institutionellen Umfeld, in dem die performative Äußerung hervorgebracht wird, ein völlig bestimmtes Ereignis hervorruft.[24]

Gerade als Philosoph müsse man auf der politischen Bühne intervenieren, ohne dazu aufgerufen oder eingeladen worden zu sein, sonst hätte man nicht verstanden, worum es in der Philosophie ginge. In diesem Zusammenhang erinnert Foucault an zwei unterschiedliche Verwendungsweisen des altgriechischen Wortes *pragmata* (πράγματα): Einerseits kann hiermit „in den Begriffen der Grammatik oder Logik der Bezugsgegenstand eines Begriffs oder einer Aussage"[25] gemeint sein, also *weder* ein anderer Begriff, auf den ein bestimmter Begriff verweist, *noch* ein anderes Zeichen, das durch ein gegebenes Zeichen

23 Vgl. François Laruelle: *Principles of Non-Philosophy*, aus d. Franz. v. Anthony Paul Smith / Nicola Rubczak. London / New York: Bloomsbury 2013; ders.: *The Non-Philosophy Project. Essays*, aus d. Franz. v. Gabriel Alkon / Boris Gunjevic. Candor: Telos 2013.

24 Michel Foucault: *Die Regierung des Selbst und der anderen*, aus d. Franz. v. Jürgen Schöder. Frankfurt am Main: Suhrkamp 2012, S. 89.

25 Ebd., S. 303.

repräsentiert würde. Während der späte Derrida sich also dem Gespenstischen widmet und Interpretation und Veränderung miteinander identifiziert, denkt Foucault in seinen letzten Vorlesungen Geschichte mit Nietzsche weiterhin genealogisch als Konstellation diskursiver und nicht-diskursiver Praktiken. In ihrer ersten Bedeutung sind *pragmata* für ihn die Objekte, auf welche sich ein jedes Denken richtet und die Gegenstände, mit denen sich auch die Philosophie befasst. Andererseits geht es hierbei um „die Tätigkeiten, all das, womit man sich beschäftigt, all das, wobei man sich Mühe geben kann."[26]
Foucault verteidigt Platon gegen den Vorwurf, er schließe ein bestimmtes Konzept der *Schrift* aus, um die *lebendige* Rede zu privilegieren, und weist darauf hin, dass es ihm viel eher um die Zurückweisung einer auf formelhaften *mathemata* (μαθήματα) beruhenden Auffassung von Philosophie geht. Stützt sich Philosophie nämlich auf *mathemata* – etwas, das bereits gelernt wurde, ein Wissen sowie dessen Vermittlung und Anwendung –, verfehlt sie ihre eigentliche Aufgabe, die freie, mutige und rückhaltslose Rede, um sich hinter einem Denken zu verstecken, das nicht das eigene ist. Foucaults Rede von den *pragmata* meint ein gemeinsames Ausüben der Philosophie zu mehreren, am besten in der Öffentlichkeit und von Angesicht zu Angesicht, manchmal auch im Widerstreit, aber immer eine Liebe ebenso zu ihr wie zueinander, weil sie nur im Zueinander stattfindet, „da also die Schrift, die an die Form der *mathemata* selbst gebunden ist, in keiner Weise der Wirklichkeit der philosophischen Erkenntnis entsprechen kann: der kontinuierlichen Reibung der Erkenntnismodi aneinander."[27]

Voraussetzung für die Realität der Philosophie ebenso wie für die Realität dessen, worauf sie sich bezieht, ist erstens, dass sie sich Gehör verschafft und dass ihr Gehör geschenkt wird und zweitens, dass sie Verhältnisse von Subjekten zu sich selbst und zueinander sowie drittens zu ihnen gemeinsamen Objekten zu stiften vermag. Diese Objekte sind ebenso wenig gespenstisch verfasst wie die Subjekte, die sie erkennen. Während Derrida auf eine Hantologie im Sinne einer Heimsuchung der Subjekte durch ihre Objekte hinaus will, denkt Foucault an Ausübungen der Subjekte und die *Konstitution* der Objekte innerhalb von Kräfteverhältnissen. Im Gegensatz zu vielen seiner Pariser Kollegen wertet er Platon nicht ab, sondern auf, wenn er aus dessen *Alkibiades* den folgenden Schluss zieht:

26 Foucault: *Die Regierung des Selbst und der anderen*, S. 304.
27 Ebd., S. 320.

> Die Wirklichkeit der Philosophie findet sich nur in der Praxis der Philosophie, wird nur dort anerkannt und vollzieht sich ebenfalls nur dort. Genauer noch, die Wirklichkeit der Philosophie, das ist die zweite Folgerung, die wir ziehen müssen, ist nicht ihre Praxis als Praxis des *logos*. Das bedeutet, daß sie nicht die Praxis der Philosophie als Diskurs ist, nicht einmal die Praxis der Philosophie als Dialog. Es ist die Praxis der Philosophie als ‚Praktiken' im Plural, die Praxis der Philosophie in ihren Praktiken, in ihren verschiedenen Ausübungen. Die dritte Folgerung, die offensichtlich von großer Bedeutung ist, ergibt sich aus der Frage, worauf sich diese Ausübungen beziehen, worum es in diesen Praktiken geht. Nun, es geht ganz einfach um das Subjekt selbst.[28]

Foucault liegt in seinen späten Jahren viel an einer Rückbesinnung auf das Subjekt und daran, Philosophie in erster Linie als eine *Selbst*beziehung zu fassen, in der die beiden Bedeutungen von *pragmata*, also sowohl die Gegenstände der Praxis als auch deren Ausübungsformen, eine in diesem Sinne *ethische* Lebensweise und implizit auch eine *Ästhetik* der Existenz begründen sollen. Letztlich geht es ihm darum, „wie diese philosophische Wahl sich unmittelbar und kontinuierlich mit der alltäglichen Tätigkeit verschränkt"[29] und darum, konsequent „einem Weg zu folgen, der einen Ursprung und ein Ziel hat."[30] Demnach gründet Philosophie weder auf einem *logos* noch auf der Ablehnung des *logos* überhaupt oder auf dessen vorsichtiger Dekonstruktion, sondern auf „eine[r] Wahl, die von Anfang an getroffen werden muß, einer[r] Wahl, die ein für allemal getroffen und die anschließend entwickelt und entfaltet werden muß, um sich quasi in der emsigen Arbeit des Alltagslebens auszuprägen."[31]

In der zweiten Vorlesungsstunde geht Foucault von einer Beschäftigung mit der Problematik der *Praxis* bei Platon zu einer heftigen Polemik gegen Derrida über. Das Verhältnis der beiden hatte sich seit Derridas Vorwurf, Foucault hätte im Verlauf seiner kurzen Descartes-Kritik in *Wahnsinn und Gesellschaft*[32], als er behauptete, mit Descartes beginne der Ausschluss des Wahnsinns aus dem Denken des *cogito*, dessen *Meditationen* nicht als einen ‚philosophischen' Text gelesen und deshalb falsch verstanden, zunehmend verschlechtert.[33]

28 Ebd., S. 308–309.

29 Ebd., S. 306.

30 Ebd., S. 307.

31 Ebd., S. 308.

32 Vgl. Michel Foucault, *Wahnsinn und Gesellschaft*, aus d. Franz. v. Ulrich Köppen. Frankfurt am Main: Suhrkamp 1969, S. 68–70.

33 Bzgl. einer vollständigen Transkription der am 4. März 1963 am *Collège philosophique* vorsichtig vorgetragenen Kritik Derridas an Foucaults Buch vgl. Jacques Derrida: Cogito und Geschichte des Wahnsinns. In: Ders.: *Die Schrift und die Differenz*, aus d. Franz. v. Rodolphe Gasché / Ulrich Köppen. Frankfurt am Main: Suhrkamp 1972, S. 53–101.

Obwohl Foucault sich zunächst dialogbereit gezeigt hatte, war für ihn spätestens eine Toleranzschwelle überschritten, als Derrida, der zu diesem Zeitpunkt Redaktionsmitglied der Zeitschrift *Critique* war, einen etwas heftigeren Artikel von Gérard Granel drucken ließ, der den Titel *Jacques Derrida et la rature de l'origine* trug und in dem es zu einer frontalen Attacke gegen Foucault kommt. Granel lobt darin Derridas Verteidigung von Descartes' *cogito* gegen Foucault und meint,

> man braucht die Unzulänglichkeiten von *Histoire de la folie*, die sich auf diese Weise zeigen, auf *Les Mots et les choses* nur zu verschieben (nicht einmal zu übertragen), damit auch die wesentliche Unbestimmtheit des Begriffs Archäologie, der das ganze Unternehmen leitet, ins Auge springt.[34]

Das war 1967, sechs Jahre nach der Erstveröffentlichung von *Wahnsinn und Gesellschaft*. Auf die plötzliche Funkstille zwischen Foucault und Derrida folgten eine Reihe unterschwelliger Anfeindungen und Polemiken[35], und dem

34 Zit. n. nach Benoît Peeters: *Jacques Derrida. Eine Biographie*, aus d. Franz. v. Horst Brühmann. Berlin: Suhrkamp 2013, S. 266.

35 Anlässlich des Erscheinens einer Übersetzung von *Wahnsinn und Gesellschaft* in Japan hatte Foucault der japanischen Zeitschrift *Paideia* die erste Version eines 1972 auch in der französischen Neuauflage abgedruckten Textes übergeben, in dem er Rache übt und Derrida durchaus persönlich verletzen will. An dessen Methode der Dekonstruktion kritisiert er: „Reduktion diskursiver Praktiken auf diskursive Spuren; Weglassen von Ereignissen, die darin hervorgebracht werden, um allein Merkzeichen für eine Lektüre zurückzubehalten; Erfindungen von Stimmen hinter den Texten, um nicht die Weisen der Implikation des Subjekts in die Diskurse analysieren zu müssen; Zuweisung des Ursprünglichen als im Text Gesagtes und Ungesagtes, um nicht den diskursiven Praktiken im Feld der Transformationen, in dem sie sich vollziehen, wieder ihren Platz zu geben. Ich werde nicht behaupten, dass sich in dieser ‚Textualisierung' diskursiver Praktiken eine Metaphysik, *die* Metaphysik oder ihre Schließung verbirgt. Ich werde viel weiter gehen: Ich werde behaupten, dass sich darin sehr gut sichtbar eine historisch genau bestimmte kleine Pädagogik kundtut. Eine Pädagogik, die den Schüler lehrt, dass es nichts außerhalb des Textes gibt, sondern dass in ihm, in seinen Zwischenräumen, in seinen Leerstellen und seinen Ungesagtheiten das Reservat des Ursprungs regiert; dass es überhaupt nicht nötig ist, an anderer Stelle zu suchen, sondern dass genau hier, gewiss nicht in den Wörtern, sondern in den Wörtern als Ausstreichungen, in ihrem *Sprechgitter*, ‚der Sinn des Seins' sich sagt. Eine Pädagogik, die umgekehrt der Stimme der Lehrmeister jene grenzenlose Souveränität verleiht, die es ihr endlos erlaubt, den Text wieder aufzusagen." (Michel Foucault: Mein Körper, dieses Papier, dieses Feuer. In: Ders.: *Dits et Ecrits. Schriften*, Bd. 2, aus d. Franz. v. Reiner Ansén / Michael Bischoff / Hans-Dieter Gondek / Hermann Kocyba / Jürgen Schröder. Frankfurt am Main: Suhrkamp 2002, S. 300–331, hier S. 330.) In einem anderen, ebenfalls zunächst 1972 in *Paideia* abgedruckten Text, wird er noch deutlicher und wirft Derridas Denkweise einen exorbitant um sich selbst kreisenden und letztlich hermetischen ‚Philosophismus' vor. Demnach sei er unfähig, ein *Außen* der Philosophie zu denken: „Nicht nur, dass ihr nichts geschehen kann, sondern alles, was geschehen kann, erweist sich als bereits von ihr antizipiert oder umhüllt. Sie ist selbst nur Wiederholung eines ursprünglichen Ursprungs, der zudem in seinem Entzug unendlich über alles hinausgeht, was sie in jedem ihrer historischen Diskurse zu

Derrida-Biografen Benoît Peeters zufolge schwelte der Konflikt bis zum Ende weiter, ohne sogar bis zum verfrühten Tod Foucaults jemals gelöst worden zu sein. Jedes Mal einzigartig, das Ende einer Freundschaft. Im Februar 1983 wird Foucault Platon vor Derrida in Schutz nehmen, indem er seinen ZuhörerInnen verkündet:

> Die Schrift wird nicht verworfen, weil sie dem *logos* entgegengesetzt ist. Im Gegenteil, weil sie von derselben Art ist wie dieser und weil sie auf ihre Weise so etwas wie eine abgeleitete und sekundäre Form des *logos* ist. Umgekehrt geschieht diese Ablehnung der Schrift, die Ablehnung der Schrift und des mit der Schrift verbundenen *logos* oder des *logos*, dem die Schrift untergeordnet ist, im Namen von etwas Positivem, das also nicht der *logos* selbst ist (der wie die Schrift und noch vor der Schrift abgelehnt wird), sondern im Namen der *tribe*, im Namen der Übung, der Mühe, der Arbeit, im Namen eines bestimmten mühevollen Selbstverhältnisses. In dieser Ablehnung der Schrift ist keineswegs das Heraufkommen eines Logozentrismus zu erkennen, sondern das Erscheinen von etwas ganz anderem. Es handelt sich um das Erscheinen der Philosophie; einer Philosophie, deren Wirklichkeit in der Selbstpraxis besteht. In der gleichzeitigen und gemeinsamen Ablehnung der Schrift und des Logos wird so etwas wie das abendländische Subjekt in die Pflicht genommen.[36]

Hierauf hat Derrida nie geantwortet. Nimmt man Foucault an diesem Punkt jedoch Ernst, muss man eingestehen, dass er 1983 nicht nur einen punktuellen Angriff auf das Programm der Dekonstruktion formuliert, sondern ihre Methode insgesamt im besten Sinne des Wortes *radikal* anzweifelt. Im Gegensatz zu Foucault würde Derrida nie positivistisch von Texten auf eine außertextuelle Wirklichkeit schließen. Selbst die von Marx und Engels aufgeworfenen Fragen einer *Politischen Ökonomie* sind für ihn eher Anlass, über Gespenster zu meditieren als die konkreten Körper und Kräftekonstellationen in Betracht zu ziehen, welche darin verstrickt sind.

Derrida und Foucault haben zwei völlig unterschiedliche Auffassungen von Philosophie. Für den späten Foucault soll sie Teil einer größeren *Praxis* werden, indem sie *pragmata* des Denkens produziert, die zugleich *pragmata* eines Handelns *außerhalb* der Philosophie zu sein haben. Interpretieren ist für ihn *nicht* Verändern. Ihm zufolge sollte sich philosophisches Denken nicht

sagen vermag. Doch weil der philosophische Diskurs Wiederholung dieses Ursprungs ist, geht jeder philosophische Diskurs, vorausgesetzt, er ist wirklich ein philosophischer, in seiner Maßlosigkeit über all das hinaus, was in der Ordnung des Wissens, der Institutionen, der Gesellschaft usw. geschehen kann. Die Maßlosigkeit des Ursprungs, den allein die Philosophie (und keine andere Form des Diskurses oder einer Praktik) über jedes Vergessen hinaus wiederholen kann, nimmt dem Ereignis jede Bewandtnis.“ (Michel Foucault: Erwiderung auf Derrida. In: Ebd., S. 374–367, hier S. 350.)

36 Foucault: *Die Regierung des Selbst und der anderen*, S. 322–323.

auf den *logos* oder dessen Dekonstruktion stützen, sondern seine Kraft aus der *tribe* (τριβή) beziehen, also aus der permanenten Reibung der Körper und ihrer Wörter aneinander in einem Feld, das aus nichts anderem als *Kräften* sowie letztlich *Macht-* und *Wissens*konstellationen besteht. Derrida dagegen identifiziert Philosophie mit der unendlichen Selbstkritik eines Vernunftgesetzes, das diesen einander immanenten Kräfteverhältnissen gegenüber transzendent bleibt. Bereits im Disput der beiden über das Problem des *cogito* bei Descartes zeigt sich, dass Derridas Dekonstruktion des sogenannten Logozentrismus eine ausschließlich in diesem Sinne *philosophische* Kritik der Allgegenwart des *logos* voraussetzt, weil sie ihn nur *von innen heraus* angeht, ohne ihn auf etwas zu beziehen, das ihm äußerlich wäre. Laut Derrida lässt sich vom Wahnsinn nur *innerhalb* der in sich gespaltenen Sprache der Vernunft sprechen und ihm Gerechtigkeit widerfahren lassen. Im Kontrast zu Foucault nimmt er nicht an, die Vernunft schließe den Wahnsinn aus, sondern er konstatiert, dass sie ihn als ihr *Korrektiv* einschließe: Gerade weil Descartes nicht sicher wissen könne, ob sein vermeintlich eigenes Denken ihm letztlich nicht vielleicht doch von einem ‚bösen Dämon' eingeflüstert werde, ließe sich anhand seiner *Meditationen* zeigen, dass der *logos* schon immer gespenstisch von seinem Gegenteil heimgesucht worden wäre. Derrida kann, völlig anders als Foucault, diese Lesart nicht nur von Descartes, sondern von prinzipiell *allen* Philosophen vorschlagen, indem er erstens dem philosophischen Diskurs ein Privileg gegenüber anderen diskursiven Praktiken einräumt und zweitens nicht-diskursive Praktiken gar nicht erst problematisiert. Während Foucault Descartes' *Meditationen* als einen Text unter anderen Texten – und gleichberechtigt neben noch viel mehr nicht-textuellen Praktiken! – in einem Kräftefeld situiert, das durch übergreifende und historisch spezifische *episteme* geprägt ist, in deren Rahmen sich Macht- und Wissensformationen herausbilden und aus denen ihm zufolge zu einem bestimmten Zeitpunkt der Wahnsinn ausgeschlossen wird, behandelt Derrida Descartes' Äußerungen – genau wie Jahrzehnte später die von Marx – als einen in sich isolierten philosophischen Text, um ihn nur mit anderen Texten zu verbinden, nicht aber mit einem *außer*textuellen Dispositiv an *Praktiken*, in die er eingebettet ist. Derrida ist an einer exorbitanten Geschichte der Vernunft und ihrer Dezentrierung interessiert, Foucault dagegen will Philosophie in einem immer umkämpften Feld verschiedener Praktiken und in einem Spiel von Kräften verorten. Insofern verwundert es nicht, dass Derrida über seinen Kollegen schreibt, er wäre einer der letzten Vertreter der ‚Präsenz-Metaphysik'[37], weil er philosophische

37 Vgl. Jacques Derrida: *Limited Inc.*, aus d. Franz. v. Werner Rappl / Dagmar Travner. Wien: Passagen 2001, S. 67.

Aussagen geradezu positivistisch innerhalb von Macht- und Wissenskonstellationen lokalisiert, anstatt sie entlang einer *différance* zu denken:

> Auch wenn man, wie Foucault dies zu empfehlen scheint, nicht mehr von der Macht mit großem Anfangsbuchstaben, sondern von einer Vielfalt verstreuter Mikro-Mächte spricht, so bleibt doch die Frage, welche einheitliche Bedeutung erlaubt, diese dezentralisierten und heterogenen Mikrophänomene noch ‚Mächte' zu nennen.[38]

Ist dann nicht auch dem historischen Materialismus von Marx und Engels Präsenz-Metaphysik vorzuwerfen? Abschließend sei deshalb gefragt, inwiefern Derridas späte Marxlektüre Gemeinsamkeiten zu seiner frühen Auseinandersetzung mit Descartes aufweist. An welche Vernunft wendet sich Derrida so überaus respektvoll, um sie mit ihren eigenen Mitteln zu dekonstruieren und dabei jede andere Wirklichkeit auszuklammern? Auf welchen Messianismus ohne Messias hofft er, wenn er sich in der Philosophie einschließt, um sie von innen heraus ihrem Außen gegenüber zu öffnen?[39] „Die Philosophen haben die Welt nur verschieden interpretiert; es kommt aber darauf an, sie zu verändern."[40] Auch Marx wollte, darin war er Foucault sehr nah, die Philosophie nicht nur um sich selbst kreisen, sondern zum Teil einer Praxis werden lassen, um die Welt nicht nur anders zu interpretieren, sondern *wirklich* zu verändern. Obwohl Derrida den Gegensatz zwischen Interpretation und Veränderung nicht gelten lässt, muss dennoch nach der Wirk*mächtigkeit* seines performativen Verständnisses von Politik gefragt werden: Was tun, wenn die Welt dort draußen weniger auf juridischer Basis, denn vielmehr über ein ungleiches Verhältnis von Kräften regiert wird? Was unternehmen, wenn aus dem *nomos* eine Ansammlung von Münzen geworden ist und letztlich ihr reiner Tauschwert dominiert?[41] Was denken, wenn alles, sogar jeder einzelne Gedanke, mit allem anderen absolut austauschbar geworden und aus der Vernunft eine globale Kapitalbewegung geworden ist? Wie dann noch philosophieren? Wozu dann noch philosophieren? Deleuze formuliert prägnant, was wohl auch Marx, in Erinnerung an seine elfte These über Feuerbach, Derridas

38 Ebd., S. 230.

39 „But although Derrida refuses to assign any *content* to this transcendence, what he retains from the tradition is its *formal* structure: *différance* is that which is never present as such, is absolutely other, discernible only through its trace, whose movement is infinitely deferred, infinitely differing from itself, definable, at best, in terms of what it is *not*." (Daniel W. Smith: Deleuze and Derrida. Immanence and Transcendence. In: Paul Patton / John Protevi (Hrsg.): *Between Deleuze & Derrida*. New York: Continuum 2003, S. 46–66, hier S. 54.)

40 Karl Marx: Thesen über Feuerbach. In: Ders. / Friedrich Engels: *Marx-Engels-Werke*, Bd. 3. Berlin: Dietz 1969, S. 533–535, hier S. 533–534.

41 Vgl. Michel Foucault: *Der Mut zur Wahrheit*. Frankfurt am Main: Suhrkamp 2011, S. 298.

Rede von Gespenstern und seiner Identifikation von Interpretation mit Veränderung erwidert hätte:

> Ich verstehe mich nicht im Mindesten als Textkommentator. Ein Text ist für mich nur ein Rädchen in einer außertextuellen Praxis. Es geht nicht darum, den Text mit einer Methode der Dekonstruktion, einer Methode der textuellen Praxis oder sonst einer Methode zu kommentieren; es geht vielmehr darum, zu sehen, wozu das in der außertextuellen Praxis, die den Text fortsetzt, dient.[42]

Letztlich zeigt Derrida in seinem Buch über Marx und mehr noch mit seiner Antwort auf dessen ‚Söhne', dass es so etwas wie eine *Immunität* der Dekonstruktion gibt, die einer Immunität des rein philosophischen *logos* geschuldet ist. Dann würde er dies sicherlich verneinen, auf sein Konzept der Auto-Immunität verweisen, die Wichtigkeit der Gastfreundschaft hervorheben und betonen, dass es ihm um das genaue Gegenteil geht. Letztlich beweist er dennoch, dass er, während er die Texte anderer dekonstruiert, sich selbst gegenüber immer treu bleibt, vielleicht als ein Gespenst, das sich vor allem selbst heimsucht, wie schon Descartes in seinen *Meditationen* vor ihm. Und dass sich die Welt nicht verändert, wenn sie nur möglichst gerecht interpretiert wird.

42 Zit. n. Peeters: *Jacques Derrida*, S. 352.

Die Zeit ist aus den Fugen

Auf der Jagd nach sterblichen Gespenstern mit Emmanuel Lévinas und Jacques Derrida*

Christian Sternad

> The people who are living are haunted by the dead.
> We are who we are and we do what we do because they're still here.
> In our heads, in the forests, the whole world is haunted now.
> And there's no getting out of that until we're dead.
>
> (*The Walking Dead*, S04E14)

I.

Es scheint nahezu als ausgemacht, dass Gespenster stets der zwischenweltliche Nachhall Verstorbener zu sein haben. Zwischen Friedhöfen, alten Anwesen und allerlei sonstigen zwischen- und überweltlichen Orten stabilisiert sich der Gedanke, dass das Gespenst wohl an eine vergangene, zumeist verstorbene Materie gekettet ist. Die konkrete Manifestation des ruhelosen Geistes als Gespenst im Spuk – also jene „paradoxe Verleiblichung, das Leib-Werden, eine bestimmte leibliche Erscheinungsform des Geistes"[1] – ist stets an den Gedanken des ‚Wiedergängers' geknüpft, welcher sich aus einer unbewältigten und unabgeschlossenen Vergangenheit in die Ordnungsraster der Gegenwart einschleicht. Aber woher kommt dieses Narrativ und wie hat es sich so wirkmächtig in etlichen filmischen, literarischen, künstlerischen, etc. Inszenierungen festsetzen können?

1 Jacques Derrida: *Marx' Gespenster. Der Staat der Schuld, die Trauerarbeit und die neue Internationale.* Frankfurt am Main: Suhrkamp 2004, S. 19.

* Der vorliegende Text wurde im Rahmen des FWF Forschungsprojekts „Religion jenseits von Mythos und Aufklärung" (FWF P 23255-G19) erarbeitet.

Jacques Derrida hat in *Marx' Gespenster* auf die komplexen zeitlichen Implikationen der Figur des Gespenstes hingewiesen und ist zu dem Schluss gelangt, dass das Gespenstische nicht nur in einer Irritation der weltlichen Ontologien, sondern überdies auch in einer fundamentalen Irritation der Zeit besteht. In dieser Verwirrung der Zeiten, in welcher die Geschäftigkeit des Tages mit den Exzessen der Nacht, die Last der Vergangenheit mit der Verantwortung vor der Zukunft konvergiert, zwingt Derrida zu einer eingängigen Meditation über die Zeitlichkeit bzw. Unzeitlichkeit des Gespenstes, welche klaffende Risse in die Totalität der Gegenwart zeichnet. Derrida zufolge ist der gespenstische Augenblick gerade jener „Augenblick, der nicht mehr der Zeit angehört, wenn man darunter die Verkettung modalisierter Gegenwarten versteht"[2]. Die Zeitlichkeit des Gespenstes zwingt dazu, eine Zeit jenseits der Zeit zu denken, verschiedene Zeiten zugleich, ja vielleicht „in mehreren Zeiten zu denken"[3], wie Emmanuel Lévinas einmal treffend formuliert hat. „Die Zeit ist aus den Fugen", so zitiert Derrida Shakespeares *Hamlet* gleich zu Beginn von *Marx' Gespenster* und insistiert hier auf die Wirrnis der Zeiten, welche durch das Erscheinen des Gespenstes einsetzt. Das Erbe der Vergangenheit und das Geschick der Zukunft widersetzen sich der Verfügungsgewalt der Gegenwart, die einer fragmentierten Präsenz zeitlicher Lineamente Platz macht. Die Zeit ist aus ihrer linearen Form getreten, hat sich verräumlicht, oder wie Derrida formuliert: „die Zeit ist aus dem Gleis, sie ist verdreht und aus sich selbst herausgerückt, *gestört*, gleichzeitig aus dem Takt und verrückt. Die Zeit ist außer Rand und Band, die Zeit ist aus der Bahn geraten, außer sich, uneins mit sich."[4]

Aus dieser linearen Form getreten, eröffnet die Zeit Raum für gerade jenes, was im Bilde der Zeit als Verkettung modalisierter Gegenwarten keinen Platz hat. Sie entfernt sich von ihrer horizontalen Seichtheit und breitet sich in ihre vertikale Tiefe aus. Dabei zwingt sie Vergangenheit und Zukunft, Über- und Unterwelt, die Toten und die Lebenden in die illustre Gesellschaft einer Gegenwart, die sich selbst verloren gegangen ist. Derrida hatte in der kurzen Szene des Filmes *Ghost Dance*[5] darauf hingewiesen, dass Gespenster wohl nicht nur die Toten sind, sondern auch wir Lebende, die wir uns selbst spielen, in einer Gegenwart, die sich selbst immer hinterherhinkt, auf eine gewisse

2 Derrida: *Marx' Gespenster*, S. 12.

3 Emmanuel Lévinas: *Jenseits des Seins oder anders als Sein geschieht*. Freiburg / München: Alber 1992, S. 353.

4 Derrida: *Marx' Gespenster*, S. 34.

5 *Ghost Dance* (USA 1983, R: Ken McMullen).

Weise schon Gespenster sind. So sind Gespenster nicht nur Tote, die Lebenden hinterher jagen, auch die Lebenden jagen sich als Noch-Lebende selbst hinterher. Diese allumfassende Jagd wird erst durch den Tod beendet – selbst gewissermaßen ein Gespenst, welches uns aus der Zukunft die gesicherte Gegenwart unwirtlich macht. Die Frage lautet also kurzum: Gibt es neben dem gängigen Narrativ der Gespenster von Verstorbenen bzw. der Gespenster der Vergangenheit auch so etwas wie sterbliche Gespenster bzw. Gespenster (aus) der Zukunft?

II.

Marx' Gespenster ist in mehrerlei Hinsicht ein unzeitgemäßes Buch, aber ebenso auch ein Buch über die Unzeitgemäßheit selbst. Es ist einerseits ein unzeitgemäßes Buch, insofern es die Valenz der marxistischen Theorie in einer Welt beansprucht, welche sich nach dem Zerfall des sowjetischen Kommunismus in Richtung eines ‚ent-ideologisierten' liberalistischen Kapitalismus bzw. kapitalistischen Liberalismus bewegt.[6] Derrida hatte an den hitzigen französischen (mitunter akademisch intellektuellen) Debatten der 60er und 70er kaum teilgenommen. Er war zu dieser Zeit weder Marxist noch politisch sonderlich aktiv, sondern vielmehr ein ‚klassischer Dozent' im Schatten von Louis Althusser, mit welchem er im Unterschied zu vielen seiner Zeitgenossen eine eher pädagogische als ideologische Verbindung unterhielt.[7] Die allseitige Radikalisierung der diversen Marxismen, Kommunismen und Maoismen mitsamt den persönlichen Zerwürfnissen und dem generell gewalttätig-intellektuellen Klima dieser Zeit nahm er eher als Leid, denn als Antrieb für sein Denken wahr. Seine Besinnung auf den Marxismus in den 90ern kam insofern der Ansicht vieler zufolge viel zu spät,[8] die Art und Weise seiner Thematisierung jedoch für die meisten – mitunter ‚orthodoxen' Marxisten – vielleicht allzu früh.

6 Vgl. hier v.a. das betreffende Kapitel in Derrida: *Marx' Gespenster*, S. 75–110, in welchem Derrida die Frage der Geschichtlichkeit und besonders jene Frage des Endes der Geschichte bei Francis Fukuyama bespricht.

7 Benoît Peeters: *Jacques Derrida. Eine Biographie*. Frankfurt am Main: Suhrkamp 2013, S. 213, 221.

8 Emblematisch Terry Eagleton: „[I]t is hard to resist asking, plaintively, where was Jacques Derrida when we needed him". (Terry Eagleton: Marxism Without Marxism. In: Michael Sprinker (Hrsg.): *Ghostly Demarcations. A Symposium on Jacques Derrida's* Specters of Marx. London: Verso 1999, S. 83–87, hier S. 83.)

Andererseits war „eine gewisse Unzeitgemäßheit [...] zugleich die Zeitform und das Thema von *Marx' Gespenster*“[9], wie Derrida in Retrospektive betont. Es ging Derrida darum, die Fortdauer einer Vergangenheit in der Gegenwart zu behaupten, dem bereits Totgeglaubten neuen Atem einzuhauchen und damit eine Zukunft zu denken, die unter veränderten Vorzeichen der Vergangenheit die Treue erweist. Es ging darum, den Geist des Marxismus von seinen gespenstischen Manifestationen im Kommunismus, Stalinismus, Maoismus etc. zu trennen, das Gespenst sozusagen noch einmal zu ‚vergeistigen', um schließlich diesen Geist auf neue, veränderte Weise vielleicht re-materialisieren zu können. Die toten Denksysteme sollten auferstehen, um sich in der Zukunft auf andere, neue Weise verlebendigen zu können. Im Verlauf seiner Lektüre tritt Derrida in eine folgenreiche Spannung zu Marx und dessen Form des Gespenstischen: „Da, wo ich versucht war, auf diese Weise die Fortdauer einer vergangenen Gegenwart zu benennen, die Wiederkehr eines Toten, [...] da bezieht sich Marx für seinen Teil auf eine zukünftige Gegenwart, die er ankündigt und herbeiruft.“[10] Das Thema des Buches beschließt somit in sich eine eigentümliche Konvergenz unvereinbarer Zeiten bzw. die Konvergenz dieser Zeiten in einer „Zeit ohne bevormundendes Präsens“[11].
Löst man das konkrete Thema von *Marx' Gespenster* von seiner argumentativen Struktur, so zeigt sich, dass Derrida mithilfe der Figur des Gespenstes eine komplexe Pluralität der Zeiten und der damit verbundenen Ontologien zu denken versucht. Es geht Derrida darum, eine Zeit zu denken, die nicht in die Zeit fällt, nicht in diese eine Zeit, sondern es geht vielleicht gar um eine Zeit, die aus der Zeit fällt.[12] Es geht darum, den Einbruch des Anderen – vielleicht gar des ganz Anderen, des Ereignisses – und die damit verbundenen Konsequenzen zu denken, jedoch ohne dabei das/den Andere(n) in die Hegemonie der eigenen Gegenwart einzuspannen.[13] Und es geht schließlich darum, aus diesem unvorhersehbaren Einbruch des Anderen einen konstitutiven Anspruch abzuleiten, der zur Verantwortlichkeit gegenüber

9 Jacques Derrida: *Marx & Sons*. Frankfurt am Main: Suhrkamp 2004, S. 17.

10 Ebd., S. 24.

11 Derrida: *Marx' Gespenster*, S. 24.

12 Jacques Derrida: *Vom Geist. Heidegger und die Frage*. Frankfurt am Main: Suhrkamp 1992, S. 37.

13 „[M]essianische Öffnung für das, was kommt, das heißt für das Ereignis, das man nicht *als solches* erwarten und also auch nicht im voraus erkennen kann, für das Ereignis als das Fremde selbst, für jemanden (ihn oder sie), für den man im Eingedenken der Hoffnung immer einen Platz freihalten muß – und das ist der Ort der Spektralität oder der Gespenstigkeit selbst.“ (Derrida: *Marx' Gespenster*, S. 97.)

diesem Einbrecher nötigt. Dieser Versuch ist dem Projekt von Emmanuel Lévinas, wie er es vor allem in *Die Zeit und der Andere*[14] erstmals systematisch skizziert, gewissermaßen seelenverwandt. Derrida verschreibt sich hier der Lévinas'schen Kritik der phänomenologischen Tradition, welche in ihrer Stoßkraft wohl kaum zu unterschätzen ist. Besonders deutlich sichtbar ist diese kritische Stoßkraft in Hinblick auf die verschiedenen phänomenologischen Zeitkonzeptionen, zu welchen Lévinas in klaren Kontrast tritt.

Edmund Husserl konnte mittels seiner phänomenologischen Beschreibung und entgegen einer wirkmächtigen philosophischen Tradition aristotelischer Prägung[15] die Zeit vor ihrer objektivistisch-linearen Verkürzung v.a. durch die positivistischen Naturwissenschaften retten. Entgegen einem perspektivenlosen unverknüpften Nacheinander von Jetztpunkten trat eine bewusstseinsimmanente Beschreibung, welche die Zeit demgemäß zur Darstellung brachte, wie sie konkret in der Erfahrung beschrieben werden kann. Zeit ist in dieser Beschreibung eine Erfahrung der Dauer, welche sich in Protention und Retention erstreckt. Das klassische Beispiel Husserls ist jenes des Hörens einer Melodie: Ich höre eine Melodie, aber dieses Hören der Melodie beschränkt sich nicht auf den gerade aktuell gespielten Ton. Vielmehr habe ich den schon vergangenen Ton präsent und nehme den kommenden Ton schon vorweg. Was Husserl in dieser Beschreibung deutlich machen konnte, ist der Umstand, dass wir in unserer Erfahrung nicht atomisierte Töne aneinanderreihen, sondern eine gewisse Erfahrung von Dauer machen, in welcher Protention und Retention in einer „lebendigen Gegenwart" konvergieren.[16] Zeit bindet sich daher an eine Subjektivität, welche diese als solche konkret erfährt. Sie ist nicht mehr menschenleere Abstraktion einer objektiven Betrachtung, in welcher sie lediglich in Korrelation zur Bewegung verstanden wird.

Mit Martin Heidegger wurde diese Auffassung von Zeit in Frage gestellt und weiterentwickelt. Heidegger erschien diese Konzeption der Zeit zwar adäquat, in letzter Konsequenz jedoch insofern unzureichend, als sie die Zeit ausschließlich dem Primat der Gegenwart und überdies allzu stark dem Subjekt

14 Emmanuel Lévinas: *Die Zeit und der Andere*. Hamburg: Meiner 2003.

15 Aristoteles: *Philosophische Schriften*, Bd. 6: Physik, IV 10–14. Hamburg: Meiner 1995, S. 101–118.

16 Edmund Husserl: *Phänomenologie des inneren Zeitbewusstseins (1983–1917). Husserliana*, Bd. X. Den Haag: Nijhoff 1966, S. 22, 366. Siehe auch Klaus Held: *Lebendige Gegenwart. Die Frage nach der Seinsweise des transzendentalen Ich bei Edmund Husserl, entwickelt am Leitfaden der Zeitproblematik*. Den Haag: Nijhoff 1966.

unterstellte. Vor diesem Hintergrund erfasse sie nach Heidegger gerade nicht die zeitliche Aufgespanntheit des Daseins in Vergangenheit und Zukunft – Momente der Zeitstruktur, welche jeweils mehr seien als nur ausgestreckte Fühler einer Gegenwart.[17] Überdies könne mit Husserls Konzept die Frage von Geschichtlichkeit[18] (die auch gerade für die Derrida'sche Fragestellung leitend ist) nicht entsprechend beantwortet werden. Die ekstatische Zeitlichkeit versucht sich insofern von der Gegenwartszentriertheit der Husserl'schen Zeitkonzeption zu lösen um damit Zeitformen in den Blick zu nehmen, die weniger der Verfügungsgewalt der Subjektivität unterstehen. Gerade in der Frage nach der Geschichtlichkeit des Daseins werden diese Probleme überdeutlich: Wir können uns den Zeitpunkt und den Ort unserer Geburt nicht aussuchen – insofern zieht eine fundamental passive Dimension in die Zeitlichkeit ein (Geworfenheit), welche jedoch die jeweiligen Entwürfe unseres Lebens auf die Zukunft hin fundamental bestimmt.

Emmanuel Lévinas hatte recht früh erkannt, dass diese Zeitkonzeptionen trotz aller Valenz die Zeit stets noch auf ein egologisches Fundament zu bringen scheinen. Sie seien Lévinas zufolge nicht in der Lage, eine Zeitform zu denken, welche sich nicht in letzter Instanz auf die Sphäre des Subjekts beziehe und in ihr gründe. Stets bleibe das Subjekt letztgültiger Urheber seiner Zeiterfahrung. In Lévinas' Zeitkonzeption wird eine Zeit zu denken versucht, welche sich nicht vom Subjekt und dessen Ontologie auf die Welt erstreckt, sondern welche vielmehr erst durch die Begegnung mit dem Anderen einsetzt (Diachronie[19]). Zeit wird in Lévinas' Denken daher zu einer fundamental passiven Erfahrung im Ausgang vom Anspruch des Anderen, wodurch eine Pluralität der Zeiten einsetzt, die unvereinbar nebeneinander zu stehen kommen. Meine Zeit ist nicht die des Anderen und unsere Zeiten sind unvergleichlich, sofern sie nicht vor einer objektiven Instanz in Synchronie gebracht

17 „Mit dem Gesagten ist wohl ein naheliegendes Mißverständnis abgewehrt, nämlich zu meinen, die Zeitlichkeit sei zwar eine dreifache Entrückung, aber gleichsam so, daß diese drei Ekstasen irgendwie in einer Substanz zusammenlaufen, so wie ein Lebewesen nach verschiedenen Richtungen Fühler ausstrecken kann, um sie dann wieder einzuziehen. Das Ganze der Entrückungen zentriert nicht etwa in etwas, was für sich entrückungsfrei, unekstatisch vorhanden und das gemeinsame Zentrum für den Ansatz und Ausgang der Ekstasen wäre." (Martin Heidegger: *Gesamtausgabe*, Bd. 26: Metaphysische Anfangsgründe der Logik im Ausgang von Leibniz, hrsg. v. Klaus Held. Frankfurt am Main: Klostermann 1978, S. 268.)

18 Heidegger: *Gesamtausgabe*, Bd. 2: Sein und Zeit, hrsg. v. Friedrich-Wilhelm von Herrmann. Frankfurt am Main: Klostermann 1977, Zweiter Abschnitt, Fünftes Kapitel (§72–77).

19 „Diachronie, die verhindert, daß der Eine wieder zu sich kommt und sich als eine Substanz identifiziert, die mit sich selbst in zeitlicher Übereinstimmung ist, als ein transzendentales Ich." (Lévinas: *Jenseits des Seins oder anders als Sein geschieht*, S. 136.)

werden. Im banalsten Falle ist dies die Uhr, wie Lévinas lakonisch bemerkt;[20] später wird Lévinas diese Instanz der Synchronie zur theoretischen Figur des „Dritten“[21] weiterentwickeln.

Was Lévinas' Zeitkonzeption so interessant macht, ist der Gedanke, dass die allumfassende Ontologie des Subjektes nicht die letztgültige Instanz der Welt ist, sondern dass der/das Andere in unsere Welt treten kann und dadurch unsere Welt, jedoch aber auch unsere Zeit fundamental aus der Bahn wirft. Der Gedanke des Einbruchs des Anderen, welcher/s durch sein Erscheinen die Souveränität und Gültigkeit unserer Welt und Zeit durcheinanderbringt, hat nicht nur etwas Gespenstisches, sondern ist in Derridas eigenen Darstellungen gerade jene (zeitliche) Erfahrung des Gespenstischen:

> Gespenstischer Augenblick, ein Augenblick, der nicht mehr der Zeit angehört, wenn man darunter die Verkettung modalisierter Gegenwarten versteht [...]. Wir untersuchen diesen Augenblick, wir fragen uns nach diesem Augenblick, der sich der Zeit nicht fügt, zumindest nicht dem, was wir so nennen. Verstohlen und unzeitig, gehört das Erscheinen des Gespensts nicht dieser Zeit da an, es gibt nicht die Zeit, nicht diese da.[22]

Hinzu kommt, dass jeder Versuch, sich die Welt von Neuem aufzubauen, sich der Zeit wieder zu fügen, als eine Antwort gegenüber dem Anderen, in diesem Fall dem Gespenst, zu verstehen ist. Sie bleibt diesem Einbrecher verantwortet, insofern sie ihre Tatkraft diesem Anstoß verdankt, welcher *vor* ihrer eigenmächtigen Initiative einsetzt.[23] In *Marx & Sons* betont Derrida immer wieder diese Dimension der Verantwortung bzw. der Verantwortlichkeit, die mit dieser gespenstischen Eruption in Verbindung steht: „Das ‚Ja‘ einer Verantwortung, so ursprünglich es auch sein mag, bleibt eine Antwort. Es klingt immer als Antwort auf eine gespenstische Aufforderung: Der Befehl kommt von einem Ort her, den man weder als *lebendige Gegenwart* noch als die einfache und reine *Abwesenheit eines Toten* charakterisieren kann.“[24]

Das Gespenst nimmt daher die Figur einer Schwellenerfahrung ein, welche weder in die Ordnung der Welt integriert noch sauber von ihr getrennt werden könnte. Die Zeit der Welt und die Zeit des Gespenstes sind nicht dieselbe, sie sind sich jedoch auch nicht fremd oder gar verschieden – vielmehr kann das

20 „Man kann denken, daß die eigentliche Zeit ursprünglich eine Ekstase ist, und kauft sich doch eine Uhr“ (Lévinas: *Die Zeit und der Andere*, S. 33).

21 Emmanuel Lévinas: *Totalität und Unendlichkeit. Versuch über die Exteriorität.* Freiburg / München: Alber 1987, S. 307–308; Lévinas: *Jenseits des Seins oder anders als Sein geschieht*, S. 343.

22 Derrida: *Marx' Gespenster*, S. 12.

23 Vgl. bes. Lévinas: *Jenseits des Seins oder anders als Sein geschieht*, S. 40.

24 Derrida: *Marx & Sons*, S. 16.

Gespenst bzw. das Ereignis des Gespenstischen als Zeitigung, nämlich als Einsatz der Zeit selbst verstanden werden.[25] Das Gespenstische lässt gerade die unvereinbare Pluralität der Zeiten aufbrechen, in welcher die eine Zeit nicht mit der anderen übereinkommt, in welcher die Zeiten jedoch auch nicht voneinander getrennt werden können, sich aber dennoch auf eigentümliche Art und Weise überschneiden, bedingen und hervorbringen.

III.

Die Erkenntnis, dass diese Welt nicht in einer einzigen Zeit erfasst werden kann, ist freilich nicht neu. Dennoch scheint sich der Gedanke einer allumfassenden synchronen, objektiven und linearen Zeit hartnäckig zu halten. Vor allem die positivistischen Naturwissenschaften haben ein Bild der Zeit kultiviert, welches sich abseits der unproblematischen Armbanduhr in die komplexesten Ecken naturwissenschaftlicher Phänomene ausbreitet. Dringt man jedoch weiter in die Problematik der Zeit ein, so wird schnell deutlich, dass wohl diese objektiv lineare Zeit lediglich die Abstraktion von vielen verschiedenen und jeweilig subjektiv konkret erlebten Zeiterfahrungen darstellt. Gäbe es nur die eine objektive und für alle gleichermaßen erfahrene Zeit, so bedürfte es schließlich keiner Messgeräte wie etwa der alltäglichen Armbanduhr. Ohne den Nutzen einer objektiven Zeit zu bestreiten bleibt also zu bemerken, dass diese Form der Zeit eine theoretische Abstraktion der jeweilig konkreten Zeiterfahrungen ist und als solche in diesen konkreten Erfahrungsformen gründet.

Im täglichen Leben dominieren Formen der Zeiterfahrung, welche sich in die objektive Zeitkonzeption nur schlecht einordnen lassen. Wir schwelgen in oder werden gequält von Erinnerungen, wir ergehen uns in Hoffnungen und Ängsten bezüglich der Zukunft, wir erleben die Zeit einmal als unerträglich und ewig, das andere Mal scheint sie kürzer als ein Wimpernschlag zu sein und wie im Flug zu vergehen. Im intersubjektiven Kontakt treten die unterschiedlichen und mannigfaltigen Zeiterfahrungen noch deutlicher hervor. Wir verpassen einander, freuen uns über die seltene Erfahrung der zeitlichen Übereinkunft, sind überrascht, wenn sich unsere Zeithorizonte voneinander unterscheiden oder auch manchmal decken, denn man trifft schließlich nicht viele, die ‚gleich ticken' wie man selbst. Die Komplexität der Zeitformen reicht auch weit über den unmittelbaren Bannkreis der Gegenwart hinaus. Vergangenes und Zukünftiges kann oft gegenwärtiger sein als das

25 Derrida: *Vom Geist*, S. 38.

Gegenwärtige selbst (was immer ‚das Gegenwärtige' bei näherer Betrachtung überhaupt sein mag). Vergangene Ereignisse und Gestalten werden in der Mitte einer Gesellschaft bewahrt und machen oft lebhafter auf sich aufmerksam als das Lebendige und Gegenwärtige selbst. Gerade an dieser Stelle wird besonders deutlich, wie die zeitlichen Lineamente von Vergangenheit und Zukunft ein dichtes Geflecht der Gegenwart bilden, in welchem sich Totes und Lebendiges in nahezu nahtlosem Übergang zu verbinden scheint. Letztlich zeichnet sich eine Kultur gerade dadurch aus, dass sie nicht mit jedem Einzelnen immer wieder aufs Neue stirbt, sondern sich über den Tod des Einzelnen hinweg erhält, gelegentlich neu erschafft und sich immer wieder gegen oder für ihre Herkunft und Geschichte entscheidet.

Tote sind nicht einfach nur tot und Lebendige nicht einfach nur lebendig. Eine Kultur, eine Gesellschaft, eine Gemeinschaft von Freunden und Verwandten bewahrt ihre Toten in ihrer Mitte, pflegt durch ihr Andenken ihre paradoxe Gegenwart, die man „weder als lebendige Gegenwart noch als die einfache und reine Abwesenheit eines Toten charakterisieren kann."[26] Derrida hat in *Mémoires* – einem Text, welcher seinem verstorbenen Freund Paul de Man gewidmet ist – darauf hingewiesen, dass es ein seltsames Leben nach dem Tod gibt, welches sich durch das Gedächtnis der Anderen hindurch vollzieht. „Wenn der Tod dem anderen widerfährt [...], dann ist der Freund nurmehr *in uns*, *unter uns*. In sich selbst, durch sich selbst ist er nicht mehr, ist er nichts mehr. Er lebt nur in uns."[27] Mit dem Tod verschwindet der Freund nicht, sondern er erhält sich in einer schwer zu beschreibenden Präsenz im Gedächtnis seiner Angehörigen. Dabei vollzieht er nicht selbst seine Existenz, sondern seine ‚Existenz' wird durch das Gedächtnis der anderen vollzogen.[28]

Derrida kann damit deutlich machen, dass wir stets, als diese Lebendigen die wir sind, in einer Kommunion bzw. einer unmöglichen Kommunion mit den Toten leben. Sie leben mit uns, jedoch in uns und durch uns – und zugleich sind sie nicht nur bloßer Appendix unserer Lebendigkeit, denn unsere Welt und unsere Handlungen werden von ihnen geleitet, durch sie bestimmt und beeinflusst, von einem Ort, welcher weder diesseits noch jenseits des Todes oder Lebens klar bestimmbar wäre. Doch Derrida weist noch auf wesentlich mehr hin: Diese Form des Gedächtnisses (*mémoire*) setzt nicht erst mit dem

26 Derrida: *Marx & Sons*, S. 16.

27 Jacques Derrida: *Mémoires. Für Paul de Man*. Wien: Passagen 1988, S. 50.

28 Diese Themen stehen in direkter Verbindung mit Fragen der Gedächtniskultur bzw. dem kollektiven Gedächtnis. Aufgrund der Weite dieses Themenfeldes verweise ich an dieser Stelle nur auf den zentralen und wichtigsten Text dieser Diskurse, Maurice Halbwachs: *Das Gedächtnis und seine sozialen Bedingungen*. Frankfurt am Main: Suhrkamp 1985.

Tod ein, sondern bearbeitet während des Lebens das Leben bis hin zum Tod. Diese Form der antizipierenden (Auto-)Biografie ist „von Beginn an konstitutiv […] für jedes ‚In-uns-', ‚In-mir-', Unter-uns oder Unter-sich-Sein"[29], also kurzum für jede Form der Gemeinschaft, welche wir mit unseren Nächsten unterhalten. Derrida fasst diese Gedanken pointiert an einer späteren Stelle desselben Textes in nur einem Satz zusammen: „[A]lles, was wir in die lebendige Gegenwart unserer Beziehungen zu den anderen einschreiben, trägt immer schon eine Signatur von *Mémoiren von Jenseits des Grabes*."[30]

Bringt man diese zwei Dimensionen des von Derrida avisierten Gedächtnisses zusammen, so lässt sich sagen, dass wir einerseits stets im Umgang bzw. „umgangslosen Umgang"[31] mit den Toten leben – Tote, die zuweilen lebendiger sein können als die Lebenden. Sie leben in uns, durch uns und mit uns, obgleich sie im engeren Sinne nicht aus sich selbst heraus leben. Ihnen ist eine gewisse spukhafte Existenz zu eigen, die zuweilen unsere Lebensentwürfe über den Haufen wirft. Sie machen sich bemerkbar in Zeiten, in welchen uns dieses gespensterhafte Treiben kaum ungelegener kommen könnte. Ihre paradoxe Existenz ist von uns abhängig, geht jedoch nicht in unserer Verfügungsgewalt auf, sondern besitzt ihre eigene paradoxe Spontaneität. Auf der anderen Seite jedoch macht Derrida deutlich, dass auch wir als Lebende in gewisser Weise unsere eigenen Gespenster sind. In der Art und Weise, wie wir schon zu Lebzeiten auf unseren Tod zuleben, unsere (Auto-)Biografien schreiben und indem wir im mitmenschlichen Umfeld einander ständig zum Gegenstand einer Betrachtung von jenseits des Grabes machen, jagen wir uns selbst als sozusagen Noch-Lebendige bzw. sterbliche Gespenster hinterher, obgleich wir noch am Leben sind.[32] Lebend antizipieren wir eine entleerte Welt – eine Welt, welche ohne uns auskommt und in welcher der objektivierende Blick des Anderen den Triumph davonträgt, wie Jean-Paul Sartre in *Das Sein und das Nichts* eindringlich gezeigt hat.[33] Dieses von Sartre sogenannte

29 Derrida: *Mémoires*, S. 50.

30 Ebd., S. 51.

31 Derrida: *Marx' Gespenster*, S. 10.

32 Ich verweise an dieser Stelle auf ein Kolloquium aus dem Jahr 1995, das im Beisein Derridas die praktische Relevanz Derridas Philosophie prüfen wollte. Derrida kommentierte diese seltsame Situation der antizipierenden Selbst-Musealisierung mit der kurzen Sentenz „Als ob ich tot wäre": „Wenn jemand zu einer Tagung kommt, die den Titel *‚Applied You'* trägt, dann können Sie sich vorstellen, dass Sie die Situation erleben, in der es ist, *als ob* Sie tot wären. Endlich." (Jacques Derrida: *As if I were Dead / Als ob ich tot wäre.* Wien: Turia + Kant 2007, S. 17).

33 Jean-Paul Sartre: *Das Sein und das Nichts. Versuch einer phänomenologischen Ontologie.* Hamburg: Rowohlt 1962, S. 681.

„tote Leben" zeichnet sich gerade dadurch aus, dass wir die lebendige Wächterschaft über das Leben verloren haben und nun dem ‚ver-andernden' Blick zum Opfer fallen, welcher sich wie ein Totenschleier bewahrend über die Welt und ihre einstigen Bewohner legt.[34]
Derrida hat in *Vom Geist* selbst darauf hingewiesen, dass man die Wiederkunft des Gespenstes nicht so sehr von der Vergangenheit, sondern vielmehr von der Zukunft her denken muss, dass man die Wiederkehr, die Wiederkunft (*revenant*) stets von seinem Kommen her denken muss.[35] Damit ist gemeint, dass, egal wie groß die Last einer Vergangenheit auch sein mag, sie dennoch immer aus der Zukunft her geschieht. Das Leid einer Vergangenheit ist somit zukünftiges Leid, das aus der Zukunft her immer wieder aufs Neue erlitten wird. Dies gilt gleichermaßen für unsere Wesensbestimmung, den Tod, der, obgleich er einem Wissen angehört, „das unsäglich älter ist als wir"[36], wie Derrida in *Aporien* hervorhebt und „älter als jede Erfahrung"[37] ist, wie Lévinas in der Vorlesung *Gott, der Tod und die Zeit* deutlich macht, uns dennoch aus einer stets sich aufschiebenden Zukunft her geschieht. Er bestimmt wesenhaft durch seinen konstanten Aufschub hindurch unsere Existenz.[38] Immer wieder kündigt er sich an und zieht sich in seiner steinernen Erhabenheit ein weiteres Mal zurück. Erst zuletzt, wenn er schließlich zu bleiben beschlossen hat, werden wir ihm keine guten Gastgeber mehr sein können. Es scheint also, dass jede Form des Gespenstischen mehr mit der Zukunft als mit der Vergangenheit im Bunde steht. Anders gesagt: Es könnte sein, dass alle die Formen der Gespenster der Vergangenheit im engeren Sinne Gespenster der Zukunft sind.

IV.

„Lernen, *mit* den Gespenstern zu leben, in der Unterhaltung, der Begleitung oder der gemeinsamen Wanderschaft, im umgangslosen Umgang mit den Gespenstern"[39]: Dies bedeutet zu allererst, mit sich selbst leben zu lernen – mit sich selbst als Sterblicher. Es bedeutet, mit dieser zeitlichen Wirrnis inmitten der anscheinend gegenwärtigen Selbstgenügsamkeit der Identität Frieden

34 Vgl. ebd., S. 682.
35 Derrida: *Vom Geist*, S. 93.
36 Derrida: *Mémoires*, S. 58.
37 Emmanuel Lévinas: *Gott, der Tod und die Zeit.* Wien: Passagen 1996, S. 25.
38 Jacques Derrida: *Leben ist Überleben.* Wien: Passagen 2005, S. 31.
39 Derrida: *Marx' Gespenster*, S. 10.

zu schließen, sich selbst als Gespenst zu akzeptieren und die Jagd auf sich als diesen „Lebend-Sterblichen“[40] zuzulassen. Es bedeutet ebenfalls, die Last der Verantwortung für die anderen zu übernehmen, die Wächterschaft des Gedächtnisses anzutreten; aber auch, sich den anderen als dieses zukünftige Gespenst zu überantworten und sich in die Wächterschaft zu begeben: „[D]ieses Mitsein mit den Gespenstern wäre auch – nicht nur, aber auch – eine *Politik* des Gedächtnisses, des Erbes und der Generationen.“[41] „Lernen, mit den Gespenstern zu leben“ bedeutet vor diesem Hintergrund, sich in das unheimliche Geflecht der zeitlichen Lineamente zu begeben, in welchem die Gegenwartsform ihren Vorrang verloren hat. Mit dieser Zustimmung akzeptiert man

> alle die Figuren des Todes, mit denen wir die ‚Gegenwart‘ bevölkern, die wir unter uns, den Lebenden, in alle die Spuren einschreiben, mit andern Worten: in die ‚Überlebsel‘, in diese Chiffren, die durch eine fabulöse Gegenwart hindurch auf die Zukunft gerichtet sind, da sie länger andauern können als wir, über die ‚Gegenwart‘ ihrer Einschreibung hinaus: die Zeichen, die Worte, die Namen, die Buchstaben, dieser ganze Text, von dem wir ‚in der Gegenwart‘ nur wissen, daß der Wert einer Hinterlassenschaft darin sein Glück versucht und von Beginn an seinen Weg geht ‚im Gedenken an…‘.[42]

Gespenster sind insofern auf intensive Art mit dieser Form des Gedächtnisses, des antizipierenden „im Gedenken an…“ verbunden. Sie rütteln uns wach und nötigen uns zur Intensivierung unserer Verflechtungen. Sie entwickeln ihren Schrecken jedoch zugleich nur *inmitten* dieser Verflechtungen, *inmitten* dieser fragilen Immanenz des Lebens – Verflechtungen, welchen sie zwar angehören, welche sie indes auch übersteigen. Aus dieser Perspektive sind Gespenster ein Phänomen des Lebens. Die Toten fürchten sich schließlich nicht vor den Gespenstern. Die Toten haben keine Zukunft mehr, die sie verlieren könnten; keine eigene Zukunft mehr, welche man ihnen durch den Spuk strittig machen könnte. Die Wiederkehr der Toten kann nur von der Zukunft her geschehen. „Die Zukunft ist ihr Gedächtnis“[43], so schreibt Derrida und fügt hinzu, dass deshalb die Zukunft den Gespenstern gehöre.[44] Zugleich scheint jede Form des Gespenstischen auf eine noch intensivere Art und Weise mit den anderen Sterblichen in Verbindung zu stehen. Wir tragen diese Sterblichkeit gemeinsam aus, tragen die bereits Verstorbenen in uns und

40 Derrida: *Marx' Gespenster*, S. 124.

41 Ebd., S. 10.

42 Derrida: *Mémoires*, S. 83.

43 Derrida: *Marx' Gespenster*, S. 58.

44 Ebd., S. 59.

halten sie auf diese Weise in der lebendigen Gegenwart der menschlichen Gemeinschaft. In *Der ununterbrochene Dialog* – abermals einem Text, der einem verstorbenen Freund gewidmet ist, Hans-Georg Gadamer – kommt Derrida auf dieses Tragen, welches die Zeiten durchläuft, zu sprechen und schreibt im Ausgang eines Verses von Paul Celan:

> Wenn jedoch andererseits *Tragen* die Sprache der Geburt spricht, wenn es sich an ein anwesendes oder noch kommendes Lebewesen wenden muß, kann es sich doch auch an ein Totes wenden, an das Überlebende oder an deren Gespenster, und dies in einer Erfahrung, die darin besteht, den anderen in sich zu tragen.[45]

Man wird auf diese Weise den Tod, den Verstorbenen, den sterblichen Anderen wie ein Kind in sich tragen.[46] Man wird bereit sein, ihn zu bergen und zu bewahren, ihn gegen die zersetzenden Angriffe der Amnesie in Schutz zu nehmen.

Die Verantwortung gegenüber dem sterblichen Anderen – besteht sie darin, den Anderen nicht loszulassen? Besteht sie darin, sich ihm zu verschreiben, sich in stetige Wanderschaft und Unterhaltung mit ihm zu begeben, wie Derrida einzufordern scheint? Könnte es vor diesem Hintergrund sein, dass der Tod die „Geduld der Zeit"[47] ist, welche wir vom Anderen her empfangen, wie Lévinas in *Gott, der Tod und die Zeit* auf so beeindruckende Weise zu zeigen versucht? In diesem gemeinsamen und geduldigen Ertragen der Zeit scheint sich der erbitterte Widerstand gegen die zersetzende Amnesie der Zeit zu formieren.[48] So sind die Gespenster mehr denn je ein Phänomen des Lebens, ein Phänomen inmitten des Lebens, ja vielleicht gar ein Zeichen für die Lebendigkeit des Lebens selbst. Die Gespenster – sie leben mit uns, in uns und durch uns, und wir reißen sie im Tod mit uns hinfort. Wenn wir sterben, so sterben unsere Gespenster mit uns. Vielleicht müsste man vor diesem Hintergrund nicht zuletzt lernen, *für* die Gespenster zu leben, sich mit seinem Leben für ihr Überleben (oder gar „Über-Leben"[49]) einzusetzen und sich mit aller Kraft gegen das Vergessen zu stemmen. Gegen das Vergessen leben – vielleicht besteht darin die Verantwortung der Sterblichen.

45 Hans-Georg Gadamer / Jacques Derrida: *Der ununterbrochene Dialog*. Frankfurt am Main: Suhrkamp 2004, S. 45.

46 Derrida: *Leben ist Überleben*, S. 18.

47 Lévinas: *Gott, der Tod und die Zeit*, S. 17.

48 Ebd., S. 126–127.

49 Derrida: *Leben ist Überleben*.

Der Zauberer als Filmvorführer
Ideologie als Geist aus der Maschine

Björn Wittmayer

„Die Ideologie hat eine materielle Existenz."[1] Dies ist eine der markantesten Thesen aus Louis Althussers „Notizen für eine Untersuchung" unter dem Titel „Ideologie und ideologische Staatsapparate". Wie begründet Althusser diese (zunächst kontraintuitive) Behauptung? Man kann sagen: Klassisch strukturalistisch, indem er nämlich unter Materie ‚Signifikant' versteht. Oder genauer:

> Wir werden also sagen, indem wir nur ein Subjekt (ein ganz beliebiges Individuum) betrachten, dass die Existenz der Ideen seines Glaubens selbst materiell ist, *insofern seine Ideen seine materiellen Taten sind, welche in materielle Praktiken eingebettet und durch materielle Rituale geregelt sind, die ihrerseits wiederum durch den materiellen ideologischen Apparat definiert werden, zu dem die Ideen dieses Subjekts gehören.*[2]

Und Althusser fügt an:

> Natürlich sind die vier Adjektive ‚materiell', wie sie in unserem Satz vorkommen, jeweils unterschiedlichen Modalitäten zuzuordnen: Die Modalität einer Ortsveränderung, um zur Messe zu gehen, eines Kniefalls, einer Geste der Bekreuzigung oder des *mea culpa*, eines Satzes, eines Gebetes, einer Reue, einer Buße, eines Blicks, eines Händedrucks und einer als solcher geäußerten wörtlichen Rede oder einer nach ‚innen' gerichteten wörtlichen Rede (das Gewissen) gehören nicht zu ein und derselben Materialität.[3]

1 Louis Althusser: Ideologie und ideologische Staatsapparate. Notizen für eine Untersuchung. In: Ders.: *Ideologie und ideologische Staatsapparate*, Hbd. 1, hrsg. v. Frieder Otto Wolf. Hamburg: VSA 2010, S. 37–102, hier S. 79.

2 Ebd., S. 82–83.

3 Ebd., S. 83.

Althusser begreift materielle Gegebenheiten, so unterschiedlich sie auch sein mögen, als zeichenhaft, d.h. als Signifikanten, die auf Signifikate verweisen. Er geht davon aus, dass im Prozess des Zusammenspiels dieser materiellen Elemente, die in und durch dieses Zusammenspiel zu Signifikanten werden, Sinn und Bedeutung entsteht. Eine „materielle Tat" wird erst dadurch bedeutungstragend, dass sie sich innerhalb eines Rahmens „materieller Praktiken" und „materieller Rituale" abspielt, auf die sie Bezug nimmt: Ein Kniefall gewinnt eine spezielle Bedeutung, indem er sich in einem bestimmten Kontext (beispielsweise in einer Kirche, während einer Messe usw.) ereignet. Verändert man den Rahmen, verändert sich auch die Bedeutung, die dem Kniefall zukommt. Der Kniefall seinerseits bildet wiederum einen ‚Kontext' für andere ‚materielle Gegebenheiten'.

Und weiter noch: Es gibt *keine* Bedeutung *außerhalb* dieses Prozesses der Signifikation, der zunächst ein materieller Prozess ist, insofern die Signifikanten die materiellen Träger von Bedeutung sind. Versteht man nach Ferdinand de Saussure Zeichen als Einheit von Signifikant und Signifikat, ergeben sich zwei Schlussfolgerungen: Erstens ist ein Zeichen nur Zeichen, wenn es auf eine Bedeutung, einen Sinn verweist. Ohne Signifikat gibt es keinen Signifikanten, sondern lediglich amorphe Materie. Zweitens gibt es aber auch keine Signifikate ohne Signifikanten. Und das heißt Ideen, Bedeutungen, Sinn treten immer materiell in Erscheinung.[4]

Versteht man unter Medien technische Apparate, die (auf welche Art auch immer) Zeichen prozessieren, dann kann man *Ideologie folglich auch als Effekt medientechnischer Operationen* beschreiben. Der „materielle ideologische Apparat", durch den „Praktiken" und „Rituale" definiert werden, wäre demnach ein medientechnischer.

Genau diese Einsicht bieten die Filme, die vom Zauberer von Oz handeln. Bereits der Hollywood-Klassiker *Der Zauberer von Oz*[5] mit Judy Garland in der Hauptrolle als Dorothy Gayle zeigt uns einen Magier, der nicht über ‚echte' Zauberkräfte verfügt, sondern über die Fähigkeit, mittels technischer Apparaturen Illusionen zu erzeugen. Wie auch andere Figuren des Films wird der Zauberer gedoppelt, indem er in der im ländlichen Kansas angesiedelten

4 „Psychologisch betrachtet ist unser Denken, wenn wir von seinem Ausdruck durch die Worte absehen, nur eine gestaltlose und unbestimmte Masse. […] Es gibt keine von vornherein feststehenden Vorstellungen, und nichts ist bestimmt, ehe die Sprache in Erscheinung tritt." (Ferdinand de Saussure: *Grundfragen der allgemeinen Sprachwissenschaft*. Berlin / New York: de Gruyter 2001, S. 133.) Zur Definition des Zeichens vgl. ebd., S. 76–79.

5 *The Wizard of Oz* (*Der Zauberer von Oz*, USA 1939, R: Victor Fleming).

Rahmenhandlung als Jahrmarktsgaukler erscheint. Hier knüpft *Die fantastische Welt von Oz*[6] aus dem Jahre 2013 an, der davon erzählt, wie dieser Scharlatan zum Zauberer und damit zum König von Oz wird. Von Beginn an lernt der Zuschauer den vermeintlichen Magier Oscar – kurz Oz – als Blender kennen, der es versteht, sowohl die Herzen von Frauen als auch die Phantasie des Publikums durch den gezielten Einsatz verschiedenartiger Medientechniken zu erobern und in seinen Bann zu ziehen. Als sein Schwindel enttarnt wird – zum einen vermag er es nicht, ein an den Rollstuhl gefesseltes Mädchen wieder gehen zu machen, was ihm den Unmut der Zuschauer seiner Zaubershow zuzieht, zum anderen entdeckt ein muskelbepackter, gehörnter Ehemann die Spieluhr, mittels derer Oz seine Frau verführt hat –, muss er fliehen und gelangt in ein märchenhaftes Land, das ebenfalls auf den Namen Oz hört. Dessen Bewohner erkennen aufgrund der Namensgleichheit von Ort und Person in Oz sofort den Zauberer, der sie von der bösen Hexe befreien und so ihr neuer König werden wird. Es gibt für Oz freilich ein Problem: Im Gegensatz zu Hexen, die tatsächlich zaubern können, hat er von ‚echter' Magie keine Ahnung. Allerdings ist dieses Problem nur ein scheinbares, denn Oz verfügt über ein Wissen, das sich im Vergleich zum Zauber der Hexen als ungleich mächtiger erweisen wird: Er besitzt Medienkompetenz. Er weiß, wie Filmprojektoren und Soundmaschinen funktionieren, wie Beleuchtung und Feuerwerk effektvoll einzusetzen sind, wie eine Geschichte zu erzählen und wie eine Theater- oder Filmvorstellung zu inszenieren ist.

Als im Vorfeld des finalen Kampfes mit der Hexe und ihrer Schwester klar wird, dass Oz nicht über eine Armee von Soldaten, sondern lediglich über Handwerker und Ingenieure befiehlt, weiß er diesen vermeintlichen Nachteil in einen Vorteil umzumünzen, indem er ein ganzes Arsenal an technischen Hilfsmitteln entwerfen und bauen lässt. In den Händen von Oz wird Medientechnik zu Militärtechnik und die Schlacht letztlich zu einer Multimediaperformance. Diese findet zu ihrem Höhepunkt, als Oz seinen eigenen Tod vortäuscht, um anschließend mittels einer Art Filmprojektion wiederzukehren und seinen Feinden und dem versammelten Volk als Geist zu erscheinen. Gegen diese geballte Medienoffensive kann die Zauberkunst wahrer Hexen nicht bestehen. Denn der Geist, den die Maschinen des Zauberers erzeugen, ist mächtiger als die Feuerbälle, Blitze und Gifte der Hexen, da er den symbolisch-ideologischen Raum zu besetzen und zu formen vermag.

6 *Oz the Great and Powerful* (*Die fantastische Welt von Oz*, USA 2013, R: Sam Raimi).

Wenn die Hexen ihre magisch-geistigen Kräfte einsetzen, dann wirkt sich das auf die Materie aus (z.B. auf die Körper der Untergebenen). Der Zauberer als Filmvorführer aber setzt Materie (d.h. technische Apparaturen) ein, um Geister zu erzeugen – und ist damit ungleich erfolgreicher. Macht beruht folglich nicht auf physischer Stärke, sondern auf der Fähigkeit, starke Bedeutungen zu erzeugen: Die Macht des Zauberers ist keine ‚reale', sondern eine symbolische. Als die Hexen in einem letzten Akt der Gegenwehr ihre Feuerbälle auf den in den Nachthimmel projizierten Geist von Oz abfeuern, ohne ihm damit auch nur den geringsten Schaden zuzufügen, kommen sie nicht umhin, selbst an dieses Phantom zu glauben und ihre Niederlage einzugestehen. Der Wizard of Oz kann seine Herrschaft deshalb unangefochten ausüben, weil diese sogar seinen Gegnern unausweichlich erscheint. Hätten sie verstanden, dass sein Geist aus der Maschine kommt, dann hätten sie ein Mittel an die Hand bekommen, um dem ganzen Spuk womöglich doch etwas zu entgegnen.

Wie bereits Schillers *Geisterseher* lehrt, setzt eine aufgeklärte Ideologiekritik genau hier an: Sie versucht, die Apparaturen und Mechanismen aufzudecken, die den Geist (d.h. die Ideologie) erzeugen. Der Fragment gebliebene Roman *Der Geisterseher* handelt vom großangelegten Betrug an einem deutschen Prinzen. Als dieser auf einem Ausflug außerhalb Venedigs an einer Séance teilnimmt, erscheint ihm der Geist eines verstorbenen Freundes. Sehr schnell allerdings wird diese Erscheinung als der Effekt technischer Apparaturen, insbesondere einer Laterna magica, eines Vorläufers moderner Filmprojektoren, enttarnt. Der Prinz, der, wie wir erfahren, in seiner Jugend zu religiöser Schwärmerei neigte, schwört daraufhin jedem Glauben ab und versucht sich mittels „modernster Lektüre"[7] selbst aufzuklären. Während einer Unterredung, die Zeugnis von diesem Versuch gibt, bedient er sich auffälligerweise einer Art Kinometapher:

> Was mir vorherging und was mir folgen wird, sehe ich als zwei schwarze und undurchdringliche Decken an, die an beiden Grenzen des menschlichen Lebens herunterhangen und welche noch kein Lebender aufgezogen hat. Schon viele hundert Generationen stehen mit der Fackel davor und raten, was etwa dahinter sein möchte. Viele sehen ihren eigenen Schatten, die Gestalten ihrer Leidenschaft, vergrößert auf der Decke der Zukunft sich bewegen und fahren schaudernd vor ihrem eigenen Bilde zusammen. […] Eine tiefe Stille herrscht hinter dieser Decke, keiner, der einmal dahinter ist, antwortet hinter ihr hervor; alles, was man hörte, war ein hohler Widerhall der Frage, als ob man in eine Gruft

7 Friedrich Schiller: Der Geisterseher. In: Ders.: *Sämtliche Werke*, Bd.5, hrsg. v. Peter-André Alt / Albert Meier / Wolfgang Riedel. München: dtv 2004, S.48–160, hier S.107.

> gerufen hätte. Hinter diese Decke müssen alle, und mit Schaudern fassen sie sie an, ungewiß, wer wohl dahinter stehe und sie in Empfang nehmen werde [...].[8]

Auf der Decke, welche die Gegenwart von der Zukunft trennt, erscheint das eigene Selbst schattenhaft gedoppelt, ein bewegtes Bild, vor dem man erschrickt und zurückweicht wie vor einem Gespenst. Man weiß nicht, was sich hinter dieser Decke befindet, aber es ist ganz so, als ob sie einen im gleichen Maße mit dem Reich der Toten verbindet, wie sie einen davon trennt. Selbst für die Aufklärung besteht ein Zusammenhang zwischen Filmtechnik und Geistern. Wer demnach einen Kinosaal betritt, der tritt ein in ein Gespensterreich, in dem auf einer Leinwand Geister erscheinen.

Wenn also der Film *Oz the Great and Powerful* sich selbst als eine Zaubershow präsentiert, indem er in Vor- und Abspann Vorhänge wie zu einer solchen auf- und zugehen lässt, dann bedeutet das nichts anderes, als dass er ein wahrhaft abgründiges Spiel treibt, ein *mise en abyme*, bei dem der Film für den Zuschauer die Rolle einnimmt, die in der Handlung des Films dem Geist des Zauberers zukommt. Film als Raum der Illusion ist gekoppelt an medientechnische Apparate, die Geister erzeugen, weshalb wir auch zu Recht mit Slavoj Žižek von „Hollywood as an Ideological Machine"[9] sprechen können.

Die Oz-Filme zeigen dem Zuschauer die Maschinen des Zauberers nur deshalb, weil sie ihm im selben Zug eine bestimmte ideologische Botschaft mitteilen wollen, welche in ihrem demokratieverachtenden Charakter übrigens recht eindeutig ist. Sie besagt: Das Volk benötigt Führer, die es verstehen, ihm Hoffnung zu geben und es zu täuschen. Nur so lässt sich jene Einheit herstellen, die nötig ist, um einen äußeren Feind zu besiegen und in Frieden zu leben. Eine funktionierende, glückliche Gesellschaft gründet auf einem Betrug am Volk. *Oz the Great and Powerful* betont denn auch allzu sehr auf der einen Seite die Fröhlichkeit, den Frohsinn und die Güte der Bewohner von Oz, auf der anderen Seite aber die damit einhergehende Einfachheit und Beschränktheit. Die Bewohner von Oz bedürfen der Führung. Und das Wesen dieser Führung besteht insbesondere darin, *das Volk Glauben zu machen, die Führung könnte führen.* Der Zauberer muss darum auch kein echter Zauberer sein, er muss über keine echten Kompetenzen verfügen, außer über die eine, andere zur fälschlichen Annahme zu bringen, er wäre in Wirklichkeit kompetent. Es genügt somit, wenn er ein geschickter Betrüger ist. Erfolg kann

8 Ebd., S. 126.

9 So der Untertitel eines Vortrags, den Slavoj Žižek am 12. März 2008 in New York hielt. Man kann sich diesen Geist nach Hause holen, er ist abrufbar unter http://www.youtube.com/watch?v=r8lXwQX3MBw&list=PL55242F5F8ADD0A2E&index=1. (Zugriff am 29.10.2013.)

sein Betrug aber nur dann haben, wenn die Techniken geheim bleiben, die hinter diesem Betrug stecken. Darum muss dem Volk von Oz der Geist des Zauberers erscheinen, ohne dass man ihm die Maschinen und Apparate zu erkennen gibt, die ihn hervorbringen. Der Geist (die Ideologie) wird für es so zu einem alltäglichen Begleiter, der einem gar nicht mehr als solcher auffällt. Oder präziser: Der Geist ist mehr als ‚alltäglicher Begleiter', er beseelt seine Untertanen. Die funktionierende Ideologie ist nicht rein äußerlich, sondern sie bildet einen wesentlichen Teil der Identität der ideologisierten Subjekte. Der *Glaube* an den Geist/die Ideologie bewirkt ein Vergessen ihrer Gemachtheit. In der Folge ist der Geist/die Ideologie gleichzeitig allgegenwärtig und nirgendwo. Als beispielsweise Dorothy Gayle und ihre Gefährten in *The Wizard of Oz* in einer an Kafkas ‚Türhüterlegende' erinnernden Szene beim Zauberer vorsprechen wollen, erfahren sie vom Torwächter, dass dieser den Zauberer selbst noch nie zu Gesicht bekommen hat. Nichtsdestotrotz folgt er seinen Anweisungen. Der Geist des Zauberers lenkt die Geschicke also, ohne selbst je wirklich in Erscheinung treten zu müssen.

Aus alledem folgt, dass sich eine jede Ideologiekritik auf die Ebene des Signifikationsprozesses und seiner medientechnischen Bedingungen begeben muss. Freilich ergibt sich aus dem bisher gesagten auch ein Problem, auf das bereits *Der Geisterseher* deutlich verweist. Trotz aller aufklärerischen Bemühungen gelingt es dem Prinzen letztlich nicht, sich vom Glauben zu befreien und so erfahren wir, dass er vom Protestantismus zum Katholizismus übertritt. Der Betrug an ihm hat somit doch Erfolg. Friedrich Kittler bemerkt hierzu:

> Der Kampf der Aufklärung mit dem Aberglauben endet also nicht in Kants bilderlosem Sittengesetz, sondern in einer Wirkungsästhetik, die den Priesterbetrug noch überbietet und Weimarer Klassik heißt. Eben darum kann Schiller die Wirkungsästhetik des Armeniers [d.h. desjenigen, der den Prinzen betrügt] nicht mehr erzählen. [...] Wenn diese Geister [die der Roman verspricht noch zu zeigen] [...] der Geist der Goethezeit selber sind, hätte ein Roman, der auch sie entlarven wollte, das eigene Betriebsgeheimnis verraten müssen. Schillers *Geisterseher* blieb also besser Fragment.[10]

Schillers Roman kann die Geister, die er dem Leser zeigen will, nicht gänzlich entlarven, weil er damit auf seine eigene mediale Verfasstheit Bezug nehmen müsste. Er scheitert also an „Paradoxien der Selbstreferenz"[11]. Für die Ideologiekritik bedeutet das wiederum, dass auch sie immer schon in Medien

10 Friedrich Kittler: Die Laterna magica der Literatur: Schillers und Hoffmanns Medienstrategien. In: *Athenäum. Jahrbuch für Romantik* 4 (1994), S. 219–237, hier S. 228–229.

11 Ebd., S. 229.

stattfindet und also selbst innerhalb eines ideologischen Rahmens fungiert. Aufgrund ihrer eigenen medialen Verfasstheit ist die Kritik der Ideologie selbst nie nicht-ideologisch.

Welche Konsequenzen lassen sich nun aber aus der Feststellung ziehen, dass Ideologie einerseits immer an Medientechnik (im weitesten Sinne) gebunden ist (immer „eine materielle Existenz" hat, wie Althusser sagt) und dass wir andererseits nicht anders können, als die Kritik der Ideologie medial zu formulieren? Ist diese Kritik deswegen hinfällig? Zumindest ergeht dadurch ein Auftrag an uns, nämlich, dass wir lernen, mit den Gespenstern zu leben. Um uns den ganzen Sachverhalt noch einmal zu verdeutlichen: Ideologie entsteht im Prozess der Signifikation, der (wie wir von Derrida wissen) ein gespenstiger Prozess ist.[12] Der Geist (die Ideologie, das Signifikat) existiert nicht unabhängig von Materie (der Maschine, dem Signifikanten). Dem Signifikationsprozess aber geht das voraus, was man als ‚Gleichheit des Signifikanten' bezeichnen könnte, d. h. der Zustand, in dem der Signifikant noch nicht Signifikant ist, in dem er bloße, noch nicht artikulierte Materie ist, der Zustand, in dem ein Laut noch kein Wort, in dem der Körper noch geschlechtslos, der Buchstabe noch ohne Wert und das Bild noch ohne Bedeutung ist.

Ein bestechendes Merkmal der Ideologie ist es, dass sie einem natürlich und damit selbstverständlich vorkommt. Der hochgradig Ideologisierte merkt gar nicht, dass er ideologisiert ist, er nimmt die Ideologie nicht als Ideologie wahr. Ihm erscheint ‚seine' Ideologie als geschichts- und somit alternativlos. Begreift man aber, dass die Bedeutung der Worte arbiträr ist, insofern sie in einem Spiel der Signifikanten entsteht, bei dem verschiedene Laute oder Lautfolgen nur darum bedeutungstragend werden, weil sie sich von anderen Lauten oder Lautfolgen unterscheiden (und nicht etwa, weil ihnen ihre Bedeutung natürlich anhaften würde), dann begreift man in der Folge auch, dass die Ordnungen, die sich so ergeben, künstlich und gemacht sind. Diese Entdeckung versetzt einen zwar nicht automatisch in einen außer-ideologischen Zustand. Schließlich verwendet man, wenn nicht gar die gleiche, so doch immerhin noch Sprache, um dies festzustellen. Allerdings kann man nun auch nicht mehr umhin, eines zuzugeben: Wenn diese Ordnung, innerhalb derer wir leben, eine gemachte Ordnung ist, dann bedeutet das, dass sie auch anders gemacht sein könnte. Nichts bindet einen auf natürliche Weise an die vorherrschende Ideologie.

12 Jacques Derrida: *Marx' Gespenster. Der Staat der Schuld, die Trauerarbeit und die neue Internationale.* Frankfurt am Main: Suhrkamp 2004, S. 203–228. Derrida analysiert hier die Entstehung des ‚Tauschwerts' als Prozess der Signifikation anhand eines gespenstigen (Waren-)Tisches.

Auf die medientechnisch-materiellen Voraussetzungen von Bedeutungen und so auf die Gemachtheit derselben zu verweisen, heißt nicht, die Geister zu entzaubern. Es bedeutet, die Geister überhaupt erst als Geister zu begreifen. Wir können nicht anders, als durch die Technik und mit den Medien – und damit auch mit den Gespenstern – zu leben. Die technisierte Welt ist nicht einfach die entzauberte Welt. Die Geister suchen die technisierte Welt immer schon heim, gerade, weil Geister aus der Maschine kommen. Festzustellen, dass wir in einer technisierten Welt leben, bedeutet also nicht die Entzauberung voranzutreiben, sondern schärft die Wahrnehmung für Gespenster.
Lernen, mit den Gespenstern zu leben: Das würde zunächst bedeutet, lernen, *sie wirklich zu sehen* und zu verstehen, dass unsere Welt nicht einfach gegeben, sondern gemacht ist, dass unsere Ordnung nicht natürlich, sondern symbolisch ist. Lernen, mit den Gespenstern zu leben: Das besagt also nicht, dass wir die Welt, so wie sie sich uns gerade präsentiert, einfach hinnehmen müssen. Es besagt vielmehr, dass es nicht den *einen* Geist, sondern unendlich viele Geister gibt. Die symbolische Ordnung, die uns vorausgeht, in die wir hineinwachsen, die uns selbstverständlich vorkommt und die uns ein gewisses Maß an Sicherheit gibt, verliert so ihre Alleingeltungsansprüche. Wir können nicht anders, als in symbolischen Ordnungen zu existieren, aber ob wir je die ‚richtigen' Ordnungen bewohnen, dessen können wir uns nie sicher sein.
Lernen, mit den Gespenstern zu leben: Das kann also letzten Endes nicht bedeuten, Schluss mit ihnen zu machen und so den Zustand einer sorgenfreien Ruhe zu schaffen.

Ergänzungen

Bei vorangehendem Text handelt es sich um den Abdruck meines Vortrages, wie ich ihn – abgesehen von kleineren Änderungen – auf dem Symposium „Lernen, mit den Gespenstern zu leben" in Frankfurt gehalten habe. Die Entscheidung, den Text in seinem ‚ursprünglichen' Zustand zu belassen und für den vorliegenden Band nicht noch einmal grundsätzlich zu überarbeiten, beruht auf dem Wunsch, dem Leser das zu diesem bestimmten Zeitpunkt und an diesem bestimmten Ort Gesagte zugänglich machen zu wollen. Zum weiteren Verständnis hier einige Ergänzungen.
Die erste betrifft die Materialität des Zeichens. Ist denn nicht, so lautet der Einwand, in Geistern jegliche Materialität aufgehoben? Macht nicht gerade die Figur des Gespensts unmissverständlich klar, dass ein Signifikat keinerlei Stofflichkeit bedarf? Dieser Auffassung möchte ich entschieden entgegentreten. Natürlich ist das Signifikat selbst nicht materiell, aber es gibt kein

Signifikat ohne Signifikanten: Ein Zeichen besteht notwendigerweise aus Bezeichnendem und Bezeichnetem. Mit dieser Auffassung stelle ich mich in eine Tradition der Theorie, welche in der Nachfolge von Saussure die materielle Dimension des Zeichens betont. Gleichzeitig aber – und dies scheint mir in der Kritik an der Betonung der Materialität des Zeichens unterzugehen – bestehe ich damit ebenso sehr auf der ‚geistigen' Dimension des Zeichens. Ein Zeichen ist weder bloße Materie, noch ist es reiner Geist: Ein Zeichen ist Materie, die etwas bedeutet. In dem Augenblick aber, in dem Materie anfängt etwas zu bedeuten, ‚immaterialisiert' und ‚entkörpert' sie sich gewissermaßen. Sie wird transparent und durchscheinend auf dasjenige, auf das sie verweist.

Gerade deshalb beschäftige ich mich auch mit der Figur des Gespensts. Jacques Derrida spricht vom „körperlosen Leib"[13] des Gespensts. Dieser Körper ohne Körper findet in meinen Augen seine theoretische Entsprechung im strukturalistischen Begriff des Zeichens. Der „körperlose Leib" – das ist einerseits ein Körper, den man nie zu fassen bekommt, den man nicht mit seinen Händen fassen und festhalten kann, der also letztlich un-begreiflich bleibt. Gleichzeitig aber – und darauf muss man meiner Ansicht nach bestehen – bleibt das Gespenst in seinem Erscheinen auf eine seltsame Art und Weise an Stoffliches gebunden. Denn wohl gemerkt: Derrida sagt *nicht* etwa ‚das körperlose Gespenst' oder ‚die Körperlosigkeit des Gespensts'! Er spricht von seinem „körperlosen Leib", von einem Leib also, der *gleichzeitig* stofflich und entstofflicht ist, den man zwar wahrnimmt, der sich einem aber immer entzieht, sobald man sich ihm nähert und nach ihm greift. Es handelt sich um einen Körper, der einerseits vollkommen immaterialisiert scheint, der aber andererseits nichtsdestotrotz ein Körper ist: Ein Körper also, der zugleich präsent und absent ist.

Das führt zu einem zweiten Punkt. Wieso verwende ich für das Bild, das Oz an den Himmel projiziert, den Begriff ‚Geist' und beschränke mich nicht auf den Begriff ‚Illusion' – schließlich lebt Oz noch und täuscht seinen Tod sowie sein Wiedererscheinen lediglich vor. Dieser Frage möchte ich abermals mit einem Verweis auf Jacques Derrida begegnen. Im Gespräch mit Bernard Stiegler berichtet Derrida von den Dreharbeiten zum Film *Ghost Dance*[14], in dem er zusammen mit Pascale Ogier spielt. Als Derrida den Film einige Jahre

13 Derrida: *Marx' Gespenster*, S. 206.

14 *Ghost Dance* (GB 1983, R: Ken McMullen).

später, nach dem Tod Ogiers, wiedersieht, begegnet ihm Ogier von der Leinwand wie ein Gespenst. Doch Derrida ergänzt:

> Aber gleichzeitig weiß ich, daß schon damals, damals schon, beim ersten Mal, als Pascale das sagte, als sie es in meinem Büro wiederholte, dieses Gespenstische am Werk war. Es war schon präsent, sie sagte das und sie wußte, so wie wir wissen, daß es eines Tages, selbst wenn sie nicht in der Zwischenzeit gestorben wäre, eine Tote sein würde, die sagt: ‚Ich bin tot' […].[15]

Bereits im Moment der Produktion des Filmes schreibt sich der Tod ins Leben ein und verwandelt die gefilmten Personen in Phantome. „Wir werden, indem uns die Kamera aufnimmt, von vornherein zu Gespenstern [*spectralisés*], von Gespenstischem erfaßt [*saisis de spectralité*].“[16] Das bedeutet, dass sich ein Denken jenseits der Opposition von Präsenz und Absenz aufdrängt, sobald etwas zum (in diesem Fall filmischen) *Zeichen* wird. Es spielt letztlich also keine Rolle, ob Oz noch lebt oder nicht: In seinem Erscheinen als Projektion am Himmel verdoppelt er sich, ist er zugleich hier und dort, gleichzeitig fort und da. Das Zeichenwerden spektralisiert die Gegenstände und unterminiert den Gegensatz zwischen Illusion und ihrem Gegenteil.

Daraus ergibt sich ein grundlegender Zusammenhang von Ideologie und Gespenst: Nicht zufällig erscheint die Projektion, die Oz mit seinen technischen Apparaten erzeugt, dem Volk und seinen Gegnern wie ein Geist. Es ist üblich, Ideologie als Illusion zu verstehen, welche die Realität verdeckt. Die Kritik der Ideologie bestünde nun darin, objektiv und vorurteilsfrei zu urteilen, die Wirklichkeit zum Vorschein zu bringen und der Ideologie so ein Ende zu bereiten. Es handelt sich hierbei um dieselbe ‚wissenschaftliche Objektivität', von der man annimmt, sie treibe Geister aus. Die Ideologie ist ein Geist – und diesem Geist meint man mit den Mitteln der Aufklärung und der Wissenschaft zuleibe rücken zu können.

Nun ist in meinen Augen Ideologie aber kein geistiger Schleier, der sich über die Wirklichkeit legt. Vielmehr wird unsere ‚Wirklichkeit' strukturiert durch ein ‚ideologisches Netz'. Ideologie ist ein Geist, der unsere ‚Realität' von Anfang an durchdringt. Oder mit anderen Worten: Die Welt, in der wir leben, ist zeichenhaft. Sie konstituiert sich aus Gegenständen, die Bedeutung haben. Bedeutung hängt allerdings nicht an der Materie selbst (an ihrer ‚Substanz' oder ‚Essenz'), sondern bildet sich innerhalb eines Systems (einer Ordnung),

15 Jacques Derrida / Bernard Stiegler: *Echographien. Fernsehgespräche*. Wien: Passagen 2006, S. 135.

16 Ebd., S. 133.

in dem bestimmte Unterschiede zwischen verschiedenen materiellen Gegenständen bedeutend werden. Der imaginäre Raum des Kinos, der technisch-maschinell (und d.h. materiell) erzeugt wird, ist einer der Räume, in denen wir solche Ordnungen erlernen. Das hat wiederum ‚reale', materielle Folgen. Wenn ich in meiner Argumentation nicht entschieden zwischen verschiedenen Materialitäten (Körpern, technischen Apparaten usw.) differenziere (was in einer ausführlicheren Analyse natürlich getan werden müsste), dann deshalb, weil es mir an dieser Stelle darauf ankommt, Nachdruck darauf zu legen, dass Geist nichts Gegebenes, sondern etwas Hergestelltes ist. Gleichwohl aber durchdringt und strukturiert Geist unsere materiellen Lebensverhältnisse – man wird ihn also, wie jedes Gespenst, nicht einfach los.

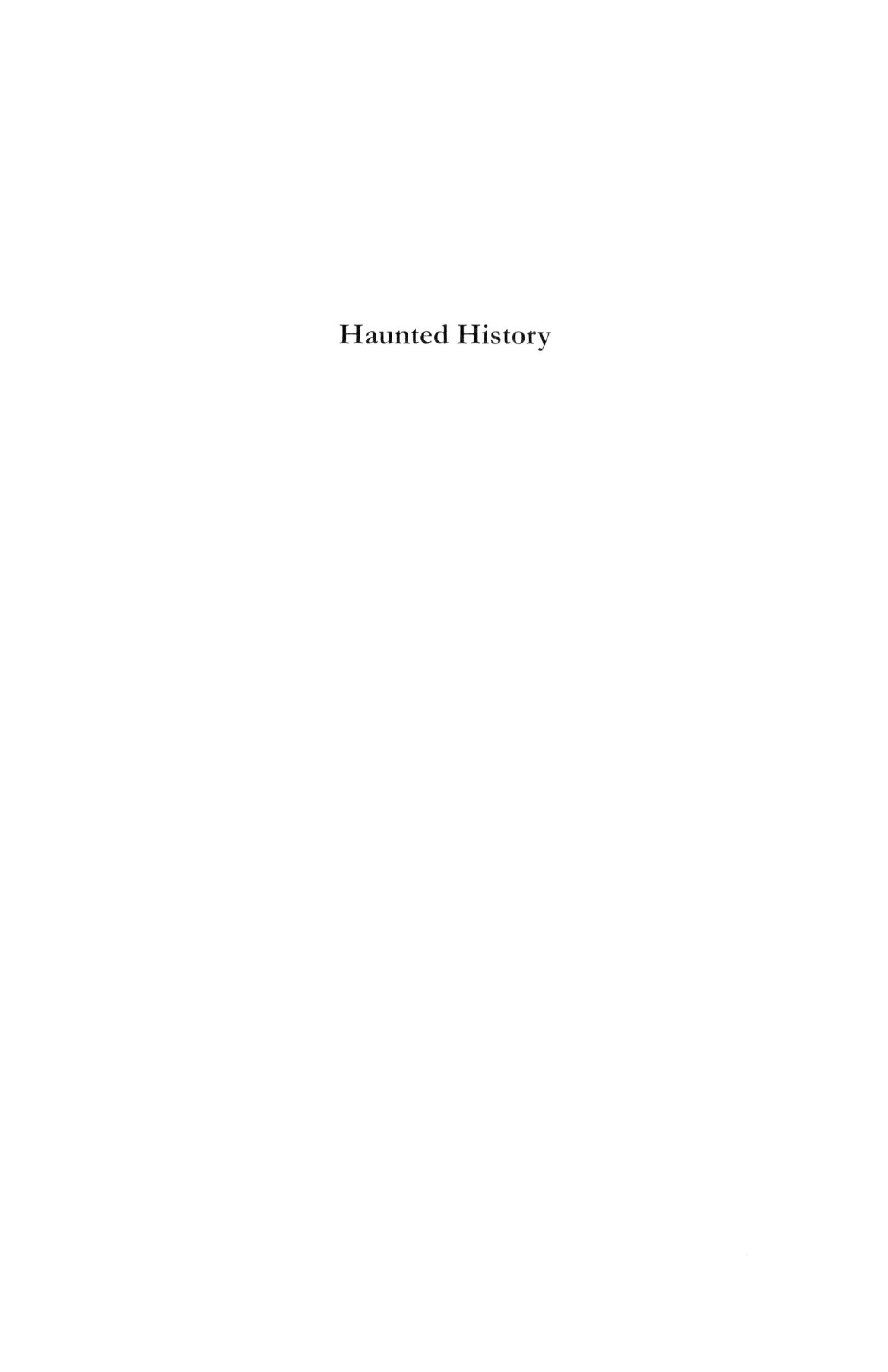

Haunted History

Geschichte und Heimsuchung

Philipp Schulte

> Der einzige Gedanke, den die Philosophie mitbringt, ist aber der einfache Gedanke der Vernunft, daß die Vernunft die Welt beherrsche, daß es also auch in der Weltgeschichte vernünftig zugegangen sei. Diese Überzeugung und Einsicht ist eine Voraussetzung in Ansehung der Geschichte als solcher überhaupt […].[1]

So schreibt es G. W. F. Hegel in seinen Vorlesungen über die Philosophie der Geschichte, und er meint damit: Im Fortlaufen der Weltgeschichte von A über B und C nach D geht es unbedingt und immer vernünftig zu, es herrscht unentwegte logische Zielgerichtetheit. Dieser Fortschritt steht für ihn nicht zur Debatte, sei er doch, so führt er tröstlich fort, einer „im Bewußtsein der Freiheit"[2] und unbedingt „in seiner Notwendigkeit zu erkennen"[3]. Geschichte verfolgt demnach also ein klares Ziel, und vor diesem teleologischen Hintergrund muss Vergangenheit vom geschichtsbewussten Subjekt der Gegenwart gedeutet und beschrieben werden – eben als Vergangenes, das folgerichtig zu dem führte, was heute ist.

Dass sich A tatsächlich immer über B und C nach D entwickelt, und dass dies zudem immer lückenlos und aufs Heute bezogen darstellbar sei – dieser Logik einer „homogene[n] Kontinuität der Zeit"[4], wie es Louis Althusser später nennt, widersetzen sich Phänomene des Gespenstischen, denen der vorliegende Band gewidmet ist. Hegels Geschichtsbegriff sei ebenso vorsichtig zu betrachten wie jeder andere, so Althusser, er sei als Evidenz einzustufen, als nicht bezweifelter und gerade deshalb fortwährend unbewiesener blinder

1 G. W. F. Hegel: *Vorlesungen über die Philosophie der Geschichte*. Stuttgart: Reclam 1961, S. 48.

2 Ebd., S. 61.

3 Ebd.

4 Louis Althusser: *Das Kapital lesen*, Bd. I. Reinbek: Rowohlt 1972, S. 121–122.

Fleck also einer philosophischen Theorie, „der – wie alle ‚evidenten' Begriffe – leicht anstelle eines theoretischen Gehalts nur die von ihm von der herrschenden Ideologie diktierte Funktion haben kann"[5]. Etwa zeitgleich zu Althussers Ausführungen kritisiert auch Michel Foucault Hegels auf eine kontinuierlich verlaufene und ebenso darstellbare Vergangenheit rückschauendes gegenwärtiges Subjekt als idealistisches Phantasma. Sein Gegenvorschlag, eine genealogische Vorgehensweise im Sinne Friedrich Nietzsches, denkt nicht in Epochen als abschließbare Perioden; sie ist sich stets bewusst, dass sie „an verwischten, zerkratzten, mehrmals überschriebenen Pergamenten"[6] arbeitet, „voller Spalten und Risse und besteh[end] aus heterogenen Schichten"[7], und weigert sich so, „eine das Vergessen übergreifende Kontinuität herzustellen"[8]. Ihre Aufgaben formuliert Foucault auf radikale Weise: „[A]lles, was sie [die Geschichte] als ruhige, kontinuierliche Bewegung erscheinen lässt, muss systematisch zerstört werden"[9] – alles sei „in Stücke zu schlagen, was dem tröstlichen Spiel des Wiedererkennens Vorschub leistet"[10].

Genau hier, wo man aufhört oder nicht in der Lage ist, jenem tröstlichen Spiel des Wiedererkennens zu frönen, kann man dem Gespenstischen begegnen. Jeder landläufige Geisterfilm zeigt es: Solange niemand erkennt, was oder wer da poltert und spukt, solange ist der Spuk auch nicht gebannt. Erst wenn die unerlöste Erscheinung durch investigativen Eifer einer konkreten historischen Periode zugeordnet werden kann, ein Wiedererkennen sich einstellt, kann einem tröstlichen Ausgang entgegengestrebt werden. Eine Kontinuität wird wiederhergestellt, das Gespenst verschwindet. Wo aber Vergangenes in seiner Lückenhaftigkeit, in seiner Unabgeschlossenheit und diskontinuierlichen Ereignishaftigkeit akzeptiert wird oder weiterhin akzeptiert werden muss, setzt sich der Spuk fort. Denn Gespenster haben gegenüber aller zeitlichen Kontinuität und Abfolge bekanntlich die Tendenz zum Ausharren und zur Sesshaftigkeit.

Gerne nutzen sie konkrete Orte, Architekturen dazu, sich besser vor allzu kontinuitätsstiftenden Übergriffen zu schützen. Nirgends manifestieren sie

5 Althusser: *Das Kapital lesen*, Bd. I, S. 121–122.

6 Michel Foucault: Nietzsche, die Genealogie, die Historie. In: Ders.: *Dits et Ecrits. Schriften*, Bd. 2, aus d. Franz. v. Reiner Ansén / Michael Bischoff / Hans-Dieter Gondek / Hermann Kocyba / Jürgen Schöder. Frankfurt am Main: Suhrkamp 2002, S. 166–191, hier S. 166.

7 Ebd., S. 173.

8 Ebd., S. 172.

9 Ebd., S. 179.

10 Ebd.

sich beispielsweise so gerne wie in verwinkelten Spukschlössern aus vergangenen Zeiten, wie sich ursprünglich vor allem in der deutschen Romantik- und Schauerliteratur zeigt. Dieses Motiv der gespenstischen Behausung tritt nur wenige Jahrzehnte später seine Reise über den Atlantik an und findet sich fortan, wenn auch etwas bürgerlicher und rustikaler, auch in US-amerikanischer phantastischer Literatur wieder. Prominenter Vertreter dieser neuen Spuk*haus*literatur beispielsweise ist Ambrose Bierce, ein heimgekehrter Soldat aus dem amerikanischen Bürgerkrieg, der nach seiner Rückkehr nicht nur Anti-Kriegs-Erzählungen verfasste, sondern auch Gespenstergeschichten, die sich durchaus mit denen Poes messen können. Zerfallene Häuser, Wesen mit zerfetzten Körpern – man ist sicher kein allzu gewagter Interpret der Erzählungen, wenn man als Schablone für diese immer wiederkehrenden Motive Bierces Erfahrungen auf den Schlachtfeldern und in den leergeplünderten und verwüsteten Dörfern des gerade beendeten Krieges vermutet. Das vormals heimelige Wohnhaus wird zum Ort, in dem einer vergangenen Zeit Angehöriges – hingeschlachtete Familien, vermisste Väter, gehenkte Sklaven – sich verräumlicht und sein ruheloses Unwesen treibt.

Mit dieser Tendenz der Verräumlichung von Zeit greifen Bierce und seine Kollegen aus dem Fach der Gespensterliteratur vielleicht schon im 19. Jahrhundert vorweg, was Foucault etliche Jahrzehnte später in seinem viel beachteten Essay *Andere Räume*[11] vor allem dem 20. Jahrhundert attestiert. Die große Obsession des 19. Jahrhunderts, so Foucault, sei die Geschichte gewesen: Entwicklung und Stillstand, „Akkumulation der Vergangenheit, die Überlast der Toten“[12]. Hingegen „wäre die aktuelle Epoche eher die Epoche des Raumes“[13]:

> Wir sind in der Epoche des Simultanen, wir sind in der Epoche der Juxtaposition, in der Epoche des Nahen und des Fernen, des Nebeneinander, des Auseinander. Wir sind, glaube ich, in einem Moment, wo sich die Welt weniger als ein großes sich durch die Zeit entwickelndes Leben erfährt, sondern eher als ein Netz, das seine Punkte verknüpft und sein Gewirr durchkreuzt. Vielleicht könnte man sagen, daß sich manche ideologischen Konflikte zwischen den anhänglichen Nachfahren der Zeit und den hartnäckigen Bewohnern des Raumes abspielen.[14]

11 Vgl. Michael Foucault: Andere Räume. In: Karlheinz Barck / Peter Gente / Heidi Paris / Stefan Richter (Hrsg.): *Aisthesis. Wahrnehmung heute oder Perspektiven einer anderen Ästhetik*. Leipzig: Reclam 1990, S. 34–46.

12 Ebd., S. 34.

13 Ebd.

14 Ebd.

Foucaults Überlegungen zufolge ließe sich eine Entwicklung von einem Ausdehnungsraum des 17. Jahrhunderts hin zu einem Raum der Lagerung in der Gegenwart nachzeichnen: Wo früher das Unbekannte und Alogische in noch nicht entdeckte Bereiche der Welt und ihrer Landkarten verortet werden konnte – ‚*hic sunt dracones*' –, hat es in einer komplett auskartographierten Welt einfach keinen Platz mehr – bzw. muss ihn auf unheimliche Weise behaupten: Die Entstehung eines Raums der Nachbarschaftsbeziehungen zwischen Punkten, Elementen oder Menschen ist zugleich die Geburtsstunde alles Gespenstischen. Denn das Gespenst erscheint genau dort, wo Zeitlogik – was war, kann nicht mehr sein – und Raumlogik – es kann nicht zwei Dinge am selben Platz geben – miteinander kurzgeschlossen werden und dadurch in einen Konflikt geraten, als hartnäckige Fehlplatzierung von etwas, das hier nicht mehr hingehört. Erfolglos verdrängte Vergangenheit dringt ein in Gegenwart; selbst in ihrem gespenstischen Wesen nicht messbar und konkretisierbar, werden ihr in künstlerischen Artefakten wie auch im Volksglauben quasi metonymisch bestimmte räumliche Felder, sie umhegende Orte zugewiesen, Spukhäuser, -schlösser, -inseln und längst viele mehr. Unterbelichtete, nicht in einer kontinuierlichen, tröstlichen Dokumentation des Wiederzuerkennenden aufzuhebende Aspekte von Geschichte werden anderswo konserviert und verräumlicht, um fortan ihrer symbolischen Einhegung zu harren.

Wer oder was sucht hier also heim, wer oder was wird hier heimgesucht? Auch wenn es Foucault im zuletzt wiedergegebenen Zitat mit der Erwähnung der ideologischen Konflikte zwischen den ‚anhänglichen Nachfahren der Zeit' und den sturen ‚Bewohnern des Raums' freilich anders verstanden wissen will, kann man das doch auch mit etwas gutem Willen auf die Frage des Gespensts übertragen: Heimsuchend wären demnach ebenjene Figuren des Verdrängten, denen schon in ihrer eigenen Zeit kein Ort zugestanden wurde, und die dieses einst verweigerte Recht nun einfordern; Spuren des Erinnerten und Vergessenen, denen in lückenlosen Verständnissen von Zeit oder Raum kein Platz eingeräumt wird: weder in einem auf zeitlicher Kontinuität basierenden Geschichtsverständnis im Sinne Hegels, noch in einem modernen Raum der Lagerung, des lückenlosen Netzes, des satellitenhaften Überblicks.

Entsprechend sind es vor allem solche Figuren, die auch dieses Kapitel über ‚Geschichte und Heimsuchung' bevölkern: Sklaven und Opfer des Genozids an der indigenen Bevölkerung Amerikas in den Geistergeschichten des 17. Jahrhunderts (bei Sladja Blažan), gefallene Soldaten in Fronterzählungen aus dem Ersten Weltkrieg (bei Vera Kaulbarsch), unterdrückte Tendenzen aus der NS-Zeit (bei Michael Ostheimer), konkretisiert in Form des jüdischen Heimsuchers und Nazi-Mörders Dibbuk (bei Peter Herr) in der deutschen und europäischen Nachkriegszeit und schließlich das beunruhigend gegenwärtige Phänomen des Geistergefangenen, der seinen Körper aufgrund des Diktums der Geheimhaltung in Guantánamo und den vielen weiteren Lagern der Gegenwart dem leidvollen Verschwinden ausgesetzt sehen muss (bei Carola Hilbrand). Die folgenden Beiträge behandeln somit historisch unterschiedliche, in ihren grundlegenden Strukturen und Ursachen aber immer ähnliche Formen des Gespensts in vier verschiedenen – nun doch wieder: – Epochen; zunächst der Kolonialzeit, dann dem Ersten Weltkrieg, dem Zweiten Weltkrieg und der Nachkriegszeit sowie schließlich der Gegenwart. Dabei wird deutlich: Jede Zeit hat ihre eigenen Gespenster – doch sie alle verraten, was jeweils verdrängt wurde und wird, lenken den Blick auf das, was nicht sein kann, weil's nicht sein darf, und dennoch als Spur eines nur scheinbar Vergangenen seinen Platz im gegenwärtigen, technokratisch ausgerichteten Platzierungs- und Lagerungsraum einfordert.

Das Kapitel folgt somit einer Chronologie und beginnt mit den Überlegungen von Sladja Blažan und ihrem aus amerikanistischer Perspektive verfassten Artikel „Vernünftiges Geistersehen: Die Politik des Gespenstischen" zu narrativen Strukturen in US-amerikanischen *gothic novels* und *ghost stories*, die Verdrängtes gespenstisch aufscheinen lassen. Dies geschieht in den Vereinigten Staaten von Amerika im 18. Jahrhundert, also in einer Zeit, in der der Staatenbund aus europäischer Sicht und in seiner Selbstdarstellung von einem ursprünglichen Aufklärungsexperiment zu einem Gebilde avanciert, das die Ideale der Aufklärung erfolgreich wie nirgends sonst umsetzt. Blažan stellt fest, dass sich Schriftsteller, die nach Erklärung der Unabhängigkeit und vor dem Bürgerkrieg publizierten, „einer gewissen gespenstischen Ästhetik bedienten"[15], die nach einem Ausdruck dessen strebt bzw. symptomatisch Ausdruck dessen ist, was aufgrund seines traumatischen Charakters aus den Vernunftdiskursen der Aufklärung ausgeschlossen blieb. Konkret ist das eine in diesen marginalisierte, ja abwesende Auseinandersetzung mit afroamerikanischen und indigenen Kulturelementen. Am Beispiel der Erzählungen des Schriftstellers Washington Irving zeigt Blažan, wie demnach Gespenstergeschichten auch immer Beziehungen zwischen Menschen regeln und an der Grundlage von Gemeinschaftsbildung operieren, indem sie zeigen, auf wessen Kosten sie vonstattengeht. Diese Beobachtung führt Blažan

15 Sladja Blažan: Vernünftiges Geistersehen: Die Politik des Gespenstischen, S. 99.

schließlich zu der Forderung, künstlerische Verarbeitungen des Gespenstischen auch unbedingt in einem ethischen Kontext zu betrachten.

Gespenstergeschichten kursierten auch unter den Frontsoldaten des Ersten Weltkriegs. Oft handelten sie von wiederauferstandenen Soldaten, die selbst im Tod noch für ihr Vaterland weiterkämpfen. Vera Kaulbarsch zufolge vermischte sich im Wiedergängermotiv nationalistische Rhetorik mit eschatologischer Motivik und persönlichen Anekdoten. Kaulbarsch zeigt in ihrem Beitrag „‚I saw a ghost at Béthune.' Wiedergänger im Ersten Weltkrieg" anhand dieser Erzählungen und Gedichte aus komparatistischer Perspektive, wie jener Prozess der Verräumlichung von Geschichte und vermeintlich Vergangenem vor sich geht, wie moderne Raumlogik durch die Schaffung von Orten der Ambivalenz, die eine unmögliche Gleichzeitigkeit zweier Gebiete behaupten und klare Trennungen (zwischen Objekt und Subjekt, zwischen Körper und Umwelt, zwischen Tod und Leben) in Frage stellen, gestört wird. Besonderes Augenmerk richtet Kaulbarsch dabei auf die plastische Körperlichkeit, die verdrängte Tendenzen im Phänomen des Gespensts annehmen. Der gespenstische Körper selbst ist es, der ihren Überlegungen zufolge als Schwellenraum fungiert und sich durch eine „sowohl insistierende als auch fragile Materialität"[16] auszeichnet. Dadurch bildet sich zugleich eine Krise im Verständnis von (vor allem männlicher) Körperlichkeit nach dem Krieg ab: Kaulbarsch bringt die Wiedergängerfigur mit einem kulturellen Paradigmenwechsel in Verbindung, „in dem Körperlichkeit zunehmend den Status von Solidität und Unhinterfragbarkeit verliert"[17].

Wie Blažan setzt sich auch Peter Herr mit dem Verhältnis des Gespenstischen zu ethischen Fragestellungen auseinander, wenn er sich in seinem Beitrag „Anhaftungen der Sho'ah. Der Dibbuk als Supplement humanistischer Ethik" aus literaturwissenschaftlicher Perspektive dem Dibbuk zuwendet, einem Totengeist aus dem jüdischen Volksglauben, der die Körper Lebender besetzt und sie zu irrationalem Verhalten zwingt. Der spezielle Dibbuk, um den es Herr geht, trägt den Namen Gengis Cohn und stammt aus Romain Garys Roman *La danse de Gengis Cohn* aus dem Jahr 1967; es handelt sich um einen jüdischen Komiker, der seinen Mörder, einen Nazi und späteren Kriminalkommissar, auf perfide Weise heimsucht. Mit Rückgriff auf Giorgio Agamben beschreibt Herr den Dibbuk als inverse Figur des Muselmanns, apathischer und in drastischem Sinn passiver, entmächtigter Insasse

16 Vera Kaulbarsch: „I saw a ghost at Béthune." Wiedergänger im Ersten Weltkrieg, S. 119.
17 Ebd.

des Konzentrationslagers, ohne jedes Interesse an Nahrungsaufnahme, ohne erkennbare Reaktion auf Misshandlungen. Auch der Dibbuk, der Wortherkunft nach jemand, der etwas anhaftet oder -klebt, „schließt Zeit und Raum kurz, er verklebt Vergangenheit und Gegenwart, er überlagert Nationalsozialismus und Kiesinger-Republik“[18]. Herr geht den Fragen nach, auf welche Weise der Dibbuk erstens den Sho'ah-Diskurs supplementiert, zweitens den Menschen und unser Bild von ihm und drittens die Ethik selbst. In der Weigerung des unentwegt Inkongruenzen produzierenden Cohn, ein vollständiger Mensch zu werden, sieht Herr schließlich die „Grundbedingung posthumanistischer Ethik [...], und in seinem messianistischen Insistieren den Raum dieser Ethik“[19]. Anstelle eines derridaschen Aufschubs unterstreicht Herr so mit Agamben die Wirksamkeit der insistierenden Lücke als Raum für diese Ethik.

Lernen, mit Gespenstern zu leben – während Herr also einen speziellen Geist der Heimsuchung in einem französischen Roman aus den 1960er-Jahren erforscht, nimmt Michael Ostheimer das titelgebende Thema zum Anlass für eine weiter gefächerte literarische Bestandsaufnahme aus germanistischer Perspektive, die aufzeigt, wie in *deutscher* Nachkriegsliteratur Möglichkeiten entworfen wurden, eine von ihrer mörderischen Vergangenheit heimgesuchte Gesellschaft wieder zukunftsfähig zu machen. Dabei stellt er in seinem Beitrag „Von der Hanto- zur Hamletologie. Der Hamletstoff als Drehscheibe für die literarische Aufarbeitung der familiären NS-Nachwirkungen“ fest, dass der dänische Prinz aus Shakespeares Tragödie als literarische Figuration bevorzugt dazu dient, das Darstellungsproblem nach Auschwitz zu kompensieren, indem so „das Trauma der jüngsten Geschichte markiert [wird], ohne die historische Repräsentation spezifizieren zu müssen“[20]. Anhand der Hamlet-Romane von Alfred Döblin, Walter Jens, Wolfgang Hildesheimer sowie einem jüngeren Werk von Stephan Wackwitz arbeitet Ostheimer heraus, wie der Hamlet-Stoff gerade in Zusammenhang mit familiengeschichtlicher Aufarbeitung auftaucht, um eine Situation zwischen „Übermacht der Vergangenheit [und] Sehnsucht nach einem Neuanfang“[21] zu erörtern. Dabei unterscheidet Ostheimer grundsätzlich zwischen einer eher hantologischen

18 Peter Herr: Anhaftungen der Shoah. Der Dibbuk als Supplement humanistischer Ethik, S. 125.

19 Ebd., S. 123.

20 Michael Ostheimer: Von der Hanto- zur Hamletologie. Der Hamletstoff als Drehscheibe für die literarische Aufarbeitung der familiären NS-Nachwirkungen, S. 140.

21 Ebd.

Verantwortungsethik im Sinne Derridas als Umgang mit einer unabgeschlossenen Vergangenheit, ohne sich von ihr überwältigen zu lassen, auf der einen Seite und einer eher dogmatischen Hamletologie, die sich durch den Imperativ auszeichnet, „den geisterhaft sich einstellenden Forderungen der Vorwelt unbedingt Folge zu leisten“[22].

Schließlich wendet sich aus medienwissenschaftlicher Perspektive Carola Hilbrand in ihrem Beitrag „Gespenst | Er | Leben. Verortungen des Verschwindens“ einem ganz aktuellen Sachverhalt zu. Dadurch ermöglicht sie einen Perspektivwechsel und zeigt nicht, wie unterdrückte oder marginalisierte Phänomene der Vergangenheit Leben in der Gegenwart heimsuchen, sondern geht der brisanten Frage nach, auf welche Weise gegenwärtig Phänomene – Subjekte! – zum Verschwinden gebracht werden, deren politisch unbequeme Spuren möglicherweise erst zukünftig wieder gespenstisch auftauchen. Konkret ist die Rede von den so genannten ‚Geistergefangenen‘, die meist als Terrorverdächtige weltweit in quasi verweislos heterotopischen, exterritorialen Gefangenenlagern wie jenem bei Guantánamo interniert sind und dort Identität und Körper „zugunsten einer eigentümlich abwesenden Diskursfigur“[23] abtreten – ‚Menschen in Auflösung‘ sozusagen, wie beispielsweise auch Herr, Primo Levi zitierend, die Figur des Muselmanns bezeichnet.[24] Oftmals werden sie zu Opfern ‚Sauberer Folter‘ als Methode des Zum-Verschwinden-Bringens, die in der Regel aus sensorischer Desorientierung besteht sowie dem Zufügen von Schmerz und höchster psychischer Belastung bei gleichzeitiger Vermeidung erkennbarer Spuren an den Körpern. Das reale Lager als (in Anlehnung wieder an Agamben) unweigerlicher Bestandteil eines modernen Lagerungsraums geriert damit zu einer Art Gegenfigur zum notwendig fiktiven Spukschloss: Während bei Phänomenen des Gespenstischen sich dort etwas, das nicht da sein kann, dennoch in unheimlichen Spuren bemerkbar macht, beschreibt Hilbrand existente Vorgänge, deren Spuren weitgehend verwischt werden und die ein Verschwinden-Lassen zum Ziel haben, wie Hilbrand mit Rückgriff auf Maurice Merleau-Ponty beschreibt:

> Der Geistergefangene entschwindet durch die Unmöglichkeit der eigenen Verortung im Raum, des Sichverhaltens zu dieser Welt. Ein Prozess unmittelbaren Selbstvergessens realisiert sich in einem signifikativen Gefangenenkörper, der den Gefangenen zwar *als*

22 Ostheimer: Von der Hanto- zur Hamletologie, S. 143.

23 Carola Hilbrand: Gespenst | Er | Leben. Verortungen des Verschwindens, S. 145.

24 Vgl. Primo Levi: *Ist das ein Mensch?* Frankfurt am Main: Fischer 1958, S. 59. Zit. n. Herr: Anhaftungen der Shoah, S. 124.

> Gefangenen darstellt, sich jedoch in sich selbst erschöpft. Das Subjekt ist nicht mehr, weil es sich nicht mehr hat.[25]

Auch Hilbrands Beitrag erhält eine normative Dimension, wenn sie vorschlägt, jenen Mechanismen des Verschwindens mit einer theatralen Sprache entgegenzutreten, welche notwendig beschränkt und sich ihrer Beschränktheit bewusst bleiben muss, aber dennoch einziger Versuch der Annäherung an traumatische Erlebnisse sein mag. Worte zu finden für zuallererst unsagbare Vorgänge, wäre demnach die Strategie, sie vielleicht irgendwann symbolisch erschließbar zu machen.

Wie also, mit Foucault, „das Diskontinuierliche in unser Sein“[26] einführen? Wie dann, mit Derrida, lernen, mit Gespenstern zu leben? Die fünf Beiträge im Abschnitt ‚Haunted History‘ zeigen, dass es immer *Symbolisierungen* des Gespenstischen sind – bezeichnet man sie nun als literarische, theatrale, künstlerische, mediale –, die bei der Beantwortung dieser Fragen notwendig sind und dabei zugleich oftmals eine Doppelfunktion inne haben. Zum einen sind sie unabdingbar, um jene verdrängten Tendenzen des Diskontinuierlichen überhaupt einmal anzudeuten und darstellbar werden zu lassen dadurch, dass sie ihnen eine – zwar oft weiterhin marginalisierte – Nische im herrschenden Diskurs verschaffen. Indem sie auf dieser Grundlage zudem aber auch immer als Möglichkeiten dienen können, Wege zu finden, je gegenwärtige Beziehungen zwischen Menschen zu regeln, können die beschriebenen Artefakte und Phänomene – seien es US-amerikanische *ghost stories*, Anekdoten von Kriegserfahrungen aus dem Ersten Weltkrieg, französische oder deutschsprachige Nachkriegsliteratur oder Versuche der Entwicklung einer theatralen Sprache in einem journalistischen, akademischen oder künstlerischen Kontext – zugleich als ganz konkrete Versuche betrachtet werden, ein Leben mit den Geistern der Vergangenheit in der Gegenwart zu ermöglichen oder gar zukünftige Traumata an ihrer Wurzel zu bekämpfen.

25 Hilbrand: Gespenst|Er|Leben, S. 149.

26 Foucault: Nietzsche, die Genealogie, die Historie, S. 180.

Vernünftiges Geistersehen
Die Politik des Gespenstischen

Sladja Blažan

Stellen Sie sich ein Land vor, das sich als jungfräulich bezeichnet, keine bekannte Geschichte haben möchte und entsprechend Entdeckungen verheißt. Doch um dorthin zu gelangen, müssen Sie einen Ozean überwinden, der wild und gefährlich scheint. Für die Reise in dieses ‚gelobte' Land müssen Sie Ihr Leben aufs Spiel setzen. Endlich angekommen, werden Sie das Leben zu schätzen wissen und Ihren Neustart ernsthaft und konsequent in Angriff nehmen. Utopische Gemeinschaften werden entworfen, Religionen werden evaluiert und neu definiert, und ideologischer Ballast als unzugänglich verworfen oder verboten. Willkommen in der Neuen Welt.

Wir schreiben das Jahr 1800; das Zeitalter der Aufklärung hat seinen Höhepunkt (oder sein Ende) erreicht und das neue Land versinnbildlicht die in ihr formulierten Ideale. Freiheit, Veränderung und Erneuerung sind Schlagworte der Stunde. Zahlreiche anerkannte europäische Intellektuelle richten ihr Augenmerk voller Hoffnung und Zuneigung auf den Kontinent auf der anderen Seite des Ozeans. Denn in diesem neuen Land erkennen sie nichts weniger als die Umsetzung der allgemein anerkannten Aufklärungsprinzipien, da sich seine Bürgerinnen und Bürger von einer Kolonialmacht befreit und einen Staat gegründet haben, der Gerechtigkeit und Freiheit für alle verspricht. In Europa hingegen, das zu dieser Zeit immer noch zum Großteil dem Feudalismus verschrieben ist, harren diese Ideale noch ihrer Umsetzung. Der französische Wirtschaftsexperte Anne Robert Jacques Turgot und der englisch-amerikanische Philosoph Thomas Paine sind nur zwei prominente Vertreter der Idee, nordamerikanische Einwanderinnen und Einwanderer seien die Hoffnung der Menschheit selbst. Der neu eingeführte Glaube an die Autorität und Macht des Individuums markiert das Land nicht mehr als ein Aufklärungsexperiment, es ist nun zu einem Aufklärungserfolg fortgeschritten.[1]

So ungefähr hätte es ausgesehen, hätten sie sich Ende des achtzehnten Jahrhunderts etwa in Hamburg in eines der vielen Schiffe begeben, die ihr Endziel an der nordamerikanischen Ostküste hatten. Dort angekommen, hätten sie Menschen wie den berühmten englischen Wissenschaftler Joseph Priestly antreffen können, der in die USA emigrierte, um der Verfolgung in England zu entkommen und seine Theorien über die Möglichkeiten einer Fusion von Religion und Wissenschaft auszuarbeiten. Einige Wissenschaftler erkennen in den Vereinigten Staaten von Amerika in der Gründungsphase punktuell sogar einen Ort der Verwirklichung der von Immanuel Kant in dem Aufsatz „Was ist Aufklärung?" ausgeführten Thesen.[2] Trotz der Mehrstimmigkeit und der oftmals auseinandergehenden Ansätzen der revolutionären Literatur in Nordamerika bleibt die Aufgabe, Wahrheit von Autorität zu trennen, eine verbindende Idee, die das Land in den Anfangsjahren prägt. Die Gründung der Vereinigten Staaten von Amerika ist somit in vielerlei Hinsicht im Glauben an die aufklärungsspezifische Erkenntniskapazität des Menschen verankert.

Da auch die Literatur im Zuge solch eines Gründungsaktes nationalisiert wird, ist es leicht vorstellbar, unter welchem enormen Druck sich Schriftstellerinnen und Schriftsteller eben dieser ‚aufgeklärten' Generation befanden. Als eloquente Beobachterinnen und Beobachter wurden sie automatisch zum Sprachrohr der neuen Nation, die mit Verve und Erwartung in Europa beachtet wurde. Charles Brockden Brown und Washington Irving wurden als amerikanische Nationalschriftsteller in Europa gefeiert, aber auch im Sinne der Aufklärung zur Verantwortung gerufen. So sahen sich viele der frühen, jetzt kanonischen Schriftstellerinnen und Schriftsteller in einer immerwährenden Spannung zwischen der Definition des ‚neuen' Nordamerikaners und der Universalgeschichte der Menschheit selbst gefangen. Sie suchten nach einer Sprache, die nicht nur dem Metanarrativ der sogenannten Neugründung einer Nation gerecht wurde, sondern auch Universalgeschichte adressieren

1 Was das aber genau bedeutet, ist eine sehr komplexe Frage, die hier nicht beantwortet werden kann. Eine ausführliche und äußerst informative Studie diesbezüglich findet die Leserin in Frank Kelleter: *Amerikanische Aufklärung: Sprachen der Rationalität im Zeitalter der Revolution.* Paderborn: Schöningh 2002.

2 Die Förderung eines Mitspracherechts in Entscheidungen des Steuergesetzes etwa versinnbildlicht die dort formulierte Aufforderung, Mut zu haben, sich des eigenen Verstandes zu bedienen. Siehe etwa Henry Steele Commager: *The Empire of Reason: How Europe Imagined and America Realized the Enlightenment.* London: Phoenix 2000.

konnte – ein großes Unterfangen. All das geschieht unter dem Paradoxon, dass dasselbe ‚freie' Land die Sklaverei beibehielt und aktiv Genozid an den eigenen Ureinwohnern ausführte – eine Tatsache, die nur mit größter Mühe aus dem Gründungsmythos zu extrahieren war.[3] Gerade diese Politik der Verschleierung und Selbststilisierung der jungen amerikanischen Nation schreibt sich auch in die Literatur dieser Periode ein. Doch welche literarischen Mittel und Themen sind es, die Schriftstellerinnen und Schriftsteller dieser ersten Generation als adäquat betrachteten?

Es ist vielleicht überraschend, dass sich viele Schriftstellerinnen und Schriftsteller, die nach der Unabhängigkeit und vor dem Bürgerkrieg publizierten, einer gewissen gespenstischen Ästhetik bedienten. Bis heute wiederholt verfilmte und an Universitäten weltweit unterrichtete Werke wie etwa Washington Irvings *The Legend of Sleepy Hollow*, Nathaniel Hawthornes *The House of the Seven Gables* und Edgar Allan Poe Poes *The Fall of the House of Usher* verbindet ein gespenstischer Ton, der dazu geführt hat, dass alle drei Werke sowohl von Literaturwissenschaftlerinnen als auch von Leserinnen als Gespenstergeschichten behandelt wurden.[4] Die Tatsache, dass sich eben diese Schriftstellerinnen und Schriftsteller der Mystik, dem Irrationalen und insbesondere dem Gespenstischen widmen, muss angesichts der Vorgeschichte genauer betrachtet werden. Wenn man auch noch die rapide sinkende Popularität der dazugehörigen Genres in Erwägung zieht – handelt es sich doch bei den Publikationsjahren um eine Epoche, die sich bereits humoristisch vom Genre der *gothic novel* distanziert und *ghost stories* als veraltet deklariert –, erscheint die Diskrepanz zwischen der Erwartung an die Literatur und ihrer konkreten Gestalt signifikant. Für Literaturwissenschaftler wie etwa Leslie Fiedler ist der frühe amerikanische Roman „almost essentially a gothic one"[5], dabei wird die sogenannte amerikanische *gothic novel* (deren Etablierung fast ausschließlich Charles Brockden Brown zugeschrieben wird) und somit auch die *ghost story* (fast ausschließlich Washington Irving zugeschrieben) meist im Freudschen

3 Um dies durchzusetzen, entschied sich die neu gegründete U.S.-Regierung sogar, einen Beschluss zu fassen, demnach das Verhandeln von Sklaverei verboten ist. Es handelt sich um die sogenannten ‚gag rules', die 1836 verabschiedet wurden. Siehe dazu United States: *Register of Debates*, Bd. 12: 24th Congress, Session 1, 18. Mai 1836, S. 3757.

4 Nathaniel Hawthorne: *The House of the Seven Gables*. New York: Norton 2006; Washington Irving: The Legend of Sleepy Hollow. In: Ders.: *History, Tales and Sketches*. New York: Library of America 1983, S. 1058–1088; Edgar Allan Poe: The Fall of the House of Usher. In: Ders.: *The Selected Writings of Edgar Allan Poe*, hrsg. v. G. R. Thompson. New York: Norton 2004, S. 199–215.

5 Leslie Fiedler: *Love and Death in the American Novel*. New York: Stein and Day 1982, S. 142.

Sinne als die Rückkehr des Unterdrückten interpretiert. Unterdrückt wird in der frühen amerikanischen Republik vieles, doch am klarsten erkennbar sind die Konturen der Sklaverei und des Genozids an den Ureinwohnern. So erweisen sich Dank der *gothic novel* und der Verknüpfung dieses Genres mit Erkenntnissen aus der damals neuen Psychologie eben diese Themen in der Literatur der frühen amerikanischen Republik als vorhanden – wenn auch unterdrückt – und können mitgelesen werden. Alan Lloyd-Smith erweitert das Feld und führt die wachsende Leserschaft des *American Gothic* Anfang des neunzehnten Jahrhunderts auf das wachsende Interesse an Psychologie und sozialer Devianz zurück. Robert K. Martin und Eric Savoy sehen im Scheitern des Vergessens und der Unterdrückung der Vergangenheit „a failure upon which the entire tradition of the gothic in America is predicated."[6] Das Verdrängte soll dabei anhand von Symptomen erkennbar werden. Die Existenz eines Symptoms wird als ein Beweis dafür gelesen, dass das Subjekt die Vergangenheit nicht verarbeitet hat und somit die Vergangenheit nun in der Gegenwart auftaucht und das Subjekt heimsucht.[7] So soll auch das Unheimliche in den entsprechenden Werken im Sinne von Freuds Definition als das verstanden werden, was aus „der Quelle verdrängter Komplexe" entsteht und somit resistenter ist.[8]

Gespenstergeschichten ohne Gespenster

Doch in welchen Gespenstergeschichten finden wir Anzeichen für die Rückkehr verdrängter Themen? Welche narrativen Strukturen sind es genau, denen es gelingt, Symptome auf solch eine reziproke Art darzustellen? Und was genau ist daran ‚unheimlich'? Um diese Fragen zu beantworten, wird hier das Werk von Washington Irving zu Rate gezogen, ein Schriftsteller, der zu dieser Zeit gewiss die berühmtesten *ghost stories* in dieser Region verfasste. Dazu kommt, dass Irving nebst Brown als erster professioneller nordamerikanischer Schriftsteller international Anerkennung erlangte und somit auch in Europa eine Leserschaft fand.[9] Wo finden sich nun in Washington Irvings

6 Robert K. Martin / Eric Savoy: *American Gothic: New Interventions in a National Narrative*. Iowa City: University of Iowa Press 1998, S. 4.

7 Auch neuere Publikationen zu *American Gothic* bleiben bei dieser Interpretation. Siehe ebd.; Allan Lloyd Smith: *American Gothic Fiction: An Introduction*. New York: Continuum 2004.

8 Sigmund Freud: Das Unheimliche (1940). In: Ders.: *Gesammelte Werke*, Bd. XII, hrsg. v. Anna Freud. Frankfurt am Main: Fischer 1999, S. 227–278, hier S. 267.

9 Irving antwortet mit einer gleichzeitigen Propaganda und Kritik der Aufklärung. Siehe William L. Hedges: Knickerbocker, Bolingbroke, and the Fiction of History. In: *Journal of the History of Ideas* 20 (1959), S. 317–328; ders.: The Knickerbocker History as Knickerbocker's

Werken Charaktere, deren inneres Leben, deren Imaginationen eine Subjektivität zum Ausdruck bringen, die als komplexe Repräsentationen von Trauma und Angst verstanden werden können? Wenn Lloyd-Smith schreibt, dass *American Gothic* dem kulturell Verdrängten und den zum Schweigen gebrachten Bewohner der Neuen Welt eine Stimme gibt und hierbei Washington Irving erwähnt, ist nicht ganz klar, welche Charaktere diese Annahme erfüllen.[10] Gewiss haben kulturell spezifische Ängste und soziopolitische Spannungen das Schreiben von Irving beeinflusst, verdrängte oder gar unbewusste Themen sind das jedoch kaum.

Wenn man sich die Gespenstergeschichten von Irving genauer anschaut, springen der Leserin vor allem die gespenstischen Lücken ins Auge. Die meisten der sogenannten Gespenstergeschichten von Washington Irving vermeiden es, das Gespenst tatsächlich erscheinen zu lassen. Stattdessen sind die Texte übersät von Geisterseherinnen und Geistersehern, die eine bestimmte politische Funktion bergen. Da dieses bestimmende Moment in Irvings Schreiben auf ein Desiderat in der bisherigen Irving-Forschung hinweist, wird im Folgenden eine verkürzte Interpretation angeboten. Die gespenstischen Lücken in Irvings Texten, die sich wiederholt der genuin amerikanischen Wildnis widmen, sind auffällig oft im *native American* und im afroamerikanischen Kontext zu finden; dieser wird jedoch nicht lediglich angedeutet, sondern klar umrissen. Dabei verfolgt Irving ein wiederholt auftretendes Muster. Ein lokal berühmter, doch ansonsten nicht anerkannter Historiker namens Dietrich Knickerbocker hat sich der Feldforschung gewidmet, weil er ein Ohr für „common people“[11] entwickelt hat und somit inoffiziell Geschichte schreiben kann, um sie nebst der offiziellen Geschichtsschreibung für die Nachfahren abrufbar zu machen. Knickerbocker, in dessen Charakter sich logozentrische Autorität mit Dorfgerüchten, die er sammelt, vermählt, interessiert sich sehr für „the Dutch history of the province, and the manners of the descendants from its primitive settlers“[12]. Es ist also niederländische Geschichte, die hier aufgeschrieben wird. Dabei sammelt er auffällig oft Gespenstergeschichten, die regelmäßig von Geistern nordamerikanischer Ureinwohner handeln und von afroamerikanischen Charakteren erinnert werden. Diese Quelle erhält jedoch keine eigene Stimme. Dorfbewohner erinnern sich an

‚History‘. In: Stanley Brodwin (Hrsg.): *The Old and New World Romanticism of Washington Irving*. New York: Greenwood 1986, S. 153.

10 Smith: *American Gothic Fiction*. Siehe auch Teresa A. Goddu: *Gothic America: Narrative, History, and Nation*. New York: Columbia University Press 1997.

11 Irving: *History, Tales, and Sketches*, S. 475.

12 Ebd., S. 767.

afroamerikanische Charaktere und ihr Gespensterwissen, während der behutsame Historiker diese in die Annalen der neuen Republik einzutragen gedenkt. In konzentrischen Kreisen erzählt, bietet dieses verschlüsselte Wissen Auskunft über niederländische Einwanderer.

Solch sprachlosen afroamerikanischen Geisterseherinnen und Geisterseher, die in einer vom fiktiven Geschichtsschreiber verflochtenen dramaturgischen Klammer Zugang zur genuin amerikanischen (Gespenster-)Geschichte bieten, treten in allen wichtigen Publikationen von Washington Irving auf: *A History of New York: The Sketch Book* (1819), *Bracebridge Hall* (1822) und *Tales of a Traveler* (1824).[13] Im Charakter des ehemaligen Sklaven konvergiert Geschichte mit Spektralität, wobei die nordamerikanisch-indianische Geschichte von niederländischen Einwanderern vermittelt wird, um von einem ebenso niederländisch-amerikanischen Historiker aufgeschrieben werden zu können. In *The Haunted House*, das als Teil von *Bracebridge Hall* veröffentlicht wurde, verspricht der Erzähler eine traurige Geschichte über „sprites and goblins"[14], doch stattdessen liest man eine kurze autobiografische Episode des Historikers Dietrich Knickerbocker. In dieser kehrt Knickerbocker nach langer Zeit an den Ort seiner Kindheit zurück und erinnert sich an „a grey-headed curmudgeon of a negro who lived near by" und der gerne Gespenstergeschichten erzählte.[15] Denn die Dorfbewohner glauben, es spukt in dem Haus, in dem der ehemalige Sklave gelebt hat. Unerschrocken besucht der Historiker das verfallene Haus, wo er vor dem Eingang einen Schädel findet. So erhält oder schafft er Gelegenheit, die Überreste des bekannten Gespenstergeschichtenerzählers Pompey zu begraben. Diese sogenannte Gespenstergeschichte ermöglicht es einem nicht anerkannten Historiker und niederländischen Einwanderer, den Überresten eines ehemaligen Sklaven zur ewigen Ruhe zu verhelfen. In *Adventure of the Black Fisherman*, das als Teil von *Tales of a Traveler* erschienen ist, aktiviert Wolfert Webber das spektrale Wissen von ‚Black Sam' „the negro fisherman"[16], um einen verborgenen Schatz zu suchen, der in einer vom Spuk geplagten Region begraben liegen soll. Dietrich Knickerbocker hat die Geschichte aufgeschrieben, die wiederum zufällig von seinem Vermieter gefunden wurde; somit ist er der einzige, der die Geschichte von ‚Black Sam' für die Nachfahren aufbewahren wird. Dabei erfährt die Leserin trotz des

13 Washington Irving: *Bracebridge Hall; Tales of a Traveller; the Alhambra.* New York: Library of America 1991.

14 Ebd., S. 300.

15 Ebd., S. 301.

16 Ebd., S. 698.

Titels auffällig wenig über ‚Black Sam' und verfolgt stattdessen die Erlebnisse von Wolfert Webber. In *The Devil and Tom Walker*, ebenso Teil von *Tales of a Traveler* und eine der bekanntesten Kurzgeschichten von Irving, erscheint in einem weiteren genuin amerikanischen Spukgebiet ein äußert merkwürdiges Gespenst. Im Wald in Neu-England gibt es eine Stelle, von der es heißt: „[…] the common people had a bad opinion of it from the stories handed down from the time of the Indian wars; when it was asserted that the savages held incantations here and made sacrifices to the evil spirit."[17] An eben dieser Stelle tritt Tom Walker auf, „a cloven skull with an Indian tomahawk", und aktiviert somit ein Gespenst:

> Tom lifted his eyes and beheld a great black man, seated directly opposite him on the stump of a tree […]. [T]he stranger was neither negro nor Indian. It is true, he was dressed in a rude, half Indian garb, and had a red belt or sash swathed round his body, but his face was neither black nor copper colour, but swarthy and dingy and begrimed with soot, as if he had been accustomed to toil among fires and forges.[18]

Diesmal kommt es also tatsächlich zu einer Erscheinung des Gespenstes. Diese mephistophelische Figuration erhält zusätzlich „a shock of coarse black hair that stood out from his head in all directions; and [he] bore an axe on his shoulder"[19], Merkmale die sich mit stereotypischen Beschreibungen von Afroamerikanern und nordamerikanischen Ureinwohnen decken.[20] Diese Fantasie der Fusion eines Afroamerikaners mit einem nordamerikanischen Indianer im Gespenst wird jedoch einzig herbeigerufen, um anschließend vom Gespenst des Tom Walker ersetzt zu werden. Am Ende der Kurzgeschichte verschwindet dieses mit Rassenmerkmalen versehene Gespenst, da von nun an Tom Walker das gleiche Gebiet heimsucht und somit das Spukterritorium übernommen hat. Somit wird Neu-England sogar im Tod ethnisch gesäubert und mit europäischen Gespenstern besetzt.

Die Charaktere, die Washington Irving im Kontext des Irrationalen und des Übernatürlichen entwickelt, sind klar umrissen und funktionalisiert.

17 Ebd., S. 657.

18 Ebd.

19 Ebd.

20 Manche Puritaner glaubten, dass ‚schwarze' afrikanische Sklaven die Nachfahren von Hams bösen Sohn Canaan sind. Siehe Homer N. Dunning: *Providential Design of the Slavery Agitation. Sermon preached to the Congregational Church of Gloversville*. Washington: Library of Congress 1881. Carol Karlsen und Mary Beth Norton bieten interessante Einsichten in dieses bisher wenig untersuchte Thema, siehe Mary Beth Norton: *In the Devil's Snare: The Salem Witchcraft Crisis of 1692*. New York: Knopf 2002; Carol K. Karlsen: *The Devil in the Shape of a Woman*. New York: Norton 1987.

Weit davon entfernt, eine verborgene Stimme zu markieren, dienen Irvings Gespenster dem niederländisch-amerikanischen Historiker, der sich mittels der Elemente des Übernatürlichen als Sprachrohr für Afroamerikaner und nordamerikanische Indianer in die Annalen der Weltgeschichte einzuschreiben verhofft. In *The Historian* wird Dietrich Knickerbocker wiederholt von seinem Vermieter vorgestellt, diesmal Geoffrey Crayon, und zwar als ein Nachfahre jener niederländischen Familien, die in New York geblieben sind, „after it was taken possession of by the English in 1664"[21]. Somit ist Knickerbocker als ein Mitglied einer Ethnie gekennzeichnet, die sich der politischen Macht der Engländer in Neu-England unterstellen musste. Distinktiv euro-amerikanisch distanziert sich Knickerbocker somit von den britischen Einwanderern und auch von der Politik der Verschwiegenheit in Bezug auf die Versklavung der Afrikaner und den Genozid an den nordamerikanischen Urvölkern. Stattdessen läuft er durch die ehemals holländisch-amerikanischen Städte und sammelt Überreste von Afroamerikanern und nordamerikanischen Indianern, um ihnen zur ewigen Ruhe zu verhelfen. Weder dem Unterdrückten noch dem Unbewussten dient somit das Genre der Gespenstergeschichte einer Einschreibung der afroamerikanischen und indianischen Geschichte in die offizielle Geschichte dieser Region, ohne dass die entsprechenden Akteure jemals eine Stimme oder gar eigene Biografien erhalten. Stattdessen können sich die niederländischen Einwanderer von jeglicher Verantwortung für die Gräueltaten der jungen amerikanischen Republik frei sprechen, indem diese letztlich als englisch markiert werden.

Die Psychologisierung des Gespenstes als Falle

Die Banalisierung der Gespenstergeschichte einerseits und die Psychologisierung andererseits haben dazu geführt, dass eines der zentralen Motive in Washington Irvings Werk trotz der schier endlosen Liste akademischer Arbeiten zu seinem Werk bisher keine adäquate Interpretation erfahren hat, das Gespenst. Theresa Goddu schlägt statt psychologischer Deutungsmuster eine historische Kontextualisierung vor, bietet aber keine Lösung für Irvings Werk an.[22] Eine Motivgeschichte ist fällig, die, sollte sie auch diskursiv verortet

21 Irving: *Bracebridge Hall; Tales of a Traveller; the Alhambra*, S. 298.

22 Nebst psychologischer Deutungsmuster findet man ebenso irreführende Interpretationen, die nicht entscheiden können, ob Irvings Gespenstergeschichten nicht eher *tall tales* (John R. Getz: Irving's ‚Dolph Heyliger': Ghost Story or Tall Tale? In: *Studies in Short Fiction* 16 (1979), S. 67–68) oder im Falle von „The Legend of Sleepy Hollow" gar „a genuin tale of cosmic fear" (Greg Smith: Supernatural Ambiguity and Possibility in Irving's ‚The Legend of Sleepy Hollow'. In: *The Midwest Quarterly* 42,2 (2001), S. 174) seien.

werden, stets im Kontext der Ethik betrachtet werden muss – wie von Jacques Derrida in *Spectres de Marx* (1994) dargelegt und wiederholt diskutiert wurde.[23] Diese ethische Grundlage der Erscheinung (oder eben Nicht-Erscheinung) eines jeden Gespenstes wurde schon in einem der ersten, ausdrücklich dem Gespenst gewidmeten Traktate hervorgehoben. Pierre Le Loyer bietet in *Treatise of specters or strange sights, visions and apparitions* bereits im ersten Absatz eine Definition an: „A Specter, or Apparition, is an Imagination of a Substance without a Body, the which presents itself sensibly unto men, against the order and curse of nature, and make them afraid. […] In Latin it is called *Spectru, aspectando* of seeing."[24]

Der Akt des Sehens wird in den Vordergrund gestellt. In dieser Abhandlung, die 1586 zum ersten Mal auf Französisch erschienen ist und 1605 in der hier zitierten Edition ins Englische übersetzt wurde, scheut der Autor keine Mühen, um das ausdrücklich Menschliche am Geistersehen zu betonen. In seiner Klassifikation der unterschiedlichen Arten von „specters" bleibt der Fokus bei den Geisterseherinnen und Geistersehern oder vielmehr bei dem Sehen. Will man noch einen Schritt weiter zurück gehen in der Genealogie der Theorien über das Geistersehen, findet man bereits bei Aristoteles eine Verbindung zwischen dem Erscheinen eines sogenannten Phantoms und dem Akt des Wissenserwerbs des Sehers. In *De Anima* wird das altgriechische Wort phantasia (φαντασία) vom Licht (φάος) hergeleitet. Phantasia ist das Sichtbarmachen, das (dem Auge) vorstellen und wird im Sinne von ‚zeigen', ‚erscheinen' und ‚sichtbar machen' verstanden.[25] So ist ein Phantom nicht nur das, was in der Anwesenheit abwesend ist, sondern auch das, was in der Abwesenheit anwesend ist. Anders ausgedrückt, es ist das, was das Abwesende erfahrbar macht. So kann in einer Erscheinung *(apparition)* etwas, was möglicherweise zu Unrecht nicht erinnert wurde, zum Vorschein gebracht werden, ohne eine materielle Präsenz zu erlangen. Auch das englische Wort *spectre*, vom Lateinischen *spectrum, specere,* was ‚schauen' oder ‚sehen' bedeutet, ist ein Hinweis auf die Wahrnehmung, Erkenntnis oder Auffassungsgabe, die

23 Jacques Derrida: *Specters of Marx: The State of Debt, the Work of Mourning, and the New Inernational*, aus d. Franz. v. Peggy Kamuf. New York: Routledge 1994. Zahlreiche Referenzen bieten sich an. Eine gute Übersicht erhält der Leser in Jacques Derrida / Michael Sprinker: *Ghostly Demarcations: A Symposium on Jacques Derrida's Specters of Marx*. London / New York: Verso 2008.

24 Pierre le Loyer: *A Treatise of Specters or Straunge Sights, Visions, and Apparitions Appearing Sensibly Unto Men: Wherein Is Delivered the Nature of Spirites, Angels, and Divels, Their Power and Properties: As Also of Witches, Sorcerers, Enchanters, and Such Like: With a Table of the Contents of the Severall Chapters Annexed in the End of the Booke*. London: Lownes 1605, S. 2.

25 Aristoteles: *De Anima*, hrsg. v. W. D. Ross. Oxford: Clarendon 1961.

mit dem Erscheinen des Gespenstes immer mitschwingt.[26] Etwas erscheint nur, weil es von jemandem gesehen wird.

Der Fokus auf die Seherin wiederum hebt den kommunikativen Charakter hervor. „Whether alive or dead, this being had certainly some object in his visitation; and he recollected to have heard it said, spirits have no power to speak until spoken to", weiß auch Irvings Charakter Dolph Heyliger.[27] Dabei wird in diesem Austausch das ‚Schauen' mit einem ‚Zeigen' beantwortet, das oft ein Hinweis auf Ungerechtigkeiten beinhaltet. So findet man auch schon bei Le Loyer auffällig oft juristische Konzepte wie Gerechtigkeit, Verantwortung und Strafe; wobei die Geisterseherin entweder das Opfer oder die ausführende Vermittlerin ist. „Specters or Strange Sights, Visions and Apparitions" erscheinen dabei geradezu als Ordnungshüter und Verwalter einer zeitweilig aus den Fugen geratenen Welt:

> The Philosopher *Plutarch* likewise doth affirme, that these Lares have the oversight of houses, and that they are most severe and cruell exactors and punishers of faultes committed, and searchers of Inquisitors of the life and actions of those persons which are within their jurisdiction or precincts.[28]

Das Geistersehen erfolgt somit innerhalb eines gewissen Zeichensystems und eines Rechtsystems. So stellt Le Loyer letztendlich fest: Um Gespenster hervorzurufen, benötigt man Vernunft. Um Systeme zu verstehen, muss man schließlich vernünftig sein. Diese Verbindung zwischen Verstand und Geistersehen wird durch die Jahrhunderte hindurch über Immanuel Kants *Träume eines Geistersehers, erläutert durch Träume der Metaphysik* im Jahre 1666 bis zu Francisco de Goyas *Der Schlaf der Vernunft gebiert Ungeheuer* im Jahre 1799 und somit bis in die Zeit der frühen amerikanischen Unabhängigkeit beibehalten.[29] Kant analysiert das Geistersehen und nicht die Erscheinung und Goya denkt über die Rolle der Vernunft im Schlaf des Sehers nach. Geistersehen sei eine vernünftige Tätigkeit, die dem Menschen allein zur Verfügung steht. Daher kann dieses vernünftige Geistersehen auch in den Dienst der Gerechtigkeit gestellt werden.

26 Ghost. In: *Oxford Language Dictionary*, Bd. II. Oxford: Oxford University Press 2006, S. 492.

27 Irving: *Bracebridge Hall; Tales of a Traveller; the Alhambra*, S. 160.

28 Le Loyer: *A Treatise of Specters or Straunge Sights*, S. 7.

29 Immanuel Kant: Träume Eines Geistersehers, Erläutert Durch Träume Der Metaphysik. In: Ders.: *Vorkritische Schriften Bis 1768. Werkausgabe*, Bd. 2, hrsg. v. Wilhelm Weischedel. Frankfurt am Main: Suhrkamp 1977, S. 919–989. Francisco de Goya / Sigrun Paas / Staatliche Kunsthalle Karlsruhe: *Der Schlaf Der Vernunft Gebiert Ungeheuer: Francisco De Goya (1746–1828), Die „Caprichos": Ausstellung in Der Staatlichen Kunsthalle Karlsruhe Vom 10. Dezember 1976 Bis Zum 20. Februar 1977.* Karlsruhe: Staatliche Kunsthalle 1977.

Zwei Sachen können wir also feststellen. Erstens, Gespenstergeschichten sind so alt wie die Menschheit selbst und bieten ein Zeichenrepertoire an, das international und zeitlos verständlich ist. Zweitens, wie alle bisher bemühten Beispiele bezeugen, scheint das Gespenstersehen vornehmlich Beziehungen zwischen Menschen zu regeln und muss somit in einem ethischen Kontext betrachtet werden. Washington Irving war sich dieser langen Tradition des Geistersehens bewusst, als er Gespenster instrumentalisierte, um afroamerikanische und indianische Figuren in seine Narrative dezidiert einzuklammern, ohne ihnen ein Mitspracherecht einzuräumen. So ist es ihm gelungen, diesen Teil der nordamerikanischen Geschichte intern zu externalisieren. Denn spektralisierte nordamerikanisch-indianische und afroamerikanische Halbexistenzen bewohnen das Übernatürliche gleich einem geschützten politischen Raum, der von niederländischen Einwanderern ohne Konsequenzen betreten und manipuliert werden kann. Auch dürfte angesichts der oben ausgeführten Etymologie nicht weiter überraschen, dass das Gespenst gerade im Kontext der Aufklärung gerne und beachtlich diskutiert wurde, widmet sich diese doch ausdrücklich der Erkenntnisfähigkeit des Menschen. Gespenster-Sichtungen waren indes auch immer saisonale Phänomene, da es stets wichtig war, „to see as much of the supernatural as is seen by others around, or, in other words, to trust to the eyes of others rather than to our own"[30]. Irvings Charaktere sehen ebenso viele Gespenster, wie dies zu seiner Zeit üblich war, nämlich gar keine. Stattdessen sehen sie ‚Indianer' und Afroamerikaner. Auch damals war von Europa aus beobachtet die in den USA übliche Politik der Verschwiegenheit in Bezug auf Sklaverei und Genozid vor allem angesichts der Aufklärungsprinzipien problematisch. Washington Irving hat im Genre der *ghost story* eine Form gefunden, die ihm erlaubt, afroamerikanische und nordamerikanisch-indianische Charaktere ins Zentrum der Narrative zu stellen, ohne ihnen einen Aktionsradius zugestehen zu müssen. So bleiben diese Gespenster ohne Geschichte. Was aber erkennbar wird, ist die Schlüsselrolle, die Gespenstern (ob sie nun erscheinen oder nicht) in der Produktion und Repräsentation nordamerikanischer Identitäten zukommt. Da *ghost stories* regelmäßig aufgefrischt werden, kann diese spezifische von Irving eingeführte Politik des Gespenstischen bis in die heutigen USA verfolgt werden.

30 Walter Scott: *Letters on Demonology and Witchcraft* [1830]. London: Wordsworth 2001, S. 11.

„I saw a ghost at Béthune.“ Wiedergänger im Ersten Weltkrieg

Vera Kaulbarsch

„Debout les morts!“ So lautet der Aufruf eines französischen Propagandabildes, der auf eine Reihe populärer Soldatengeschichten von der Front des Ersten Weltkrieges rekurriert. Während des Krieges kursieren in der französischen Armee, aber ebenso unter deutschen und englischen Soldaten, verschiedenste Anekdoten und Kampfbeschreibungen, die im Kern Gespenstergeschichten sind: Es sind Berichte über wiederauferstandene Soldaten. Oft enthalten diese Geschichten Propagandamotive, die, beispielsweise im Fall Frankreichs, einen Sieg über Deutschland beschwören – sogar der Tod kann die französischen Soldaten nicht davon abhalten, für ihr Vaterland zu kämpfen. So ist zunächst festzuhalten, dass sich in der Wiedergängerfigur nationalistische Rhetorik, eschatologische Motivik – der Krieg wird von Anfang an als apokalyptisches Ereignis gerahmt[1] – und persönliche Anekdoten – die wiederauferstandenen Soldaten sind die zu Hilfe eilenden Kameraden[2] – zu einem höchst suggestiven Bild vereinen.

David Pike fasst das Phänomen folgendermaßen zusammen:

> One of these anecdotes rose to the status of popular legend when it was enshrined after the war in a best-selling *Image d'Epinal* (popular color illustrations that had been produced by the Imagerie of Epinal since the eighteenth century): *Debout les morts! (Get Up, Dead Men!)* recounted the resurrection of a dead legion of French soldiers to put the Germans to flight. A frequent motif of trench writing was to resurrect the dead soldiers in consolation or recrimination, usually for either a literal or a figurative march to the capital

1 Vgl. Klaus Vondung: *Die Apokalypse in Deutschland.* München: dtv 1988, S. 133.

2 So festgehalten beispielsweise in Vera Brittains Kriegsmemoiren *Testament of Youth*, vgl. David Pike: *Metropolis on the Styx. The Underworlds of Modern Urban Culture. 1800–2001.* Ithaca / London: Cornell University Press 2007, S. 306.

> city. […] Roland Dorgelès […] imagined in his later novel *Le retour des morts* (1926) that the dead have risen from their graves to see whether the wrongs and injustices of the world have been righted; they besiege Paris in anger at what they find.[3]

Jenseits dieser recht eindeutigen Instrumentarisierung bzw. relativ klar zweckorientierten Wiedergängerfigur[4] möchte ich im Folgenden aufzeigen, dass das Motiv eines gespenstischen Umgehens untoter Soldaten auch das Potential für bemerkenswerte Ambivalenzen bietet und dabei die spezifische Extremsituation des Ersten Weltkrieges – sowie dessen kulturhistorische Auswirkungen – reflektiert.

Der Wiedergänger ist ein Schwellenphänomen. Definiert man ihn als einen Verstorbenen, der nicht im Zustand des Todes verbleibt, sondern, in welcher Form auch immer, zurückkehrt in die Welt der Lebenden, so begegnet sofort eine Grenzüberschreitung. Gleichzeitig wird die Grenze jedoch, gerade in ihrer Überschreitung, verwischt. Indem der Wiedergänger Attribute des Todes in die Welt der Lebenden hinüberträgt, verunsichert er die klare Grenzziehung zwischen Tod und Leben. Seine Existenz hängt davon ab, dass die Grenze zwischen Tod und Leben nicht auf unproblematische Weise eingezogen werden kann. Der Wiedergänger ist vielmehr in nicht eindeutiger Weise mit einer solchen Grenzziehung verstrickt und schafft somit einen Ort der Ambivalenz oder Gleichzeitigkeit jener zwei Gebiete – Tod und Leben –, die seine Figuration ja erst bedingen. Diese kurze Akzentuierung weist auf die topographische Komplexität der Wiedergängerfigur, die das Gehen bereits im Namen trägt, und die im Akt des Wiedergehens einen gespenstischen Raum produziert, der die klare Trennung von Subjekt und Objekt, Körper und Umwelt in Frage stellt. Inwiefern werden nun diese gespenstischen Räume in Texten evoziert, die sich mit der traumatischen Grenzerfahrung des Krieges auseinandersetzen?

Es wird zunächst nicht überraschen, dass der Schützengraben als der emblematische Ort des Ersten Weltkriegs sowohl in soldatischen Texten als auch in den Propagandabildern, beispielsweise der *Imagérie d'Epinal*, die Szene der heroischen Wiederauferstehung der gefallenen Soldaten darstellt. Jenseits davon bietet dieses Setting aber zusätzlich eine interessante Doppelung: Der Graben wird als Grab lesbar, die Soldaten kommen tatsächlich aus

3 Pike: *Metropolis on the Styx*, S. 306.

4 Innerhalb eines solchen Paradigmas analysiert sie auch Nicolas Beaupré: „Debout les morts!": Die Wiedergänger des Ersten Weltkrieges in der Kultur des Krieges und des Nachkrieges. In: Claire Gantet / Fabrice d'Almeida (Hrsg.): *Gespenster und Politik. 16. bis 21. Jahrhundert.* München: Fink 2007, S. 271–286.

der Erde hervor. Dieses Bild wird zum Beispiel im ersten Teil des Gedichts *Aus den Schützengräben* von Leo Sternberg, der den Titel „Die Brüder" trägt, verwendet:

> Der Mensch ist untergegangen in dem großen Heer;
> das Heer in der Erde verschwunden… In die Weite wiegt sich
> das Meer
> der nächtlichen Waldesketten… verlorene Lüfte gehn
> zwischen Heimat und Feindesland, begegnen sich und verwehn…
> Und Patrouillen erheben sich aus den Gräben wie Geister aus
> dem Grab;
> einen Augenblick zeichnet ein Helm sich groß von dem Nacht-
> himmel ab.
> Dann verschwindet der flüsternde Trupp im stürmischen Wald…
> Es saust nur der Wind in den Kronen und Anruf im Dunkel hallt.
> Patrouillen begegnen Patrouillen und stapfen wie Schatten
> aneinander vorbei –
> Und einer erkennt, an der Stimme im Dunkel, seinen Bruder
> und wie erstickter Schrei
> flüsterts im Vorübergehn:
> „Wilhelm" .. „Heinrich" .. „Mutter schrieb heute"
> „Grüße" .. „Wiedersehn!"
> Und nach beiden Richtungen in der Dunkelheit
> verschwunden… Aufstrahlen die Waldstraßen, weit
> von einer Leuchtkugelgarbe erhellt.
> Wieder versunken in Nacht .. Vorpostenschüsse .. Schweigen
> der feindlichen Welt.[5]

Die Beschreibung der Patrouillen als „Geister aus dem Grab" wird hier mehrfach gewendet: Das Verschwinden des individuellen Menschen in der anonymen Masse der Armee wird ganz zu Anfang parallel gesetzt zum Verschwinden des Heers in der Erde. Somit wird der Mensch zum Geist: Das Individuum stirbt, um als Soldat aufzuerstehen. Die Brüder sind ebenfalls geisterhaft gezeichnet: So wie sich zu Beginn die verlorenen Lüfte begegnen, begegnen sich die Brüder „wie Schatten". In diesem Text müssen die Soldaten also gar nicht erst sterben, um wiederzugehen, sie sind bereits Teil eines Gespensterheeres. Das kurze Gespräch der Brüder trägt ebenfalls geisterhafte Züge: Wie die Armee der Schatten, die dem Wind gleich durch den Wald ‚flüstert', flüstern die Brüder ihre abgerissenen Wortfetzen, die, so der Eindruck von der großzügig eingesetzten Punktierung, ebenso gleich vom allseits beschworenen Sturm mitgerissen werden. Was hier aufscheint, ist

5 Leo Sternberg: Aus den Schützengräben (I. Die Brüder, II. Die Ablösung). In: Ders.: *Gott hämmert ein Volk. Kriegsdichtungen*. Berlin / Leipzig: Behr 1916, S. 40–41, hier S. 40.

die Szenerie eines Gesprächs zwischen Gespenstern. Dieser Eindruck wird dadurch unterstrichen, dass in diesem Zusammenhang ein Zwischenraum inszeniert wird – als ein kurzes Aufleuchten in der Dunkelheit, der abgeschossenen Leuchtkugel gleich – ein Raum, der als ein Dazwischen auftaucht, der nicht eindeutig auf die eine oder die andere Seite seiner Begrenzung zu reduzieren ist. Dieser Raum einer radikalen Unentscheidbarkeit, argumentiert u. a. Derrida in *Spectres de Marx*, lässt sich als gespenstisch lesen.

So schreibt Derrida eingangs: „Ce qui se passe entre deux, et entre tout les ‚deux' qu'on voudra, comme entre vie et mort, cela ne peut que s'entretenir de quelque fantôme."[6] – „Was zwischen zweien passiert, wie zwischen Leben und Tod und zwischen allen anderen ‚zweien', die man sich vorstellen mag, das kann sich nur dazwischen halten und nähren dank eines Spuks."[7] Das Wort „nähren", das in der Übersetzung von Susanne Lüdemann akzentuiert wird, lässt an eine parasitäre Verbindung denken, die übrigens in den Begriffen „nachzehren" oder „nachsaugen", die im Volksglauben verwendete Synonyme für „wiedergehen" sind,[8] ebenfalls anklingt. Dabei wird interessanterweise an einer Stelle, an der ein Höchstmaß an Ambivalenz gedacht wird, eine Art körperliche Präsenz eingeführt. Die Verbindung, die als Schwebezustand „zwischen zwei" gedacht wird, ‚nährt' sich aus einem Spuk. Worauf diese kurze Stelle hinweisen könnte, ist die Unmöglichkeit, das Gespenstische ohne körperliche Präsenz zu denken. Oder anders herum: den Körper ohne einen gespenstischen Entzug, der das Präsentische des Körpers selbst verschiebt. Und dabei ist es gerade die Verbindung zwischen Innenwelt und Außenwelt, auf welche das Wort ‚nähren' stößt, während die Oralität hier natürlich auch auf die Dimension des Sprachlichen verweist, denn schließlich bedeutet ‚entretenir' auch ‚unterhalten'.

Was ist also hier das Spukhafte des Körpers? Vielleicht ist es genauer zu sagen, dass der Körper einen gespenstischen Raum okkupiert, in dem nicht klar Innen von Außen zu trennen ist. Sprache schafft dabei eine Überlagerung zwischen Innen- und Außenraum; wir sprechen und verunsichern die

6 Jacques Derrida: *Spectres de Marx. L'État de la dette, le travail du deuil et la nouvelle Internationale.* Paris: Galilée 1993, S. 14.

7 Jacques Derrida: *Marx' Gespenster. Der Staat der Schuld, die Trauerarbeit und die neue Internationale*, aus d. Franz. v. Susanne Lüdemann. Frankfurt am Main: Fischer 1996, S. 10.

8 Vgl. Martin Scharfe: Wiedergänger. Die Lebenden sterben, die Toten leben – Anmerkungen zu einer flüssigen Kulturgrenze. In: Johanna Rolshoven (Hrsg.): *„Hexen, Wiedergänger, Sans-Papiers…". Kulturtheoretische Reflexionen zu den Rändern des sozialen Raumes.* Marburg: Jonas 2003, S. 66–90, hier S. 81.

Präsenz eines Körpers im Raum, „[les spectres] nous donnent *à* repenser le ‚*là*' dès qu'on ouvre la bouche [...]."[9]
Die Kriegslandschaft zeigt sich als ein Ort, an dem sich Lebende und Tote gleichermaßen aufhalten, den sie natürlich aber dennoch nicht gleichberechtigt okkupieren. Dies führt zu einer Verunsicherung der Differenz zwischen Leben und Tod. Was in den Kriegstexten oft ‚gespenstisch' genannt wird, ist die Durchlässigkeit, die zwischen den Räumen der Lebenden und der Toten evoziert wird. Es ist die Evidenz der toten Körper, die so gleich den Lebenden sind und dennoch radikal fremd, die sich in den Texten niederschlägt. Dabei wird eine Unwirklichkeit produziert, die oft als ein nicht weiter erklärbarer Aberglaube der Soldaten auftaucht:

> I saw a ghost at Béthune. He was a man called Private Challoner who had been at Lancaster with me and again in F Company at Wrexham. When he went out with a draft to join the First Battalion he shook my hand and said: "I'll meet you again in France, sir." He had been killed at Festubert in May and in June he passed by our C Company billet where we were just having a special dinner to celebrate our safe return from Cuinchy. There was fish, new potatoes, green peas, asparagus, mutton chops, strawberries and cream, and three bottles of Pommard. Challoner looked in at the window, saluted and passed on. There was no mistaking him or the cap-badge he was wearing. There was no Royal Welch battalion billeted within miles of Béthune at the time. I jumped up and looked out of the window, but saw nothing except a fag-end smoking on the pavement. Ghosts were numerous in France at the time.[10]

Diese Passage findet sich in Robert Graves Autobiografie *Good-bye to all that* (1929). Es ist bemerkenswert, dass sie keinerlei propagandistische oder nationalistische Schattierung enthält. In Graves' trockenem, neutralem Stil wird diese Gespenstererscheinung vielmehr in eine Reihe übernatürlicher Begebenheiten und seltsamer Zufälle gestellt, die ihm an der Front zugestoßen sind und die er nun, wenn er sie auch nicht erklären kann, wiedergibt.
Wenn bereits von einer körperlichen Akzentuierung des Gespenstischen durch das Wort „nähren" die Rede war, fällt nun hier auf, welche Bedeutung in dieser kurzen Szene das Essen einnimmt, dessen ausführliche Beschreibung im detailarmen Stil von Graves besonders hervorsticht. Was gefeiert wird, ist die sichere Rückkehr, somit das Leben selbst, das sich zwischen den tödlichen Fronteinsätzen noch einmal behauptet hat; das verschwenderische Essen betont die fragile Körperlichkeit der Soldaten. Dagegen gesetzt wird nun das Gespenst von Challoner. Dabei trennt nur ein Fenster die Lebenden

9 Derrida: *Spectres de Marx*, S. 279.

10 Robert Graves: *Good-bye to All That and Other Great War Writings*, hrsg. v. Steven Trout. London: Carcanet 2007, S. 94–95.

und den Toten voneinander, was sich als ein Hinweis auf die Durchlässigkeit der diesseitigen und jenseitigen Welt lesen lässt. Die Alltäglichkeit von Challoners Wiedergehen fällt in dieser Szene besonders ins Auge: „[...] he passed by our C Company billet [...].“ Der Tote okkupiert den gleichen, alltäglichen Raum wie die lebenden Soldaten. Beachtenswert ist die Wahl des Verbs in der zweiten Beschreibung: „Challoner looked in at the window, saluted and passed on.“ Zunächst fällt auf, dass „passed by“ und „passed on“ hier parallel gesetzt sind, gleichzeitig ist „passed on“ auch als ein euphemistisches Synonym von ‚sterben‘ lesbar. Es wird also eine Art Jenseits evoziert, das auf interessante Weise dem materiellen, alltäglichen Raum der Soldaten nebengeordnet ist. Dieses Beispiel lässt sich somit auch als ein Ausdruck der Annäherung zwischen den Räumen der Toten und der Lebenden lesen, wie sie für den Ersten Weltkrieg prägend war. Charakteristisch hierfür ist die Schnelligkeit, mit der der Tod in den Raum der Lebenden einbricht. Darauf hat im Kontext einer Lektüre von Ernst Jünger auch Peter-André Alt hingewiesen, indem er bemerkt, dass „[d]ie Schnelligkeit, in der sich die Natur zum Schauplatz des Todes umgestaltet, [...] dem Überfallscharakter der Angriffe [entspricht].“[11] Diese Umgestaltung lässt sich in der Tat in Jüngers Texten besonders gut nach verfolgen. An einer Stelle in *Das Wäldchen 125* wird ein Grabenabschnitt wie folgt beschrieben:

> Aber hier ist nicht gut sein. Es ist, als ob ein wütendes Element plötzlich erstarrt wäre wie ein Vulkan, der eben noch in voller Tätigkeit war. Und dann kann man so schwer glauben, daß diese Toten, die sich noch eben in der wildesten Steigerung des Lebens befanden und jetzt daliegen wie von einem Zauberstab berührt, nun gar keine Gedanken und keinen Willen mehr haben können. Sie sind doch Wesen und keine Sachen, und man überrascht sich immer wieder bei einem verstohlenen Seitenblick, durch den man sich vergewissern möchte, ob sie auch wirklich ganz still auf ihren Plätzen liegen und keine Bewegung machen. Man fühlt sich geneigt, den schweigenden menschenähnlichen Bewohnern dieses Ortes, die so ganz unbekannten Gesetzen unterworfen sind, verborgene und tückische Absichten zuzuschreiben, und man ist gar nicht sicher, ob sie sie nicht auch auszuführen imstande sind. Man würde sich über nichts wundern, was auch immer hier geschehen könnte. Es sind nicht die lautesten Stunden, in denen das Grauen über das Schlachtfeld geht.[12]

Die plötzliche Flucht des Lebens aus diesen Körpern produziert eine unwirkliche Szenerie, deren Beschreibung märchenhafte Züge trägt. Die Toten

11 Peter-André Alt: *Ästhetik des Bösen*. München: Beck 2010, S. 458.

12 Ernst Jünger: Das Wäldchen 125. Eine Chronik aus den Grabenkämpfen 1918. In: Ders.: *Werke*, Bd. 1: Tagebücher I. Der Erste Weltkrieg. Stuttgart: Klett-Cotta 1961, S. 311–453, hier S. 437–438.

scheinen wie verzauberte Wesen, eben keine unbelebten Dinge, sondern „schweigende, menschenähnliche Bewohner dieses Ortes“. Der Einbruch des Todes hat den Ort selbst ebenfalls transformiert. Der Raum gehört jetzt zu diesen seltsamen Wesen und „hier ist nicht gut sein.“ Auffällig ist auch die Betonung der Stille: „still“, „schweigend“, „nicht die lautesten Stunden“ – all dies deutet daraufhin, dass es auch das schlagartige Eintreten von Stille ist, welches zu der Unheimlichkeit des Ortes beiträgt. Zwei weitere Stellen aus Kampfbeschreibungen Jüngers betonen diesen jähen Abbruch ebenfalls und bieten darüber hinaus eine weitere Beschreibung eines gespenstischen Gesprächs:

> Sowohl wir als auch die Engländer ließen in dem umkämpften Grabenstück eine Anzahl von Toten zurück. Leider befand sich darunter auch der Unteroffizier Mevius, den ich in der Nacht von Reniéville als mutigen Kämpfer schätzen gelernt hatte. Er lag mit dem Gesicht in einer Blutlache. Als ich ihn umdrehte, sah ich an einem großen Loch in der Stirn, daß hier keine Hilfe mehr not tat. Ich hatte mit ihm gerade noch einige Worte gewechselt; plötzlich hörte ich ihn auf eine Frage nicht mehr antworten. Als ich nach Sekunden um die Schulterwehr trat, hinter der er verschwunden war, lag er bereits tot. Das hatte etwas Gespenstisches.[13]

Was Jünger hier als gespenstisch erlebt, ist nicht nur die Plötzlichkeit des Todes. Die plötzliche Absenz einer Antwort unterstreicht vielmehr jene Absenz, die der Präsenz der Worte immer innewohnt. Auch die ausgesprochene Frage impliziert bereits eine noch nicht gesprochene Antwort: das Gespenst einer Antwort. Die noch nicht vorhandene Antwort wird dabei auf interessante Weise mit dem nicht mehr vorhandenen Bewusstsein von Mevius gekreuzt. Der tote Körper des Unteroffiziers bildet somit den Kreuzungspunkt dieser beiden Zwischenräume und unterläuft demnach die klare Evidenz und das räumliche Vorhandenseins seines Todes. Gleichzeitig wird dabei das Gespenstische des Körpers evoziert, das dem menschlichen Körper qua Sprache stets innewohnt. Der Tod, der in Sprache stets mitspricht, wird hier momenthaft nach außen gekehrt.

Viele Kriegsbeschreibungen Jüngers zielen darauf, eine extreme Annäherung zwischen Leben und Tod möglichst präzise einzufangen. Dabei produzieren die Texte häufig komplexe Ambivalenzen, da die Möglichkeiten einer Umgrenzung eines Noch- oder Nicht-mehr-am-Leben-Seins immer wieder verunsichert oder verschoben werden. Jünger gelingt die Auslotung dieser zweideutigen Schwelle überaus präzise:

13 Ernst Jünger: In Stahlgewittern (1920). In: Ebd., S. 9–310, hier S. 230.

> Mir wurde gemeldet, daß [der Soldat] allein, mit seinem Gewehr beschäftigt, im Graben stand und gleich nach dem Einschlag, vom Gasdruck geschleudert, mit einer furchtbaren Wunde am Schädel die wenigen Stufen des Unterstandes [...] hinunterrollte. Dort spielte sich noch eine kurze, gespenstische Szene ab. Während des Verbindens schien diesem zerstörten Gehirn in den wenigen Augenblicken vor seiner Auflösung die Erinnerung an ein Soldatenlied aufzudrängen, von dem der Sterbende, gleichsam schon aus der Dunkelheit des Grabes heraus, einen Vers anzustimmen begann.[14]

Diese Szene spielt sich in dem Zwischenraum eines offenen Grabes ab, eine Pointe, die sich mit dem letzten Satz offenbart und die sich dann unweigerlich auf die vorherige Schilderung des Grabens umkehren muss. Das Soldatenlied besetzt nun exakt den unmöglichen Raum zwischen Leben und Tod, einen Raum, den Jüngers Beschreibung doppelt, indem er mit der Wendung „gleichsam" die Gleichzeitigkeit von Tod und Leben aufruft. Die Nähe zwischen Graben und Grab produziert also eine Überlagerung dieser zwei Räume, ein Oszillieren, welches sich als Entsprechung zur Figur des Wiedergängers lesen lässt.

Die Idee einer solchen Kippfigur findet sich immer wieder in soldatischen Texten, so auch in diesem Sonett, geschrieben von dem 20-jährigen Kriegsfreiwilligen Siegfried Schlösser:

> Im Schützengraben
>
> Sonst gruben Mönche sich in hohen Jahren,
> Wenn sie verspürten ihrer Tage Ende,
> Das eigne Grab durch Fleiß der eignen Hände,
> Um eine stille Stätte sich zu wahren.
>
> Wie ihre Zellen schlicht und einfach waren,
> So maßen sie begrenzt den Zoll der Wände,
> Bedacht, daß nur der Leib hier Ruhe fände,
> Schien ihre Demut selbst im Tod zu sparen.
>
> Uns ist ein ähnliches Geschick gegeben:
> Wir schaufeln auch mit Eifer unsre Grube,
> doch nicht zu sterben, sondern drin zu leben.
>
> Und doch wird uns vielleicht zum Grab, was eben
> Uns noch geschützt, die traute enge Stube,
> Da zwischen Tod und Dasein stets wir schweben.[15]

14 Jünger: Das Wäldchen 125, S. 397.

15 Siegfried Schlösser: Im Schützengraben. In: Ders.: *Sonette aus dem Schützengraben; nebst einem Zwischenspiel aus der Heimat und einem Anhang. 1915/16.* Leipzig: Sarasin 1916, S. 44.

Der Versuch, ein biedermeierliches Heimatidyll auf den Schützengraben, der jederzeit zum Grab werden kann, zu projizieren, wird durch die Klaustrophobie verkompliziert, die eine Wendung wie „traute enge Stube“ hervorruft. So birgt auch die eher konservative Rahmung dieses Sonetts eine gewisse Ambivalenz, da schützende Heimat und todbringender Graben verschränkt werden; eine Motivik, die sich im Übrigen ebenfalls in einer ungleich ironischeren Formulierung von Jünger wiederfindet: „Der Stollen ist gemütlich wie ein Sarg.“[16] In der wechselseitigen Infizierung des Heimatlichen mit dem Ort des Todes wird also auch hier ein Schwellenraum entworfen, der als genuin unheimlich – im Sinne des Unheimischen – bezeichnet werden kann. Gleichzeitig lässt sich diese ambivalente Haltung gegenüber der zunehmend fremd und unwirklich werdenden Heimat auch als Präfiguration der Probleme lesen, welche die Gesellschaft der Nachkriegsjahre beschäftigte. Besonders eindrücklich entwirft dies ein frühes Theaterstück von Bertolt Brecht. In *Trommeln in der Nacht*[17], entstanden 1919, uraufgeführt 1922, willigt die Verlobte eines Kriegsvermissten in die Heirat mit einem anderen Mann ein; kurz darauf kehrt der seit vier Jahren vermisste und für tot gehaltene Mann, Kragler, zurück. Dabei positioniert das Stück in einer sehr drastischen Motivik den Wiederkehrer Kragler als Wieder*gänger*. Bereits zu Beginn des Stücks fragt Frau Balicke im Gespräch mit ihrem Mann, der seine Tochter, Kraglers Verlobte Anna, zur Heirat drängt: „Und wenn er kommt, der Leichnam, der jetzt fault, wie du sagst, aus dem Himmel oder aus der Hölle – Mein Name ist Kragler –, wer sagt ihm dann, daß er eine Leiche ist und die Seine einem andern im Bett liegt?“[18] Neben der wiederholten Titulierung Kraglers als Leichnam wird durch eine Äußerung Balickes ebenfalls deutlich, dass der ungewisse Verbleib von Kragler ihn zum Gespenst werden lässt: „Vier Jahre! Und kein Lebenszeichen! Und die ganze Batterie gesprengt! in die Luft! zu Fetzen! Vermißt! […] Das ist nur deine verfluchte Angst vor Gespenstern!“[19] Und als Kragler tatsächlich aufgetaucht ist, adressiert Balicke ihn wie folgt: „Sind Sie besoffen? Habenichts! Anarchist! Frontsoldat! Sie Seeräuber! Sie Zibebengespenst! Wo haben Sie Ihr Bettlaken?“[20] Somit wird einerseits der

16 Jünger: Das Wäldchen 125, S. 395.

17 Bertolt Brecht: Trommeln in der Nacht. In: Ders.: *Gesammelte Werke in 20 Bänden*, hrsg. in Zusammenarbeit mit Elisabeth Hauptmann, Bd. 1: Stücke I. Frankfurt am Main: Suhrkamp 1967, S. 69–124.

18 Ebd., S. 71–72.

19 Ebd., S. 73.

20 Ebd., S. 87.

unklare Verbleib von Kragler mit einer gespensterhaften Existenz zusammengedacht (Kragler: „Melde gehorsamst: habe mich in Algier als Gespenst etabliert."[21]), andererseits nutzt Brecht eindeutig das Motiv des wiederauferstandenen Toten und dreht das Kriechen aus dem Schützengraben, in dem Kragler durch eine Sprengung verschüttet wurde, in ein Kriechen aus dem Grab: „Ich bin aus dem Lehmloch gekrochen auf allen vieren."[22] Spannend ist die Konfrontation, die das Stück zwischen diesem Wiederauferstandenen und den Zurückgebliebenen schafft, die mit dem Krieg und seinen Folgen nichts zu tun haben wollen. Dabei bedient sich Brecht einer Figur, die auch in Deutschland nationalistisch aufgeladen war. Die Darstellung Kraglers ist also in seiner subversiven Drastik gar nicht zu unterschätzen. Freilich gibt es auch andere Beispiele, auch aus Frankreich, welche die Wiedergängerfigur eher in einer mahnenden, pazifistischen Funktion verwenden.[23] Bei Brecht hingegen fehlt eine klare Trennung zwischen gewalttätiger Revolution auf der einen Seite und dem bloßen Wunsch nach Veränderung der Verhältnisse auf der anderen. Sein Kragler hat keine klare Mahnfunktion. Brecht nimmt vielmehr ein Motiv, das sich während des Krieges in Soldatentexten etabliert hat, und nutzt es als Bild einer radikalen Verdrängung der Nachkriegsgesellschaft, in der das Verdrängte gerade in einer überaus plastischen Körperlichkeit wiederkehrt. Was hier angeklagt wird, ist eine Verdrängung der Verwobenheit von revolutionären Ideen und körperlicher Wirklichkeit. Die Figur Kraglers ist die Verdichtung dieser Widersprüchlichkeit, die auch die gespenstische Besetzung des Körpers durch Sprache besonders eindringlich thematisiert. Da diese Problematik auf der Theaterbühne verhandelt wird – auf der sich im Schauspiel tatsächliche Körper mit fiktiven Figuren überlagern – zeigt, welche poetischen Möglichkeiten Brecht dem Wiedergängermotiv abgewonnen hat:

21 Brecht: Trommeln in der Nacht, S. 82.

22 Ebd., S. 118, vgl. hierzu auch Jürgen Hillesheim: *„Ich muß immer dichten". Zur Ästhetik des jungen Brecht.* Würzburg: Königshausen & Neumann 2005, S. 206.

23 Allen voran ist hier Abel Gance zu nennen, der in der ersten Fassung seines Antikriegsfilms *J'accuse (J'accuse – Ich klage an, Frankreich* 1919, R: Abel Gance) untote Soldaten auf Paris marschieren lässt, die, ähnlich wie bei Dorgelès, herausfinden wollen, ob sie umsonst gestorben sind. In der zweiten Version des Films von 1937 marschieren sie, um den kommenden Krieg zu verhindern, vgl. Pike: *Metropolis on the Styx*, S. 308. In einer ähnlichen Position des Mahners und des moralisch Überlegenen erscheinen auch Wiedergänger in den Holzschnitten des belgischen Künstlers Frans Masareel in der Reihe *Les Morts parlent* (1918), wo die Toten bezeichnenderweise revolutionäre Gewaltausbrüche verurteilen: „Ce n'est pas avec ton fusil que tu feras changer quelque chose, mon fils…, mais avec ton cœur." (Karl-Ludwig Hofmann / Peter Riede (Hrsg.): *La Guerre – Der Krieg. Frans Masereels Bilder gegen den Krieg.* Saarbrücken: Frans-Masereel-Stiftung 2010, S. 26.)

„Er hat […] ein Gefühl wie ein Leichnam, er lebt länger als er selber."[24] Während im Hintergrund des Hauptgeschehens der Spartakusaufstand tobt, lässt sich das Stück auf keine klare politische Parteinahme reduzieren. So ruft Kragler am Schluss des Stücks: „Mein Fleisch soll im Rinnstein verwesen, daß eure Idee in den Himmel kommt? Seid ihr besoffen?"[25] Damit verdreht Brecht auch hintersinnig die Metapher vom Gespenst der kommunistischen Revolution.[26]

Was sich hier abzeichnet, ist eine sowohl insistierende als auch fragile Materialität, die sich nicht eindeutig gegen die Idee eines revolutionären Umsturzes stellt, sondern vielmehr einen porösen Zwischenraum besetzt, in welchem der Körper selbst als höchst gefährdet erscheint. Indem das Motiv des Wiedergängers, wie in der Analyse der Texte dargelegt, den Körper als Schwellenraum entwirft, zeichnet sich im Bild des untoten Soldaten bereits eine zunehmende Verunsicherung ab, die sich im Anschluss an den Ersten Weltkrieg vor allem auf den männlichen Körper richtet. Somit lässt sich die Wiedergängerfigur innerhalb eines kulturellen Paradigmenwechsels platzieren, in dem Körperlichkeit zunehmend den Status von Solidität und Unhinterfragbarkeit verliert. Die kontinuierliche Verfeinerung der psychoanalytischen Praxis koinzidierte in den Zwischenkriegsjahren mit einer noch nie dagewesenen Welle von Traumatisierungen, wobei die grundlegende Einsicht der Psychoanalyse – die Fragmentiertheit des menschlichen Körpers durch das Unbewusste – in den durch den Krieg physisch fragmentierten Körpern der Kriegsveteranen eine plastische Parallele fand. Die Länge und Brutalität des Krieges stellte nicht nur den Mythos des modernen Fortschritts in Frage – „It reversed the Idea of Progress"[27] – sondern ließ auch die Eindeutigkeit der Idee von Männlichkeit und männlichen Tugenden bröckeln. So wird beispielsweise die Frage, was denn eine männliche Literatur sei, zum Streitpunkt einer Diskussion über die literarische Produktion der Nachkriegsjahre, die Béla Balász in einer Antwort auf Karl Pinthus als „Literatur von Krüppeln"[28]

24 Brecht: Trommeln in der Nacht, S. 111.

25 Ebd., S. 122–123.

26 Vgl. zu der Genese der Gespenstermetapher im revolutionären Kontext Jörn Leonhard: Verheißung, Wiederauferstehung, Erlösung: Bismarck und Hindenburg als historische Wiedergänger in der neueren deutschen Geschichte. In: Gantet / d'Almeida (Hrsg.): *Gespenster und Politik*, S. 303–320, hier S. 306–309.

27 Paul Fussell: *The Great War and Modern Memory*. New York / London: Oxford University Press 1975, S. 8.

28 Béla Balász: Männlich oder Kriegsblind? In: *Die Weltbühne* 25,1 (1929), S. 969–971, hier S. 970.

bezeichnet; deren behauptete Objektivität beschreibt er als „[e]ine gestählte Schwäche also, Impotenz mit Haltung, eine Attitüde der Männlichkeit ohne den Inhalt des leidenschaftlichen Wollens, der trotzigen Stellungnahme [...].“[29] In dieser Behauptung einer nur oberflächlichen Männlichkeit, deren eigentlicher ‚Inhalt‘ fehlt, lässt sich unterschwellig die ganze Problematik eines porös gewordenen männlichen Körpers ablesen, dessen fehlende Eindeutigkeit in der Figur des zwischen Leben und Tod stehenden Wiedergängers einen Ausdruck findet.

29 Balász: Männlich oder Kriegsblind?, S. 970.

Anhaftungen der Shoah
Der Dibbuk als Supplement humanistischer Ethik

Peter Herr

Ich präsentiere Gengis Cohn, einen jüdischen Komiker, der seinerzeit sehr bekannt war „dans les cabarets yiddish: d'abord au *Schwarze Schickse* de Berlin, ensuite au *Motke Ganeff* de Varsovie, et enfin à Auschwitz."[1] Die jüngsten Spuren von ihm stammen aus dem Jahr 1966. Als Dibbuk sucht er zum einen seinen Mörder heim, Hauptjudenfresser Schatz, der als Kriminalkommissar in der deutschen Provinz mit einer Mordserie betraut ist. Zum anderen spukt er in Romain Garys Roman *La danse de Gengis Cohn.*

Ich beschwöre *(La danse de) Gengis Cohn*, um das in Literatur und im Dibbuk eingeschriebene Wissen in den Diskurs der Ethik zu überführen. Die Wissenschaft spannt mit ihren Blicken einen Erkenntnisraum auf, indem sie fragt, *was* ist zu sehen? Derrida erschließt diesen Spektralraum über die Figur des *spectre* und fragt: *Wer* sieht? Damit offenbart sich schnell das Unheimliche am *spectre*: der Visier-Effekt. Wir spüren immer schon den Blick, ohne zu sehen, woher er kommt,[2] „c'est du visible invisible"[3]. Diese Asymmetrie schließt die Erscheinung grundsätzlich aus der Wissenschaft aus, da der *spectre* die Position des Wissenschaftlers usurpiert, ohne sich ihren Überprüfungsmechanismen zu unterwerfen, er erscheint als nicht unterworfenes Subjekt, weswegen die Anrufung durch *spectateur* und *scholar* misslingt.

1 Romain Gary: *La danse de Gengis Cohn*. Paris: Gallimard 1967, S. 7.

2 Jacques Derrida: *Spectres de Marx: l'état de la dette, le travail du deuil et la nouvelle Internationale.* Paris: Galilée 1993, S. 26.

3 Jacques Derrida / Bernard Stiegler: *Échographies de la télévision: entretiens filmés*. Paris: Galilée 1996, S. 129.

Diese Struktur wirft uns auf die trügerische Stimme zurück, die Monika Schmitz-Emans als etymologischen Kern des Gespenstes freilegt. „Die Rede selbst ist das Gespenst“[4] und erst später heftet sich die Bedeutung ‚Trugbild‘ an. Folglich fragt Schmitz-Emans: Wer *spricht*? Für das Theater und Derridas Paradigma *Hamlet* ist der Blick bedeutender, im Roman und also auch für *La danse de Gengis Cohn* ist es die Stimme. Deswegen lausche ich der gespenstischen Rede in der Diegese, wo der Dibbuk sein Unwesen treibt; aber auch den Geist der Erzählung will ich befragen, um dem extradiegetischen Spuk der narrativen Instanz nachzugehen.

Gespenstern zu folgen, ist nicht ohne Gefahr. Sie heben die Ordnung des Wissens aus den Fugen. Zugleich erlaubt ihr Un-Fug die Supplementierung der Ordnung sowie die Präsentation von Wissen: die Einfuhr von Vergangenem und Zukünftigem ins Jetzt. Je nach Mut schwanken die Reaktionen: Man kann sie austreiben, abschieben und ihre Wirkung aufschieben. Romain Garys Roman zeugt von solch einem Exorzismus. Man kann andererseits die Gespenster befragen und versuchen, sie indirekt für die Wissenschaft einzuspannen.

Ich folge dem Modell der Anrufung. Dabei will ich zum einen die Eigenschaften des Dibbuk nutzen, um den *spectre* gespenstisch zu supplementieren. Ich kommuniziere also mit dem Gespenst in der erzählten Welt, der Diegese. Aber auch die Spuren des Messianistischen im Text der Erzählung, in der Narration, interessieren mich.

Um Gespenster mit der Wissenschaft kommunizieren zu lassen, um also den Marcellus-Komplex zu überwinden, nutze ich zwei Medien. Zum einen die Literatur selbst, also Garys Roman, zum anderen die Philosophie, hier Giorgio Agambens Suche nach Ansätzen für eine posthumanistische Ethik in Auschwitz[5] bzw. seinen politischen Messianismus.[6] Diese Medien verstellen und erschließen, indem sie Gespenstern ihre Stimme leihen. Dem Roman geht es um Austreibung des Dibbuk und Agamben geht es um Anrufung des Muselmann bzw. des Messias. Mein Zugang zur Hantologie bewegt sich zudem zwischen dem Pol der Aufschiebung, des *à-venir* Derridas, und der inkongruenten Präsentation der Jetzt-Zeit, wie sie Agamben betont. Ich

4 Monika Schmitz-Emans: Gespenstische Rede. In: Moritz Baßler / Bettina Gruber / Martina Wagner-Egelhaaf (Hrsg.): *Gespenster: Erscheinungen – Medien – Theorien.* Würzburg: Königshausen & Neumann 2005, S. 229–251, S. 229.

5 Giorgio Agamben: *Quel che resta di Auschwitz. L'archivio e il testimone.* Torino: Bollati Boringhieri 1998.

6 Giorgio Agamben: *The Coming Community*. Minneapolis: University of Minnesota Press 1993.

beschwöre den Dibbuk herauf, um folgende Frage zu beantworten: Wie funktionieren Gespenster im ethischen Holocaust-Diskurs? Was heißt es, mit dem Dibbuk zu leben?

Drei Teilfragen sind mir besonders wichtig und strukturieren diese Geisterbeschwörung: Wie supplementiert der Dibbuk den Shoah-Diskurs? Die Antwort wird sich darauf konzentrieren, dass das jüdische Gespenst als inverse Figur am Muselmann klebt.

Weiter interessiere ich mich dafür, welche Tricks der böse Geist dabei einsetzt. Ich frage also: Wie supplementiert der Dibbuk den Menschen und unser Bild von ihm? Die Antwort wird zeigen, dass er mit seinen Eskamotagen Inkongruenzen erzeugt und darüber das Subjekt unterminiert.

Schließlich erweitere ich die Frage nach dem Menschen zur Frage nach den Bedingungen der Möglichkeit einer Ethik nach der Shoah. Ich will also wissen: Wie supplementiert der Dibbuk die Ethik? Ich werde in der Weigerung Cohns, ein vollständiger Mensch zu werden, die Grundbedingung posthumanistischer Ethik sehen, und in seinem messianistischen Insistieren den Raum dieser Ethik ausmachen.

Gespenstische Paradigmen: Muselmann und Dibbuk

Für die Arbeit an all diesen Fragen nutze ich eine grundlegende Eigenschaft des Dibbuk: Er klebt an Menschen, und diese Anhaftung produziert Inkongruenzen. Dieses Prinzip ist schon in den Wortstamm der Bezeichnung Dibbuk eingeschrieben: Die semitische Wurzel d-b-k bedeutet ‚anhaften'/ ‚ankleben'. Als Dämon fährt er in Menschen und ergreift Besitz von ihnen – bevorzugt von Frauen. An diesen bösen Geist der jüdischen Tradition lagern sich im Laufe der Zeit christliche Gespensterkonzepte an:[7] Der Dibbuk wird zur wandernden Seele eines Toten, der nicht richtig begraben wurde – auf Seite des Dibbuk ist also Unrecht geschehen. Später versteht man das Anhaften des Dibbuk als Strafe für eine verborgene Sünde des Befallenen. Der Kulturkontakt schreibt dem Dibbuk somit eine doppelte Inkongruenz ein: Sein Spuk überblendet zwei Bewusstseine – das des Gespensts und das des Opfers –, und seine Tradition überlagert unschuldige und schuldige Opfer. Diese Überblendungen werden möglich, weil der Dibbuk ein entblößter Geist ist, dem man den Körper geraubt hat und den allenfalls der Besessene sieht.

7 Gershom Scholem: Dibbuk (Dybbuk). In: *Encyclopaedia Judaica*, Bd. 3: Coh–Doz, hrsg. v. Fred Skolnik. Detroit: Macmillan 2007, S. 643–644.

Verglichen mit dem Dibbuk ist der Muselmann eine junge Erscheinung. Giorgio Agamben nutzt ihn für seine Auseinandersetzung mit ethischen Konsequenzen aus der Shoah. Als Muselmann wurden in Konzentrationslagern Häftlinge bezeichnet, die in einen apathischen Zustand verfallen waren und weder Interesse am Essen noch Furcht vor Schlägen erkennen ließen: „Menschen in Auflösung".[8] Agamben interessieren zwei Aspekte dieser lebenden Toten. Er will zum einen wissen, wie sie von den Lagern zeugen können. Und zum anderen fragt er: Welche ethischen Forderungen stellen diese Menschen an der Grenze des Mensch-Seins? Agamben erkennt im Muselmann den vollständigen Zeugen, da dieser am tiefsten in der Entmenschlichung versank. Ihm ist all das genommen, was aus humanistischer Perspektive den Menschen auszeichnet, insbesondere seine Stimme. Weil er nicht sprechen kann, muss ein anderer für ihn zeugen.

Nachdrücklicher als nach der Supplementierung des Zeugnisses fragt der italienische Philosoph danach, was einen Menschen ausmacht. Aus der Perspektive seines *homo-sacer*-Projekts erkennt er das Konzentrationslager als biopolitisches Paradigma unserer Zeit. Den Muselmann liest er als nacktes Leben, das im Gegensatz steht zu Leben als Subjekt innerhalb von Würde und Norm. Der Muselmann ist ein Phänomen des Lagerlebens. Er repräsentiert damit nur einen Teilaspekt der Shoah. Die Entmenschlichung tritt mit ihm in den Vordergrund, nicht der industrielle Genozid, das durchrationalisierte Morden in mobilen oder stationären Todesfabriken. Beim Dibbuk Gengis Cohn ist es genau umgekehrt: Er flieht aus Auschwitz und bricht so die absolute Macht des Lagers. Der Todesmaschinerie kann er sich aber nicht entziehen: An einem schönen Tag wird er in einem idyllischen Wäldchen exekutiert. Der Dibbuk erwächst aus der Hinrichtung. Im Gegensatz zum Muselmann ist sein Leben nicht auf den Tod hin organisiert; er existiert vielmehr aus dem Tod heraus.

Im Kontrast zum jüdischen Mythos der Dibbukim sind die Muselmänner ein Produkt deutscher biologistischer Rationalität, die Menschen ihr Mensch-Sein raubt. Der Muselmann ist so nur indirekt mit dem fabrikmäßigen Töten verbunden und hat eben nichts spezifisch Jüdisches. Auch die Passivität der Menschen in Auflösung wird vom Lager erzeugt und steht im Kontrast zur Hyperaktivität des Dibbuk. Wie wir sehen werden, liefert der jüdische Komiker eine Show ab. Er inszeniert ein Spektakel, leistet Widerstand und erzählt selbst.

8 Primo Levi: *Ist das ein Mensch?* Frankfurt am Main: Fischer 1958, S. 59.

In der Gegenüberstellung erkennt man den Dibbuk als Supplement zum Muselmann. Um ethische Prämissen aus der Shoah und ihrem Nachleben zu extrahieren, bietet es sich an, sowohl das nackte und stumme Leben des Muselmanns als auch das entblößte Gepolter des Dibbuk zu betrachten. Beide beziehen sich aufeinander über eine Grenze hinweg, die die Shoah doppelt markiert als Grenze für das Leben im Lager auf den Tod hin und als Grenze für das Leben aus dem Tod heraus. Die Prämissen der Shoah-Ethik liegen somit im Überlagern beider Figuren: im Ergänzen des Muselmann mit dem Dibbuk, in der Heimsuchung und Anhaftung des Gespensts am nackten Leben und ganz besonders in den dadurch erzeugten Inkongruenzen.

Inkongruenzen des Massenmords

Der 1967 erschienene Roman, durch den Gengis Cohn geistert, ist stark seiner Entstehungszeit verhaftet. Dies zeigt sich vor allem in der Auseinandersetzung mit dem Nationalsozialismus und seinem Fortleben. Cohn reflektiert immer wieder über Zeitpolitik: die Wiederbewaffnung Deutschlands, die Regierung des Alt-Nazis Kiesinger oder die Wahlerfolge der NPD. All das überschüttet er mit beißendem Spott, und über den Nationalsozialismus fällt er ein eindeutiges Urteil: Weder Elite noch Proletariat können mit fadenscheinigen Ausflüchten ihre Verantwortung wegzaubern und schon gar nicht Hauptjudenfresser Schatz. Die Anhaftung des Dibbuk ist gerechte Strafe für den Massenmörder, der besonders leidet, wenn Gengis ihn Schreie hören lässt, „les cris des mères juives une seconde avant les rafales des mitraillettes, lorsqu'elles comprirent enfin que leurs enfants ne seraient pas épargnés."[9]
Der Dibbuk operiert auf diesem doppelten Zeitbezug. Er schließt Zeit und Raum kurz, er verklebt Vergangenheit und Gegenwart, er überlagert Nationalsozialismus und Kiesinger-Republik. Wie es typisch ist für Gespenster, erzeugt der tote Komiker temporale Inkongruenzen. Darüber hinaus produziert der Spuk noch weitere Überlappungen, insbesondere im Subjekt. Im Folgenden untersuche ich drei Arten dieser Inkongruenzen näher: kulturell-sprachliche, ideologische und solche, die Redeinstanzen überlagern, also narrative Inkongruenzen.
Schatz hat manchmal den Eindruck, Cohn wolle ihn zum Judentum bekehren, weil ihm der tote Komiker jüdische Kultur und Bräuche aufzwingt. Der Nazi-Mörder muss die rabbinischen Gebote achten, koscher essen und Jiddisch lernen. Da der Dibbuk mit der Zunge des Besessenen redet, brechen

9 Gary: *La danse de Gengis Cohn*, S. 14.

jiddische Vokabeln unwillkürlich in die Sätze des Kommissars ein. Spuren des Jiddischen schleichen also auf zwei Wegen in das Deutsch des Nazis – das im Roman das mit deutschen Fetzen beklebte Französisch der narrativen Instanz ist –: indem er es selbst spricht und indem es ihm der Dibbuk in den Mund legt. Diese sprachliche Inkongruenz kommt auch zum Tragen bei der Überlagerung von Dialogen: Schatz' Erwiderungen zum Dibbuk werden von seinen Inspektoren als an sie adressiert interpretiert.

Die jiddischen Worte im Deutschen bzw. Französischen geistern als Phantome auf Ebene der Signifikanten. Auch Signifikate sorgen für Inkongruenzen, für ideologische Inkongruenzen. Es spukt also nicht nur auf der Sprachoberfläche, sondern auch in der Semantik. Hier zeigt sich, wie nachhaltig die Shoah in die Sprache eindringt. Cohn erscheint immer dann mahnend und strafend, wenn Begriffe oder Redeweisen aus dem Holocaust-Diskurs naiv, also einfach so benutzt werden, d. h. ohne den Bezug herzustellen zum nationalsozialistischen Genozid. Der Kommissar faselt z. B. anlässlich seiner Ermittlungen von einem Massenmord ohne Motiv. Cohn reagiert prompt auf so viel Chuzpe: „Lorsque je l'entends affirmer que c'est la première fois *dans son expérience* que quelqu'un se livre en Allemagne à un massacre collectif sans l'ombre d'une raison, je me sens personnellement visé."[10] Cohn wiederholt hier die Worte von Schatz mit leichter Variation. Das erzeugt Inkongruenzen, in denen er seine Überzeugung positioniert. Die Anlagerung, die Anhaftung historischer Ereignisse an Zeichen steigert deren Ambivalenz und fesselt sie an die Vergangenheit. Mit diesen Ketten kann Cohn Radau machen und zugleich die Shoah im Gedächtnis der Sprache vertäuen.

Antisemitische Stereotype wie Geldgier und Geiz sind schon tief in die Rede Cohns eingeschrieben. Sie durchziehen seine Witze. Beispielsweise schlägt der tote Komiker vor, man hätte zum Gedenken an die ermordeten Juden „dû bâtir une Bourse ou une banque sur les ruines d'Auschwitz. Ça nous aurait ressuscités."[11] Deutlich erkennt man die komische Strategie, die Absurdität rassistischer Zuschreibungen in der Groteske bloßzustellen. Allerdings hält man so das Stereotyp am Leben. Solche Witze passen besser zur ideologischen Position von Schatz. Nicht nur die Sprache der Opfer und die klare Verurteilung der Shoah sind also gespenstisch in den Text verwebt. Auch die Sprache der Täter und der menschenverachtende Antisemitismus suchen wie ein böser Geist die Rede Gengis' und das Französisch Romains heim.

10 Gary: *La danse de Gengis Cohn*, S. 17.
11 Ebd., S. 184.

Die Inkongruenzen auf Ebene der Sprache und der Weltanschauung haben schon einen Einblick in die erzwungene Kooperation von Schatz und Cohn gewährt. Auch erzählen können beide nur gemeinsam. Hier ein Beispiel für die narrative Arbeitsteilung. Der Kommissar berichtet seinen Mitarbeitern, wie er während des Krieges drauf und dran war, den Befehl zur Erschießung einer Gruppe Gefangener zu erteilen.

> — [...] Pour une fois, même les Juifs étaient à bout de combines. Tous, sauf un. Celui-là ne s'est pas laissé faire comme les autres. Il s'est défendu.
> — Avec quoi?
> — Avec quoi, avec quoi! Il a fait un geste obscène.
> — Un geste obscène?
> C'est exact. Je me suis toujours demandé ce qui m'avait poussé à montrer mon cul nu aux représentants du Herrenvolk à un moment pareil.[12]

Der Dibbuk ergänzt auf der Erzählerebene den Bericht der Figuren. Beide erzählen auf diese Art gemeinsam. Einige Zeilen weiter unten legt Schatz seine Worte über die von Cohn, indem er mit abgewandeltem Wortlaut die Erschießung sich nochmals im Text ereignen lässt. Er ruft sie als Wiedergänger zurück in den Text. Die Inkongruenzen werden dadurch zum Dibbuk des Textes.

Diese drei Inkongruenzen verweisen auf die Überlagerung, die sie bedingt, die Anhaftung des Dibbuk. Sprachlich, ideologisch und narrativ sind Cohn und Schatz eng verbunden. Es ist auch nicht klar, wer mehr gestraft ist: Schatz, der den Dibbuk ertragen muss, oder Cohn, der im verrotteten Nazi-Bewusstsein feststeckt. Ja, wer spukt eigentlich in wem? Da ist sich die narrative Instanz immer weniger sicher. Zudem lässt sich immer schwerer entscheiden, wer den Roman erzählt: Meist ist es Cohn, manchmal Schatz und vereinzelt jemand anders.

Was folgt aus diesen Analysen? Der Dibbuk wirkt tief in die ästhetischen Strukturen des Romans hinein. Zum einen erzeugt er Inkongruenzen, zum anderen zerrt er Inkongruenzen, die schon da sind, auf die Bühne bzw. in das grelle Licht der rationalistischen Suchscheinwerfer. Das Wuchern dieser Überlappungen widerspricht der humanistischen Vorstellung eines autonomen, d.h. mit sich selbst kongruenten Subjekts. Der Roman präsentiert im Kontrast zu diesem Menschenbild seine Figuren und Strukturen als Ansammlungen vielfältiger Inkongruenzen und projiziert damit ein unscharfes Bild vom Menschen auf eine humanistische Folie. Nochmals anders gesagt: Die

12 Ebd., S. 25.

Frage nach dem Menschen stellt sich neu, weil der Dibbuk unablässig Inkongruenzen an den humanistischen Menschen anheftet. Wie verhält sich nun solch ein inkongruenter Mensch im Feld humanistischer Ethik?

Bedingungen der Ethik

Mit der Zeit gelingt es Schatz, sich vom Dibbuk zu befreien. Dieser Exorzismus zerstört die narrative Ordnung und lässt Zeit, Raum und Figuren jenseits jeder Logik zusammenfallen. Diese zeitweise Überlagerung verschiedener Figuren in einem Körper betrifft auch Gengis Cohn: Manchmal unterhält er sich mit Jesus, manchmal ist er Jesus. Von ordentlichen Subjekten kann man hier jedenfalls nicht mehr sprechen.

Inmitten des narrativen Ausnahmezustands, den die Austreibung Cohns auslöst, geschieht etwas, das die Erzählinstanz verunsichert: Der Humanismus führt die inkongruente und wechselhafte Doppel- bzw. Multifigur Gengis Cohn in Versuchung. Für den jüdischen Komiker bedeutet Humanismus zweierlei: Ästhetisierung und Ausschluss der Juden. Zum einen rückt die Ästhetisierung des Todes am Kreuz – besonders in der Malerei der Renaissance – den Menschen als Meisterwerk ins Zentrum. Zum anderen funktioniert diese Zentrierung nur in Verbindung mit einem Ausschluss: hier mit der Exklusion der Juden als (Über-)Rest, als Judas, aus der Menschheit. Da diese Austreibung nie total sein kann, produziert sie den jiddischen Dibbuk, der auf ewig am Menschen klebt, aber kein vollständiger Mensch ist. Vor dieser theoretischen Kulisse, die der Roman selbst zimmert, bietet der Teufel Schatz dem Juden Cohn die Integration in die Menschheit an. Er ist bereit, alles zu verzeihen: den Ghetto-Aufstand, den Tod Jesu, die Protokolle der Weisen von Zion, Hitler, den Wucher, Sex mit arischen Frauen, sogar Marx und Eichmann will er den Juden nicht mehr nachtragen: „On passe l'éponge."[13] Das bedroht Cohn existenziell: Das jüdische Gespenst soll zum vollständigen Menschen werden. Das würde bedeuten, alles Jüdische zu verlieren, sogar den gelben Stern, über den sich Cohn immer wieder seiner selbst versichert. Schnell spricht Gengis ein Kaddisch für sich selbst. Doch noch ist es nicht geschehen um den Dämon; er wehrt sich mit Geschrei gegen Schatz und die *humanité*:

> — Gvalt! Je ne veux pas!
> — Cohn! Vous êtes un homme!
> — Mazltov! Félicitations! tonne une voix, là-haut, très haut.

13 Gary: *La danse de Gengis Cohn*, S. 255.

— Vous êtes un homme!
— Non! Tout mais pas ça! Hitler, où est Hitler? A moi! A moi, Hitler, Goebbels, Streicher!
— Un homme!
— Non! J'ai mon honneur, moi![14]

Cohn verweigert die Verbrüderung aus Instinkt und Ehrgefühl, aber auch aus gutem Grund: Wenn er fraternisiert mit den Nazis und dem Humanismus, dann – so seine Überzeugung – übernimmt er einen Teil der Schuld an den rassistischen Verbrechen des Kolonialismus, sei es in Algerien, in Vietnam oder sonst wo. Der perfide Plan von Schatz und der Menschheit würde nicht nur endgültig alles Jüdische an ihm auslöschen, er würde also nicht nur die absolute Integration des Völkermords vollenden, auch moralisch würden die Juden vernichtet. Es droht aus Cohns Perspektive, dass man den Juden die kollektive Verantwortung aufbürdet, „ce qui aurait, parmi d'autres conséquences terribles, celle de nous rendre aussi responsables de notre propre extermination."[15]
Der Exorzismus des Hauptjudenfressers Schatz ist in der Tat der radikalisierte Versuch, sich von den eigenen Verbrechen rein zu waschen. Seife kommt dafür nicht in Frage, weil man nicht wissen kann, wer darin spukt – wie der Nazimörder nur zu gut weiß: „on fabriquait le savon en gros, on ne marquait pas dessus *Jasza Gesundheit* ou *Tsatsa Sardinenfisch*."[16] Und auch die rituellen Waschungen alle zehn Minuten mit einem Spezialpulver helfen Schatzchen nicht.[17] Die eth(n)ische Säuberung zeichnet für Gengis die Deutschen aus – anstatt ihre Opfer aufzufressen, machen sie Seife aus ihnen: „*Ce besoin de propreté, c'est la culture.*"[18] Schatz bietet Cohn an, jemand – ein deutscher Offizier – zu werden, dieser Verlockung zur Existenz widersteht der Dibbuk, indem er auf dem Signifikanten, dem gelben Stern insistiert und ihm bis in die Kloake folgt.
Die Austreibung Cohns aus Schatz bringt den Dibbuk in die Welt. Diese Ontologisierung des *spectre*, die Derrida vermeiden will, indem er sie für unmöglich erklärt,[19] löst die Apokalypse aus. Der Versuch der Verbrüderung, also des Einschlusses des eben Ausgeschlossenen, beschleunigt den Untergang des *forêt de Geist*, des idyllischen Buchenwalds in der Nähe des Städtchens

14 Ebd., S. 260–261.
15 Ebd., S. 232.
16 Ebd., S. 91.
17 Ebd., S. 11.
18 Ebd., S. 62.
19 Slavoj Žižek: *Mapping Ideology*. London: Verso 1994, S. 33.

Licht, in dem der Roman immer höhere Leichenberge anhäuft. Dieser apokalyptische Exorzismus zerreißt auch die narrative Ordnung. Eine neue Stimme usurpiert die Erzählinstanz. Metaleptisch ergießt sich die *fabula* Cohns in die Erzählung eines Schriftstellers, der versucht, über die Literatur die Erinnerung an die Shoah auszutreiben. Die (diegetische wie narrative) Apokalypse führt zu einem doppelten Ausnahmezustand – in der Diegese und in der Narration.

Schließlich wird die Diegese zusammen mit Cohn und die Literatur zusammen mit dem Schriftsteller Romain in die Kloake unter dem ehemaligen Warschauer Ghetto gespült. So wie für den jüdischen (bzw. polnischen) Widerstand gegen die Deutschen wird der Abflusskanal zum letzten Zufluchtsort für den Dibbuk, und der Schriftsteller kriecht aus dem Gully, so wie er aus dem Text kriecht, und bricht schließlich vor dem Denkmal für den Ghettoaufstand zusammen. Auch in der Kloake beharrt der Dibbuk auf seiner Nicht-Existenz und schwimmt gegen den Strom aus Exkrementen und Toten: Er will sich nicht von der humanistischen Kultur ausscheiden lassen.

Die Apokalypse beraubt Cohn nicht nur seiner Stimme – und damit der narrativen Macht –, seines gelben Sterns und seines Status' als abwesende Präsenz. Sie ontologisiert, sie verweltlicht den Dibbuk nicht nur, sie vergöttlicht ihn auch. Cohn wird aus dem *forêt de Geist* vertrieben und muss als Messias sein Kreuz hinter der Menschlichkeit/Menschheit herschleppen. Er wird sie nie erreichen, insofern steht er für einen Messianismus des Aufschubs, der différance, des *à-venir*. Dieses Moment betont Derridas Ethik. Agamben verschiebt in der Nachfolge Walter Benjamins die Perspektive. Er fragt: Was wird anders, wenn der Messias gekommen ist? „Everything will be as it is now, just a little different."[20] Der Messias erscheint also als winzige Inkongruenz, unhörbarer Fehler, als kleiner Unterschied, wie zwischen e und a. Agamben assoziiert den Heiligenschein mit dieser an sich unscheinbaren Differenz „as a zone in which possibility and reality, potentiality and actuality, become indistinguishable."[21] Die messianistische Inkongruenz lässt sich auch lesen als *plus d'un* des *spectre*, als Supplement zum Voll(kommen)en-Sein oder eben als Anhaftung des Dibbuk. Im Gegensatz zum *plus d'un* der Perfektion des Heiligenscheins steht die Unreinheit des Gengis Cohn, der wie ein Kaugummi unter der Schuhsohle klebt, der in der Kreuzigung durch seinen Ausschluss die Kultur (des Nimbus) begründet. Dieser Cohn folgt der Menschheit,

20 Walter Benjamin zit. n. Agamben: *The Coming Community*, S. 52.

21 Ebd., S. 53.

increvable, immortel, „en traînant sur l'épaule Son énorme Croix."[22] Romain, der Schriftsteller, der „a fait ses humanités ici, dans le ghetto"[23], wird Cohn auch nicht los, im Gegenteil. Dadurch, dass er das Medium der Literatur zur Austreibung nutzt, schreibt er den Komiker aus der Schwarzen Schickse und aus Auschwitz in die Hochkultur ein, er klebt den Dibbuk an. Der Exorzismus von Vergangenheit, jüdischer Tradition und Shoah misslingt. Weder Vergangenheit noch Literatur lassen sich reinigen.

Unreine Perspektiven

Was bedeutet es, dies zu akzeptieren? Was heißt es, mit dem Dibbuk zu leben? Welche Ethik insistiert auf der messianistischen Inkongruenz?
Seine Sprachlosigkeit ist nur ein Grund, warum der Muselmann nicht alleine von der Shoah zeugen kann und warum er sich weniger eignet, das Nachleben des nationalsozialistischen Genozids zu verstehen. Weitere Gründe sind, dass er nur für einen Teil der Shoah steht – die Entmenschlichung in den Lagern – und dass sein Paradigma nicht bis in die Nachkriegszeit reicht. In Romain Garys *La danse de Gengis Cohn* tritt die inverse Figur auf: Ein redseliger Dibbuk ergänzt als entblößter Geist das nackte Leben des Muselmann. Ich klebe ihn an die Figur des Menschen in Auflösung, um in den Inkongruenzen, die dadurch entstehen, Spielräume zu nutzen, in denen eine Ethik nach der Shoah, d.h. auch im Nachleben der Shoah ihren Ausgang nehmen kann.
Dieser Dämon nutzt all seine Gespenstertricks, um Inkongruenzen zu erzeugen: Er lässt Gegenwart und Vergangenheit, die Shoah und ihr Nachleben zusammenfallen in temporalen Inkongruenzen. Jiddisch haftet am Deutschen; historische Konnotationen an Begriffen, die Stimme des toten Komikers an der Rede des Kommissars, beide erzählen gemeinsam. Schließlich sind die Figuren nicht mehr klar zu unterscheiden. Es zeigt sich, dass das humanistische Subjekt sich nicht rein halten kann von Inkongruenzen und Anhaftungen – das gilt sowohl in der Diegese als auch in der Narration. Ein neues unscharfes Bild vom Menschen zeichnet sich ab.
Mit Cohn und Agamben lässt sich der Fokus der Hantologie verschieben von Derridas Aufschub hin zur Wirksamkeit der Lücke. Interessant ist weniger die Zeit und somit das zukünftige Kommen, als die Offenheit des Raums und somit die permanente Anwesenheit. Die Ethik nistet sich als Dibbuk und Muselmann im Ausnahmezustand/in der Apokalypse des Humanismus

22 Gary: *La danse de Gengis Cohn*, S. 272.
23 Ebd.

ein. Mit dem Topos ist kein Inhalt benannt, sondern ein Problem: die Reinigung. Als Versuch der Kultur, ihre konstituierenden Ausschlussmechanismen, sei es als Trennung von heilig und profan oder als Kampf gegen Ambivalenz, wegzuwaschen, erzeugt dieser Exorzismus nur neue Gespenster. Mit den Dibbukim zu leben, hieße – anders als Schatz – sich eher weniger als mehr zu waschen.

Von der Hanto- zur Hamletologie

Der Hamletstoff als Drehscheibe für die literarische Aufarbeitung der familiären NS-Nachwirkungen

Michael Ostheimer

Rainer Werner Fassbinders Spielfilm *Die Ehe der Maria Braun* aus dem Jahr 1979 zeigt den Anfang und das Ende der Ehe von Maria und Hermann Braun, die in der Schlussphase des 2. Weltkriegs geschlossen wird und am 4. Juli 1954 (dem Tag, an dem das ‚Wunder von Bern' geschah) mit dem Tod der beiden durch eine Gasexplosion ein jähes Ende findet. Der Sturz des Hitler-Porträts während eines Luftangriffs und die zeitgleich stattfindende standesamtliche Trauung von Hermann und Maria Braun bilden den Beginn des Films, die Einblendung der Kanzler-Porträts nach der Gasexplosion und den Gewinn der Fußballweltmeisterschaft der Deutschen im Berner Wankdorf Stadion den Schluss. Die Rahmung des Films durch die Politiker-Porträts vollzieht eine bildsprachliche Verknüpfung auf zwei Ebenen. Zum einen wird durch die bloße Aneinanderreihung der Kanzler-Porträts (auf den Kanzler des Dritten Reichs Adolf Hitler am Beginn folgen zum Schluss vier Bundeskanzler der BRD: Konrad Adenauer, Ludwig Erhard, Kurt Georg Kiesinger und Helmut Schmidt) auf metonymische Weise eine Kontinuität suggeriert.[1] Zum andern werden durch die Verwendung von Positiv- und Negativbildern die Beziehungen der fünf Kanzler untereinander qualifiziert. Hitler erscheint als Positiv, Adenauer, Erhard und Kiesinger als Negativ, Schmidt als Negativ, das

1 Vgl. Sabine Pott: *Film als Geschichtsschreibung bei Rainer Werner Fassbinder. Fassbinders Darstellung der Bundesrepublik Deutschland anhand ausgewählter Frauenfiguren in seiner „BRD-Trilogie": Die Ehe der Maria Braun (1978), Lola (1981) und Die Sehnsucht der Veronika Voss (1982).* Frankfurt am Main: Lang 2004, S. 73; Hans Ulrich Gumbrecht: *Nach 1945. Latenz als Ursprung der Gegenwart.* Berlin: Suhrkamp 2012, S. 277.

in ein Positiv übergeht. Verbindet man die Abfolge der Porträts mit dem Binarismus (Positiv vs. Negativ), so liegt die Vermutung nahe, dass hier – Willy Brandt fand keinen Eingang in die Kanzler-Gala – eine bestimmte historische Traditionslinie gezeigt werden soll: Adenauer, Erhard und Kiesinger gleichsam im Schatten Hitlers, während bei Helmut Schmidt, dessen Negativ ins Positiv aufgehellt wird, zumindest die Chance besteht, sich von der NS-Vergangenheit zu emanzipieren und Kontur im Sinne politischer Eigenständigkeit zu gewinnen.

Fassbinders Bildmontage inszeniert das Nachwirken der NS-Vergangenheit bis zur Entstehungszeit des Films Ende der 1970er Jahre. Es ist genau diese Überlebensstruktur der NS-Zeit, die mich am Beispiel der Familienliteratur in diesem Beitrag interessiert. Eine Form der Latenz[2], die zwischen Spur und Phantasma changiert und im Dänenprinzen Hamlet, so meine These, ihre literarische Symbolfigur findet.[3]

Mein Ausgangspunkt war die Recherche nach Erzähltexten aus der frühen Nachkriegszeit, die die Folgen der NS-Zeit im Sozialsystem Familie thematisieren. Frühzeitig schon bin ich auf Alfred Döblins *Hamlet oder Die lange Nacht nimmt ein Ende* gestoßen. Mein Versuch, Döblins *Hamlet*-Roman vergleichbar prägnante Werke zur Seite zu stellen, wurde aber nicht wirklich von Erfolg gekrönt. Nach einiger Zeit kam ich ins Grübeln. Konnte es sein, dass das ernüchternde Ergebnis durchaus symptomatischen Charakter hatte? Dass Döblins früher Nachkriegsroman selbst einen Hinweis auf meine magere Ausbeute gab? Dass der Hamlet-Stoff[4] in der Literatur nach 1945 eine Funktion übernahm, die das direkte Ansprechen der NS-Massenvernichtung und der Kriegsgräuel samt deren Nachwirkungen überdeckte?

Ich machte also eine Kehrtwendung und hielt nach Prosawerken Ausschau, in denen der Hamlet-Stoff bearbeitet wurde – in der Vermutung, in ihnen würde etwas über die Auseinandersetzung mit der NS-Zeit im Familienkontext zur Sprache kommen. Kurz vorstellen möchte ich zunächst neben Döblins *Hamlet*-Roman zwei weitere Texte, die sich auf meine Ausgangsvermutung hin einstellten: Walter Jens' *Herr Meister* und Wolfgang Hildesheimers *Tynset*. Anschließend wende ich mich der jüngsten Vergangenheit, Stephan

2 Vgl. zu Formen von Latenz in der deutschen Geschichte nach 1945 Gumbrecht: *Nach 1945*.

3 Teile dieses Beitrags basieren auf meinen Ausführungen in Michael Ostheimer: *Ungebetene Hinterlassenschaften. Zur literarischen Imagination über das familiäre Nachleben des Nationalsozialismus*. Göttingen: Vandenhoeck & Ruprecht 2013, S. 87–155.

4 Vgl. zur Hamlet-Sage und ihrer Stoffgeschichte Elisabeth Frenzel: *Stoffe der Weltliteratur. Ein Lexikon dichtungsgeschichtlicher Längsschnitte*. Stuttgart: Kröner 2005, S. 340–347.

Wackwitz' Roman *Neue Menschen* und Jacques Derridas Abhandlung *Marx' Gespenster* zu.

1. Alfred Döblin: *Hamlet oder Die lange Nacht nimmt ein Ende*

Das Familienleben bildet, so meine Hintergrundannahme, die ausgezeichnete soziale Konstellation, innerhalb derer die Nachwirkungen des Krieges akut werden. Zugespitzt ausgedrückt: Wenn der Krieg der Staaten und Völker vorüber ist, dann beginnt der Familienkrieg. Mit dieser These kann man auch Alfred Döblins letzten Roman *Hamlet oder Die lange Nacht nimmt ein Ende* auf den Punkt bringen. Und zwar als Konkretisierung eines allgemeineren Grundsatzes, der gleich zu Anfang des Buches unterbreitet wird: „Wenn die Front zurückkommt, hat sie immer mit der Heimat abzurechnen."[5] Döblins *Hamlet*, der 1945 im Exil in Hollywood begonnen und 1946 in Baden-Baden beendet wurde, ist ein ‚Nachkriegsfamilienroman': Kaum dass der Zweite Weltkrieg vorüber ist, wendet er sich dem Thema der Familie, speziell demjenigen Nachkrieg in den Köpfen zu, der als Konfliktstoff unter Familienmitgliedern zum Austrag gelangt.

Döblin veranschaulicht das Schicksal des Protagonisten Edward Allison, eines jungen englischen Kriegsfreiwilligen, der aufgrund eines Kamikaze-Angriffs sein linkes Bein verlor. Erst nach der Operation und während der Rückkehr des Schiffes nach Europa kommt er wieder zu sich. Fortan ist er besessen von der Frage, wer die Schuld an dem gerade zu Ende gegangenen Krieg trage, in dem er neben seinem Bein auch sein seelisches Heil einbüßte. Es kommt zu Familienstreitigkeiten, einer Parallelisierung von Weltkrieg und Familienkonflikt, schließlich bricht die Familie auseinander, Vater und Mutter sterben.

Am Ende des 600 Seiten langen Romans fasst der Erzähler das Familiengeschehen zusammen und kommt auf den Referenzcharakter der Shakespeare-Tragödie zu sprechen:

> Wie ein Steinschlag war es über die Familie Allison gekommen. Es gab Tote […]. Einer war verschwunden: Edward, der Sohn, Hamlet. Bei dem Gefecht am Schluß des Dramas ‚Hamlet' von Shakespeare wird der dänische Prinz tödlich verwundet und sinkt um. Was war nach der restlosen Aufklärung mit Edward geschehen?[6]

Edward weist die Hamlet-Ähnlichkeit mit Nachdruck von sich: „Ich mache […] nicht ‚Hamlet' mit und warte auf einen nordischen König Fortinbras, der

5 Alfred Döblin: *Hamlet oder Die lange Nacht nimmt ein Ende*. München: dtv 1987, S. 26.

6 Ebd., S. 570.

mein Dänemark mit einem starken Heer überzieht."[7] Anstatt auf den Spuren einer Tragödien-Figur zu wandeln, beharrt er auf der grundsätzlichen Nichtdeterminiertheit der Lebenswirklichkeit und vergleicht sich mit Kolumbus. Als Entdecker seines eigenen, noch im Werden begriffenen Daseins verwahrt er sich gegen die Wirkungsmächtigkeit des von dem Dänenprinzen verkörperten Erbes der Rache, der Intrige und des gewaltsamen Todes. „Ich habe meine Erbschaft noch nicht angetreten"[8], behauptet er und votiert dafür, dem „Hamlet-Spuk"[9] ein Ende zu bereiten. Schließlich befreit er sich von dem materiellen Vermächtnis, indem „er den ganzen großen Besitz des Vaters verschenkt", und – das sind die letzten Worte des Romans – fährt „in die wimmelnde und geräuschvolle Stadt hinein. Ein neues Leben begann."[10]
Entschiedener als in der Form dieses Dementis, das ex negativo Edwards Neubeginn demonstriert, hätte sich Döblin von der Modellhaftigkeit der Shakespeare-Tragödie kaum lösen können. Anstelle der Auslöschung der Königsfamilie und der Machtübernahme von Fortinbras bei Shakespeare beginnt Döblins Protagonist Edward Allison ein neuartiges psychisches wie soziales Dasein. Er verweigert die lineare Fortschreibung gesellschaftlicher Strukturen und insbesondere die Übernahme der familiären Hinterlassenschaft. Damit verweist der Roman nach der Zäsur des Jahres 1945 auf eine anthropologisch-existenzielle Dimension, für die das Durcharbeiten der Vergangenheit die Voraussetzung für eine kritische Selbstbesinnung der Subjekte darstellt.[11] Er zielt auf individuelle Sinnsetzung und auf den nicht-festgelegten Menschen in einer polyvalenten, dem beständigen Wandel unterworfenen Welt.

2. Walter Jens: *Herr Meister*

Ähnlich wie Döblin stellt auch Walter Jens in dem 1963 erschienenen Buch *Herr Meister*[12], das im Untertitel *Dialog über einen Roman* heißt, die Hamlet-Figur auf den Prüfstand und begutachtet sie daraufhin, ob sie sich paradigmatisch

7 Döblin: *Hamlet oder Die lange Nacht nimmt ein Ende*, S. 571.

8 Ebd., S. 573.

9 Ebd.

10 Ebd.

11 Vgl. Werner Nell: Mythen(de)konstruktion: Trauma, Schuld, Aufarbeitung der Vergangenheit in Alfred Döblins *Hamlet oder Die lange Nacht nimmt ein Ende* (1945/46). In: *Literatur für Leser* 2 (2007), S. 63–86, hier S. 85, der hier eine Nähe zu Adornos Programm der Vergangenheitsaufarbeitung ausmacht.

12 Walter Jens: *Herr Meister. Dialog über einen Roman.* Frankfurt am Main / Berlin / Wien: Ullstein 1974.

zur literarischen Vergangenheitsaufarbeitung eigne. Bei dem Werk handelt es sich – gemäß der Herausgeberfiktion – um einen von Jens herausgegebenen, fiktiven Briefwechsel zwischen dem Autor A. und dem Literaturkritiker und Literaturprofessor B. Die von A. aufgeworfene Ausgangsfrage lautet, wie sich die „Grundidee“ für sein neues Buch, nämlich die „Diktatur als eine höchst moderne Pestilenz, die eine reinliche Scheidung der Geister bewirkt“[13], in eine angemessene Romanform überführen lasse. Es geht ihm, dem „Emigranten“[14], der Deutschland bereits 1932 verließ, darum, „von jenen Frühlingstagen des Jahres 33 zu erzählen“[15], von den radikalen gesellschaftlichen und politischen Veränderungen, die neue Maßstäbe für die zwischenmenschlichen Verhältnisse etablierten.
Im Verlauf des Texts wird „der traurige Hamlet immer wichtiger“[16], soll er doch die Funktion übernehmen, „die Wahrheit der Dinge“[17] zu enthüllen. Die Offenlegung der Wahrheit jedoch bedarf zum einen einer distanzierenden Verallgemeinerung des Geschehens, zum andern einer Typisierung der Figuren, weshalb sich der Zuschnitt der Hamlet-Figur wandelt:

> Je mehr Hamlet die Aufgabe des kollektiven Gedächtnisses im Rahmen der ‚Vergegenwärtigung‘ […] übernehmen muß, desto mehr tritt er als Person in den Hintergrund, wird zur anonymen Instanz zurückgenommen […]. Diese Universalisierung der Hamlet-Meister-Figur bedarf der Entindividualisierung. Das den Roman tragende Subjekt wird folglich in die Anonymität verwiesen, der Held verabschiedet.[18]

Wie Döblin stellt auch Jens die Hamlet-Figur auf den Prüfstand und begutachtet sie daraufhin, ob sie sich paradigmatisch zur literarischen Vergangenheitsaufarbeitung eigne. Döblin vergleichbar spricht auch Jens der Hamlet-Figur letztlich diese Mustergültigkeit ab. Als paradigmatische Symbolfigur für das kollektive Gedächtnis und neue künstlerische Möglichkeiten, „die Schneeschrift von Hiroshima“[19] auszubuchstabieren, eignet sich Hamlet Jens zufolge nicht.

13 Ebd., S. 10.

14 Ebd.

15 Ebd., S. 9.

16 Ebd., S. 35.

17 Ebd., S. 38.

18 Franz Loquai: *Hamlet und Deutschland. Zur literarischen Shakespeare-Rezeption im 20. Jahrhundert.* Stuttgart / Weimar: Metzler 1993, S. 144.

19 Jens: *Herr Meister*, S. 37.

3. Wolfgang Hildersheimer: *Tynset*

Auch Wolfgang Hildesheimers 1965 erschienenes Werk *Tynset*[20] verweist darauf, dass derjenige, der den Epochenbruch, für den das Dritte Reich steht, ästhetisch einzuholen versucht, die Grenzen der konventionellen Mittel einer im weitesten Sinn mimetisch-dokumentarisch verfahrenden Literatur überschreiten muss.[21] In *Tynset* erscheint einem jüdischen Überlebenden des Holocausts, dessen Vater „von christlichen Familienvätern aus Wien oder aus dem Weserland“[22] erschlagen wurde, nachts im Treppenhaus Hamlets Vater-Geist:

> [E]r steht oben, am obersten Treppenabsatz und sieht auf mich herab, in müßiger Erwartung, daß ich mich ihm nähere, mein Knie beuge und seine Hand küsse und somit eine Beziehung anknüpfe, die damit enden würde, daß er mich an Sohnes Statt annähme, denn sein eigener Sohn hat ihn enttäuscht. Darauf wartet er, der alte Krieger. Er sieht mich an, als wolle er mir bedeuten, daß ich ihm etwas schulde, aber er irrt, ich schulde ihm nichts. Ich werde ihn aber nicht auf seinen Irrtum hinweisen, denn damit wäre eine Beziehung angeknüpft, und er hätte das Spiel gewonnen.[23]

Immer wieder taucht der Geist auf, dessen Schweigen der Einbildungskraft viel Entfaltungsraum zugesteht und womöglich das mit der Unglaublichkeit des Holocausts verbundene Darstellungsproblem indiziert. Unablässig mahnt Hamlets Vater-Geist zur Sühne. Und nach seinem Verschwinden bleibt stellvertretend „[...] der Vorwurf, aber ich nehme ihn nicht an, ich lasse ihn stehen, und er löst sich in Schwaden auf, Fetzen, in denen ich, wie immer, den lange verhallten Ruf zur Tat noch höre, zur Handlung, aber ich beachte ihn nicht, ich nicht.“[24]

20 Wolfgang Hildesheimer: Tynset. In: Ders.: *Gesammelte Werke in sieben Bänden*, Bd. 2: Monologische Prosa, hrsg. v. Christiaan Lucas Hart Nibbrig / Volker Jehle. Frankfurt am Main: Suhrkamp 1991, S. 7–153 mit S. 423.

21 Die Literatur zur Möglichkeit bzw. Unmöglichkeit der Darstellung des Holocausts ist kaum noch zu überschauen, gerade im deutschen Sprachraum merklich befördert durch Theodor W. Adorno: Kulturkritik und Gesellschaft. In: Ders.: *Gesammelte Schriften*, Bd. 10,1: Kulturkritik und Gesellschaft. Prismen – Ohne Leitbild, hrsg. v. Rolf Tiedemann. Frankfurt am Main: Suhrkamp 1977, S. 11–30, hier S. 30, der es – zeitweilig – schon für „barbarisch“ hielt, „nach Auschwitz ein Gedicht zu schreiben“. Vgl. zum Undarstellbarkeitstopos für den Bereich der Literatur exemplarisch Sem Dresden: *Holocaust und Literatur*. Frankfurt am Main: Jüdischer Verlag 1997; Veronika Zangl: *Poetik nach dem Holocaust. Erinnerungen – Tatsachen – Geschichten*. München: Fink 2009.

22 Hildesheimer: Tynset, S. 90.

23 Ebd., S. 16.

24 Ebd., S. 107.

Mit aller Macht versucht der Erzähler den Racheauftrag, der sich für ihn mit der Erscheinung von Hamlets Vater verbindet, zurückzuweisen. Ungeachtet der Tatsache, dass sein Vater Opfer der nationalsozialistischen Verbrechen wurde und die Täter unbehelligt unter dem Anstrich bürgerlicher Wohlanständigkeit ihr Dasein fristen, entrāt der Sohn konsequent der Vergeltung. Denn auf Rache zu sinnen, würde den Vorwurf der Schuldhaftigkeit nach sich ziehen, und damit den Erzähler in eine Situation bringen, in der er nicht mehr legitimerweise von sich sagen könnte:

> [I]ch bin ohne Schuld – besser vielleicht, vorsichtiger gesagt: ohne wesentliche Schuld –, daher auch ohne Pflicht. Ich habe nichts gutzumachen, nichts reinzuwaschen, jedenfalls wüßte ich nicht was. Niemand hat, soweit ich weiß, durch mich gelitten. Ich bin ohne Last außer der Last des Lebens.[25]

Der Erzähler agiert nicht, kaum reagiert er noch. Als Monolog eines Überlebenden bestimmt den Gang der Reflexion die Frage, was noch bleibt, wenn man, um sich nicht in die Gefahr schuldhaften Tuns zu begeben, zur Tatenlosigkeit verdammt ist, aber der Erinnerung an die NS-Verbrechen nicht entsagen kann. Letzteres verdeutlicht die allnächtliche Wiederkehr des Geistes von Hamlets Vater. Der Erzähler steckt in einem Dilemma, aus dem keine Erlösung möglich scheint. Da der Tod des Vaters und damit die NS-Verbrechen durch das Erscheinen des Geists stets wieder im Bewusstsein des Erzählers wachgerufen werden, kann er nicht nicht daran denken, ist es ihm nicht möglich, sich vom Spuk der Vergangenheit zu befreien. Im Schatten des Holocausts wird die Emanzipation von der Väterwelt in *Tynset* dementiert.[26] Der Alp der Vergangenheit ist so drückend, dass der Geist von Hamlets Vater, der die Unabgegoltenheit bzw. Unerlöstheit der Vergangenheit repräsentiert, nicht zur Ruhe kommt.

4. Der Hamlet-Stoff und das Darstellungsproblem

Tritt man einen Schritt zurück, so ergibt sich folgendes Bild: Die drei Hamlet-Figurationen entwerfen allesamt Möglichkeiten, wie Menschen, die im Bann einer mörderischen Vergangenheit stehen, wieder zukunftsfähig werden können. Allesamt verleihen sie Motiven der Wahrheitssuche und

25 Ebd., S. 59.

26 Katja Garloff: Expanding the Canon of Holocaust Literature: Traumatic Address in Hubert Fichte and Wolfgang Hildesheimer. In: *New German Critique* 96 (2005), S. 49–74, hier S. 63–64, bringt die gescheiterte Abkopplung von der Väterwelt mit den ‚Spätwirkungen' von Hildesheimers Übersetzertätigkeit bei den Nürnberger Prozessen und mit seinen enttäuschenden Erfahrungen mit der westdeutschen Gesellschaft in den 1950er-Jahren in Verbindung.

Verantwortungszuschreibung in Bezug auf die NS-Zeit Ausdruck. Warum aber gerade der Rückgriff auf den *Hamlet*?

Meine Ausgangsvermutung, dass der Rekurs auf ein unspezifisches Hamletgefühl für die Nachkriegsliteratur mehr als kontingent sein könne, möchte ich nunmehr als These wie folgt präzisieren: Shakespeares *Hamlet* grundiert insofern die familienliterarische NS-Nachgeschichte, als die Inanspruchnahme des Hamlet-Stoffs durch Döblin, Jens und Hildesheimer sich paradigmatisch für eine ästhetisch ambitionierte Nachkriegsliteratur eignet: Sie kompensiert das dringliche Darstellungsproblem, indem sie das Trauma der jüngsten Geschichte markiert, ohne die historische Repräsentation spezifizieren zu müssen. Damit umgeht sie die ästhetisch limitierten Vertextungsstrategien des literarischen Realismus, dies aber, ohne sich deshalb vorbehaltlos dem Modell der literarischen Tradition zu überantworten. So weisen Döblin, Jens und Hildesheimer, wenn es darum geht, eine entwertete und nicht enden wollende Vergangenheit in eine hoffnungsvolle Zukunft zu überführen, Hamlet als eine längerfristig Orientierung stiftende Vorbildfigur explizit zurück.

Pointiert formuliert: Der Hamlet-Bezug ist die intertextuelle Antwort auf die familiendynamische Zuspitzung des Darstellungsproblems nach Auschwitz. Er kompensiert die Reserve gegenüber einem historisch-dokumentarischen Zugriff, indem er dem literarisch schwer einhegbaren unheimlichen Nachwirken der NS-Zeit einen mythologischen Resonanzraum bietet. In der Hamlet-Figur manifestiert sich eine historisch-konkrete Ambivalenz, die sich aus der Einschreibung zweier widersprüchlicher Positionen ergibt (Übermacht der Vergangenheit vs. Sehnsucht nach einem Neuanfang). Als literarische Ausprägungen repräsentieren die *Hamlet*-Transformationen von Döblin, Jens und Hildesheimer verschiedene Formen eines sozialen Imaginären, das sich als gespensterhaftes Familienerbe der NS-Zeit bezeichnen lässt.[27]

27 Ohne spezifischen Bezug zur Familie, aber mit gleicher Metaphorik, heißt es in Adornos „Was bedeutet: Aufarbeitung der Vergangenheit“: „Der Nationalsozialismus lebt nach, und bis heute wissen wir nicht, ob bloß als Gespenst dessen, was so monströs war, daß es am eigenen Tode noch nicht starb, oder ob es gar nicht erst zu Tode kam; ob die Bereitschaft zum Unsäglichen fortwest in den Menschen wie in den Verhältnissen, die sie umklammern.“ (Theodor W. Adorno: Was bedeutet: Aufarbeitung der Vergangenheit. In: Ders.: *Kulturkritik und Gesellschaft II. Eingriffe – Stichworte – Anhang*. Frankfurt am Main: Suhrkamp 1977, S. 555–572, hier S. 555.)

5. Stephan Wackwitz: *Neue Menschen* und Jacques Derrida: *Marx' Gespenster*

Nachdem mit Alfred Döblin, Walter Jens und Wolfgang Hildesheimer drei Autoren benannt wurden, die in den 1940er bis 1960er Jahren den Hamlet-Stoff nutzten, um im Rückgriff auf einen *der* Mythen des neuzeitlichen Europas die Ungeheuerlichkeit der NS-Verbrechen einer literarischen Trauerarbeit zugänglich zu machen, möchte ich mit *Neue Menschen* von Stephan Wackwitz den Brückenschlag zur Gegenwart vornehmen. Das 2005 veröffentlichte und *Bildungsroman* untertitelte Werk führt in die unmittelbare Gegenwartsliteratur, während die darin erzählte Nachkriegsfamiliengeschichte die historische Distanz zwischen dem Dritten Reich und der jüngsten deutschen Vergangenheit schmälert. In *Neue Menschen* beschäftigt sich ein stark autobiographisch geprägter Ich-Erzähler mit seinem problematischen Familienerbe, der Schwerpunkt liegt auf der Lebensgeschichte des Vaters und dem von der Studentenbewegung inspirierten „Siebziger-Jahre-Bildungsroman"[28] des Erzählers. Dabei spielt Shakespeares dänischer Thronprätendent eine doppelte Rolle und fungiert sowohl als Kontrast- wie als Identifikationsfigur. So bringt der Erzähler zum einen die skeptische Haltung, die sein Anfang der 1920er Jahre geborener Vater[29] in der unmittelbaren Nachkriegszeit an den Tag legt, mit der Hamlet-Figur in Verbindung, zum andern seine eigene, zur Zeit des Studiums verspürte Begeisterung für eine zum Totalitarismus neigende Ideologie.[30]

Das Kapitel „Christian Adolf Isermeyer (1908–2001)" setzt demjenigen Lehrer ein Denkmal, der durch seine in kanadischen Internierungslagern von 1943 bis zum Ende des Krieges ausgeübte pädagogische Tätigkeit die Bildungsgeschichte vieler Orientierung suchender Jugendlicher, darunter auch die des Vaters des Erzählers, entscheidend beeinflusste. Isermeyer wird als homosexueller Lebenskünstler stilisiert. In der Abiturientenzeitung

28 Stephan Wackwitz: *Neue Menschen. Bildungsroman.* Frankfurt am Main: Fischer 2005, S. 53.

29 Vgl. ebd., S. 57.

30 So bereits ausdrücklich Wackwitz: „Denn wenn Bloch und Lukács, Walter Benjamin, Leviné, Trotzki und Karl Liebknecht unsere Könige und Väter gewesen sind, dann waren wir damals dänische Prinzen. Ein Mord, über den niemand spricht, hat uns den König, unseren Vater geraubt. Aber er findet keine Ruhe. Sein Geist erscheint uns am Meer vor den Toren des Palasts und fordert uns auf, ihn zu rächen. Aber wir können nicht sicher sein, ob der Wiedergänger die Wahrheit sagt. Ist unser Onkel, der neue König, denn wirklich ein Mörder? Unsere Mutter seine Komplizin? Ist das am grauen, rauschenden Meer erscheinende Gespenst wirklich ein Bote des Vaters oder ist es aus der Hölle emporgestiegen, um uns zu täuschen und unser Land und Reich in die Katastrophe zu stürzen?" (Stephan Wackwitz: *Ein unsichtbares Land. Familienroman.* Frankfurt am Main: Fischer 2003, S. 267.)

verewigten die Schüler ihren „verehrten, vielleicht geliebten und jedenfalls hoch respektierten und geachteten schwulen Schulleiter“[31] mit einer Hamlet-Karikatur. Auf der Zeichnung steht Isermeyer

> [...] in einem theatralisch, zugleich aber irgendwie auch sehr nachthemdartig wirkenden fußlangen Talar mit weiten, herabhängenden Ärmeln und einer Art Halskrause unter einer angedeuteten Säulen- und Triumpharchitektur. [...] Der Geist seines Vaters ist Hamlet da schon erschienen. Das jenseitige Absolute hat seine Forderungen geltend gemacht. [...] In der auf Augenhöhe erhobenen Hand hält Isermeyer Yoricks sehr genau und anatomisch richtig gezeichneten Schädel. [...] Aber in Wirklichkeit macht sich der Künstler über all das nur lustig: An einer dünnen Schnur hängt neben der Hand Hamlets/Isermeyers (sie hält die unvermeidliche Zigarette selbstverständlich wieder zwischen Ring- und Mittelfinger) eine grinsende Satyrmaske. Vor ihm steht, verkleinert wie die Stifter auf mittelalterlichen Altarbildern, eine Art Page mit einem kurzen Röckchen über dem wohlgerundeten Po. Er hebt ihm eine überdimensionierte, mehr als totenschädelgroße Teetasse entgegen. Verführerische Duftschwaden und Dampfwolken kringeln sich an Hamlets Nase vorbei. Der Tee, die dandyhaft gehaltene Zigarette, der Pagenpo sind in Wirklichkeit sogar in der tristen Umgebung des Internierungslagers wichtiger und realer als die absoluten Forderungen der jenseitigen Väterwelt.[32]

Das Zitat veranschaulicht, in welch hohem Maße der Erzähler die Zeichnung aus der Abiturientenzeitung zur symbolträchtigen Ikone für die Aufbaugeneration stilisiert, die sich darauf verstand, die radikalen Ansprüche und die Übermacht der Vorwelt erfolgreich abzumildern.

Wackwitz' Bezugnahme auf den Shakespeare'schen *Hamlet* weist eine Reihe zentraler Berührungspunkte mit Jacques Derridas Essay *Marx' Gespenster* auf.[33] Auch Derrida beruft sich in seinem Essay durchgängig auf den wohl bekanntesten Geist der Literaturgeschichte – überdies macht er Hamlets Vater als Urform für die in Marx' Werk allenthalben heraufbeschworenen Gespenster

31 Wackwitz: *Neue Menschen*, S. 100.

32 Ebd., S. 97–98. – Als zweiten Beleg für den ironischen Umgang mit der klassischen Überlieferung führt der Erzähler ein Foto aus dem Jahr 1955 an, auf dem Isermeyer auf einer Exkursion zu einer französischen Kathedrale „als Hamlet mit Yoricks Schädel zu sehen ist“ (Wackwitz: *Neue Menschen*, S. 102).

33 Vgl. zum Zusammenhang von Wackwitz' Familienromanen und Derridas Hantologie Silke Horstkotte: Die Geister von Auschwitz: Fotografie und spektrale Erinnerung in Stephan Wackwitz' *Ein unsichtbares Land* und *Neue Menschen*. In: Arne De Winde / Anke Gilleir (Hrsg.): *Literatur im Krebsgang. Totenbeschwörung und* memoria *in der deutschsprachigen Literatur nach 1989*. Amsterdam / New York: Rodopi 2008, S. 273–297, hier S. 276–277; Helmut Schmitz: Annäherung an die Generation der Großväter: Stephan Wackwitz' *Ein unsichtbares Land* und Thomas Medicus' *In den Augen meines Großvaters*. In: *Bios* 19,2 (2006), S. 247–266, hier S. 260. Schmitz konstatiert, dass sich Wackwitz' *Ein unsichtbares Land* „teilweise wie die Praxis zu Derridas *Hantologie*“ lese.

namhaft.[34] Dabei geht es Derrida um eine Verantwortungsethik, die das Vergangene grundsätzlich als unfertig begreift. Gespenster – das ist Derridas Zentralmetapher für die Asynchronizität der Generationen und die Unabgeschlossenheit der Vergangenheit:

> Lernen, *mit* den Gespenstern zu leben, in der Unterhaltung, der Begleitung oder der gemeinsamen Wanderschaft, im umgangslosen Umgang mit den Gespenstern. Es würde heißen, anders zu leben und besser. Nicht besser, sondern gerechter. [...] Und dieses *Mitsein* mit den Gespenstern wäre auch – nicht nur, aber auch – eine *Politik* des Gedächtnisses, des Erbes und der Generationen.[35]

Eine so grundsätzlich am Einbruch einer unabgeschlossenen Vergangenheit in die Gegenwart orientierte Ethik ließe sich auch fassen als der Versuch eines gerechten Ausgleichs zwischen der Lebenszeit des Einzelnen und der Geschichtszeit der Menschheit. Die „Hantologie"[36], wie Derrida seine Lehre von der Heimsuchung[37] nennt, propagiert eine fundamentale Verantwortlichkeit jenseits des Gegenwärtigen, ohne deshalb freilich die Ansprüche der je eigenen Lebenszeit negieren zu wollen.

Die von Christian Adolf Isermeyer bei seinen Zöglingen praktizierte Haltung, ihnen kulturelles und geschichtliches Erbe zu überantworten, ohne sich deshalb davon überwältigen zu lassen, könnte man mit Bezug auf Derrida als moderate, nicht-dogmatische Hantologie bezeichnen. Diese Haltung wäre entschieden abzugrenzen von einer – in Analogie zu Derridas Begriffsschöpfung gebildeten – Hamletologie, die sich durch den Imperativ auszeichnen würde, den geisterhaft sich einstellenden Forderungen der Vorwelt unbedingt Folge zu leisten. Nun ist es gerade eine Spielart dieser Hamletologie, der der Ich-Erzähler aus *Neue Menschen* – im Gegensatz zu seinem gegenüber den Ansprüchen der Vergangenheit ausgenüchterten Vater – in den 1970er-Jahren verfällt. Die Geschichte der literarischen Figur Hamlet, so urteilt er kategorisch, sei ihm „immer als das vollkommene Porträt der politischen Irrungen meiner eigenen Generation um 1968 erschienen"[38].

> Das Irresein meiner eigenen Jugend rankte sich um gesellschaftliche Mythen eines unbestimmten Generalverdachts, um das Hamletgefühl einer dämonisch aus den Fugen geratenen politischen Welt. Wir, glaubten wir damals, waren bestimmt, sie wieder einzurenken

34 Vgl. etwa Jacques Derrida: *Marx' Gespenster. Der Staat der Schuld, die Trauerarbeit und die neue Internationale.* Frankfurt am Main: Suhrkamp 2004, S. 25.

35 Ebd., S. 10.

36 Ebd., S. 25.

37 Abgeleitet von frz. *hanter* – ‚heimsuchen'.

38 Wackwitz: *Neue Menschen*, S. 97.

> und die verborgenen Machinationen eines bösen Weltgeistes, Demiurgen oder Weltgespensts aufzudecken.[39]

Wackwitz' *Neue Menschen* etabliert eine auf der gemeinsamen Aktualisierung der Hamlet-Figur basierende intergenerationelle Konstellation, die drei Zeitstufen miteinander in Beziehung setzt: 1. die Hamlet-Relativierung des Vaters in der frühen Nachkriegszeit; 2. das Hamletgefühl des Post-68ers; 3. die während der Niederschrift zu Beginn des 21. Jahrhunderts vorgenommene Selbsthistorisierung des ehemaligen Aktivisten der Studentenbewegung.
Einerseits bestätigt Stephan Wackwitz' Generationenroman damit die Skepsis, die die Hamlet-Figurationen von Döblin, Jens und Hildesheimer der Kriegserlebnisgeneration attestieren; andererseits schreibt er der 68er- bzw. Post-68er-Generation eine Hamlet-Begeisterung zu, die den Dänen-Prinzen als historisch-politische Identifikationsfigur ausstellt.
Der Hamlet-Stoff, so mein Fazit, bildet – und das ließe sich im Rekurs auf die Väterliteratur um 1980 und Stephan Wackwitz' 2003 erschienenen Familienroman *Ein unsichtbares Land* noch differenzierter darstellen[40] – eine Drehscheibe für die literarische Aufarbeitung der familiären NS-Nachwirkungen. In seiner Rezeption gewinnt die Vorstellung einer transgenerationellen Determination durch das Weiterleben der NS-Geschichte eine prägnante literarische Gestalt. Die mythologische Figur des Odysseus ist – besonders für die Gestalt des Heimkehrers[41] – in der deutschsprachigen Nachkriegsliteratur fest etabliert;[42] sein Pendant in Bezug auf die ungebetenen Hinterlassenschaften des Nationalsozialismus heißt Hamlet.

39 Wackwitz: *Neue Menschen*, S. 67.

40 Vgl. Ostheimer: *Ungebetene Hinterlassenschaften*, S. 157–199, S. 345–355.

41 Vgl. zur Heimkehr als zentralen Kategorie der Nachkriegszeit Elena Agazzi / Erhard Schütz (Hrsg.): *Heimkehr: Eine zentrale Kategorie der Nachkriegszeit. Geschichte, Literatur und Medien.* Berlin: Duncker & Humblot 2010.

42 Vgl. etwa Hans-Gerd Winter: „Du kommst, und niemand will dich haben." Heimkehrertexte der unmittelbaren Nachkriegszeit. In: Ursula Heukenkamp (Hrsg.): *Schuld und Sühne. Kriegserlebnis und Kriegsdeutung in deutschen Medien der Nachkriegszeit (1945–1961).* Amsterdam / Atlanta: Rodopi 2001, S. 283–296; Ralf Trinks: *Zwischen Ende und Anfang. Die Heimkehrerdramatik der ersten Nachkriegsjahre (1945–1949).* Würzburg: Königshausen & Neumann 2002; Jessica Resch: *Odysseus' Wandlung im Nachkriegsdeutschland. Die Figur des griechischen Helden in der deutschsprachigen Erzählprosa.* Marburg: Tectum 2012.

Gespenst | Er | Leben
Verortungen des Verschwindens

Carola Hilbrand

Es gibt sie, weil sie nicht sein dürfen, und sie sind, weil es sie nicht geben darf. Sie leben nicht, ohne gestorben zu sein, und sie sterben, indem sie am Leben bleiben. Wer sich der Gespenster annimmt, stößt schnell auf Paradoxien und eigentümliche Zustände des *Dazwischen.* Gespenster hausen zwischen Gestalt und Gestaltlosigkeit, zwischen Tod und Leben. Sogar das Sprechen über die Gespenster ist stets auf den Versuch beschränkt, sie zu fassen zu bekommen, sie wörtlich greifen zu können, während sie sich beständig entziehen. Wie kann also über Gespenster gesprochen werden, wenn das Sprechen selbst über seinen Gegenstand schweigt, wenn es ihn nur verfehlen kann? Wie etwas Sagen, wenn das Sagen versagt?

Die folgenden Überlegungen sind der Versuch des Widerstands gegen ein solch gespenstisches Schweigen. Es ist ein Schweigen, das jene Folteropfer umgibt, die als so genannte Geistergefangene zum Verhör in exterritoriale Gefangenenlager überstellt werden.[1] Diese Lager sind weder auf geographischen noch auf politischen Landkarten auffindbar. Sie sind nicht, weil sie nicht sein dürfen. Auf dem Weg in ein solches Lager vollzieht sich die Transformation des Gefangenen in einen Geistergefangenen, der somit seinen Körper zugunsten einer eigentümlich abwesenden Diskursfigur abtritt. Weil er nicht sein darf, verschwindet auch der Gefangene, bis es ihn nicht mehr gibt. Im Lager unterliegt er weiteren Mechanismen des Verschwindens, Strategien der

1 Als ‚Ghost Detainees' sind diese Gefangenen im Diskurs um die Folterfotografien von Abu Ghraib zu einer zweifelhaften Berühmtheit gelangt. Vgl. den kritischen Untersuchungsbericht des ehemaligen Major Generals der US Army Antonio M. Taguba: The Taguba-Report. On Treatment Of Abu Ghraib Prisoners In Iraq. http://news.findlaw.com/hdocs/docs/iraq/tagubarpt.html#ThR1.12 (Zugriff am 06.03.2014), S. 26.

Absentierung einer Gewalt nämlich, die als Saubere Folter bezeichnet wird.[2] Jenes Ensemble von Techniken und Praktiken, wie etwa der sensorischen Desorientierung durch künstliche Erzeugung von Hitze und Kälte, Gerüche und Geräusche, manifestiert sich nicht in physischen Wunden und hinterlässt keine Narben als Medien der Erinnerung: „It is known as a clean torture because it doesn't leave obvious physical evidence such as bruising or scarring, and this cleanness is added to its undeserved aura of harmlessness“[3]. Die Saubere Folter vermeidet jegliche Spuren am Körper, gleichwohl ist sie durchaus körperlich. In ihrer strategischen Kombinatorik über Jahre hinweg dient sie dazu, Subjekte körperlich wie psychisch zu brechen.

Jenes gespenstische Schweigen, das die Folter umgibt, erfasst primär die Folteropfer selbst, die entweder von einem amnestischen Vergessen oder der Schwierigkeit berichten, Worte für die Folter zu finden. Ein so schweres Trauma wie die Folter „schließt seine Bewusstwerdung aus“[4]. Es kann nicht als das wahrgenommen und benannt werden, was es ist: „Es ist genau so, wie wenn jemand in ein Haus einbricht, alles stiehlt und das Haus zerstört“[5], versucht ein Opfer seine über vier Jahre andauernde Foltererfahrung zu umschreiben. Auch mit Begriffen wie der Unglaublichkeit, Unmenschlichkeit und Schlechtigkeit, der Schrecklichkeit und Grausamkeit versuchen die Opfer, der Folter beizukommen. Doch diese Begriffe gehören einer Terminologie universell anwendbarer Begriffe an, die damit nichts als ihre eigene Unzulänglichkeit vor Augen führen. Das verfügbare Vokabular stellt zwar Signifikanten bereit, doch diese bilden nur semantische Leerstellen, die nicht an das Geschehen heranreichen. Die Aussagen der Folteropfer schweigen

2 Den Begriff der Sauberen Folter hat der amerikanische Historiker Darius Rejali geprägt, der spurlose Folter (*clean torture*) und verwundende Folter (*scarring torture*) unterscheidet. Vgl. Darius Rejali: *Torture and Democracy*. Princeton: Princeton University Press 2007, S. 4–8. Neben der sensorischen Desorientierung, auf die sich die Überlegungen konzentrieren, umfasst sie die mentale Desorientierung durch Erniedrigungen, Täuschungen, Scheinhinrichtungen sowie den so genannten ‚selbst zugefügten Schmerz' durch Stresspositionen und Nahrungsentzug. Vgl. Alfred McCoy: *Foltern und foltern lassen. 50 Jahre Folterforschung und -praxis von CIA und US-Militär.* Frankfurt am Main: Zweitausendeins 2005.

3 Alex Adams: *Rendition* and the *Stuff of Life*: Towards a Political Cinema of Torture. Conference Paper zu ‚The Depoliticization of 9/11'. Der Vortrag wurde am 06.11.2010 an der Newcastle University gehalten.

4 Dori Laub: Zeugnis ablegen oder Die Schwierigkeit des Zuhörens. In: Ulrich Baer (Hrsg.): *Niemand zeugt für den Zeugen. Erinnerungskultur und historische Verantwortung nach der Shoah.* Frankfurt am Main: Suhrkamp 2000, S. 68–83, hier S. 68.

5 Roger Willemsen: *Hier spricht Guantánamo. Roger Willemsen interviewt Ex-Häftlinge.* Frankfurt am Main: Zweitausendeins 2006, S. 86.

still über das Geschehene. Alles, was sie sagen, sagt, dass sie es nicht sagen können.

Dieses Schweigen reproduziert sich in Diskursen, die Folter zwar durchaus zu ihrem Thema machen. Doch auch die Diskurse sagen einzig, dass die Folter nicht gesagt werden kann – oder darf. In Mediendiskursen machen Folterfotografien aus Abu Ghraib etwa vergessen, dass die Saubere Folter als Repertoire verschärfter Verhörmethoden seit den 1960er Jahren legitimiert ist und an Militärakademien der westlichen Demokratien gelehrt wird. Ferner zeigen die Folterfotografien nicht die Saubere Folter, sondern sadistische Überschüsse dieser Praxis. Die Saubere Folter hingegen, in der sensorischen Deprivation und Isolation, im Bombardement der Sinne etwa durch Musikfolter, verweigert sich der Darstellung.[6] Rechtsdiskurse konstruieren ferner ein euphemistisches Vokabular, das die Folter als „Noch-Nicht-Folter"[7] oder „Torture Lite"[8] negiert. Schließlich lassen sich wenige kulturwissenschaftliche Beiträge zur Sauberen Folter finden, die sich jedoch auf historiografische Dokumentationen bis zum Beginn des 20. Jahrhunderts beschränken – obschon demokratische Staaten seit Mitte eben dieses Jahrhunderts weltweit rund achtzig bis einhundert geheime Verhörzentren geschaffen haben, in denen Saubere Folter stattfindet.[9]

Das reale Erleben der Sauberen Folter entzieht sich somit nicht nur einer Medialität des Körpers, der spurlose Gewalt nicht sichtbar machen kann, sondern auch der Vermittlung durch Sprache und weitere Diskurskanäle. (Wie) lässt sich die Saubere Folter also thematisieren, wenn sie sich nicht *äußert*? Diese Frage liegt unter der folgenden Annäherung an ein Phänomen, das sich durch Entzug gerade konstituiert. Dazu fingiert eine analytische Phänomenbeschreibung erstens einen Dialog zwischen rund vierhundert Zeugenaussagen von

6 Praktiken der Sauberen Folter finden sich bereits in den Verhörhandbüchern der US-Geheimdienste aus den Jahren 1963 (*KUBARK Counterintelligence Interrogation Manual*) und 1983 (*Human Resources Exploitation Training Manual [HRETM]*). Die Handbücher finden sich auf den Webseiten des Digital National Security Archive. http://www2.gwu.edu/~nsarchiv/NSAEBB/NSAEBB122/ index.htm (Zugriff am 10.03.2014).

7 Rainer Mausfeld: *Foltern für das Vaterland. Über die Beiträge der Psychologie zur Entwicklung von Techniken der ‚weißen Folter'*. http://www.zpid.de/redact/link.php?link=608529 (Zugriff am 06.03.2014), S. 8.

8 Rejali: *Torture and Democracy*, S. 25.

9 Vgl. Sherwood Ross: More Than Two-Dozen Countries Complicit In US Torture Programme. In: *The Public Report,* 1. April 2010. http://pubrecord.org/torture/7326/two-dozen-countries-complicit-torture/ (Zugriff am 10.03.2014). Erwähnt werden muss hier Christian Grünys Beitrag zur Musikfolter. Vgl. Christian Grüny: Von der Sprache des Gefühls zum Mittel der Qual. Musik als Folterinstrument. In: *Musik & Ästhetik* 15,57 (2011), S. 68–83.

Folteropfern und Verhörhandbüchern aus militärischen Kreisen.[10] Methodisch zieht sie zweitens weitere Quellen hinzu, die aus Diskursfragmenten der Theaterwissenschaft stammen. Diese beschäftigt sich nämlich zunehmend mit Motiven des Entzugs, der Abwesenheit und Unverfügbarkeit. So werden ‚anwesende Abwesenheiten' sowohl durch symbolische Praktiken in Theaterproduktionen zugänglich als auch wissenschaftlich beschrieben.[11] Bedeutet dies nicht, dass auch in diesen Diskursen nach Annäherungen an Phänomene der Absenz gefahndet wird? Nicht als unreflektierte Theorieschablonen, doch im Dienste des Entwurfs eines Begriffsinstrumentariums analytischer Theatralität im Spannungsfeld der Traumatologie können diese Diskurse im Kontext der Folter dienlich sein – was abschließend kritische Fragen nach den destruktiven Potentialen von Theatralität aufwirft.

Vor diesem Hintergrund wird hier die These verfolgt, dass eine theatrale Sprache dem Schweigen der Sauberen Folter entgegentreten und Zugang zu einem Phänomen eröffnen kann, das sich über Entzug, Unverfügbarkeit und Abwesenheit realisiert, in Spuren aber dennoch anwesend ist. Diese Sprache muss sich ihrer Beschränktheit gleichwohl bewusst bleiben und kann lediglich den Versuch einer Annäherung an ein traumatisches Phänomen sein. Es gilt jedoch, in einem gleichsam performativen Ansatz in der Beschreibung selbst nach Worten zu suchen, die der Erfahrung der Sauberen Folter den näherungsweisen Eintritt in eine symbolische Sphäre gewähren. Die Suchbewegungen unterliegen somit stets einem gewissen Grad der Frustration. Doch es ist offenkundig, dass diese Frustration vermutlich nur einen Bruchteil der Erfahrung aufzurufen vermag, die das Folteropfer im sprachlosen Ausgeliefertsein mit sich trägt.

Gespensterleben

Der Prozess der Verunsichtbarung eines Gefangenen beginnt mit seiner Festnahme und Überstellung in ein exterritoriales Gefangenenlager, die als performative Prozesse der Hervorbringung des Geistergefangenen gelesen werden können. Seinem Werden liegt ein Vergehen zugrunde, der Verlust von Körper, Identität und Integrität. Bereits kurz nach der Festnahme werden

10 Die Lektüre von Zeugenaussagen macht das Guantánamo Testimonials Project der University of California (UC Davis) möglich, das anwaltlich aufgenommene Aussagen online unter http://humanrights.ucdavis.edu/projects/the-guantanamo-testimonials-project/ (Zugriff am 06.03.2014) bereitstellt.

11 Vgl. beispielhaft Gerald Siegmund: *Abwesenheit. Eine performative Ästhetik des Tanzes. William Forsythe, Jérôme Bel, Xavier Le Roy, Meg Stuart*. Bielefeld: Transcript 2006.

dem Gefangenen die Kleider vom Leib geschnitten. Der entblößte Körper wird fotografiert und invasiver Untersuchungen unterzogen. Er wird mit einem farbigen Overall als Gefangenenkörper markiert, die Haare werden rasiert, seine Bewegungen mit einem ‚Dreiteiler' von den Knöcheln über die Handgelenke hinter dem Rücken blockiert und die perzeptiven Sinne depriviert: Augenbinden, Kopfhörer und ein Tuch, mit dem der Kopf verhüllt und der Gleichgewichtssinn ausgeschaltet wird, verriegeln alle Kanäle der leiblichen Wahrnehmung.[12]

Diese Gestaltungen des Gefangenenkörpers verunmöglichen jede spürende, sinnliche Leiblichkeit des Körpers und damit jenes phänomenale Eingebettetsein in eine Welt, wie sie Maurice Merleau-Ponty entwirft.[13] Der Geistergefangene entschwindet durch die Unmöglichkeit der eigenen Verortung im Raum, des Sichverhaltens zu dieser Welt. Ein Prozess unmittelbaren Selbstvergessens realisiert sich in einem signifikativen Gefangenenkörper, der den Gefangenen zwar *als* Gefangenen darstellt, sich jedoch in sich selbst erschöpft. Das Subjekt ist nicht mehr, weil es sich nicht mehr hat.

Die außerordentliche Überstellung (*extraordinary rendition*[14]) in ein unbekanntes exterritoriales Gefangenenlager setzt diesen Prozess des Vergessens fort. Die zivilen Flugzeuge ohne militärische Kennung sind auf sämtlichen Flugplänen sichtbar, ohne auffällig zu werden: „They achieved stealth by looking so boring that no one would bother paying them much attention."[15] Es ist also gerade eine Nichtinszenierung, die hier gezielt in Szene gesetzt wird, um nicht nur Gefangene verschwinden zu lassen, sondern auch um noch dieses Verschwinden zu verschleiern. Denn wenn die Flugzeuge eine Unbedeutsamkeit zur Schau stellen, die nicht auf das Verschwindenlassen schließen lässt, dann verschwindet ihr Verschwinden. Die Abwesenheit der Inszenierung begründet hier eine Inszenierung, die gerade durch Sichtbarkeit das Verstecken versteckt.

12 Vgl. International Committee of the Red Cross: Report on the Treatment of fourteen ‚High Value Detainees'. http://wlstorage.net/file/icrc-report-2007.pdf (Zugriff am 06.03.2014), S. 6.

13 Vgl. Maurice Merleau-Ponty: *Die Phänomenologie der Wahrnehmung*. Berlin: de Gruyter 1966.

14 Die verbreitete Annahme eines von CIA und US-Militär eingerichteten Lagersystems als Reaktion auf die Ereignisse des 11. September 2001 unterschlägt den Aufbau des *Rendition Programmes* in den 1990er-Jahren. Vgl. Untersuchungsbericht des UN-Sonderermittlers Dick Marty: Alleged Secret Detentions and Unlawful Inter-state Transfers Involving Council of Europe Member States. Committee on Legal Affairs and Human Rights, Draft Report. http://assembly.coe.int/CommitteeDocs/2006/20060606_Ejdoc162006PartII-FINAL.pdf (Zugriff am 06.03.2014), S. 6.

15 Amnesty International: Below the Radar: Secret Flights to Torture and ‚Disappearance'. http://www.amnesty.org/en/library/info/AMR51/051/2006/en (Zugriff am 13.03.2014), S. 5.

Durch Landungen der Flugzeuge an unzähligen Zwischenstationen wird der Transport über den Luftraum nun in Fragmente zerlegt.[16] Dabei gehen weitere Spuren des Gefangenen verloren. Im Flug verschwindet der Name des Häftlings von internationalen Gefangenenlisten und wird durch einen Code ersetzt: „The use of names of the prisoners will be replaced by codes so nobody can try to trace them."[17] An Orten wie dem Testgelände Desert Rock Airstrip (DRA) verlieren sich weitere Spuren auf dem Radar: „Once the plane has entered the military airspace above DRA, it resets its radio and transponder frequencies, ‚disappears' from sight, and quietly proceeds to the ‚black site' instead of its stated destination."[18] Sogar die Transportwege vom Landeplatz der Flugzeuge zu den Lagern bleiben unbekannt, worauf bereits ein Verhörhandbuch im Jahr 1983 hinweist: „Prisoners should be transported to the ‚questioning' facility in a closed vehicle by way of a circuitous route to prevent his detecting where he is being held."[19]
Mit dieser räumlichen Exklusion vollzieht sich zugleich die rechtliche Exklusion. Ein performativer Rechtsakt, der den Gefangenen als nicht in den Geltungsbereich der Genfer Konventionen fallenden ‚illegalen feindlichen Kombattanten' (*illegal enemy combatant*[20]) kategorisiert und ihm seinen Anspruch auf Menschenrechte nimmt, wendet das Recht durch seine Exklusion an – was uns Giorgio Agamben bereits in den 1990er-Jahren als einschließende Ausschließung erklärt hat.[21] Agamben leitet diese Denkfigur aus der rechtlichen Konstruktion des Ausnahmezustands ab, der durch den Akt seiner souveränen Erklärung sämtliche Rechtsnormen aus ihrem Geltungsraum katapultiert und eine Leerstelle zurücklässt, in der sich der Ausnahmezustand auf Dauer stellt und zur Regel wird.[22] In diesen räumlichen und

16 Vgl. Trevor Paglen / A.C. Thompson: *Torture Taxi. On the Trail of the CIA's Rendition Flights.* Cambridge: Icon Books 2007.

17 Zit. n. Jonathan H. Marks: Doctors as Pawns? Law and Medical Ethics at Guantánamo Bay. In: Almerindo E. Ojeda (Hrsg.): *The Trauma of Psychological Torture.* Westport: Praeger Frederick 2008, S. 92–112, hier S. 104.

18 Paglen / Thompson: *Torture Taxi*, S. 2.

19 *HRETM*, S. 49.

20 Vgl. Memoranda des US-amerikanischen Weißen Hauses, abgedruckt in Mark Danner: *Torture and Truth. America, Abu Ghraib, and the War on Terror.* New York: New York Review Books 2004, S. 78–214.

21 Vgl. Giorgio Agamben: *Homo Sacer. Die souveräne Macht und das nackte Leben.* Frankfurt am Main: Suhrkamp 2002 (Ital.: *Homo Sacer. Il potere sovrano e la nuda vita*, 1995).

22 Vgl. ebd.

rechtlichen Leerstellen haust nun der Geistergefangene, seines (rechtlichen) Körpers, seiner Identität und Integrität beraubt.

Sämtliche dieser Praktiken der Absentierung bringen auf performativen Wegen den Geistergefangenen hervor – durch die Unterminierung leiblichen Spürens, die gestaltende Bearbeitung des Körpers bis hin zu seinem Verlust sowie durch performative Setzungen eines hochgradig symbolischen Rechtssystems. Die Prozesse der Hervorbringung einer Figur, die sich in sich selbst erschöpft, konstituiert die Gestalt(-losigkeit) des Geistergefangenen. Er verkörpert von nun an seine eigene Apräsenz, seine negative Zuständlichkeit als immer Anderer. Zwischen dem Lebendigen und dem Toten, wo sich Verwandlungen und Metamorphosen vollziehen, wohnt und wird der Geistergefangene.

GespenstErleben

Mit der Internierung des Gefangenen an einem unbekannten Ort auf unbestimmte Zeit finalisiert sich sein Verschwinden. Die Lager sind auf Landkarten nicht verzeichnet und es besteht keine Zugangsmöglichkeit für internationale Menschenrechtsorganisationen.[23] Auch im politischen Diskurs existieren sie nicht.[24] Die Lager können nicht gewusst werden und bilden so die räumliche Matrix der Sauberen Folter, einem weiteren Phänomen der Absenz, das Schweigen produziert.

Die Folterpraktiken der sensorischen Desorientierung, die von Folterern auch als „monstering"[25] bezeichnet werden, funktionieren wesentlich über inszenatorische Gestaltungsprozesse in der Umgebung des Gefangenen „to manipulate the subject's environment, to create unpleasant or intolerable situations, to disrupt patterns of time, space, and sensory perception"[26]. Gemeint sind damit einerseits das Bombardement, andererseits die Deprivation der menschlichen Sinne. Das Bombardement umfasst etwa Musikfolter durch die wochenlange Beschallung in ohrenbetäubender Lautstärke, die Erzeugung

23 Es gab zwar die Möglichkeit für Journalisten und Menschenrechtsorganisationen, Zugang zum Guantánamo zu erlangen, jedoch unter Auflagen wie dem Verbot, über das Gesehene zu berichten, und in trügerischen Lagerführungen: „[E]mbedded reporters are now being put in one vehicle and taken to staged events […]." (Zit. n. Jonathan H. Marks: Doctors as Pawns?, S. 104.)

24 Vgl. dazu Dan Eggen / Dafna Linzer: Secret World of Detainees Grows More Public. In: *Washington Post*, 07.09.2006. http://www.washingtonpost.com/wp-dyn/content/article/2006/09/06/AR2006090602142.html (Zugriff am 13.03.2014).

25 Rejali: *Torture and Democracy*, S. 292.

26 *HRETM*, S. 85.

von unerträglicher Hitze und Kälte durch Klimaanlagen, die Einleitung unangenehmer Gerüche oder dauerhaft brennendes grelles Neonlicht, das den natürlichen Tag-und-Nacht-Rhythmus sukzessive zerstört. Die Deprivation wiederum vollzieht sich über teils jahrelange Zeiträume durch die Stille und Reizarmut der Isolation in der Enge und Begrenztheit spezifisch gestalteter Zellenräume.

Die Praktiken der Deprivation und des Bombardements der menschlichen Sinne lassen sich als Inszenierungsstrategien einer Wirklichkeit des Lagers begreifen und näher beleuchten. In Anlehnung an Martin Seels Theorie des Erscheinens treten ihre Elemente als „intentional erzeugtes Geschehen“[27] im Raum hervor. Sie erscheinen „in einer phänomenalen Fülle“[28], im „hier und jetzt erfahrbaren sinnlichen Gegebensein“[29]. Sie machen ihre „andauernde Gegenwart spürbar“[30], was, so Seel, die Funktion des Inszenierens sei – hier aber Folter ist. Ein Diskursfragment zum ‚totalen Theater‘ macht die inszenatorischen Wirkungspotentiale noch deutlicher:

> Ununterbrochen wird den Sinnen zuviel angeboten. Auge und Ohr sind überflutet. […] So bleiben wir […] auf der Suche nach Methode, auf dem Weg, mit dem Wahrgenommenen im Sinne von Bedeutung fertig zu werden, während das Spiel genau darauf angelegt ist, daß dies nicht passiert. […] Das Geschehen ist rechts und links, oben und unten, vor und sogar hinter mir. Ich werde von Eindrücken akustisch, visuell und dinglich bombardiert.[31]

Eine Überfülle von sinnlichen Reizen dient hier jedoch nicht einer produktiven Erweiterung des Erfahrungshorizonts, sondern der Destruktion. Denn jede dieser Folterinszenierungen der Überfülle ist ein Angriff auf den spürenden Körper.

Kontrastiert werden diese Inszenierungen der Fülle durch Schweigen und Duration, durch Inszenierungen der Leere in der Isolation und Deprivation.[32]

27 Martin Seel: Inszenieren als Erscheinenlassen. Thesen zur Reichweite eines Begriffs. In: Josef Früchtl / Jörg Zimmermann (Hrsg.): *Ästhetik der Inszenierung. Dimensionen eines künstlerischen, kulturellen und gesellschaftlichen Phänomens.* Frankfurt am Main: Suhrkamp 2001, S. 48–62, hier S. 49.

28 Ebd., S. 56.

29 Ebd.

30 Ebd.

31 Rolf Kloepfer: Das Theater der Sinn-Erfüllung: Double & Paradise vom Serapionstheater (Wien) als Beispiel einer totalen Inszenierung. In: Erika Fischer-Lichte (Hrsg.): *Das Drama und seine Inszenierung. Vorträge des internationalen literatur- und theatersemiotischen Kolloquiums Frankfurt am Main, 1983.* Tübingen: Niemeyer 1985, S. 199–218, hier S. 203.

32 Inszenierungen der Fülle und Leere sind nach Hans-Thies Lehmann zentrale Motive des

Es ist die restriktive Stillstellung des Körpers in einem leeren Raum, der gerade durch seine Nichtgestaltung als gestaltet gelten muss – eine Strategie, die bereits in der außerordentlichen Überstellung Anwendung fand. Folterhandbücher beinhalten mannigfaltige Anweisungen zu dieser negativen Gestaltung von Isolationszellen, die nun eine Leere phänomenal hervortreten lassen, spürbar werden und dadurch foltern.[33] Die Abwesenheit von Sinnesreizen wird durch dieses Arrangement auffällig und verweist auf das sukzessive ‚Abwesen' des Geistergefangenen selbst. Die Folter erscheint hier als Mangel, als Leerstelle, als geschehendes Nichts. Die Gestaltung eines Raumes ist ein Raum, in dem (das) Nichts geschieht und foltert:

> It is the ideal way of ‚breaking down' a prisoner, because [...] it creates precisely the state that the interrogator desires: malleability and the desire to talk, with the added advantage that one can delude himself that he is using no force or coercion. However, the effect of isolation [...] of the prisoner is much like which occurs if he is beaten, starved, or deprived of sleep.[34]

Lärm und Licht, Geräusche und Gerüche sowie extreme Temperaturschwankungen sind als theatrale Gestaltungen des Raumes nun nicht nur hörbar, sichtbar, riechbar und spürbar. Sie performieren eine Folter, die hörbar, sichtbar, riechbar und spürbar *ist*. Damit werden die Wirkungsmechanismen weiterer Foltertechniken verständlich. So funktionieren etwa die Techniken der psychischen Desorientierung auf wesentlich performativen Wegen, wenn sie sich auf vielfältigen Wegen der intentionalen Herstellung von Wirklichkeit verschreiben. Grausame Täuschungsmanöver im Verhör fingieren den Tod naher Familienangehöriger. Performative Erniedrigungssequenzen und Drohungsszenarien werden im Handeln und Sprechen zur Folter. Und der so genannte ‚selbst zugefügte Schmerz' umfasst keine unmittelbare körperliche Schmerzzufügung, sondern Stresspositionen und Nahrungsentzug, um eine Perversion von Täterschaft und Schuld spezifisch in Szene zu setzen. Der Körper, der dem Häftling ohnehin nicht mehr eigen ist, wendet sich – so die Suggestion – feindlich gegen sich selbst und macht ihn zum Medium einer Gewalt, die sämtliche Grenzen abschafft und die Desorientierung des Opfers auf die Spitze treibt.

postdramatischen Theaters. Vgl. Hans-Thies Lehmann: *Postdramatisches Theater*. Frankfurt am Main: Verlag der Autoren 2011, S. 139.

33 N. N.: *HRETM*, S. 40–41.

34 Albert Biderman / Herbert Zimmer (Hrsg.): *The Manipulation of Human Behavior*. New York: Wiley & Sons 1961, S. 29, zit. n. R. Matthew Gildner: Psychological Torture as a Cold War Imperative. In: Ojeda (Hrsg.): *The Trauma of Psychological Torture*, S. 23–39, hier S. 28.

Es ist somit deutlich geworden, dass sich die Wirkungsmechanismen der Sauberen Folter vermittels eines der Theaterwissenschaft entstammenden Begriffsinstrumentariums analytisch beschreiben lassen: Sinnesqualitäten, deren Intensität oder Fehlen, werden in der sensorischen Desorientierung durch Inszenierungen von Überfülle oder Leere zur Folter. Und auch die performativen Prozesse in der psychischen Desorientierung stellen unter bestimmten Wirkungsabsichten eine folternde Wirklichkeit her. Dies bedeutet jedoch nicht, dass nun theoretische Kurzschlüsse, Theater sei Folter oder Folter sei Theater, gezogen werden sollen. Der tiefe Graben zwischen den symbolischen Praktiken des Theaters und der Folter besteht aus einer Performativität, die sowohl destruktiv als auch produktiv wirken und verstanden werden kann – damit aber nicht länger als per se emanzipatorische Kraft gedacht werden darf.[35]

Gespenster leben

Die hier entworfene analytische Theatralität der Sauberen Folter erkennt die Kraft theaterwissenschaftlicher Begriffe an, sich einem Unverfügbaren anzunähern, obschon Worte nicht in eine Erfahrung hineinreichen. Die theatrale Sprache ermöglicht es, die Prozesse des Werdens des Geistergefangenen und der Folter *in ihrem Verschwinden* zu beobachten. So erhält das Abwesende der Folter einen Ort, der es bewahrt und nicht vergisst. Eine analytische Theatralität entschlüsselt also nicht nur Prozesse des Vergessens, sondern setzt ihnen Prozesse des Erinnerns entgegen. Denn während die Folter als Unsagbares ihre Bewusstwerdung und damit Reflexion ausschließt, geht es in den symbolischen Praktiken des Theaters um eben diese. Der Geistergefangene nimmt zwar wahr, doch er nimmt nicht wahr, was er wahrnimmt – und wie. Der Dialog mit den Diskursen des Theaters eröffnet nun ein analytisches Begriffsinstrumentarium für eine solche Reflexion, die sich der Gestaltlosigkeit der Sauberen Folter, ihrem Verschwinden und Verschweigen widersetzt. Ein theaterbasierter Ansatz erweist sich damit weniger als zweckdienliche Analogie denn als ernstzunehmendes wissenschaftliches Analysewerkzeug, das Verbindungslinien zwischen theatralen und politischen Praktiken bezeugt.

35 So müsste etwa das von Marvin Carlson formulierte Diktum, Performance bringe Wirklichkeit im Prozess, *in actu*, hervor, weitergedacht werden – hin zu einer Zerstörung von Wirklichkeit im performativen Prozess. Vgl. Marvin Carlson: *Performance. A Critical Introduction.* London: Routledge 1999.

Dieser Ansatz wirft aber auch Fragen an die Theaterwissenschaft auf, die mit destruktiven Potentialen und Implikationen ihrer Disziplin und der Theaterpraxis umgehen muss. Was bedeutet es, dass bestimmte ästhetische und inszenatorische Strategien sowohl auf produktiven als auch auf destruktiven Wegen verwendet werden und funktionieren? Und was heißt es dann, wenn insbesondere jüngeren Theaterproduktionen bisweilen zugesprochen wird, die „gedankliche, seelisch-nervliche und auch körperliche Attacke"[36] zu forcieren? Die vorliegenden Überlegungen zur Sauberen Folter mit analytischer Nähe zur Theaterwissenschaft legen nahe, dass die symbolischen Praktiken des Theaters mit weitaus differenzierteren negativen und destruktiven Tendenzen durchsetzt ist als gemeinhin untersucht wird – und dass diese allein durch den Rahmen des Künstlerischen womöglich nicht ins Blickfeld geraten.

Lernen, mit den Gespenstern zu leben, kann nun nicht bedeuten, eine Akzeptanz der Sauberen Folter oder gar eine Resignation ob ihres Schweigens zu befördern. Lernen, mit den Gespenstern zu leben bedeutet zu lernen, über Gespenster, das Gespensterleben, das GespenstErleben und darüber, dass diese Gespenster leben, zu sprechen – um dem Gespenstischen seine destruktiven Kräfte zu entziehen.

36 Lehmann: *Postdramatisches Theater*, S. 100.

Haunted Places

‚Home haunted home!'
Zur Ortsspezifik des Gespenstigen

Ralph Fischer

„Welch ein Gespenst bracht ich ins Haus!"[1] Dieser entsetzte Ausruf entfährt Goethes Faust, als er feststellen muss, dass der Pudel, den er von seinem Spaziergang durch Wald und Auen mitgebracht hat, keineswegs ein freundlicher Vierbeiner ist. Ein Höllengeist vielmehr, das ist des „Pudels Kern"[2]. Der häusliche Friede wird nun von einer dämonischen Macht gestört, die der Hausherr unbedacht selbst mit ins Haus gebracht hat. Das Mitbringsel wird zum ungewollten Element, das das Heim be-sucht.

Das deutsche Substantiv ‚Heimsuchung' leitet sich aus dem Mittelhochdeutschen *heimsuochunge*, ‚Hausfriedensbruch' ab.[3] Heimsuchung bedeutet also zunächst eine Störung der häuslichen Ordnung. Sind die ungebetenen Besucher allerdings von gespenstischer oder dämonischer Natur, droht nicht nur der häusliche Friede, sondern auch die Ordnung zwischen Diesseits und Jenseits aus den Fugen zu geraten. Die Heimsuchung muss dabei nicht notwendigerweise Unheil bringen: Im christlichen Kontext können auch Engel – als Mittler zwischen Himmel und Erde – oder sogar Gott selbst die Menschen heim-suchen. Das *Deutsche Wörterbuch* der Brüder Grimm differenziert daher zwischen „gnädiger Heimsuchung" und dem „Besuch des strafenden Gottes".[4] Das englische *haunted* ist ebenfalls eng mit dem Akt des Besuchens

1 Johann Wolfgang Goethe: Faust I. In: Ders.: *Faust*, hrsg. v. Erich Trunz. München: Beck 1994, S. 20–145, hier S. 44.

2 Ebd., S. 46.

3 Vgl. dazu auch: Friedrich Kluge: *Etymologisches Wörterbuch der deutschen Sprache*. Berlin: de Gruyter 2011, S. 406.

4 Heimsuchung. In: *Deutsches Wörterbuch von Jacob Grimm und Wilhelm Grimm*. http://woerterbuchnetz.de/DWB/?sigle=DWB&mode=Vernetzung&lemid=GH05538#XGH05538 (Zugriff am 07.12.2014).

eines bestimmten Ortes verbunden: Die Wendung „place frequently visited" verweist zunächst auf die topographische Aufladung des Wortes, während die gespenstische Dimension „spirit that haunts a place, ghost" erst 1843 erstmals verwendet wurde.[5] Die Vorstellung vom ‚Haunted House' hat seitdem eine vielfältige Erfolgsgeschichte angetreten.

Die enge Beziehung zwischen dem Gespenstigen und dem trauten Heim wird bereits mit Blick auf die Etymologie offenbar: Das altfranzösische Wort *hanter* (jemanden besuchen oder heimsuchen) verweist auf das ‚Heimelige' und ‚Vertraute', da es mit dem Urgermanischen *haimat-janan verwandt ist.* Auch Sigmund Freud betrachtet in seinem Traktat *Das Unheimliche* explizit das heimgesuchte Haus als zentralen Katalysator des Gefühls des Un-heimlichen,[6] das ja Gespenstern gegenüber traditionell auftritt. Hier zeigt sich der starke räumliche Charakter von Spukphänomenen: Gespenster erscheinen zunächst zeit-, ort- und körperlos, dennoch brauchen sie offenbar eine spezifische lokale Bindung, um überhaupt in Erscheinung treten zu können. Da, wo sie auftreten, stören sie allerdings die Ordnung des Raumes. Und nicht selten bewirken sie sogar eine räumliche Desorientierung der Heimgesuchten.

Dies zeigt sich auch bei Fausts dämonischem Besucher. Die Studierzimmerszene beginnt zunächst in einer Atmosphäre häuslicher Gemütlichkeit: Faust kehrt nach Einbruch der Dunkelheit in die wohlige Geborgenheit des Innenraumes zurück, an seiner Seite der Pudel. Dieser Vierbeiner erweist sich jedoch keineswegs als treuer Hausgefährte: Nachdem er den häuslichen Frieden zunächst nur durch Bellen und Knurren stört, vollführt er schließlich eine unheimliche Verwandlung:

> Soll ich mit Dir das Zimmer teilen,
> Pudel, so laß das Bellen!
> [...]
> Aber was muß ich sehen!
> Kann das natürlich geschehen?
> Ist es Schatten? Ist's Wirklichkeit?
> Wie wird mein Pudel lang und breit!
> Er hebt sich mit Gewalt,
> Das ist nicht eines Hundes Gestalt![7]

5 Haunt. In: *Online Etymology Dictionary*. http://www.etymonline.com/index.php?term=haunt (Zugriff am 13.11.2014).

6 Sigmund Freud: Das Unheimliche. In: *Imago. Zeitschrift für Anwendung der Psychoanalyse auf Geisteswissenschaften* 5 (1919), S. 297–324, hier S. 312.

7 Goethe: Faust I, S. 44.

Nachdem die häusliche Ruhe also zunächst nur durch Gekläffe gestört wurde, kippt die Situation ins Bedrohliche, als der Gast die ihm zugeschriebene räumliche Dimension überschreitet, monströse Formen annimmt und somit seine dämonische Natur offenbart. Faust zweifelt, wie die meisten Zeugen einer Gespenstererscheinung, zunächst an seiner eigenen Sinneswahrnehmung: „Ist es Schatten? Ist's Wirklichkeit?"[8] Denn wer ein Gespenst sieht, unterliegt womöglich einem Trugbild: Zwischen Gespenst und Gespinst besteht etymologisch ein enger Zusammenhang. „Wer Gespenster sieht, spinnt"[9], wie Rainer Nägele es einmal ausgedrückt hat. Die Phantasie der Heimgesuchten webt ein dichtes Gewebe aus Hirngespinsten, die sie immer weiter vom vertrauen Pfad der Realität weglocken, bis sie schließlich den Faden verlieren und umherzuirren beginnen oder gar in Raserei verfallen.[10]

Obgleich Gespenster und Dämonen Verwirrung oder gar Wahnsinn bringen, so unterstehen sie mitunter doch der Hausordnung jener Orte, an denen sie umgehen. Fausts dämonischer Besucher konnte das Haus zwar betreten, da der Drudenfuß auf der Schwelle fehlerhaft gezogen und nach außen offen war, aber es ist ihm nicht mehr möglich, ohne Hilfe seines Gastgebers diesen Ort wieder zu verlassen. Zerknirscht muss Mephisto bekennen: „Der Teufel kann nicht aus dem Haus."[11] Die Heimsuchung, die sich als Hausfriedensbruch organisiert, unterliegt verbindlichen Regeln, denn „[d]ie Hölle selbst hat ihre Rechte[…]"[12]. Der Bruch mit der Ordnung bringt diese überhaupt erst hervor. Denn was wäre ein Ort ohne seine Gespenster? Michel de Certeau schreibt: „Es gibt nur Orte, die von zahlreichen Atmosphären und Geistern überlagert sind, welche dort schweigend bereitstehen und ‚heraufbeschworen' werden können oder nicht. Man kann nur an solchen ‚heimgesuchten' Orten wohnen"[13]. Ein Ort wird überhaupt erst als solcher markiert, durch das, was

8 Ebd.

9 Rainer Nägele: Gespenster-Gespinst. http://www.corpusweb.net/dd2-gespenster-gespinst.html (Zugriff am 26.11.2014).

10 So zweifelt auch Faust im Laufe des Stückes immer wieder am Realitätsgehalt seiner Erlebnisse. Nach seiner ersten Begegnung mit Mephisto fragt er: „Bin ich denn abermals betrogen? / verschwindet so der geisterreiche Drang, daß mir ein Traum den Teufel vorgelogen, / Und daß ein Pudel mir entsprang?" (Goethe: Faust I, S. 52). Faust verstrickt sich zunehmend in den dämonischen Verwicklungen und findet sich, kurz vor seinen Tod, in Blindheit und geistiger Verwirrung wieder. Als man ihm das Grab schaufelt, deutet er das Geklirr der Spaten als Indiz, dass sein ambitioniertes Bauprojekt endlich realisiert wird. Vgl.: Johann Wolfgang Goethe: Faust II. In: Ders.: *Faust*, S. 146–364, hier S. 346–348.

11 Goethe: Faust I, S. 49.

12 Ebd.

13 Michel de Certeau: *Kunst des Handelns*. Berlin: Merve 1988, S. 205.

an ihm eigentlich nicht vorhanden ist, aber sich in Erinnerungen, Spuren und Erzählungen bemerkbar macht. „Lebendig wahrgenommene Orte“ sind gemäß de Certeau „so etwas wie die Gegenwart von Abwesendem“[14]. Orte enthalten offenbar selbst ein gespenstisches Potential, und dieses Potential entfaltet sich im Spannungsfeld zwischen Präsenz und Absenz, Verortung und Ortlosigkeit, jenes limbische Zwischen, das die Heimat der Gespenster, Geister und Phantome ist. Das Spektrale ist, gemäß Jacques Derrida, eigentlich „*niemals als solches präsent.*“[15] Es ist das „Dasein eines Abwesenden“[16]. Diese Anwesenheit der Abwesenheit ist selbst nicht handlungsfähig, aber sie beeinflusst dennoch das, was an heimgesuchten Orten geschieht. Sie provoziert Handlungen, setzt Szenarien in Gang. So könnte auch Faustens nächtliche Geistererscheinung letztlich die Sinnestäuschung eines überhitzten Gemüts sein, doch sie versetzt den Protagonisten in Handlungsnot und bestimmt so den Fortgang des Stückes. Das Gespenstige ist im Grunde genommen nicht wahrnehmbar, muss sich auf paradoxe Art aber dennoch zeigen, um verborgen zu bleiben. Es ist selbst handlungsunfähig, aber es macht handeln, setzt in Gang, mobilisiert. Es bedarf bestimmter Hilfsmittel – Prothesen –, um eine Form in Raum und Zeit generieren zu können. Derrida verweist hier auf die Rüstung von Hamlets Geist, eine Körperhülle, die womöglich leer ist und doch auf jene physische Präsenz verweist, die eigentlich nicht da ist.[17] Können Orte und Schauplätze ebenfalls zu Prothesen spektraler Mächte werden?

Heimgesuchte Orte verweisen letztlich auf das, was vor Ort abwesend ist, wenn man der Deutung de Certeaus folgt: Das Abwesende, das sich in Spuren und Fährten bemerkbar macht und sich atmosphärisch entfaltet. Orte werden, nach Auffassung de Certeaus, überhaupt erst zum Raum durch das Geflecht der Handlungen und Interaktionen, die an ihnen stattfinden: „Insgesamt *ist der Raum ein Ort, mit dem man etwas macht*“[18]. Da heimgesuchte Orte nicht selbst handeln können, benötigen sie ProtagonistInnen, die das Handlungspotential, das dort zur Verfügung steht, realisieren, ihm eine Erscheinung verleihen in Raum und Zeit. Orte sind niemals unschuldig. Orte haben ihre Vor-Geschichten eingeschrieben. Spuren von Handlungen, Sedimente von Erinnerungen, die sich eingelagert haben in ihre Topographie. Orte sind stets auch Tatorte.

14 De Certeau: *Kunst des Handelns*, S. 205.

15 Jacques Derrida: *Marx' Gespenster. Der Staat der Schuld, die Trauerarbeit und die neue Internationale.* Frankfurt am Main: Suhrkamp 1996, S. 10.

16 Ebd., S. 20.

17 Vgl. ebd., S. 22.

18 De Certeau: *Kunst des Handelns*, S. 218.

Doch es bedarf zumeist der fachkundigen Entschlüsselung – dem Auge des Detektivs, dem Blick des Wissenschaftlers –, um die Fährten- und Spurenschrift entschlüsseln zu können. Heimgesuchte Orte fordern Aufarbeitung: Man ruft den Gelehrten, wenn auf nächtlicher Wacht ein Gespenst erblickt wird: „Thou art a scholar to speak to it"[19], so die Aufforderung an Horatio zu Beginn von Shakespeares *Hamlet*. Bereits in den Briefen von Plinius dem Jüngeren findet sich eine Erzählung über ein heimgesuchtes Haus in Athen, das aufgrund einer nächtlichen Gespenstererscheinung von der gesamten Bevölkerung gemieden wird.[20] Nachdem der Philosoph Athenodor von den Gerüchten gehört hat, beschließt er, in das Haus einzuziehen, um dem Spuk auf die Spur zu kommen. Als der Gelehrte nachts, bei Kerzenschein, an seinem Schreibpult arbeitet, erscheint ihm das Gespenst und bedeutet dem Philosophen, ihm zu folgen. Das Wesen führt Athenodor nach draußen, wo es plötzlich, an einer bestimmten Stelle des Innenhofes, verschwindet. Als der Philosoph am nächsten Tag an besagter Stelle graben lässt, findet man ein Gerippe in Ketten gewickelt. Nachdem die Gebeine des Toten eine ordnungsgemäße Bestattung erhalten haben, erscheint das Gespenst nicht mehr und der Ort ist fortan vom Spuk erlöst. Die antike Erzählung zeigt, dass an heimgesuchten Orten offenbar ein spezifisches Potential an Schuld eingelagert ist. Die Erblast vormaliger Geschehnisse prägt das Gefüge des Ortes, unabgeschlossene Konflikte sind mit der Lokalität verkettet.

Spukphänomene stehen in engem Zusammenhang mit räumlichen Ordnungen, die wiederum, weit über ihre topographische Dimension hinaus, auf das symbolische und ethische Potential kultureller Systeme verweisen. Wenn sich dieses Gefüge verschiebt, werden auch andere Räume und somit andere Geistererscheinungen produziert. Und wieder bedarf es des gelehrten Blickes, um die Logik des heimgesuchten Ortes zu entschlüsseln: So hat das Zeitalter der Moderne eine Vielzahl neuer räumlicher Anordnungen hervorgebracht. Michel Foucault hat das 20. Jahrhundert als „die Epoche des Raumes"[21] bezeichnet. Räume entfalten sich zunehmend als Netzwerk, „das seine Punkte verknüpft und sein Gewirr durchkreuzt"[22]. Als Foucault im Paris des Jahres

19 William Shakespeare: *Hamlet. Englisch/Deutsch*, hrsg. v. Holger M. Klein. Stuttgart: Reclam 2014, S. 90.

20 Vgl. Plinius: *Epistulae. Liber VII / Briefe. 7. Buch: Lateinisch / Deutsch*, hrsg. v. Heribert Philips. Stuttgart: Reclam 1994, S. 61–63.

21 Michel Foucault: Andere Räume. In: Karlheinz Barck / Peter Gente / Heidi Paris / Stefan Richter (Hrsg.): *Aisthesis. Wahrnehmung heute oder Perspektiven einer anderen Ästhetik*. Leipzig: Reclam 1999, S. 34–46, hier S. 34.

22 Ebd.

1967 erstmals von der „Epoche des Simultanen“[23] spricht, in der das Nahe und das Ferne ihre Plätze tauschen, sind die Netzwerke der Digitalkultur noch in ferner Zukunft, allerdings werfen sie ihre langen Schatten voraus. Das moderne Zeitalter hatte bereits durch die technische Realisierung des Mobilitätsprinzips eine kinetische Grundlage für die Zirkulation von Menschen, Waren, Informationen und Finanzen geschaffen. Dieses Prinzip der Zirkulation hat im Internet, dem Leitmedium des digitalen Zeitalters, lediglich ein weiteres technisches Substrat gefunden, das Raum und Zeit anders verknüpft, neue Räume produziert, und es darf deshalb nicht verwundern, dass mittlerweile auch von „digitalen(n) Gespenstern“[24] gesprochen wird. Das moderne Zeitalter hat viele neue Durchgangs-Orte und Netzwerke hervorgebracht: vor allem auch die Großstadt, den urbanen Raum, mit seinem hohen Potential an Wahrnehmungseindrücken, Konsummöglichkeiten, Interaktionen, Zerstreuungen und Bewegungen. Ein Ort, der immer wieder mit der Sphäre des Gespenstigen in Verbindung gebracht worden ist und insbesondere im Strom der Passanten seine kinetische Übersetzung findet. „Denn die Menge ist die Daseinsweise der Geisterwelt“[25], schreibt Walter Benjamin in Auseinandersetzung mit der Figur des Flaneurs. Die Heimeligkeit der bürgerlichen Stadtkultur ist der Unheimlichkeit der modernen Metropolen gewichen. Die Gespenster der Moderne suchen jedoch nicht nur die urbane Öffentlichkeit heim, sondern sie haben sich auch im Seelenleben des Subjekts un-behaglich eingerichtet. „Phantoms in the streets and in the soul – is the atmosphere in which modern subjectivity is born“[26], schreibt Marshall Berman. Die Moderne hat ein enormes Potential an jenen Topographien erzeugt, die Marc Augé als „Nicht-Orte“[27] bezeichnet: Orte, die kein Verweilen zulassen, keine eigene Identität formen und somit unbewohnbar sind. Orte, die einzig als Durchgangsorte konzipiert sind und in ihrer Homogenität und Anonymität eine neue Qualität des Gespenstigen generieren: Autobahnen, Flughäfen, Einkaufspassagen und Bahnhöfe, all jene Nicht-Orte also, die einzig darauf ausgelegt sind, die Fortbewegung zuzulassen, die keine eigene Identität zu

23 Foucault: Andere Räume, S. 34.

24 Vgl. Byung-Chul Han: *Im Schwarm. Ansichten des Digitalen*. Berlin: Matthes & Seitz 2013, S. 71.

25 Walter Benjamin: Der Flaneur. In: Ders.: *Charles Baudelaire*, hrsg. v. Rolf Tiedemann. Frankfurt am Main: Suhrkamp 1974, S. 33–65, hier S. 61.

26 Marshall Berman: *All that is Solid Melts into Air. The Experience of Modernity*. New York: Penguin 1988, S. 18.

27 Vgl. Marc Augé: *Nicht-Orte*. München: Beck 2000, S. 81–85.

besitzen scheinen und dennoch niemals vollständig verschwinden.[28] Orte also, die sich in ihrer Mittlerfunktion, im Nicht-Sein, dem Modus des Spektralen annähern.

Die Moderne hat auch das Lager hervorgebracht. Topographien von funktionalisierter Nicht-Identität. Und die Vernichtungslager des Nationalsozialismus waren letztlich jene Tatorte des 20. Jahrhunderts, an denen das größte Potential an Schuld produziert wurde, dessen Erblast von den Nachgeborenen getragen werden muss. Wir müssen also auch über Orte reden, wenn wir Derridas Plädoyer folgen wollen: „Lernen, *mit* den Gespenstern zu leben“[29]. Die Beiträge dieses Kapitels setzen sich daher unter verschiedenen Blickwinkeln mit Fragen zur Spektrologie des Raumes auseinander. Dabei spielen jene Orte, die untrennbar mit der Geschichte der Moderne verbunden sind, eine zentrale Rolle.

Petra Löffler beschäftigt sich mit der Großstadt als Aktant des Gespenstigen und dessen Spiegelung im Bildraum des Films. Christian Petzolds Spielfilm *Gespenster*[30] eine filmische Auseinandersetzung mit dem Berlin des beginnenden 21. Jahrhunderts, steht im Mittelpunkt von Löfflers Analyse. Das Kino erweist sich erneut als Heimstatt der Phantome, wobei Petzold die Gespenster weder figürlich darstellt, noch mit den Mitteln des Horrorfilms operiert. Löffler untersucht die gespenstige Dimension des urbanen Raumes in Referenz zum Begriff der Spektrologie, den Jacques Derrida in *Marx' Gespenster* entwickelt. Räume, die handeln machen, stehen im Zentrum der urbanen Spektro-Politik: Räume, die Impulse setzen, Begegnungen ermöglichen, Assoziationen auslösen und Erinnerungsprozesse in Gang setzen. Ein Raum, der Personen erscheinen lässt, aber auch wieder zum Verschwinden bringt in der homogenen Weite der städtischen Topographie. Die spatiale Ambivalenz der Metropole mit ihrer starken historischen Aufladung und ihrer zugleich starken Tendenz zur Homogenisierung und Anonymisierung der urbanen Topographie öffnet einen Zwischenraum, in dem das Gespenstige sich als Mittlerinstanz zwischen Präsenz und Absenz entfaltet. Die Durchgangs- und Funktionsorte des urbanen Raumes, die Straßen, Supermärkte, aber auch innerstädtische Parks, fungieren, wie Löffler zeigt, im Bildraum des Films als Milieus des Gespenstigen, als Aufführungsorte von Trauma und Trauerarbeit. Der äußere Raum der städtischen Topographie steht zugleich aber auch in

28 Vgl. ebd., S. 83–84.

29 Derrida: *Marx' Gespenster*, S. 10.

30 *Gespenster* (D 2005, R: Christian Petzold).

Interferenz mit dem psycho-affektiven Innenraum der zentralen Protagonistinnen des Films: Innere Vorstellungen korrelieren mit äußeren (Trug-)Bildern. Der Raum der Stadt repräsentiert nicht das Konzept des geometrischen Raumes, wie Löffler weiter ausführt, sondern fungiert vielmehr als Resonanzraum des Innenlebens der Protagonistinnen im Kontext der filmischen Bild-Politik. Und dieses Zwischen verschafft der Heimsuchung ihren Raum.
Die Praktiken von Erinnerung und Resonanz bei polnischen Künstlern nach 1989 stehen im Mittelpunkt von Micha Brauns Beitrag, wobei die Frage des Raumes als Voraussetzung von Echo und Resonanz eine zentrale Rolle spielt. Das besondere Augenmerk liegt auf signifikanten Tatorten der Geschichte des 20. Jahrhunderts: Den Konzentrationslagern. Artur Żmijewski inszeniert, wie Braun ausführt, in seinem Film *Berek*[31] ein Spiel inmitten einer Gaskammer: Acht unbekleidete Personen unterschiedlichen Alters und Geschlechts rennen lachend umher, versuchen sich gegenseitig zu fangen, bis sie schließlich außer Atem geraten und Erschöpfung sich bemerkbar macht. Das kindliche Spiel, das im Spannungsfeld von Stellvertretung und Präsenz stattfindet, wirkt wie ein gespenstiger Nachhall der systematischen Tötungen, die in diesen Räumen stattgefunden haben. *Berek* evoziert, wie Micha Braun in seinen Ausführungen zeigt, eine irritierende Anrufung und ein überraschendes Echo, da Żmijewskis Film keine kollektiven Erinnerungsbilder aus den KZs zum Leben erweckt, keine ausgemergelten Körper zeigt, sondern vielmehr das vergegenwärtigt, was an diesen Orten vernichtet wurde: Das menschliche Leben in seiner Vitalität und Spielfreude. Der Logik der irritierenden Anrufung folgt auch das Projekt *Lego. Concentration Camp* (1994) von Zbigniew Libera. Der Künstler koppelt die pädagogische Logik des bekannten (Kinder-)Spielzeugs Lego mit der zynischen Logik von Vernichtungslagern. In der Serie *Positives* (2002–2003) nahm er fotografische Ikonen von Krieg und Trauma im 20. Jahrhundert wieder auf und kehrte sie in verstörende Bilder der Freude um. Robert Kuśmirowski erprobt in seiner Installation *PKP* eine Strategie zur Kenntlichmachung des Konstruktionscharakters der Historie durch die Markierung ihrer impliziten Theatralität: Die Installation beeindruckt als ausgestellter Güterwaggon, der sich jedoch als Kopie entpuppt, zusammengesetzt aus Gips, Draht und Pappe. Als dieser Waggon jedoch im Rahmen der IV. Berlin Biennale in einer ehemaligen jüdischen Mädchenschule ausgestellt wird, bringt ihn die öffentliche Wahrnehmung automatisch mit einem Deportationswagen der Vernichtungslager in Verbindung. Durch die Strategien der

31 *Berek* (P 1999, R: Artur Żmijewski).

Wiederholung und Verdoppelung wird die Theatralität der Vergangenheitsrekonstruktion offenbar, wie Micha Braun in seinen Ausführungen zeigt. In den Praktiken des Spiels, der Transformation und der Inszenierung kommt bei Żmijewski, Libera und Kuśmirowski ein Wechselspiel aus gespenstiger Präsenz und medial zu überbrückender Absenz der Geschichte zur Entfaltung. Jene künstlerischen Strategien der irritierenden Anrufungen lassen ein Echo der Gespenster vernehmen, die sich jeglicher Verfügbarkeit, jeglicher intentionaler Erinnerung entziehen.

Im Mittelpunkt von Mateusz Chaberskis Beitrag steht die Neuinterpretation der Geister-Metapher im Kontext ortsspezifischer Performancearbeiten. Chaberski verweist zu Recht darauf, dass die Geister des beginnenden 21. Jahrhunderts nicht mehr in alten Villen und Schlössern spuken, sondern sich andere Schauplätze gesucht haben. Dazu zählen, Chaberskis Argumentation zufolge, nur bedingt die konventionellen Theaterspielstätten. In kritischer Auseinandersetzung mit Marvin Carlsons Werk *Haunted Stage* relativiert Chaberski das evokative Potential des Theaters als einem Ort der kollektiven Erinnerung und betont stattdessen den energetischen Aspekt des performativen Prozesses, der sich gerade auch außerhalb des konventionellen Rahmens der Kunst – in geschichtsträchtigen Schiffswerften, in alten Hotels, in U-Bahnschächten und in der Peripherie zwischen Großstadt und Stadtwald – entfalten kann. Die Frage, ‚who haunts whom?‘ ist dabei stets Leitfaden der Auseinandersetzung. Folgende ortsspezifische Arbeiten werden beispielhaft herangezogen: Jan Klatas *Hamlet*[32] eine Produktion, die in der Danziger Werft lokalisiert war, einem Ort, der als Symbol der Solidaritätsbewegung in Polen gilt; Constanza Macras' *Forest: Nature of Crisis*[33], eine Produktion, die als Schauplatz den Berliner Müggelwald gewählt hatte; Michal Zadaras *Hotel Savoy*[34] eine ortsspezifische Performance, die sich mit den politischen, historischen und sozialen Dimensionen eines Hotels in Lodz auseinandersetzt, das aufgrund der gleichnamigen Novelle von Joseph Roth zum Literaturschauplatz wurde; sowie *Tunnel 228*[35], eine Produktion der Gruppe Punchdrunk, die in einem unterirdischen Tunnel der Londoner Waterloo Station lokalisiert ist. Suchen die jeweiligen Schauplätze in ihren spezifischen materiellen und atmosphärischen Qualitäten die Performance heim? Oder ist es vielmehr der künstlerisch-performative Prozess, der den Ort heimsucht? Die Wahrheit

32 *Hamlet* (Teatr Wybrzeże Danzig, Premiere: 02.07.2004, R: Jan Klata).

33 *Forest: Nature of Crisis* (Schaubühne, Premiere: 10.08.2013, R: Constanza Macras).

34 *Hotel Savoy* (Hotel Savoy, Premiere: 15.09.2012, R: Michal Zadara).

35 *Tunnel 228* (Old Vic Theatre, Premiere: 08.05.2009, R: Felix Barrett).

liegt, nach Chaberski, in der Mitte oder besser: im gespenstischen Zwischen. Die performative Energie entsteht zwischen diesen beiden Faktoren: Die Heimsuchung entfaltet sich in Interaktion zwischen dem Schauplatz und dem Prozess der Performance. Chaberski stützt seine Argumentation auf den methodischen Brückenschlag zwischen Archäologie und Performancetheorie, den Mike Pearson und Michael Shanks in ihrem Werk *Theatre/Archeology* leisten.[36] Dabei fokussiert er insbesondere drei zentrale Aspekte ortsspezifischer Performancearbeiten: ‚time', ‚layer of space' und ‚deep mapping'. In beispielhafter Analyse der genannten Arbeiten demonstriert Chaberski das Potential an Strategien und Möglichkeiten zur Evokation gespenstiger Präsenz-Effekte an Schauplätzen jenseits der konventionellen Spielstätten von Theater.

„Lernen, *mit* den Gespenster zu leben" bedeutet vor allem: eine Behausung mit ihnen zu teilen und dem Anlass ihres Besuchs auf den Grund zu gehen. Fausts Frage, „Welch ein Gespenst bracht ich ins Haus?"[37] kommt in diesem Kontext eine Schlüsselfunktion zu. Denn das traute Heim wird niemals willkürlich von spektralen Besuchern heim-gesucht. Die Störung der Hausordnung verweist immer auf die Leichen im Keller, das Schuldkonto der Hausbesitzer, die Geschichte des Grund und Bodens, auf dem das (Gedanken-)Gebäude errichtet wurde. Das einstmals Heimelige, zum Haus gehörige, kehrt als unheimliche Heimsuchung wieder. Künstlerische Arbeiten, wie sie im folgenden Kapitel behandelt werden, leisten einen wichtigen Beitrag zu dieser spatialen Spektro-Politik, denn sie öffnen einen Zwischen-Raum, in dem das Gespenstige in Erscheinung treten kann, um das rezipierende Subjekt letztlich mit sich selbst zu konfrontieren: mit dem unbehaglichen Innenleben der eigenen Geschichte und Identität.

Home sweet home: Home haunted home!

36 Mike Pearson / Michael Shanks: *Theatre/Archeology*. New York / London: Routledge 2001.

37 Goethe: Faust I, S. 44.

Geister der Stadt
Spektrologie urbaner Räume

Petra Löffler

> Was lässt sich von dem, was jeder macht, aufschreiben? Das Bild, Phantom des sachverständigen aber stummen Körpers, bewahrt die Differenz zwischen beiden.
>
> (Michel de Certeau)[1]

Phantom-Bild

Geister, Phantome, Gespenster sichern die Wiederkehr von Phänomenen auf einem anderen Schauplatz, dem der Stimme, der Schrift oder des Bildes, den sie in ihrem Erscheinen und Prozessieren immer wieder hervorbringen. Sie loten dabei zugleich den Abstand zwischen Wesen und Erscheinung aus, der stets virulent ist, ohne messbar zu sein: Diese Schauplätze artikulieren das Ungehörte, das Nichtgeschriebene, das Unsichtbare. Sie bilden das Milieu, in dem Geister, Phantome, Gespenster erscheinen – so prekär dieses Erscheinen auch sein mag. Deren Bund ist unkündbar. Denn wechselweise als ‚Geist', ‚Phantom' oder ‚Gespenst' werden gemeinhin Erscheinungen bezeichnet, die an die Schwelle zwischen Sichtbarem und Unsichtbarem, Sagbarem und Unsagbarem, Wissbarem und Ungewissem rühren oder vielmehr: rütteln und zudem gern im Plural auftreten.[2] Zwischen den namhaft gemachten Phänomenen besteht deshalb eine Anhänglichkeit, die etymologisch gesichert ist: Sie weisen genau jenes Bedeutungs*spektrum* auf, um (innere)

1 Michel de Certeau: *Kunst des Handelns*. Berlin: Merve 1988, S. 97.

2 Vgl. Petra Löffler: Phantome – Begegnungen mit dem Ungewissen. In: *illinx – Berliner Beiträge zur Kulturwissenschaft* 1 (2009), S. 97–120.

Bilder oder Vorstellungen und (äußere) Erscheinungen, Gestalt und Trugbild aufzufächern.[3] Ihr gemeinsames Spektrum bildet die Häufigkeit und Intensität ihrer Wiederkehr.

Geister, Phantome, Gespenster sind aufgrund dieser spektralen Phänomenalität Figuren der Wiederholung. Der Schauplatz ihres wiederholten Erscheinens ist ein unheimlicher Raum, in dem Sichtbares und Unsichtbares, Sagbares und Unsagbares, Wissbares und Ungewisses ineinander driften. Mehr noch: Geister, Phantome, Gespenster gelten dieser spektralen Analyse gerade nicht als Verkörperungen des Gespenstigen, sondern als Co-Produzenten eines agentiellen Raums, eines Raums also, der handeln macht.[4] Eine solche Spektrologie gespenstischer Mi*lieus* betrachtet den Raum nicht nur als von ihnen besetzte Mitte. Vielmehr soll im Folgenden das *mit* ihnen geschaffene und sich durch sie artikulierende Mittlere oder Zwischen, der Raum des Gespenstigen selbst, erkundet werden.

Den Begriff einer Spektrologie hat Jacques Derrida in seiner Schrift *Marx' Gespenster* verwendet, um das paradoxe Verhältnis von Recht und Unrecht, Anwesenheit und Abwesenheit geschichtsphilosophisch zu fassen.[5] Es gibt demnach so etwas wie eine Logik des Gespenstigen, eine Phantom-Logik. Derrida geht es vor allem darum, den an begangenes Unrecht gemahnenden Gespenstern Gerechtigkeit widerfahren zu lassen.[6] Dazu gehört für ihn, dass wir lernen, mit ihnen zu leben, denn es gebe „kein *Dasein** ohne die beunruhigende Fremdheit, ohne die befremdende Vertrautheit (*Unheimlichkeit**) irgendeinen Gespensts“[7]. Derridas grundsätzlicher Einsicht soll im Folgenden eine andere Wendung gegeben werden. Das bedeutet, das Spektrum der

3 ‚Spectrum‘ geht auf lat. *spectare* (sehen, schauen) zurück und ist die Übersetzung von griech. *eidolon* (Bild, Gestalt im Sinne von: Schatten-, Trug- bzw. Götzenbild). ‚Phantasma‘ ist von griech. *phainestai* (erscheinen) bzw. *phainein* (sichtbar machen) abgeleitet. ‚Gespenst‘ geht auf mittelhochdeutsch *gespanst* (Verlockung, teuflisches Trugbild) zurück, ‚Geist‘ auf die indogerm. Wurzel *gheis* für ‚erschaudern‘, ‚ergriffen sein‘ (vor bzw. von einem übernatürlichen Wesen) und wird mit lat. *spiritus* (Hl. Geist) verknüpft. In der modernen Wissenschaftssprache haben sich für Spektrum folgende Wortbedeutungen etabliert: 1. Häufigkeits- bzw. Intensitätsverteilung der Bestandteile eines Strahlengemischs in Abhängigkeit von Wellenlänge und Frequenz (z. B. Lichtspektrum); 2. Bei der Brechung von weißem Licht durch ein Prisma entstehende Farbfolge (z. B. des Regenbogens).

4 Im ‚faire-faire‘ besteht für Bruno Latour und die Vertreter der ANT (Akteur-Netzwerk-Theorie) die Wirkungsweise von Handlungsmacht.

5 Vgl. Jacques Derrida: *Marx' Gespenster. Der Staat der Schuld, die Trauerarbeit und die neue Internationale*. Frankfurt am Main: Suhrkamp 2004, S. 149.

6 Vgl. dazu auch Jacques Derrida: *Gesetzeskraft. Der „mystische Grund der Autorität“*. Frankfurt am Main: Suhrkamp 1991.

7 Derrida: *Marx' Gespenster*, S. 141.

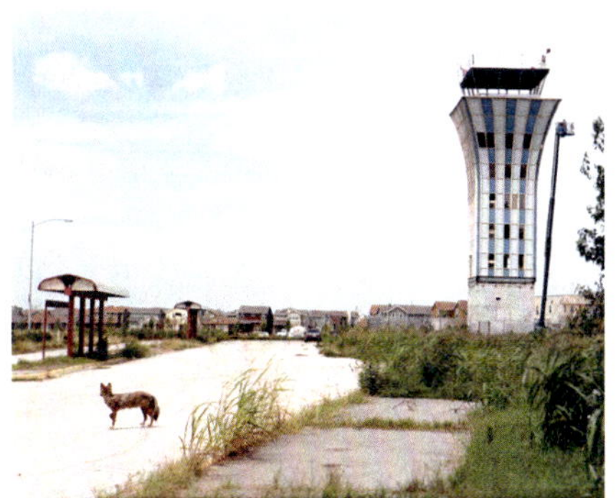

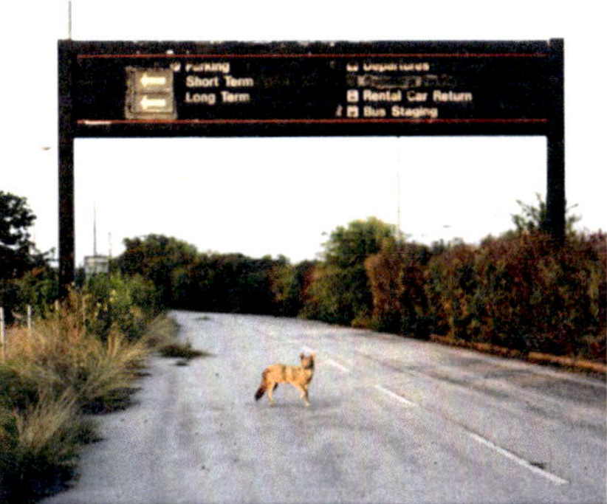

Abb. 1–2

spektralen Analyse, also ihren sichtbaren Bereich, zu verschieben. Denn der Begriff ‚Gespenst' artikuliert, wie auch Derrida bemerkt, „die *Frequenz* einer gewissen Sichtbarkeit", genauer: „der Sichtbarkeit des Unsichtbaren"[8]. Gemäß dieser Phantom-Logik gilt es, die Frequenz eines Unsichtbaren im Sichtbaren zu erkennen und die gespenstige Produktivität von Räumen zu entdecken. Genauer gesagt gilt es, eine Spektrologie urbaner Räume zu entwerfen. Das heißt, es geht mir nicht um Verkörperungen des Gespenstigen, seine prothetische Leiblichkeit, nicht um Hamlets Geist, Marx' Gespenst des Kommunismus oder andere Wiedergänger der Geschichte, sondern vor allem um den Raum als einen Aktanten des Gespenstigen.[9] Diese Verschiebung des Spektrums impliziert eine Streuung der Erscheinungsweisen und Handlungsmächte des Gespenstigen. Der Raum entpuppt sich dabei als stumme Macht vor und hinter der Rede, vor und hinter den Dingen, den Menschen, seinen Handlungen, Gesten und Emotionen. Das gespenstige Milieu zeichnet sich in erster Linie aus durch Praktiken und Taktiken des Erscheinenmachens. Sandy Carsons Fotoserie *Ghosts of the City* etwa bedient sich einer solchen Taktik, wenn er Kojoten, die zunehmend in urbane Räume eindringen, als selbstverständliche Mitbewohner inszeniert.[10] Er platziert ein Präparat des Tiers inmitten menschenleerer randstädtischer Umgebungen, an einer Bushaltestelle oder mitten auf der Straße zum Beispiel, fotografiert die

8 Ebd.

9 Auch Henri Lefebvre hat dem Raum Produktivität zuerkannt – als Produzenten von sozialen Beziehungen, Symboliken und Repräsentationen. Vgl. ders.: *The Production of Space*. Malden / Oxford / Carlton et al.: Blackwell 1991.

10 Vgl. http://www.sandycarson.com/projects/ghosts-of-the-city (Zugriff am 24.01.2015).

Ensembles und präsentiert die Aufnahmen als Serie. Nacheinander betrachtet fällt die immer gleiche Pose des ausgestopften Kojoten, die sich von Bild zu Bild wiederholt, sofort ins Auge und produziert jenes Schwanken zwischen Wesen und Erscheinung, Anwesenheit und Abwesenheit, die gespenstig ist (vgl. Abb. 1–2). Es ist dabei vor allem der Raum selbst, der das Milieu seiner eigenen Gespenstigkeit hervorbringt.
In diesem Zusammenhang soll eine Überlegung Derridas aufgegriffen werden: seine Rede von einer „Produktionsweise des Gespensts", die selbst wiederum gespenstig sei, die er im Zusammenhang einer „Politologik des Traumas und einer Topologie der Trauer" angestellt hat.[11] Diese gespenstige Produktionsweise entfaltet sich in einer triadischen Praxeologie: Die Operationen des Beschwörens, Verschwörens und Abschwörens – also das Zur-Erscheinung-bringen des Gespensts, die Komplizenschaft mit ihm und die neuerliche Abwendung von ihm – bilden eine Abfolge von Bewegungen der Näherung und Entfernung, die einzig dazu dient, Gespenstiges wieder – zu einer anderen Zeit und anderswo (oder nicht) – erscheinen zu lassen. Die besondere Zeitlichkeit des Erscheinens von Gespenstern, die in der sicheren Erwartung seiner Wiederholung begründet liegt, wird in dieser Perspektive mit dem Trauma und der Trauerarbeit in Beziehung gesetzt. Das heißt, das Erscheinen von Gespenstern ist für Derrida an eine traumatische Erfahrung von Verlust oder Tod und die Aussicht auf ihre Bewältigung gebunden. Darin besteht deren Erbe als nur geborgte Existenz sowie deren letztlich therapeutische Aufgabe – nämlich jene Verräumlichung zu realisieren und damit jenen Zwischenraum zu produzieren, der „der Heimsuchung günstig"[12] ist.
Die Produktivität oder Handlungsmacht von Geistern, Phantomen, Gespenstern ist demnach darauf gerichtet, einen Raum bzw. Zwischenraum zu eröffnen, um die Trauerarbeit in Gang zu bringen und das Trauma schließlich zu bewältigen. Ihm eignet somit auch die besondere Zeitlichkeit des ‚nicht mehr' und des ‚noch nicht'. Die wiederholte Heimsuchung, der Spuk als Erscheinung eines solchen Zwischenraums auf dem Schauplatz der Stimme, der Schrift und des Bildes steht im Zentrum jener Spektrologie oder Hantologie, die Derrida als das gesellschaftspolitische Erbe des Marxismus und der marxistischen Geschichtsphilosophie in der heutigen Zeit ausmacht. Das solcherart ins Spiel gebrachte Unheimliche steht für ihn dezidiert in Verbindung mit „dem Unpersönlichen oder dem quasi Anonymen einer *Operation*

11 „Es gibt auch eine Produktionsweise des Gespensts, sie selbst eine Weise gespenstiger Produktion." (Derrida: *Marx' Gespenster*, S. 137.)
12 Ebd., S. 178.

ohne Handlung, ohne reales Subjekt oder reales Objekt"[13] – das heißt, die Operationen des Beschwörens, Verschwörens und Abschwörens benötigen für ihn gerade kein handlungsfähiges Subjekt oder handlungsbezogenes Objekt. Gespenstiges macht handeln, ohne je selbst zu handeln. Geister, Phantome, Gespenster erscheinen und verschwinden. Darin besteht das Spektrum und die Frequenz ihrer spektralen Existenzweise, die sich selbst im Zwischen Raum schafft. Mit den Gespenstern zu leben, bedeutet daher, mit ihnen ein Milieu zu teilen. Auch deshalb ist uns das Unheimliche seltsam vertraut: Das Gespenstige ist unser ständiger anwesend abwesender Begleiter, unser Sozius[14], der die notwendige Trauerarbeit antreibt.

Derrida begreift die Trauerarbeit zugleich als „die Arbeit selbst, die Arbeit im allgemeinen", als einen Zug, der zum Überdenken des Begriffs der Produktion anregt, insofern er ans Trauma, an die Trauer, die Wiederholung der Enteignung gekoppelt ist, „an die gespenstig-spektrale Spiritualisierung, die in jeder *techne* am Werk ist"[15]. Das Trauma, das Derrida mit dem Namen Marx belegt, ist jedoch nicht nur das Trauma „einer wissenschaftlich-technischen und effektiven Dezentrierung der Erde, sondern auch des Geo-Politischen, des *anthropos* in seiner onto-theologischen Identität oder in seinen genetischen Eigenschaften".[16] Statt dieser umfassenden „Spektro-Politik"[17] soll hier eine spektrale Mikro-Politik angegangen werden, die den großen Fragen der kapitalistischen Gesellschaftsordnung, der Geschichte und des Lebens mit Gespenstern ihr alltägliches Gesicht entgegenhält, aber gleichwohl Derridas Losung folgt, die lautet: „Mit der Heimsuchung übereinstimmen und sich mit ihr auseinandersetzen, ohne jede Sicherheit oder Symmetrie. Es gibt nichts Ernsteres, nichts Wahreres und nichts Gerechteres als diese Phantasmagorie."[18] Bemerkenswert an dieser Aufforderung ist, dass Derrida auf dem Ernst, der Wahrheit und Gerechtigkeit der Phantasmagorie insistiert – einer Phantasmagorie, die es mit einer doppelten Bewegung zu tun hat: *zu vergessen, ohne zu vergessen* und damit in die Nähe zur Trauerarbeit rückt.[19]

13 Ebd., S. 182 (meine Hervorhebung, P. L.).

14 Vgl. ebd., S. 207. Derrida bestimmt im Begriff des *socius* die soziale Dimension des Gespensts.

15 Ebd., S. 154.

16 Ebd., S. 138. Derrida nennt als vorgängige Traumata bzw. narzißtische Kränkungen die Etablierung des Kopernikanischen Weltbildes, Darwins Abstammungslehre und Freuds Entdeckung des Unbewussten.

17 Ebd., S. 150.

18 Ebd., S. 152.

19 Dies beschreibt tatsächlich die Wirkungsweise der Phantasmagorie als Massenunterhaltung um 1800, die darin bestand, sich trotz des Wissens um die Täuschung täuschen zu lassen – nach

Milieu

Die Dezentrierung des Geopolitischen und des *anthropos* zeigt sich in der Existenzweise von Subjekten und Objekten und ihren Tauschverhältnissen gleichermaßen. Derrida entwickelt seine Argumentation am Beispiel des phantasmagorischen Charakters der Ware und des Tauschgeschäfts, der Menschen und Dinge gleichermaßen in eine gespenstige Szene einbezieht. Wenn das Gespenstige seinen Auftritt in der Stimme, der Schrift oder dem Bild hat, dann gilt es genau diese Schauplätze aufzusuchen, um seine spektrale Macht zu analysieren. Das Kino kann insofern als Heimat der Geister, Phantome, Gespenster betrachtet werden, als es diese Mächte ohne Unterlass zur Entfaltung bringt. In ihm ereignet sich das Gespenstige der Geschichte, der Menschen und der Dinge immer wieder in einem medialen Raum und findet der ‚gewöhnliche Mensch des Kinos', wie ihn Jean-Louis Schefer beschrieben hat, seine Heimstatt.[20] Zu denken ist dabei besonders an Filme, die dem Gespenstigen keine dezidiert figürliche Erscheinung verschaffen und auch nicht dem Genre des Horrorfilms zugerechnet werden können.

Christian Petzold ist als Regisseur einer Reihe von Filmen hervorgetreten, die sich mit der deutsch-deutschen Geschichte der Nachwendezeit ebenso auseinandersetzen wie mit der Filmgeschichte bestimmter Genres. Seine Filme *Die innere Sicherheit*[21] *Gespenster*[22] und *Yella*[23] bilden die so genannte Gespenstertrilogie, deren Gemeinsamkeit für Petzold darin besteht, dass sich ihre Figuren mehr und mehr auflösen: „Unter Gespensterfilmen verstehe ich nicht nur die Sorte Film, in denen es um Übersinnliches geht. Die Figuren im Kino sind immer im Begriff, ihre Materialität zu verlieren, und bemühen sich, materiell zu bleiben."[24] Petzold reserviert das Gespenstige also gerade nicht für bestimmte filmische Genres oder transzendente Wesenheiten, sondern weist ihm das Kino generell als Heimstatt zu. Die drohende Auflösung

dem Motto: Ich glaube zwar nicht an Gespenster, erschaudere aber trotzdem an den Trugbildern. Diese Wirkungsweise wird als *suspension of disbelief* bezeichnet. Sie öffnet zugleich einen virtuellen affizierenden Raum, in dem Geister, Phantome, Gespenster erscheinen können.

20 Vgl. Jean-Louis Schefer: *Der gewöhnliche Mensch des Kinos*. Paderborn: Fink 2013.

21 *Die innere Sicherheit* (D 2000, R: Christian Petzold).

22 *Gespenster* (D 2005, R: Christian Petzold).

23 *Yella* (D 2007, R: Christian Petzold).

24 Christian Petzold im Interview mit Tim Stüttgen: Geschichten von Gespenstern. In: *Jungle World* 35 (August 2005), zit. n. Daniel Eschkötter: Phantombilder der abstrakten Existenz. Die Szene der Überwachung bei Christian Petzold. In: Winfried Pauleit / Christine Rüffert / Karl-Heinz Schmid / Alfred Tews (Hrsg.): *Public Enemies. Film zwischen Identitätsbildung und Kontrolle*. Berlin: Bertz + Fischer 2011, S. 88–100, hier S. 90.

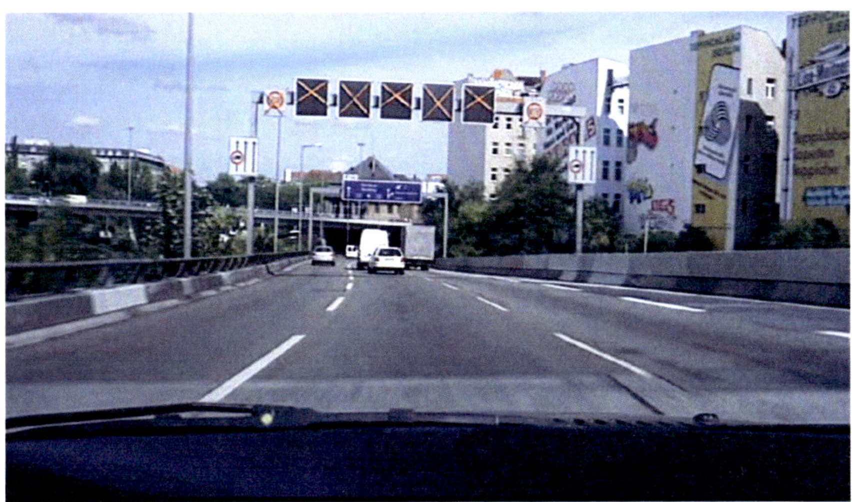

Abb. 3

oder Dematerialisierung der personalen Handlungsträger seiner Filme bildet jedoch nur eine Ebene, auf der das Gespenstige seine Macht entfaltet. Korrespondierend dazu fällt auf, in welchem Maße der Raum selbst bei Petzold Handlungen provoziert oder unterbindet und Figuren erscheinen oder verschwinden lässt. Der Bildraum des Films insgesamt bildet so gesehen das Milieu des Gespenstigen als Aufführungsort von Trauma und Trauerarbeit. Diese spezielle Spektrologie oder spatiale Spektro-Politik soll nun im mittleren Film der Trilogie ins Visier genommen werden, dessen Titel eine solche Auseinandersetzung geradezu einfordert.

Gespenster beginnt mit einem Kamerablick durch die Windschutzscheibe eines fahrenden Autos auf den voraus liegenden Raum – filmanalytisch gesprochen handelt es sich um einen *phantom ride* (Abb. 3). Die Kamera entpuppt sich dabei als eine Sehmaschine. Sie imitiert nicht einfach einen subjektiven Blick, sondern erkundet einen sich permanent verändernden beliebigen Raum.[25] Dieser fahrend durchmessene Raum weist die typischen Merkmale urbaner Architektur auf: vielspurige, abzweigende und sich kreuzende Autobahnen, gesäumt von Hochhäusern, zahlreichen Hinweisschildern und Richtungsanzeigen. Die Kamera passiert Orte, die zum schnellen Durchqueren

25 Die Handlungsmacht des beliebigen Raums, *espace quelconque*, hat Gilles Deleuze in seinem ersten Kino-Buch untersucht; vgl. ders.: *Das Bewegungs-Bild. Kino 1*. Frankfurt am Main: Suhrkamp 1997, S. 143–170.

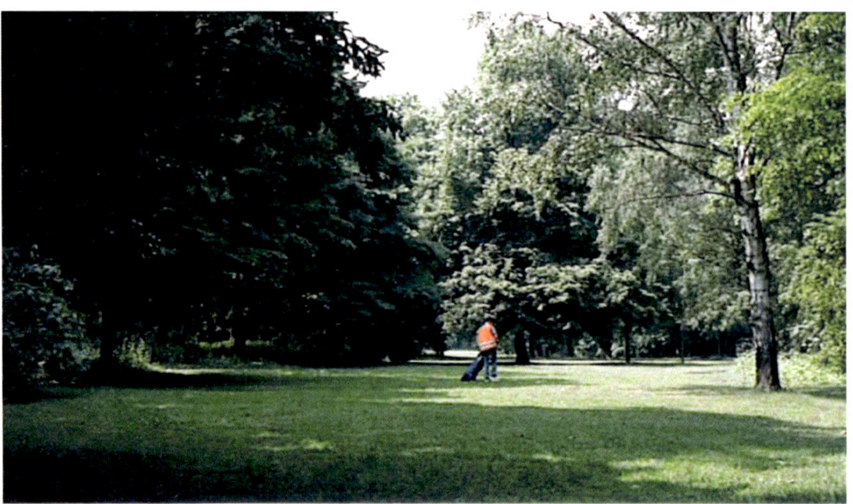

Abb. 4

angelegt wurden und nicht zum Verweilen einladen. Die Großstadt erscheint hier einerseits als homogener Zeichenraum, andererseits als heterogenes Ensemble von „Nicht-Orten" in Marc Augés Sinn, der damit zum Beispiel Flughäfen oder Autobahnen bezeichnet hat. Für ihn sind jedoch Ort und Nicht-Ort gleichermaßen „fliehende Pole", die sich gegenseitig bedingen, denn „der Ort verschwindet niemals vollständig, und der Nicht-Ort stellt sich niemals vollständig her – es sind Palimpseste, auf denen das verworrene Spiel von Identität und Relation ständig aufs Neue seine Spiegelung findet"[26]. Mit Augé gesprochen weist die Möglichkeit, sowohl Ort als auch Nicht-Ort zu sein, das urbane Milieu zugleich als angestammtes ‚Territorium' des Gespenstigen aus.

In der beschriebenen Anfangssequenz wird der filmische Raum gleichzeitig bevölkert von Stimmen, die aus dem Bild heraus- bzw. in es hineindrängen. Dies fängt schon bei dem vermutlich aus dem CD-Player des Autos heraus ertönenden Gesang an, der von seelischem Leid klagt. Doch zu sehen ist die Quelle dieser Stimme nicht. Der Klagegesang entstammt Johann Sebastian Bachs Kantate *Ich hatte viel Bekümmernis im Herzen* (1714), aus der besonders die beiden Liedzeilen „Bäche von gesalznen Zähren, / Fluten rauschen stets einher" im Verlauf des Films mehrfach zu hören sind. In dieser Sequenz wird

26 Marc Augé: *Nicht-Orte*. München: Beck 2000, S. 83–84.

die letzte Zeile dreimal wiederholt, jedes Mal übertönt durch die automatische Stimme des Navigationssystems, die dem Fahrer des Wagens Anweisungen erteilt.[27]

Diese beiden gleichermaßen technisch reproduzierten Stimmen bilden einen „Raum der Verdoppelung, des Echos und der Resonanz"[28]. Sie sind keinem Subjekt im Bildraum zuzuweisen und ihr Ursprung bleibt ebenso unsichtbar wie ihr Erscheinen gespenstig. Diese ortlosen Stimmen bilden vielmehr einen gespenstigen Resonanzraum, „der wortlos spricht"[29]. Solche Stimmen ohne sichtbare Quelle im Bild, die Michel Chion akusmatisch genannt hat,[30] erzeugen in Petzolds *Gespenster* „eine unheimliche Atmosphäre der Desorientierung"[31]. Sie umgibt zwei gleichermaßen traumatische Ereignisse, die der Film auf der Handlungsebene miteinander verschränkt: Einerseits das Verschwinden Maries, die am Tag vor ihrem dritten Geburtstag vor einem Supermarkt gekidnappt wurde, das ihre Mutter Françoise (Marianne Basler) auch Jahre später nicht verwunden hat. Andererseits die Einsamkeit Ninas (Julia Hummer), die im Heim aufwuchs und sich nach Nähe und Zuneigung sehnt. Die beiden traumatisierten Frauen begegnen sich zufällig in Berlin, der Stadt, in der Marie vor vielen Jahren verschwunden ist. Françoise glaubt, in Nina ihre verlorene Tochter wiedergefunden zu haben, denn sie ähnelt dem Phantombild, das sie stets bei sich trägt und das Marie als Teenager zeigt, der sie inzwischen wäre. Dieses Phantombild ist selbst eine Geistererscheinung, ein anwesend Abwesendes, denn es nährt Françoises Hoffnung, ihre Tochter sei noch am Leben.

Nina wiederum freundet sich mit der ebenfalls driftenden Toni (Sabine Timoteo) an, auf die sie zufällig im weitläufigen Gelände des Berliner Tiergartens trifft, wo sie Müll aufsammeln muss (Abb. 4). Das erste Zusammentreffen der beiden jungen Frauen wird von Blätterrauschen und Vogelgezwitscher begleitet. Es wird übertönt von Tonis Schreien, die Ninas Aufmerksamkeit auf sich ziehen und einen unheimlichen Resonanzraum schaffen. Er verleitet

27 Vgl. zur akustischen Dimension des Gespenstigen in Petzolds Film und für das Folgende Petra Löffler: Ghost Sounds und die kinematographische Imagination. Christian Petzolds GESPENSTER und YELLA. In: Thomas Schick / Tobias Ebbrecht (Hrsg.): *Kino in Bewegung. Perspektiven des deutschen Gegenwartsfilms*. Wiesbaden: VS 2011, S. 63–78.

28 Maurice Blanchot: *Das Unzerstörbare. Ein unendliches Gespräch über Sprache, Literatur und Existenz*. München: Hanser 1991, S. 260.

29 Ebd.

30 Vgl. Michel Chion: *The Voice in Cinema*. New York: Columbia University Press 1999.

31 Löffler: Ghost Sounds und die kinematographische Imagination, S. 67. Vgl. Chion: *The Voice in Cinema*, S. 27.

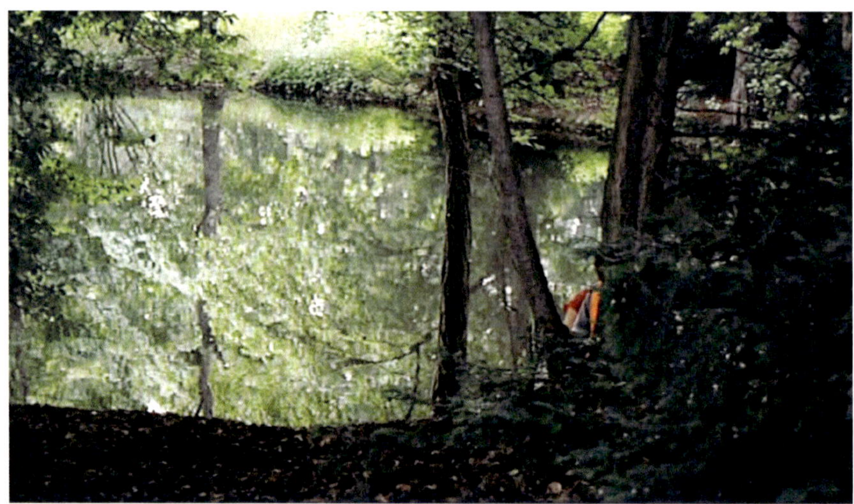

Abb. 5

genauso wie die akusmatischen Stimmen der ersten Einstellung zum Handeln, löst eine Näherung des Gespenstigen aus und verdrängt gleichzeitig die handelnden Personen aus dem Bildraum. So verstecken sich Nina und Toni im Gebüsch oder hinter Bäumen und entziehen sich auf diese Weise den Zugriffen anderer, bevor sie sich schließlich gemeinsam davonmachen (Abb. 5). Toni und Nina bilden das eine Paar des Films, das Pendant zu Françoise und ihrem Ehemann Pierre (Aurélien Recoing). Ihre Wege kreuzen sich – von ihnen unbemerkt – mehr als einmal. Sie alle sind unterwegs auf der Suche nach einem Leben ohne Angst, Verlust und Schmerz. Das Unterwegssein, das ziellose Driften genauso wie das planvolle Reisen stellen, wie Gilles Deleuze und Félix Guattari erkannt haben, selbst eine „Art der Verräumlichung", eine „Art im Raum zu sein" dar,[32] die nicht zuletzt die Heimsuchung durch Gespenstiges ermöglicht. Die heterogenen Nicht-Orte, wo sich die Wege vieler kreuzen können und man ständig unterwegs oder auf der Suche ist, können genau jenen Zwischenraum oder jenes Milieu bilden, das die Heimsuchung durch Gespenstiges begünstigt.

Als ein solches dezentriertes Territorium zeichnet sich in *Gespenster* besonders der städtische Park aus. Er ist der bevorzugte Ort, an dem Gespenster beschworen werden, erscheinen und zum neuerlichen Verschwinden gebracht

32 Gilles Deleuze / Félix Guattari: *Mille Plateaux/Tausend Plateaus*. Berlin: Merve 1992, S. 668–669.

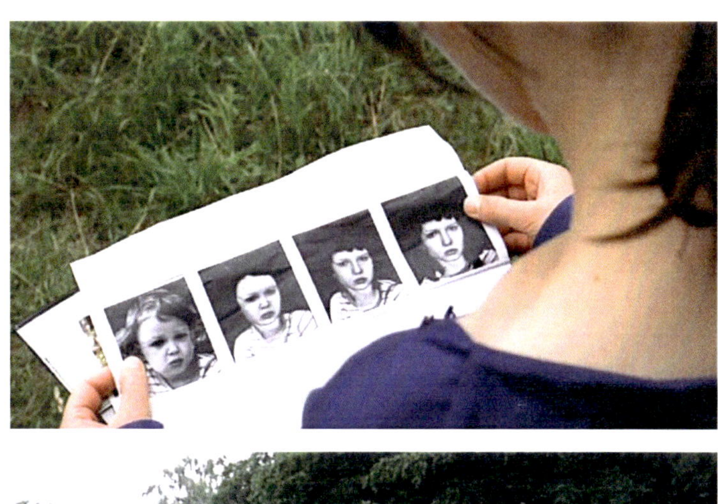

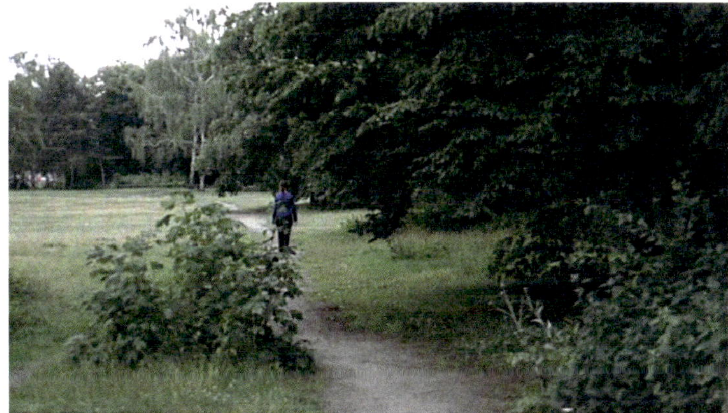

Abb. 6–7

werden. Es ist somit das im engeren Sinne gespenstische Milieu des Films: Nina und Toni treffen sich immer wieder dort, und auch Françoise folgt Nina dorthin. Und das Phantom Marie/Nina verschwindet am Ende des Films wieder in der Tiefe und Indifferenz des städtischen Parks, nachdem Nina jene Geisterfotografie, die Françoise stets bei sich hatte, noch einmal anschaut, zerknüllt und wieder in den Papierkorb befördert, worin sie bereits zuvor gelandet war, nachdem Toni den wertlosen Teil der gestohlenen Geldbörse hinein geworfen hatte (Abb. 6–7).

Es handelt sich bei diesen Vorgängen nicht um Handlungen im eigentlichen Sinn, sondern um die Operationskette des Beschwörens, Verschwörens und Abschwörens des Gespenstigen, die die Trauerarbeit in Gang setzen soll. In Petzolds Film ist jedoch auch sie ein ökonomisches Tauschgeschäft, und Geld dessen harte Währung: Françoise beschwört mit ihrer unablässigen Suche nach ihrer verschwundenen Tochter die Begegnung mit Nina herauf, die sich mit Toni verbündet, die es jedoch nur auf Françoises Geld abgesehen hat. Auch das Abschwören des Gespenstigen wird als Tauschakt gezeigt, dem eine Enttäuschung vorausgeht, die wiederum abgegolten werden muss. Pierre, Françoises Ehemann, bietet Nina Geld an, damit sie sich von ihr fernhält. Es ersetzt insofern die eigentliche Trauerarbeit. Geld hat als reiner Tauschwert, darauf hat Jacques Derrida insistiert, selbst eine spektrale Dimension: Den Banknoten, der allgemeinsten Form des Eigentums, fehle wie dem Gespenstigen jegliche Eigentümlichkeit – „Gespenst der Banknoten“[33].

Zwischen Täuschung, Enttäuschung und Tausch bestehen also nicht nur etymologische Beziehungen. Ihre Verstrickungen macht die mikropolitische Dimension nicht nur dieser Heimsuchung aus, in der die Verkettung von Trauerarbeit und finanzieller Not im Sinne einer komplementär aufeinander bezogenen Enteignung vollzogen wird, durch die die Verlustbilanzen von Françoise und Nina ausgeglichen werden sollen. Die Heimsuchung bildet also genau genommen den Rahmen, um diese existenzielle Asymmetrie hervortreten zu lassen. Gespenstig ist so gesehen nicht die vermeintliche Ähnlichkeit zwischen Marie und Nina, die Françoise verführt, sondern vielmehr dieser letztlich gescheiterte Tausch zwischen der Trauerarbeit als Arbeit schlechthin und deren Ersatzobjekt, dem phantomatischen Supplement, das den Lohn dieser Arbeit empfangen soll. Wenn also Nina das angebotene Geld schließlich ausschlägt, dann weil sie es ablehnt, ein solches prekäres Supplement anzunehmen.

Sozius

Es sind nicht zufällig die Durchgangsorte großer Städte wie Hotels, Parkplätze, Einkaufszentren oder eben Parks, die Petzolds Film immer wieder aufsucht, um das Gespenstige produktiv werden zu lassen. *Gespenster* ist eben auch ein Film über die Wiederkehr verdrängter Geschichte, über Traumata von historischem Ausmaß und die Möglichkeit einer anderen Geschichte, die in der relationalen Topologie urbaner Orte und Nicht-Orte aufscheint. Für Petzold ist die deutsche Hauptstadt auch deshalb ein idealer Ort für seine Geschichten über einen traumatischen Verlust, weil Berlin, selbst Schauplatz geschichtlicher Katastrophen und Umbrüche des 20. Jahrhunderts, wie andere Metropolen weltweit auch zunehmend ein hohes Maß an architektonischer

33 Derrida: *Marx' Gespenster*, S. 65. Für diesen Hinweis danke ich Ralph Fischer.

Uniformität aufweist, die ihre Historizität verdeckt. Deshalb filmt Petzold vor allem lokal unspezifische und daher austauschbare Funktionsgebäude wie Einkaufszentren und Hotels oder Verkehrsadern sowie das Niemandsland zwischen den touristischen Sehenswürdigkeiten oder die Unübersichtlichkeit städtischer Parkanlagen. Diese heterogenen urbanen Orte und Nicht-Orte sind besonders geeignet, das Gespenstige in Erscheinung zu bringen.

Zugleich eignet sich die relationale urbane Topologie der Orte und Nicht-Orte für mikropolitische Interventionen. Joseph Vogl interessiert sich in diesem Zusammenhang besonders für den beliebigen Raum des Films als „Ensemble von unverbundenen Singularitäten" und „System von virtuellen Beziehungen"[34], den er nicht umsonst mit Augés Konzept des Nicht-Orts verbindet. Er bringt zudem den anonymen Massenmenschen als modernen Großstadtbewohner ins Spiel, der „ein unwirkliche[s] Wesen" sei, das „ganz und gar aus virtuellen Relationen und Ereignissen" bestehe.[35] Die Affinität zwischen dem gespenstigen Milieu urbaner Orte und Nicht-Orte und dem dezentrierten *anthropos*, der sie bewohnt bzw. flieht, zeigen Filme wie *Gespenster* als filmische Verkettung von zufälligen Begegnungen, plötzlichen Stimmungswechseln und Serien verschiedener Bewegungsmodi des Wartens, Zögerns und Herumirrens.

Bei Petzold wird das Gespenstige besonders im Verpassen von Möglichkeiten produktiv.[36] Es handelt sich auch hier um einen spektralen Operationsmodus, der bei verpassten Begegnungen (wie die erste zwischen Nina und Françoise) genauso zu beobachten ist wie bei unwahrscheinlichen Ereignissen, die eintreten oder durchgespielt werden (wie die traumatisierende Kindesentführung oder das vermeintliche Wiederfinden Maries) oder bei wahrscheinlichen Ereignissen, die gerade nicht eintreten (wie dem nicht aufgedeckten Diebstahl im Einkaufszentrum) oder bei Ereignissen, die eine unverhoffte Wendung nehmen (wie das zunächst erfolglos verlaufende Casting der beiden jungen Frauen und der darauffolgenden Einladung zur Party). Das Verpassen als Grundmodus des Begehrens lässt sich im Spektrum dieser Überlegungen mühelos mit der Produktionsweise des Gespenstigen verknüpfen. Es ist in

34 Joseph Vogl: Beliebige Räume. Zur Mikropolitik städtischer Topographie. In: *Thesis* 49,3 (2003), S. 37–43, hier S. 40. Vogl untersucht das Verhältnis von Statistik und Geschichte und bezieht sich dabei auf Antonionis Film *La Notte* (I/F 1961) sowie Brechts anonymen Großstadtbewohner.

35 Ebd., S. 42.

36 Dies trifft im Besonderen auf den dritten Film der Trilogie, *Yella*, zu, der sich als einzige Verkettung verpasster Möglichkeiten und Begegnungen verstehen lässt.

Petzolds Film Voraussetzung dafür, dass die Ereignisse eine traumatische Signatur erhalten und die Trauerarbeit nie zu Ende ist.
Dies wird in *Gespenster* besonders deutlich, als Bachs Kantate zum zweiten Mal zu hören ist. Pierre und Françoise fahren gemeinsam am Berliner Tiergarten entlang, der als *nucleus* des urban-naturhaften Gespenstigen in Petzolds Film angesehen werden kann – und an Toni und Nina vorbei, die am Straßenrand in einem Café sitzen. Wieder ist ein symphonischer Abschnitt daraus zu hören. Beide wechseln nur wenige Worte; wir sehen nur ihre von der Seite oder von hinten gefilmten Köpfe, kaum etwas von ihren Gesichtern, nur eine fast unmerkliche Erregung und schließlich Françoises Geste, die ihren Kopf mit den Worten „je suis desolée" auf Pierres Schulter sinken lässt. Diese das Filmbild füllende Geste des in der gemeinsamen Trauer erfüllten Mit-seins bildet zusammen mit dem akusmatischen Raum, den die Bach-Kantate herstellt, jenen Zwischenraum, in dem das Gespenstige als immer noch und stets vorausliegende Trauerarbeit nistet.
Das Intimität herstellende Schweigen zwischen dem Paar ist darüber hinaus ein Anzeichen dafür, dass die Rede aus dem Bild zurückweicht, das nunmehr „jenen stummen Mächten vor und hinter der Rede, vor und hinter den Menschen"[37] Raum gibt und damit jene Verräumlichung ermöglicht, die das Gespenstige braucht, um in Erscheinung treten zu können. Dadurch wird das filmische Bild, wie Gilles Deleuze in seinem zweiten Kinobuch, *Das Zeit-Bild*, beobachtet hat, „archäologisch, stratigraphisch und tektonisch", und es beschwört zugleich jene vergessenen lückenhaften Schichten herauf, „unter denen unsere eigenen Phantome verschüttet sind"[38]. Die Phantome freizulegen kann insofern nur bedeuten, die Tektonik dieser Schichten des filmischen Bildraums in Bewegung zu versetzen – so wie das in *Gespenster* durch das Einfügen von elektronischen Schwarzweißbildern einer Überwachungskamera geschieht, die das Kidnapping eines Kleinkindes zeigen.
Das filmische Zeit-Bild wird damit zum brüchigen Schauplatz, auf dem das „Theater der Wiederholung", Einzug hält – und in dem man, wie Deleuze an anderer Stelle behauptet hat, „reine Kräfte" erfährt,

> dynamische Bahnen im Raum, die unmittelbar auf den Geist einwirken und ihn direkt mit der Natur und der Geschichte vereinen, eine Sprache, die noch vor den Wörtern spricht, Gesten, die noch vor den organisierten Körpern, Masken, die vor den Gesichtern,

37 Gilles Deleuze: *Das Zeit-Bild. Kino 2.* Frankfurt am Main: Suhrkamp 1997, S. 312.
38 Ebd.

> Gespenster und Phantome, die vor den Personen Gestalt annehmen – den ganzen Apparat der Wiederholung als ‚schrecklicher Macht'.[39]

Dieser Apparat der Wiederholung ist direkt mit der Produktivität des Gespenstigen und der Trauerarbeit verbunden. Er generiert einen agentiellen Raum topologischer Relationen des Mit-seins, der das Gespenstige als Sozius etabliert – und er verliert vielleicht an Schrecken, wenn man das ernst nimmt, was Derrida zum Zusammenleben mit Geistern, Phantomen und Gespenstern gesagt hat: Sie vergessen, ohne zu vergessen, die ihnen eigene Produktivität erkennen, um noch einmal und immer wieder darüber nachzudenken und auszuprobieren, was es heißt, mit ihnen zu leben.

39 Gilles Deleuze: *Differenz und Wiederholung*. München: Fink 1997, S. 26. Für Deleuze ist jede Wiederholung sowohl singulär als auch universal und von daher differentiell.

Echo/Ghost

Praktiken gespenstischer Erinnerung bei polnischen Künstlern nach 1989

Micha Braun

Spiel (Artur Żmijewski)

Eine Frau mittleren Alters betritt nackt einen spärlich beleuchteten, geschlossenen Kellerraum. Sie schaut und spricht kurz in die Kamera, um die eigene Beklommenheit über die ungewohnte Situation zu überspielen. Es treten mehrere Frauen und Männer hinzu, allesamt nackt und ebenso wenig vertraut mit ihrer Lage. Sie fangen an, herumzulaufen, zu springen, sich anzutippen. Es beginnt ein Fangspiel mit acht Beteiligten. Sie lachen, rufen sich zu, weichen sich aus, drängen sich in die Ecke – und lösen diese kurzen Situationen der Spannung ebenso spielerisch wieder auf. Es kommt zu schamhaften oder offensiven Zweierbegegnungen, ebenso wie sich acht nackte Leiber auf einmal in wilder Gemengelage berühren, verdrängen, verausgaben (vgl. Abb. 1).

Nach viereinhalb Minuten ist das Spiel zu Ende und der Betrachter des Films *Berek*[1] von Artur Żmijewski sucht nach dem Skandalon. Dieses geht erst aus einem kurzen Begleittext hervor, der am Ende des Videos eingeblendet wird: Hierin ist vermerkt, dass die abschließenden Szenen des Films nicht in dem neutralen Kellerraum gedreht worden sind, der zu Anfang in einer Totale einzusehen war, sondern in der Gaskammer eines ungenannt bleibenden ehemaligen Konzentrationslagers im heutigen Polen. Zur Zeit seines Erscheinens provozierte der Film zunächst nur wenig Aufregung. Er wurde gemeinhin als künstlerisch-therapeutische Auseinandersetzung mit dem europäischen

1 *Berek* (*The Game of Tag*, PL 1999, R: Artur Żmijewski). http://artmuseum.pl/en/filmoteka/praca/zmijewski-artur-berek (Zugriff am 25.08.2014).

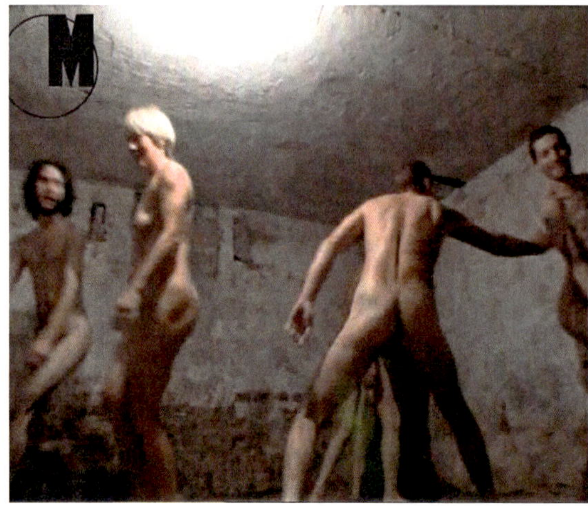

Abb. 1

Erbe des Nationalsozialismus und des Holocaust wahrgenommen.[2] Erst im Rahmen der groß angelegten deutsch-polnischen Kunstschau *Tür an Tür. 1000 Jahre Kunst und Geschichte*, die 2011 im Berliner Martin-Gropius-Bau gezeigt wurde, erwies er seinen Skandalcharakter. Nachdem der Direktor des Berliner Centrum Judaicum, Hermann Simon, in einem Brief seine Abscheu gegenüber dem Film zum Ausdruck gebracht hatte, entschied der Direktor des Gropius-Baus, Gereon Sievernich, den Film aus der Ausstellung zu entfernen.

Im darauffolgenden Medienecho ist viel von Zensur und Einmischung in künstlerische Freiheiten die Rede, aber auch von Respekt vor den Opfern des Holocaust und dem Schmerz der Erinnerung.[3] Dieser Schmerz scheint

2 Vgl. z. B. The Game of Tag. In: *The Video Archive*. http://www.digitalartlab.org.il/ArchiveVideo.asp?id=36 (Zugriff am 05.12.2014); Gabriele Walde: Streit über ein entferntes KZ-Video eskaliert. In: *Berliner Morgenpost*, 01.11.2011. http://www.morgenpost.de/kultur/article1812888/Streit-ueber-ein-entferntes-KZ-Video-eskaliert.html (Zugriff am 25.08.2014).

3 Vgl. z. B. Tanzverbot in der Gaskammer. In: *taz*, 31.10.2011. http://www.taz.de/!80983/ (Zugriff am 05.12.2014); Sven Felix Kellerhoff: Nacktes Spiel in der Gaskammer – zensiert? In: *Die Welt*, 01.11.2011. http://www.welt.de/kultur/history/article13691556/Nacktes-Spiel-in-der-Gaskammer-zensiert.html (Zugriff am 05.12.2014); Tom Fugmann: Was darf Kunst? Streit um Video des Künstlers Artur Zmijewski. In: *3sat Kulturzeit*, 23.11.2011. http://www.3sat.de/page/?source=/kulturzeit/themen/158663/index.html (Zugriff am 05.12.2014). Die polnischen Reaktionen fielen dagegen eher zurückhaltend aus; vgl. z. B. Jewish Community Calls for Ban of Żmijewski's Tag. In: *culture.pl*, 31.10.2011. http://cltr.pl/wjoo7 (Zugriff am 05.12.2014); N. N.: Film Żmijewskiego o Holocauście usunięty z wystawy w Berlinie. In: *Gazeta Wyborcza*, 27.10.2011. http://wiadomosci.gazeta.pl/wiadomosci/1,114873,10550155,Film_Zmijewskiego_o_Holocauscie_usuniety_z_wystawy.html (Zugriff am 25.08.2014).

mir das eindrücklichste Moment sowohl an dem Film als auch an der Berliner Affäre zu sein. Auf welche Weise ist ein Film in der Lage, einen solchen Schmerz auszulösen, der wohl kaum nur zwischen reflexartiger Ablehnung und simplem Zitat eines kollektiven Traumas vermutet werden darf? Was macht das Gespenstische, das ‚Un-heimliche' dieses ‚unautorisierten' Zitats einer Vergangenheit aus; welcher Modus der Wiederholung beunruhigt die Gegenwart so sehr, dass sie selbst gesetzte Freiheiten in Kunst und Kommunikation lieber dem Schweigen preisgibt, als sich vom Widerhall der eigenen Ausrufe überraschen zu lassen?

Mit Jacques Derrida muss man die Antwort wohl in der „Ungleichzeitigkeit der lebendigen Gegenwart mit sich selbst"[4] suchen, die der Verantwortlichkeit der Lebenden gegenüber den nicht mehr und den noch nicht anwesenden Generationen, diesen Gespenstern der Gegenwart, zur Erfahrung verhilft. Diese Ungleichzeitigkeit, die als ein Mit-da der nicht mehr oder noch nicht gegenwärtigen Anderen, als ein „Mitsein mit den Gespenstern"[5] zu denken ist, hat – nicht nur für Derrida – ausschlaggebende Wirkung für unser heutiges Verständnis des Verhältnisses der Gegenwart zur Vergangenheit wie zur Zukunft.

Ich möchte zunächst zwei Beobachtungen ins Zentrum meiner Analyse von *Berek* stellen, die mir hilfreich für eine Bestimmung dieses Verhältnisses zu sein scheinen: Es sind dies zunächst die Körper der Akteure, die in einem Spannungsfeld zwischen ‚Präsenz' und Stellvertreterschaft einem Kinderspiel nachgehen. Zum zweiten sind es die Oberflächen, im Wesentlichen die Wände der gezeigten Räume, die den Blick des Betrachters fangen und auf der ästhetischen Ebene eine gespenstische Wiederkehr des Vergangenen anstoßen.

Die Akteure in *Berek* begeben sich in ein Spiel, eine Anordnung von Regeln und Wiederholungen, die die Körper formen und zugleich freisetzen von den Konventionen ihres ‚angemessenen' Gebrauchs. Auffällig ist dabei die dramaturgische Konstellation der Szenen: Auf eine langsame Exposition der einzelnen Körper im Raum folgen relativ rasche, unübersichtliche Bildfolgen mit sich überlagernden Körperteilen und -ausschnitten, schnellen Bildwechseln und Veränderungen des Blickwinkels. Dazwischen sind wiederum langsamere Szenen montiert, in denen nur zwei Personen im Raum zu sein scheinen, die sich vorsichtig und mit tastenden Blicken aufeinander zubewegen.

4 Jacques Derrida: *Marx' Gespenster. Der Staat der Schuld, die Trauerarbeit und die neue Internationale*, aus d. Franz. v. Susanne Lüdemann. Frankfurt am Main: Suhrkamp 2004, S. 11.

5 Ebd., S. 10.

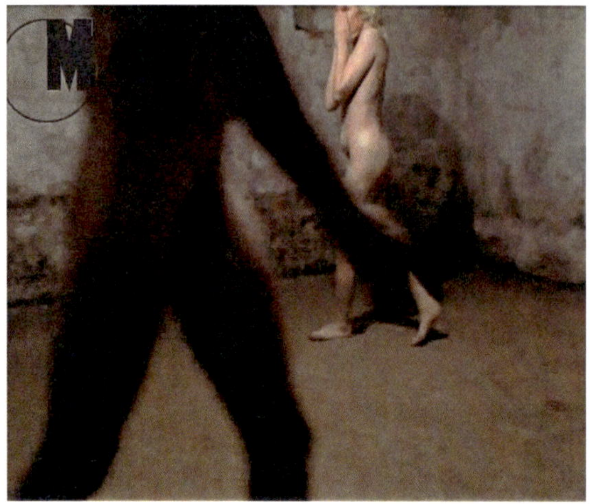

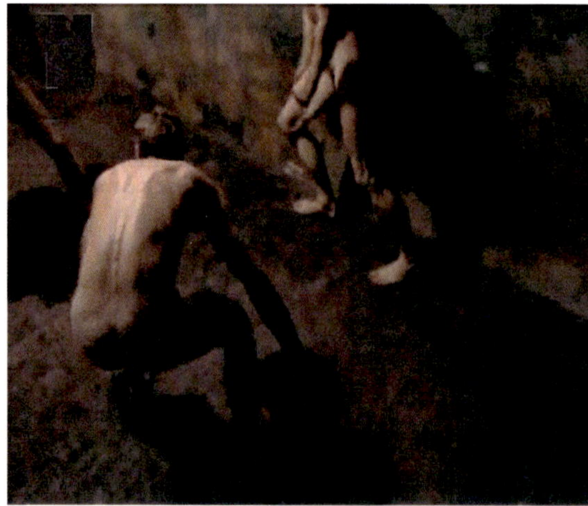

Abb. 2–3

In diesem stetigen Bild- und Rhythmuswechsel drängen sich die nackten Körper der Akteure zunehmend in den Mittelpunkt der Wahrnehmung. Es gibt kaum Großaufnahmen von Gesichtern, sondern primär Totalen oder Nahaufnahmen von Körperteilen, bei denen die Kamera oft absichtlich ‚vorbei' zu blicken scheint (vgl. Abb. 2–3). Dieses Gewimmel der Leiber schreibt sich vordringlich in meine Wahrnehmung ein. Ich suche weniger nach einer vorgespielten Stimmung der Akteure und nach ihrer Erzeugung durch wohlbedachten und angemessenen Körpergebrauch – zumal an einem solchen Ort –, sondern gebe mich der Vielheit und Anonymität dieser Körper hin. Ihre filmisch vermittelte Materialität und Vitalität vermitteln „das Gefühl

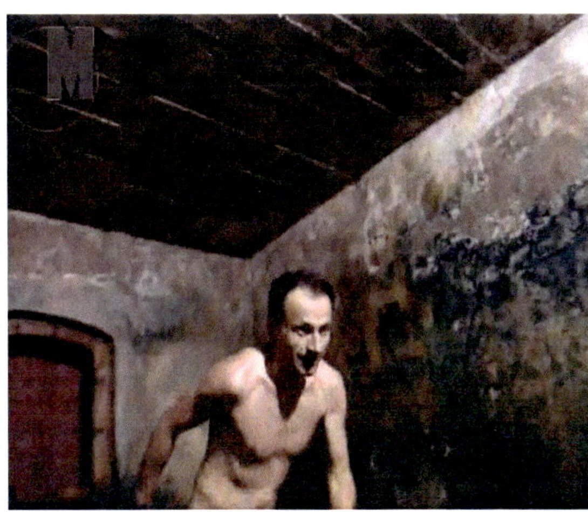

Abb. 4

einer nahezu obszönen, pornografischen Erleichterung"[6] – es sind ja noch alle am Leben; die libidinös aufgeladenen Partiale spielender Leiber widersetzen sich meinem Drang zu Trauer und Melancholie. Und genau darin scheint mir die irritierende Anrufung, das überraschende Echo zu liegen, das der Film beim Betrachten auslöst.

Erinnerung an den Holocaust heißt hier nicht nur Vergegenwärtigung des Todes und der Opfer, sondern ebenso Erinnerung an das ausgelöschte, nicht gelebte und doch überraschend präsente Leben, die Bewegung und das Spiel. Indem die Akteure eben *nicht* versuchen, ausgemergelte Körper kurz vor der Vergasung nachzustellen, indem sie *nicht* die kollektiven Erinnerungsbilder aus den KZs ‚zum Leben erwecken', sondern sich explizit einer solchen musealisierenden Vergegenwärtigung verweigern, erlangt die Vergangenheit in den Bildern der lebenden, spielenden Körper eine unerwartete Präsenz. Dieses Resonieren der Geschichte ergibt sich also gerade aus der Artifizialität, aus der Versetzung herkömmlicher Erinnerungsbilder durch mediale und materiale Distanzierung: Denn in der Partialisierung dieser Akteurskörper, in der Unterbrechung der insinuierten laufenden Handlung der Bilder durch den Blick der Kamera auf ausgewählte Körperteile, auf Arme und Bäuche, wird ein Zuviel, ein Fetisch, produziert, der nicht auf Verkörperung oder

6 Joanna Warsza: „Künstler sind in der Lage, dieselben Ereignissequenzen in Gang zu setzen wie Politiker." (Artur Zmijewski im Gespräch. In: *Das Magazin der Bundeskulturstiftung* 18 (2011). http://kulturstiftung-des-bundes.de/cms/de/mediathek/magazin/magazin18/zmijewski/index.html (Zugriff am 25.08.2014).)

Gestaltwerdung hin abzielt, sondern der die Kontinuität und die symbolische Ordnung der Geschichte in ihrem Lauf aufhält und auf nichts weiter als auf mein Begehren verweist, diese Ordnung zu reproduzieren.[7]
Dies wäre es, was Derrida mit Trauerarbeit meint, „in deren Verlauf die Lebenden die Toten erhalten und spielen, sich mit den Toten beschäftigen, sich von den Toten erhalten und beschäftigen und *spielen* lassen, *sie* sprechen und *zu ihnen* sprechen, ihren Namen tragen und ihre Sprache annehmen“[8]. Diese Trauerarbeit ist notwendig, doch muss sie sich ihrer Tendenz zu ontologisieren gewahr sein, die „Überreste […] gegenwärtig zu machen, […] die Toten zu *lokalisieren*“ und „*wissen* [zu müssen] oder sich [zu] versichern, daß der Begrabene in dem, was von ihm übrig ist, *auch wirklich ruht*“[9]. Letztendlich ist diese Arbeit eine Form des Sich-Angst-Machens, der ‚Angst um sich‘ gegenwärtig Lebender vor ihrem zukünftigen Tod. Der Mensch als Zeuge seiner eigenen Sterblichkeit bemüht sich (vergebens und immer wieder) um die Verleugnung genau dieses Zeugnisses. Die Gespenster aber, als stumme Beobachter dieser Verleugnung, erinnern uns stets daran.
Doch auch auf einer zweiten Ebene scheint mir das Spannungsverhältnis von Bild und Erinnerung in *Berek* von Relevanz: in der Wahrnehmung des Raumes und insbesondere seiner Wände. Geben die grauen, grob verputzten Wände des ersten Kellerraumes vor allem eine Kulisse ab, *vor* der sich die Szenen entfalten können, ändert sich die Wahrnehmung durch den Wechsel in einen zweiten Raum – die im Abspann erwähnte Gaskammer – schlagartig (vgl. Abb. 3–4). Die sehr viel dunkleren, von vielfarbigen Flecken gezeichneten Wände dieses auch in seinen Dimensionen kleineren Raumes geben ein deutliches Hin und Her der Bewegungen (von Kamera und Akteuren) vor. Zudem ziehen diese Wände – ebenso wie vorher die Körperteile – beiläufig und wie absichtslos den Blick auf sich. In ihrer diffizilen Musterung ergeben sie eine unregelmäßige Oberfläche, auf welcher sich die Zeit und die Ereignisse dieses Ortes in Spuren eingetragen haben.[10]

7 Zum Begehren des (Bild-)Betrachters, die symbolische Ordnung und insbesondere die abwesende Vergangenheit durch Re-Produktion des Abgebildeten wiederherzustellen vgl. einführend Liliane Weissberg: Bilderwechsel: Barthes, Benjamin, Freud und der Exkurs der Photographie. In: *Freiburger literaturpsychologische Gespräche. Jahrbuch für Literatur und Psychoanalyse* 24 (2005): Kulturtheorie, S. 217–240.

8 Derrida: *Marx' Gespenster*, S. 159 (Herv. i. Orig.).

9 Ebd., S. 23–24 (Herv. i. Orig.).

10 Zur (medialen) Spur als Stolperstein und ambivalentem Anlass historiografischer wie kulturwissenschaftlicher Analyse vgl. Carlo Ginzburg: *Spurensicherung. Die Wissenschaft auf der Suche nach sich selbst.* Berlin: Wagenbach 1995; Sybille Krämer: Das Medium als Spur und Apparat. In: Dies. (Hrsg.): *Medien, Computer, Realität. Wirklichkeitsvorstellungen und Neue Medien.* Frankfurt am Main: Suhrkamp 1998, S. 73–94.

Es sind zum einen die Ablagerungen tatsächlich vergangener Leben, die sich hier zu Angesicht bringen; es sind Markierungen, die das Gas (Zyklon B) und die Zeit im Schaubild der Kammer hinterlassen haben. Zum anderen aber werden sie erst durch die Inszenierung Żmijewskis sichtbar, bleibt in der Absichtslosigkeit des Kamerablicks stets die mediale Distanz spürbar. Erst in der ambivalenten Situierung des Bildes zwischen Zufall und Inszenierung, zwischen aussagendem Sinn und ‚nur' zeigender Geste kommt der mediale Charakter dieser Zeit-Spuren zum Tragen.[11] Es sind, mit Walter Benjamin gesprochen, zitierende Gesten, mediale Unterbrechungen ‚ohne Zweck'.[12] Denn letztlich kann und soll durch diese „Grammatik der Visualisierung" (Żmijewski)[13] nichts vergegenwärtigt werden; an dieser medial gebrochenen Wand verlebendigt sich weder die Vergangenheit, noch das ungelebte Leben. Der Film mit seiner technisch-apparativen Distanzierung macht vielmehr darauf aufmerksam, dass selbst das Original dieser Wand keine historische Verlebendigungskraft hat, dass auch ihrer materialen, physischen Existenz keine andere Potenz zukommt, als unseren gegenwärtigen Blick – medial reflektiert – zurückzuwerfen.

Auf dem Palimpsest der Wände dieser Echo-Kammer der Vergangenheit schreibt sich erst in meiner Wahrnehmung in vielfarbigen Zeichen das Unabgegoltene ein, das – als Gespenst, als Widerhall meines Rufes in die Vergangenheit – die Gegenwart heimsucht und dabei selbst aber nie zur ‚Präsenz', zur tatsächlichen Vergegenwärtigung kommt. Es führt vielmehr ein Nachleben, eine unruhige mediale Existenz, die durch seine stete Wiederholung (in der Sprache, im Bild und im Raum) und seine strikte Realisierung *in der Gegenwart* die vermeintliche ‚Originalität' des Vergangenen bestreitet.[14] Nicht die Einmaligkeit des genommenen, ungelebten Lebens wird hier infrage gestellt,

11 Vgl. Krämer: Das Medium als Spur und Apparat, S. 79: „Auf dieses Phänomen der Spur im Unterschied zum Zeichen kommt es hier an. Auch Spuren werden interpretiert, doch sie gelten als ein prädiskursives, ein vorsemantisches Phänomen: Spuren sagen uns nichts, sondern sie zeigen uns etwas. Vor allem aber: das was sie zeigen, muß beiläufig, also unbeabsichtigt entstanden sein – andernfalls handelt es sich nicht um eine Spur, sondern um ein bewußt als Spur inszeniertes Zeichen." Im Falle von Żmijewskis *Berek* haben wohl beide Vermutungen gleichermaßen ihre Berechtigung.

12 Vgl. dazu Samuel Weber: „Mitteilbarkeit" und „Exponierung" – Zu Walter Benjamins Auffassung des „Mediums". In: *Thewis* 1 (2004). http://thewis.de/?q=node/35 (Zugriff am 25.08.2014).

13 Warsza: „Künstler sind in der Lage …". http://kulturstiftung-des-bundes.de/cms/de/mediathek/magazin/magazin18/zmijewski/index.html (Zugriff am 25.08.2014).

14 Vgl. Günther Heeg: Reenacting History: Das Theater der Wiederholung. In: Ders. / Micha Braun / Lars Krüger / Helmut Schäfer (Hrsg.): *Reenacting History: Theater & Geschichte*. Berlin: Theater der Zeit 2014, S. 10–39, hier S. 12–14.

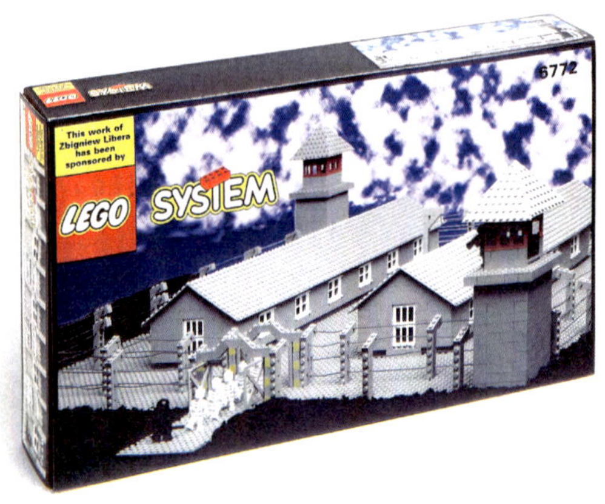

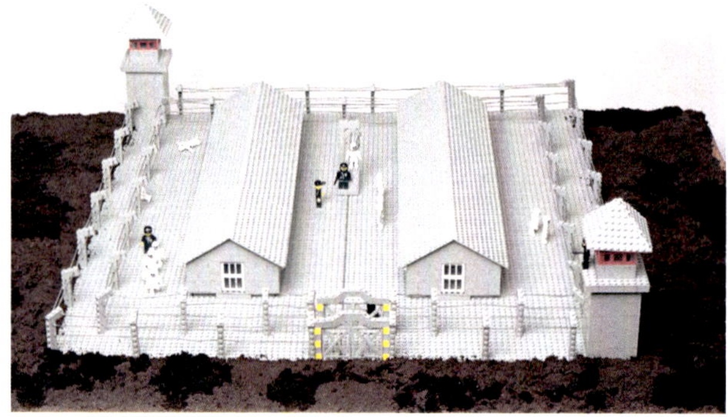

Abb. 5–6

sondern die Möglichkeit, diese Einmaligkeit aus der lebendigen Gegenwart heraus jenseits ihrer medialen Repräsentation, der Wiederholung und Verkleidung, zugänglich zu machen. In jedem Zugriff auf die Vergangenheit kommt vielmehr ein „Ineinander von Belebtem und Unbelebtem" zur Geltung: „Vergegenwärtigung impliziert und suggeriert die restlose Verlebendigung des Vergangenen, während das Unbelebte [...] die Resistenz aller toten Geschlechter gegen ihre Indienstnahme durch die Gegenwart markiert."[15] Das Gespenstige in Derridas Diktion besetzt dabei den Ort des Unverfugten, des Nicht-sich-Fügenden, des Unterbrechenden in der körperlichen wie medialen

15 Heeg: Reenacting History, S. 13.

Repräsentation nicht-gegenwärtigen Lebens.[16] Die Filmbilder Żmijewskis fügen sich wohl wissend nicht in die ‚allgemeine' oder ‚angemessene' Erinnerung, was sie zum Skandalon einer geradezu geschichtsversessenen Gegenwart werden lässt. Zugleich aber fügen diese unverfugten Erinnerungsbilder dem Tableau meiner ‚nur' medialen Erinnerung an den Holocaust nicht einfach eine neue Facette hinzu. Vielmehr markieren sie sie als selbst im Unruhestand, als stets im Werden und als heimgesucht zugleich. Im wiederholenden Wechselspiel der lebendigen Körper, des historischen Schauplatzes und der medial vermittelten Bilder wird so ein Resonanzraum eröffnet, in welchem ich eingeladen bin, meinen eigenen Gespenstern zu begegnen.

Mutation (Zbigniew Libera)

Der (offizielle) Diskurs der Erinnerung und Re-Konstruktion einer nationalen Vergangenheit zeigt sich in Polen, wie anderswo auch, von Ansätzen der Verlebendigung und Musealisierung zugleich gekennzeichnet. Die langen Debatten um die Erinnerung an den Aufstand im Warschauer Ghetto zeugen ebenso davon wie die Ereignisse nach dem tödlichen Flugzeugabsturz von Smolensk 2010. Zugleich sind in den Künsten ganze Bewegungen der Historisierung und Mediatisierung von Geschichtsbildern im Gange. Gerade in Bezug auf den Zweiten Weltkrieg und die Rolle Polens darin wird mit kritischem Blick auf Vergegenwärtigungsversuche reagiert, ebenso wie auf Versuche einer Verklärung oder übermäßigen Verdrängung der eigenen Verstrickung in das sozialistische Regime der Volksrepublik Polen.[17] Einer der prominentesten Vertreter der Bildenden Kunst bereits der 1990er-Jahre ist Zbigniew Libera, der spätestens 1996 mit seinem bekannten Spielzeugset *Lego. Obóz koncentracyjne/Concentration Camp* Bekanntheit erlangte (Abb. 5–6). Diese sieben Schachteln mit tatsächlichen Legosteinen und Umverpackungen, die Anleitungen zum Nachbau von Baracken und Foltertischen lieferten, gelten

16 Vgl. Derrida: *Marx' Gespenster*, S. 42–49. Vgl. dazu Gerald Siegmund: ‚Un-fug': Gespenster und das Wahrnehmungsdispositiv des Theaters. In: Ders. / Petra Bolte-Picker (Hrsg.): *Subjekt : Theater. Beiträge zur analytischen Theatralität.* Frankfurt am Main: Lang 2011, S. 31–45, insbes. S. 37–40.

17 Vgl. z. B. Izabela Kowalczyk: Historia w sztuce współczesnej. In: Grzegorz Borkowski / Monika Branicka / Adam Mazur (Hrsg.): *Nowe zjawiska w sztuce Polskiej po 2000 roku.* Überarb. Aufl. Warszawa: CSW Zamek Ujazdowski 2008, S. 25–28. Vgl. darin zugleich ebd., S. 352–421 (Abschnitt: „Dehistoryzacje") sowie Monika Rydiger / Natalia Żak / Paulina Orłowska (Hrsg.): *Pamięć. Rejestry i terytoria / Memory. Registers and Territories.* Ausstellungskatalog Galeria Międzynarodowego Centrum Kultury w Krakowie. Kraków: MCK 2013, darin insbes. die Beiträge von Katarzyna Kaniowska, Izabela Kowalczyk, Monika Rydiger und Robert Traba.

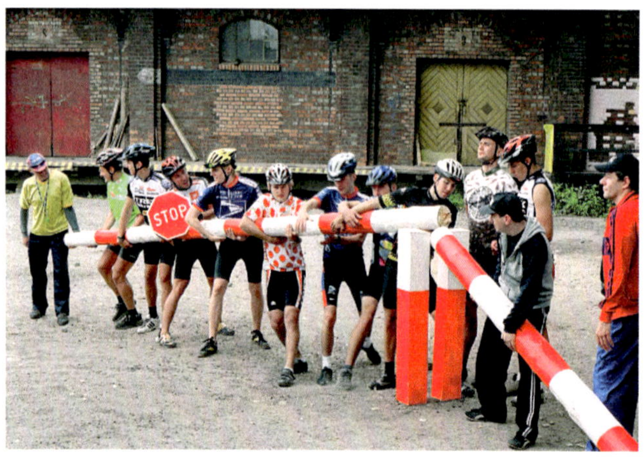

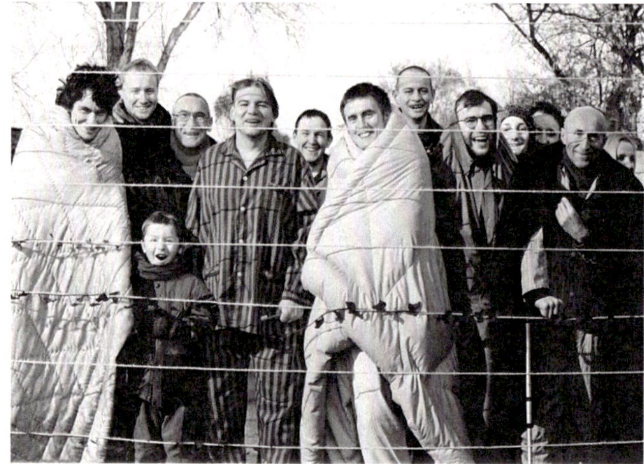

Abb. 7–8

als eindrücklicher Versuch, den Zusammenhang von Erinnerungskultur und kultureller Bildung darstellbar zu machen.

Dabei arbeitet Liberas Projekt wesentlich auf zwei Ebenen. Sein Spielzeugset referiert erstens auf den realen Anspruch der Firma LEGO, taktile Bildung, Kreativität und Vorstellungsvermögen zu trainieren. Er selbst gibt an:

> The thought that originally led me to create this piece concerned the very rationale that forms the basis of the Lego building-block system, which struck me as something horrible: you cannot use these blocks to build anything that a precise, rational system doesn't allow.[18]

18 Zit. n. Zbigniew Libera. http://culture.pl/en/artist/zbigniew-libera (Zugriff am 25.08.2014).

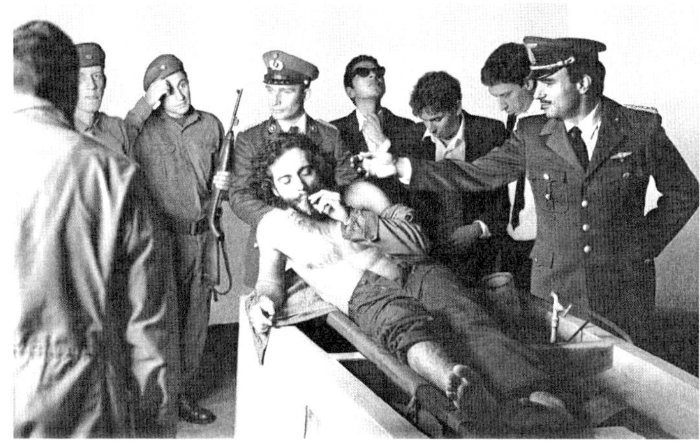

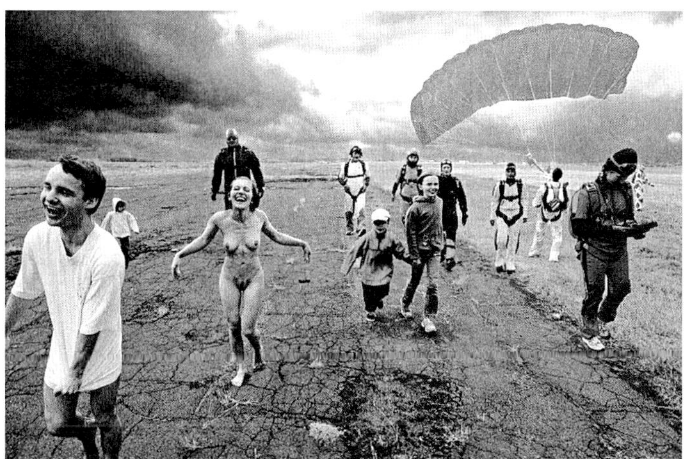

Abb. 9–10

Zweitens paart die Arbeit diese Rationalität mit einer bestimmten Idee von Erinnerung als Aufklärung über die Vergangenheit. Diese Erinnerungsarbeit ist in Liberas Schaffen oft als Vorgang der *Mutation* anzufinden, der Wandlung, Umformung und Neukombination bestehender Artefakte oder Medien der Erinnerung und des Wissenserwerbs. So wie das hinter den Lego-Bausteinen stehende Konstruktionsprinzip jede Form rationaler und systematischer Nutzung erlaubt und in vielfältige Formen wandelbar ist, benutzt Libera einzelne, manchmal kaum bewusst erkennbare Erinnerungszeichen und Strukturmerkmale, um sie auf gegenwärtige Situationen und Diskurse umzumünzen und so bestimmte Erinnerungsbilder im Betrachter zu evozieren, ohne sie explizit zu repräsentieren. So verwendete er bereits 1990 den markant verstellten

Buchstaben ‚B' in der Aufschrift am Tor des Lagers Auschwitz I in seiner Arbeit *Christus ist mein Leben* und versuchte so, auf mehrfacher Ebene Kontinuitäten, Mutationen und Verwachsungen von Religion, politischer und sozialer Lage sowie Gemeinschaftsdiskursen im Polen der 1940er, der 1980er und 90er-Jahre aufzuzeigen.[19]

Im Bilderzyklus *Pozytywy/Positives*, den er in den Jahren 2002/03 veröffentlichte (Abb. 7–10), setzt er sich mit Pressefotografien und ihrer diskursiven Macht auseinander. Auch hier findet die Praxis der Alteration Anwendung: In der Serie re-inszeniert Libera ikonische Fotografien des 20. Jahrhunderts – u. a. den Überfall auf Polen 1939, Gefangene im Lager Auschwitz, Che Guevaras Tod 1967, Flüchtende nach dem Napalm-Abwurf auf Trang Bàng, Vietnam 1972 – und verändert so ihre Deutung. Die Lagerinsassen lachen hier fröhlich in die Kamera, das nackte Mädchen aus Trang Bàng läuft jubelnd auf den Betrachter zu, Che raucht auf seiner Bahre gemütlich eine Zigarre. Aus negativ konnotierten Erinnerungsbildern werden so Positive. „Die Tragik des ursprünglichen Negativs", schreibt Ernst van Alphen, „wird in ein Stereotyp verwandelt, ein leeres Bild, eine kulturelle Ikone. […] Libera [überhöht] die Originalabbildungen ins Absurde, um ihre historische Dimension zurückzugewinnen"[20].

Dabei wird in Liberas Remakes eine Zeitlichkeit erkennbar, die in den ‚Originalen' bereits getilgt war. Denn ihre Ikonizität und Repräsentativität als *Geschichtsbilder* für bestimmte historische Ereignisse und Zusammenhänge geht einher mit einer Mortifikation des geschichtlichen Gehaltes, der zugunsten einer kontinuierlichen Geschichtserzählung in den Hintergrund treten muss. Mit Walter Benjamins prominenter Definition stellen Geschichtsbilder als prägnante Medien historistischer Geschichtsschreibung ein „ewige[s] Bild der Vergangenheit" vor und bieten damit „Beschaulichkeit" und Kontinuität in der Darstellung. Zugleich aber entleeren sie die Zeit und den historischen Raum, der zwischen ihnen und der Gegenwart liegt, indem sie durch ihre Stillstellung *im Bild* die tatsächliche Erfahrung von Zeit und Geschichte unterbinden.[21] Der allegorische Charakter dieser Bildikonen des 20. Jahrhunderts

19 Vgl. Dorota Jarecka: Zmutowany świat Zbigniewa Libery. In: *Gazeta Wyborcza*, 30.11.2009. http://wyborcza.pl/1,75475,7310665,Zmutowany_swiat_Zbigniewa_Libery.html (Zugriff am 25.08.2014).

20 Ernst von Alphen: Zbigniew Libera. In: Monika Branicka / Asia Żak (Hrsg.): *Polish! Zeitgenössische Kunst aus Polen*. Ostfildern: Hatje Cantz 2011, S. 178–185, hier S. 179.

21 Vgl. Walter Benjamin: Eduard Fuchs, der Sammler und der Historiker [1937]. In: Ders.: *Gesammelte Schriften*, Bd. II.2: Aufsätze, Essays, Vorträge, hrsg. v. Rolf Tidemann / Herrmann Schweppenhäuser. Frankfurt am Main: Suhrkamp 1989, S. 465–505, hier S. 467–468.

wird in Liberas *Pozytywy* geradezu metonymisch versetzt. Wie in einem *Tableau vivant* bemühen sich seine Inszenierungen darum, das originäre Geschichtsbild in Bewegung zu versetzen. Wie wir jedoch von bildanthropologischen Ansätzen wissen, droht dabei,

> dass diejenigen, die sich ins Bild begeben und ihren Körper der Bildwerdung aussetzen, einem Prozess der Mortifikation unterliegen und zur Bildgestalt erstarren. Wer die Bilder verkörpern und erlebbar machen will, verfällt der Gewalt der Abtötung, die in der Bildwerdung am Werk ist.[22]

Libera begegnet dieser Gefahr durch eine Umkehrung und Zersetzung: Aus einem melancholischen Blick zurück wird ein freudiger Blick in die Kamera, was die zeitlich distanzierte und beruhigende Schau auf das historische Ereignis, die die Wahrnehmung der Originale prägt, zumindest kurzzeitig verstört.

Die Bilder fordern eine stets aktualisierende, dezidiert jetzige Praxis des Schauens und Erblicktwerdens. Die im Zurückblicken sich entwerfende genealogische Kontinuität wird dabei fragmentiert, in metonymische Gleichungen zerlegt – ein Bild ist gleich (nur) ein Bild ist (un)gleich (unserem) Bild von der Vergangenheit – und damit zumindest momenthaft unterbrochen.[23] Denn die Bilder und die in ihnen aufgerufenen Zeiten legen sich in transparenten Schichten übereinander, überlagern, doppeln und *wiederholen* sich; sie werden „im präzisen Sinne *unheimlich*", wie Bettine Menke für das stimmhafte Echo eines „heimlichen Sinn[s], der aber schon [den] eigenen Worten [des Hörenden] buchstäblich eingelassen war"[24], beschreibt. ‚Das Echo ist Spur und Gespenst des *Bildes*', kann hier in Abwandlung ihrer Bestimmung der wiederholten Rede gesagt werden,[25] wenn in den *Pozytywy* der heimliche Sinn der in ihnen zum Tönen kommenden Vor-Bilder sich aktualisiert: Es ist dies

Im Gegenzug dazu wäre für Benjamin eine grundlegende Relevanz der Vergangenheit für die Gegenwart als Form der „kritischen Konstellation", der Erfahrung einer beunruhigenden – oder eben gespenstischen – Präsenz des Vergangenen im Raum des Hier und Heute zu konzipieren.

22 Heeg: Reenacting History, S. 12.

23 Zur Kraft der Metonymie, als rhetorischer Figur und Denkfigur der Diskontinuität und (verändernden) Wiederholung eine überraschende Präsenz der Vergangenheit in der Gegenwart zu erzeugen, vgl. Eelco H. Runia: Presence. In: *History & Theory* 45,1 (2006), S. 1–29. Vgl. auch ders.: Spots of Time. In: *History & Theory* 45,3 (2006), S. 305–316.

24 Bettine Menke: Rhetorik der Echo. Echo-Trope, Figur des Nachlebens. In: Dörte Bischof / Martina Wagner-Egelhaff (Hrsg.): *Weibliche Rhetorik – Rhetorik der Weiblichkeit*. Freiburg: Rombach 2003, S. 135–159, hier S. 143 (Herv. i. Orig.).

25 Im Original: „Das Echo ist Spur und Gespenst der Stimme." (Ebd.)

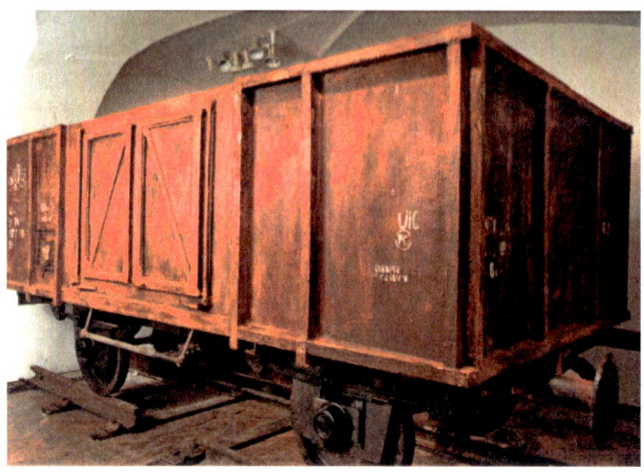

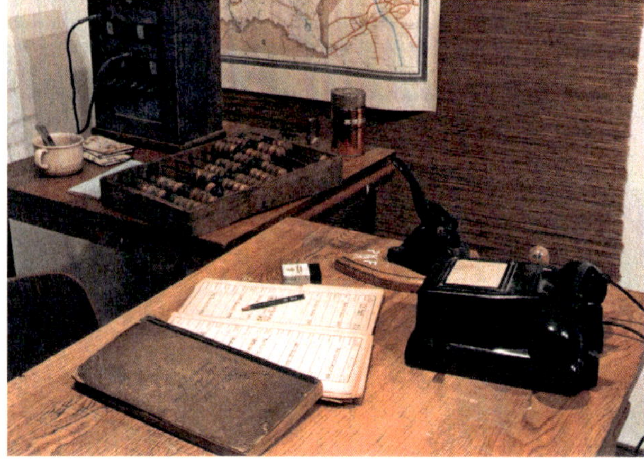

Abb. 11–12

der Tod, der die ‚Originale' ebenso wie die Abbilder Liberas stets schon befallen hat, und der dem Bild wie dem Betrachter seinen Ursprung entzieht.

So wie jede Erinnerung, wie jede Geschichtserzählung und Aneignung der Vergangenheit nur im Modus der Wiederholung funktionieren kann, so ist jede Repräsentation traumatischer Erinnerungen immer schon eine sekundäre, die sich des vergegenwärtigenden Zugriffs verweigert – sie ist inszeniert oder, anders gesagt, *theatral* verfasst.

> Das historische Ereignis unterliegt einer Tendenz der Derealisierung, wodurch die Zuschreibbarkeit der Gedächtnisinhalte nicht mehr gewährleistet scheint. Im Zuge dieses Weltverlusts wandelt sich die Erinnerung in Wiederholung – Gespenster, erweckte Tote, Spuk. Statt aus den Zeugnissen erlebter Geschichte, aus realen Ereignissen und den

empirischen Gehalten gebildet zu werden, erscheint das entreferentialisierte Historische ausnahmslos von virtuellen Objekten besetzt.[26]

Diese Referenzlosigkeit historischer Repräsentationsversuche kennzeichnet auch Liberas *Pozytywy*, indem sie selbst auf das abwesende ‚Original' ihrer Abbildung und dessen grundlegende ‚Nicht-Originalität' verweisen. Damit einher geht eine Wieder-Verzeitlichung der ursprünglichen Erinnerungsbilder, die als wiederhol- und zitierbare neu in den Kanon der Gegenwart aufgenommen werden. Zugleich aber wird in der transparenten Schichtung der Bilder übereinander, in ihren Versetzungen und Verschiebungen dem ‚Original' gegenüber, der historische Zeit-Raum aktualisiert, der zwischen dem historischen Ereignis, seiner Aufnahme und seiner Rezeption liegt. In diesen Zeit-Raum des medialen Abstands aber kann (ein) Echo, kann der Widerhall des Abwesenden, des Nicht-Repräsentierten und niemals zu Repräsentierenden, Einzug halten und sein gespenstisches Fortleben führen. Im besten Falle wird er zum Spielraum für den Betrachter, die Lücken und Diskontinuitäten der Erinnerung zu Wahrnehmung und Anerkennung kommen zu lassen.[27]

Illusion (Robert Kuśmirowski)

Eine wesentliche Strategie zur Kenntlichmachung der Konstruiertheit von Geschichte und ihrer Techniken der Narration bzw. der Erfahrbarmachung ist also die Markierung ihrer ex- oder impliziten *Theatralität*. Einer der inzwischen profiliertesten Künstler der Post-Jahrtausendwende-Generation, die sich dieser Aufgabe im Zwischenfeld von visueller und performativer Kunst stellen, ist Robert Kuśmirowski.

In der Installation *PKP* (Lublin, 2002) machten ein Güterwaggon, der den relativ kleinen Ausstellungsraum sprengte, sowie die in den umgebenden Räumen angeordneten Objekte und Materialien einen zunächst restaurativen Eindruck. Der Schreibtisch, die Bahndokumente, Schilder und Gerätschaften sowie halbleere Weinflaschen und Zigarettenschachteln schienen dem Fundus eines Eisenbahnmuseums mit Schwerpunkt auf der Volksrepublik Polen entnommen zu sein (Abb. 11–12). Wer jedoch der technischen Frage

26 Ingo Uhlig: *Poetologien des Ereignisses bei Gilles Deleuze*. Würzburg: Königshausen & Neumann 2008, S. 67. Vgl. dazu auch Derridas Ausführungen zu Marx' *Der Achtzehnte Brumaire des Louis Bonaparte* (1852) in Derrida: *Marx' Gespenster*, S. 150–172.

27 Zur Lücke und ihrer konstitutiven Funktion für jeden Vorgang des Erinnerns und (archäologischen) Rekonstruierens, das nie ein Aneignen, sondern vielmehr ein ‚enteignendes Annähern' sein kann, vgl. Georges Didi-Huberman: Das Archiv brennt. In: Ders. / Knut Ebeling (Hrsg.): *Das Archiv brennt*. Berlin: Kadmos 2007, S. 7–32, insbes. S. 7–10, 16–24.

des ‚Wie ist das hier hingekommen?' folgte, gelangte zu einer ersten Desillusionierung: Der Waggon, die Dokumente und viele andere Objekte dieser Installation waren Kopien, Imitate, Fälschungen – zusammengeklebt aus Gips, Draht und Pappe beziehungsweise gezeichnet mit Bleistift und Kugelschreiber. Nichtsdestotrotz bewirkte der Waggon Erstaunliches: Nicht nur in Lublin berichteten Besucher von tatsächlich wahrgenommenem Öl- und Erdgeruch – Materialen, die Kuśmirowski nachweislich nicht benutzt hatte. Auf der IV. Berlin Biennale 2006 stand ein solcher Waggon in einer ehemaligen jüdischen Mädchenschule und wurde damit in der öffentlichen Wahrnehmung automatisch zum Deportationswagen nach Auschwitz, Treblinka und Majdanek – obwohl er keine technische Ähnlichkeit mit den Transportwaggons der 1940er-Jahre hatte.[28]

Ein „illusionistisches Bühnenbild"[29] nennt Joanna Mytkowska diese Kombination aus verborgenen technischen und materiellen Tricks sowie überraschender, allein im Betrachter situierter geschichtlicher Affirmation und verweist dabei auf den dezidiert theatralen Charakter. Indem er ‚authentische' mit ‚nachgemachten' Objekten und Zeitzeugnissen kombiniert, verweist Kuśmirowski auf die vielfältige Zeitschichten durchdringende (und vermischende) Konstruktionsleistung des historiografischen Blicks und schafft so intuitive „Störung[en] der Chronologie und […] Verwirrung[en] der Geschichte"[30].

Deutlich wird dies auch in einer Installation, die den affirmierenden ‚Blick zurück' unmittelbar ins Auge fasst. Unter dem Titel *Double V* (Warschau, 2003) wird wiederum die Volksrepublik Polen als kollektiver Erinnerungsraum ins Spiel gebracht, welcher – auch und gerade für einen jungen Künstler, der erst im gegenwärtigen ‚mitteleuropäischen' Polen seine ästhetische Sozialisation erfuhr – als noch immer nicht vergehender Bestandteil der Gegenwart aufgefasst werden kann. Der Raum gleicht sich einem Arbeitsraum oder Atelier der 1970er-Jahre an, ist gefüllt mit einer Werkbank, verschiedenen Wandbeschilderungen und einem Spültisch mit darüber hängendem Spiegel. Alles

28 Vgl. u. a. Hanno Rauterberg: In der Matschpfütze des Seins. In: *Die Zeit*, 30.03.2006. http://www.zeit.de/2006/14/Biennale (Zugriff am 05.12.2014); Tanja Dückers: Wohin in Berlin? In: *Jungle World*, 12.04.2006. http://jungle-world.com/artikel/2006/15/17278.html (Zugriff am 05.12.2014); Katerina Gregos: Robert Kusmirowski. In: *Flash Art* 252 (Januar/Februar 2007). http://www.flashartonline.com/interno.php?pagina=articolo_det&id_art=20&det=ok (Zugriff am 25.08.2014).

29 Joanna Mytkowska: Entzweite Zeit. In: Yilmaz Dziewior (Hrsg.): *Robert Kusmirowski*. Ausstellungskatalog Kunstverein in Hamburg. Ostfildern: Hatje Cantz 2005, S. 16–25, hier S. 17.

30 Ebd., S. 23.

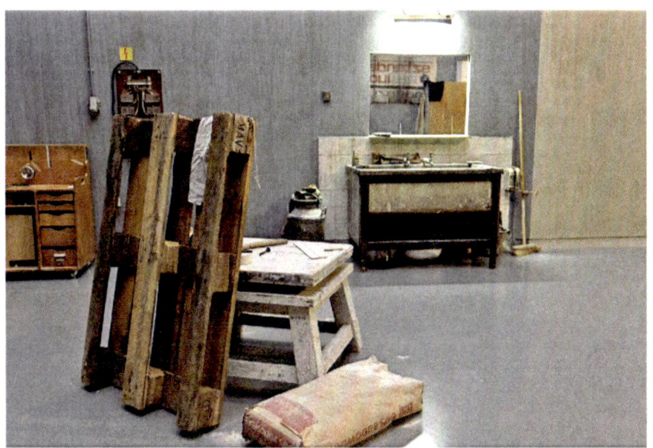

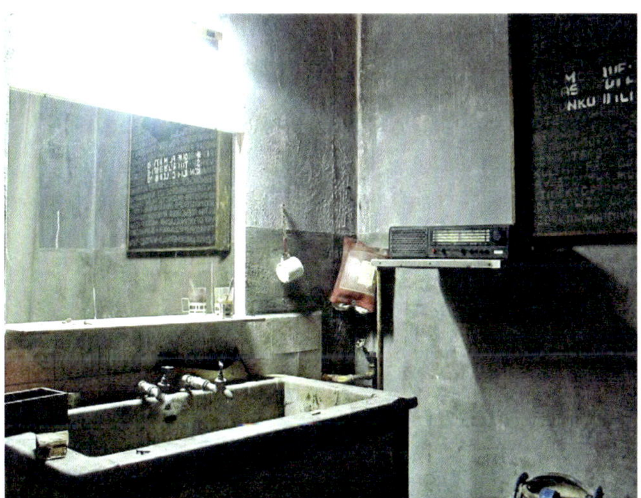

Abb. 13–14

darin wirkt bereits vergangen, vergessen, stehengeblieben; gedoppelt noch durch den Blick in den Spiegel, der der Ansicht einen ‚historischen Rahmen', einen perspektivierenden Blick verleiht (Abb. 13–14).

Doch der aufmerksame Betrachter, so der Kunstkritiker Sebastian Cichocki, „konnte bemerken, dass die Widerspiegelung allzu genau war. Einige Gegenstände konnten aufgrund ihrer Situierung dem Spiegel gegenüber gar nicht sichtbar sein."[31] Zudem reflektierte der Spiegel nicht den Betrachter selbst

31 Sebastian Cichocki: Double V. In: Dziewior (Hrsg.): *Robert Kusmirowski*, S. 28–39, hier S. 30.

und erwies sich so bei genauem Hinsehen als gewöhnliche Glasscheibe, durch welche hindurch ein zweiter, dem ‚realen' Raum des Betrachters ähnlich gemachter, tatsächlich jedoch in Details abweichender Raum sichtbar wurde. Cichocki konstatiert dazu drei „einfache Wahrheiten", die aus dieser theatralen Konstitution einer Hinterbühne der Realität ableitbar wären:

> Erstens: Über die Wirklichkeit muss man manchmal stolpern, um sie überhaupt zu erkennen. Zweitens: Ein Substitut kann besser schmecken als das Original. Drittens: Wenn etwas existiert, handgreiflich und zugänglich ist, kann es mit Sicherheit wiederholt und kopiert werden, so dass in der Folge das, was wirklich ist, schon lange unter einem Haufen von Attrappen, Kopien und Fälschungen begraben wurde.[32]

Ich würde als eine vierte Wahrheit hinzufügen, dass Wiederholung und Doublierung nicht nur als simulatorische Praktiken der Wirklichkeitsbemächtigung fungieren, sondern ein bestimmtes Verständnis von Geschichte und ihrer Vermittlung konstituieren. Denn in Kuśmirowskis Arbeiten scheint es mir nicht einfach um die Desavouierung historistischer Vergangenheitsbebilderung zu gehen, sondern vielmehr um einen dezidiert theatralen, sich spielerisch an individuellen Erinnerungen und händisch weitergegebenen Erfahrungen orientierenden Zugriff auf die Geschichte. Kuśmirowski baut in seinen Installationen Suchbilder und Kaleidoskope auf, die Erinnerungen gleich Resonanzen evozieren, anstatt sie repräsentierend vorzuführen. Er setzt dabei aber nicht schlicht auf den erkenntnistheoretischen Effekt des Fakes als einer Methode der Geschichtskonstruktion – wie in Zbigniew Liberas *Pozytywy* und Artur Żmijewskis *Berek* lassen sich in seinen Arbeiten metonymische Versetzungen ausmachen, die insbesondere mit der Materialität der ausgestellten Objekte zu tun haben. So experimentierte Kuśmirowski in *PKP* wie in *Double V* mit dem Austausch von Materialien; fertigte er die Kopie des Holztisches aus Lehm an, Metallschrauben aus Holz und den Eisenbahnwaggon aus Gips und Draht, um so – zumindest auf den zweiten Blick – die Theatralität seiner Vergangenheitsrekonstruktionen zu offenbaren.[33]
Nicht zuletzt aber wird der Betrachter immer wieder selbst der Erfahrung des Gespenstischen ausgesetzt: Im Augenblick des Erkennens der eigenen

32 Cichocki: Double V, S. 32.

33 Vgl. zu Materialität und Medialität von Kuśmirowskis Geschichtsbildern die Beiträge von René de Guzman, Jens Asthoff und Wojciech Krukowski in Dziewior (Hrsg.): *Robert Kusmirowski*, sowie – insbes. unter dem Gesichtspunkt der Theatralität seiner Arbeiten – Micha Braun: Graniczne przestrzenie pamięci. Roberta Kuśmirowskiego artystyczne manipulacje polsko-niemieckimi obrazami historycznymi In: Małgorzata Leyko / Artur Pełka (Hrsg.): *Teatr – literatura – media. O polsko-niemieckich oddziaływaniach w sferze kultury po 1989 roku*. Łódź: Primum Verbum 2013, S. 250–260.

Abwesenheit im Spiegelbild wird nicht nur der Konstruktionscharakter der bild-räumlichen Anordnung mitgeteilt,[34] zugleich erfährt das betrachtende Subjekt sich selbst als an- und abwesend in Einem. Die bildkonstituierende Allmacht des Betrachterblicks wird momenthaft ausgesetzt und als Phantasma eines souveränen Subjekts enttarnt, das immer schon von fremden Bildern, Sprachen und Diskursen besetzt ist. Dies aber ist eine theatrale Ur-Szene des Gespenstischen: „Es [das Gespenst; M. B.] medialisiert das Verhältnis des Subjekts zur Sprache, zum Bild und zum Körper, indem es den Riss, der sowohl das Subjekt als auch dessen Zugang zur Welt bestimmt und ermöglicht, phantasmatisch besetzt."[35]

Damit ist dem Moment der Rezeption auch eine Erfahrung der Nicht-Souveränität zuzuschreiben: die Anforderung oder Herausforderung der Gegenwart durch die Gespenster der Vergangenheit; das Zur-Kenntnis-Nehmen ihrer ‚negativen', nicht affirmierbaren Präsenz.[36] Denn wenn die Vergangenheit nicht nur als totes Artefakt in eine aus der Gegenwart selbst heraus erst formulierte Geschichtserzählung inkorporiert werden kann, sondern, wie Eelco Runia formuliert, vielmehr jede Erzählung als ein Echo, ein mediales Raunen oder Stocken begleitet,[37] dann geht es in jeder ästhetischen Auseinandersetzung mit der Geschichte immer auch um das Anerkennen des Gespenstigen in Derridas Sinne, das mit unserer modernen Übereinkunft, dass die Toten einfach tot seien, nicht in eins geht.

In den Praktiken des Spiels, der Transformation und der Inszenierung kommt bei Żmijewski, Libera und Kuśmirowski ein solches Wechselspiel aus gespenstischer Präsenz und nur medial zu überbrückender Absenz der Geschichte zur Entfaltung – als Vergangenheit wie als Zukunft gedacht, als

34 Und dies weder im Bild selbst noch sprachlich, sondern im Modus der (regelrecht körperlichen) Erfahrung.

35 Siegmund: ‚Un-fug', S. 40.

36 Dieser Aspekt der Nicht-Affirmierbarkeit der Vergangenheit ist an einem aktuelleren Projekt Kuśmirowskis exemplifiziert in Jeanne Bindernagel / Micha Braun: Mediale Rekonstruktionen. Zu historischem Ereignis und künstlerischem Reenactment in den Arbeiten von Thomas Harlan und Robert Kuśmirowski. In: Heeg / Braun / Krüger / Schäfer (Hrsg.): *Reenacting History*, S. 126–156.

37 Runia bezeichnet diese beiden sich ergänzenden Modi der Geschichtsübermittlung als „transfer of meaning" und „transfer of presence", wobei der letztere sich weniger in einer intendierten, sinnhaften Erzählung ereignet als in einer oft überraschenden Präsenz der Vergangenheit im historiografischen Schreiben. Vgl. Runia: Presence, S. 1: „The presence of the past thus does not reside primarily in the intended story or the manifest metaphorical content of the text, but in what story and text contain *in spite of* the intentions of the historian. One might say that historical reality travels with historiography not as a paying passenger but as a *stowaway*." (Herv. i. Orig.).

Verantwortung und als Anforderung, in jedem Falle als das, was „über das *gegenwärtige* Leben, das Leben als *mein* oder *unser* Leben, hinausgeh[t]"[38]. In ihnen ist ein Echo *der* Gespenster zu vernehmen, die in jedem Aneignungsversuch der Vergangenheit zwischen intentionaler Erinnerung und arbiträrer Resonanz als ein Drittes sich vernehmbar machen, die in unserer Rede und unserem Handeln wiederkehren, ohne darin zur Erlösung zu kommen.

38 Derrida: *Marx' Gespenster*, S. 12 (Herv. i. Orig.).

Who Haunts Whom?

Strategies of Manipulating Space in Site-specific Performance

Mateusz Chaberski

In the face of extensive research on ghosts conducted by cultural historians and literary scholars, the question I would like to interrogate in this paper may seem simple, if not simplistic. *Who haunts whom?* As for traditional ghost stories of the 19th century gothic genre, the answer is blatantly obvious. Gothic literature is abounding with castles and mansions and their residents for that matter are being constantly haunted by the ghosts of their past. In this context, under the influence of the Freudian psychoanalysis, the ghost has become a figure of memory denoting the return of repressed memories in the supernatural form.[1] However, the psychoanalytical understanding of the ghost as a figure of memory cannot be universally applied to all artistic phenomena which aim at provoking the return of individual and collective memories in the present. In this paper, I would like to point out different trajectories of haunting which are active within performative practices taking place in actual material spaces. Particularly in site-specific performance, ghosts of the past are not triggered by the space itself but they rather emerge as a result of different performative strategies. My aim is therefore to investigate those complicated strategies employed by site-specific performance artists in order to reveal the process of creating an effect of a particular space being haunted. This approach may challenge our hitherto accepted modes of thinking about ghosts and their hosts, as the effect of the haunted house becomes a vital element of the experience of spectators taking part in the site-specific event.

1 Cf. Julia Briggs: The Ghost Story. In: David Punter (ed.): *A New Companion to the Gothic*. London: Wiley-Blackwell 2012, pp. 176–185.

As far as the structure of my paper is concerned, first of all I invoke two instances of employing the ghost as a figure of memory in reference to performance in order to show their inadequacies in the face of site-specific performance. Only then can I formulate my own definition of the ghost and the host as figures of memory, which is to be employed in the analysis of different elements of site-specific performance.

Two Types of Ghosts

In his famous work *The Haunted Stage*, Marvin Carlson draws an explicit connection between three realms: that of theatre, of memory and of ghosts. He claims that theatre is a sort of memory machine designed to utilise the circulation of collective memories in society as "[a]ll theatrical cultures have recognized, in some form or another, this ghostly quality, this sense of something coming back in the theatre, and so the relationships between theatre and cultural memory are deep and complex."[2] Carlson believes that theatre as an art-form is endowed with a sort of evocative power to re-enact past experiences in the present. The re-enactment of the past, however, is clearly ideological in nature as it serves purposes of contemporary art-forms, e.g. it establishes a canon of texts, images and sounds that are perceived to be crucial for the formation of individual identities. In this sense, Carlson's thinking about theatre follows the lines of Jan Assmann's concept of cultural memory which encompasses

> a complex of identity-shaping aspects of knowledge objectified in the symbolic forms of myth, song, dance, sayings, laws, sacred texts, pictures, ornaments, paintings [...] Cultural memory circulates in forms of commemoration that were originally bound up with rituals and festivals.[3]

In this context, the stage becomes predominantly a space of circulation of cultural memory in which 'ghosting'[4] plays the crucial culture-formative function. Carlson distinguishes two types of 'ghosting' that occur within a theatrical production: internal and external. As for the former, each element of a theatrical production, be it an element of set design or a particular dramatic

2 Marvin Carlson: *The Haunted Stage: The Theatre as Memory Machine*. Ann Arbor: University of Michigan Press 2003, p. 2.

3 Jan Assmann: *Collective Memory and Early Civilization. Writing, Remembrance and Political Imagination*. Cambridge: Cambridge University Press 2011, p. 72.

4 In this context, the term denotes a process whereby collective memories of past performances are triggered by particular elements of the actual theatrical event, which influences the audience's experience of the performance. See Carlson: *The Haunted Stage*, chapter 4.

text, may refer to previous performances. For instance, watching a particular actor playing Hamlet triggers memories of previous roles played by the actor as well as other Hamlets the audience might have seen. In the event, the spectator simultaneously perceives the actual physical body of an actor and different spectral bodies from inside the theatrical frame of reference that surround him or her. As for the latter type of ghosting, the audience's perception is constantly tinged by their wider cultural memory including other fields of culture outside the theatre and knowledge that could be evoked by a theatrical production. It refers both to a directors' conscious use of intertextual elements in performance and the images, texts and tunes which originate from the audience's cultural memory. Carlson's use of the ghost as a figure of memory overemphasises its cultural function to reinforce the well-established meanings and interpretations of the past. This approach appears to neglect more tangible energies generated by not the cultural but the very material space in which a theatrical performance is set. Suffice it to refer to Erika Fischer-Lichte's concept of performative space which is characterised by a huge potential for creating new meanings rather than re-enacting old ones as "[e]very movement of people, objects, lights, and every noise can transform this unstable and fluctuating space."[5] Therefore, Fischer-Lichte's remarks enable us to undermine the institutional hegemony of the theatre as an art-form advocated by Carlson, which opens new possibilities for understanding relations between ghosts, memory and performance.

A more sensual aspect of ghosting is developed by Tim Edensor in his research on the post-industrial ruins in the United Kingdom. While Carlson's thinking about ghosts stems from the realm of cultural memory represented by theatrical space, ghosts belong according to Edensor to what Jan Assmann calls "communicative memory", which is based on intimate individual memories of members of a particular community and may be described as "informal, without much form, [growing naturally], arising from interaction, everyday."[6] In his research, Edensor explores the critical potential of individual memories which become a repository of subversive narratives about the past which differ significantly from official history. He fiercely opposes contemporary commemorative practices of creating memoryscapes "which materialise memory by assembling iconographic forms and producing stages

5 Erika Fischer-Lichte: *The Transformative Power of Performance. A New Aesthetics*, transl. from the German by Saskya Iris Jain. London / New York: Routledge 2008, p. 107.

6 Assmann: *Collective Memory*, p. 41.

for organising a relationship with the past"[7]. The word 'stage' acquires here somewhat pejorative connotations as Edensor claims that memoryscapes deprive ruined spaces of their atmospheric qualities transforming them in purely aesthetic spaces. For Edensor staging memory consists in providing points of ideological orientation for the audience which aim at conveying a particular, always manipulated version of the past. Therefore, he focuses on ruins as allegories of memory that provoke experiences of the past "which are contingent [and] frequently inarticulate"[8]. The choice of space necessarily influences Edensor's view on ghosts and memory. In his work *Industrial Ruins*, Edensor defines ghosts as "stimuli to memory through the spooky absent presence of the past, the ghosts that swarm through spaces of dereliction, producing the not quite comprehensible and confounding the reason of commodified and expert encodings of history"[9]. In other words, ghosts cannot be fully grasped intellectually as well as they resist any form of institutional commemoration. Here, we can see the crucial feature of Edensor's concept of ghosts as figures of memory. Drawing on the model of the Proustian *mémoire involontaire*, Edensor argues that the presence of ghosts is triggered by a plethora of sensual stimuli be it sounds, smells, images or a combination thereof. Moreover, the sensual presence of ghosts in ruins stemming from their materiality contributes to the capacity of ruins to host a range of memories from which a visitor may construct his or her own version of the past. However, Edensor seems to forget that those who visit the ruins are not 'innocent', i.e. their way of experiencing the ruins is influenced by different ideologically loaded motivations.

Ghosts and Site-specific Performance

The two interpretations of the ghost as a figure of memory presented above fail to explain the intricate processes operating within site-specific performances. This may be exemplified by the example of the Ghost from Shakespeare's *Hamlet* interpreted in the Polish production *H.* (2004) staged by Jan Klata in Gdansk Shipyard which is notably connected with the democratic changes in Poland in the 1980s. In *H.* the Ghost appears at the very beginning of the performance riding on a white horse and wearing a costume of

7 Tim Edensor: *Industrial Ruins. Spaces, Aesthetics, Materiality*. Oxford / New York: Berg 2005, p. 130.

8 Ibid., p. 18.

9 Ibid., p. 145.

the hussar – a great Polish cavalryman of the 17th century. This particular artistic choice challenges both Carlson's and Edensor's ideas about ghosts as figures of memory. Carlson would argue that the ghost-hussar evokes collective memories of the Polish tradition of staging Shakespeare's play as a tragedy about the current socio-political situation in Poland, which would be an example of both internal and external ghosting. Edensor, for his part, would argue that the intense material presence of the horse becomes yet another trigger of involuntary memories which contribute to the status of the Shipyard's ruins as a space of conflicted Polish narratives about the Solidarity movement. In fact, however, the two interpretations are incomplete as the ghost-hussar is an element of the dynamic interaction between the artistic strategy, the space, and the audience's experience of the space. The hussar as a symbol of the Polish glorious past is clearly introduced into the space of the Shipyard by the director in order to stimulate a particular audience's experience of the event and to build, to use Maurice Halbwachs's terminology, a particular social framework of memory.[10] Therefore, the sensual presence of ruins becomes an element of the artistic strategy influencing any individual memories arising from the physical contact between the spectator and the ruined space. The decrepit ruins are experienced through the lens of the lost greatness of Polish history, which inevitably produces a sense of nostalgia.

What is important, the effect is achieved by employing a number of seemingly inconspicuous performative strategies that serve to give an impression of the unmediated contact between the spectator and space. For example, spectators are encouraged to roam freely in the ruined space of the Shipyard. Moreover, the performance builds a contrast between adjoining work sites where shipmen still work and the deserted site of the performance. On the one hand, this strategy aims at creating a strong experience of passing time that has contributed to the physical deterioration of the Shipyard. On the other hand, this effect may serve to create the sense of the memory of the Solidarity movement gradually sinking into oblivion. What further reinforces the effect is the fall of the night and the space literally becoming more and more obscure. In this context, the combination of cultural significance and material presence of the ghost-hussar serves to convey Klata's critique of post-1989 Poland, with its savage capitalism and social inequalities, which has

10 Cf. Maurice Halbwachs: *On Collective Memory*, transl. from the French by Lewis A. Coser. Chicago / London: Chicago University Press 1992, pp. 65–189.

forgotten the legacy of the Solidarity movement. We can see that in the closing scene of *H.*, where the Ghost-hussar gallops on his horse into the night, which suggests that the Polish noble past is completely lost.

The example of *H.* shows that in the context of site-specific performance my original question about the direction of haunting becomes particularly problematic. Klata's performance shows that it is not the site that haunts the performance but the influence is mutual. The complex relation between hosts and ghosts with reference to site-specific performance has been argued by Cathy Turner in her article "Palimpsest or Potential Space? Finding a Vocabulary for Site-specific Performance". She claims that "the distinction between what is 'of' the site and what is brought 'to' it sometimes disintegrates within the performance process and event: place and work may be co-creative"[11]. Turner advocates a more performative understanding of the ghost as a figure of memory that encompasses dynamic interactions between different layers of performance. Following Turner's ideas, I would argue that ghosts in Carlson's and Edensor's sense already belong to the host which becomes an active participant of the site-specific process. The actual ghosts are therefore all discourses, either overtly introduced by performative strategies or stimulated by them, that emerge during the event influencing the audience's experience of the sites and their collective memory. This experiential aspect of the ghost as a figure of memory is indispensable to understand the effect those performances have on the collective memory of the audience. In this respect, the practice of ghosting, or indeed haunting, must be scrutinised not only as for its mechanisms but it requires an ideology-oriented analysis aiming to reveal the reasons behind manipulating space by site-specific performances.

Theatre/Archaeology and Ghosts

My interpretation of the ghost and the host as figures of memory necessitates a redefinition of site-specific performance as such. In order to stress the multilayered and relational aspect of site-specific events I refer to the research of Mike Pearson and Michael Shanks. In their work *Theatre/Archaeology*[12], they create an original methodology of analysing site-specific performances based on two crucial foundations. For one, Pearson and Shanks incorporate elements of artistic practice into their research, which enables them to scrutinise

11 Cathy Turner: Palimpsest or Potential Space? Finding a Vocabulary for Site-specific Performance. In: *New Theatre Quarterly* 4 (2004), pp. 373–390, here S. 374.

12 Mike Pearson / Michael Shanks: *Theatre / Archaeology*. New York / London: Routledge 2001.

the experiential aspect of site-specificity. On the other hand, they draw heavily on contemporary archaeology interested not only in historical artefacts but also in ideological discourses governing the archaeological inquiries. This contributes to the critical character of their theory. At an intersection of practice-as-research and critical theory, Pearson and Shanks provide a highly functional description of site-specific performance which

> rel[ies], for [its] conception and [its] interpretation, upon the complex coexistence, superimposition and interpenetration of a number of narratives and architectures, historical and contemporary, of two basic orders: that which is of the site, its fixtures and fittings, and that which is brought to the site, the performance and its scenography.[13]

Taking Pearson and Shanks's definition as a springboard for analysis, I would like to focus on three areas of site-specific performance and briefly discuss their pertinence for the emergence of ghosts: *time*, *layers of space* and *deep mapping*. Each of them becomes a rich field of potentialities for different performative strategies of haunting employed by artists and spectators. What is crucial, however, is that depending on the performance these strategies are employed to create different effects.

As far as the question of ghosts and time is concerned, Pearson and Shanks indicate that within site-specific performance there is a plethora of overlapping temporal structures. The most important ones are the historical time of the site and the temporal structure of the event. A huge tension emerges as the performance superimposes a certain linearity onto the non-linear nature of a particular locale which, according to Pearson and Shanks, is characterised by "[s]urvival, juxtaposition, discontinuity"[14]. Thus, the site-specific event employs traditional time-scales in order to organise the heterochronomic space by creating a certain rhythm of events. Among the most frequent strategies employed by artists are: providing the audience with a strict timetable of events, creating an effect of unlimited time of spectator's exploration or exploring the liminal period between day and night. I would like to expand here on the latter strategy in order to present possible consequences of its use for the creation of ghosts.

In Constanza Macras's *Forest: Nature of Crisis* (2013) the night-and-day framework of production operates on a very individual level aiming at evoking the spectator's memories of childhood. At the beginning of the event staged

13 Ibid., p. 23.

14 Ibid., p. 150.

in Berlin's forest Müggelwald, the spectators, equipped with small tourist chairs, begin to walk up the hill in the middle of the forest. Along the way, Macras orchestrates a series of dance routines loosely alluding to traditional fairy tales of the Grimm brothers. For example, spectators watch Little Red Riding Hood chased by a man symbolising the Wolf and they are encouraged to engage with an installation composed of numerous mattresses clearly evoking *The Princess and the Pea*. Thereby, the space of the forest is gradually imbued with ghosts originating from stories the audience may know from their childhood. This effect is then reinforced in the sequence which takes place on the peak of the hill where spectators can see the sunset over Berlin. The performance clearly marks the boundary between city/civilisation and forest/wilderness. As the spectators descend the hill, Müggelwald becomes a scene for their own confrontation with fears stemming from the scary childhood stories. Each member of the audience gets a torchlight so that they can light their own path through the woods. Therefore, by the end of the night, the perception of the forest is significantly influenced by its cultural image conveyed by children stories.

Another set of strategies I would like to discuss is connected with the artistic practice of layering the space. Pearson and Shanks distinguish two particular strategies of site-specific performers to manipulate the site contributing to the emergence of particular ghosts. The first one is referred to as 'superposition' which refers to one of the basic laws of geology, whereby "layer upon layer, the deeper you go, the older it gets – to dig down is to dig into the past"[15]. In other words, the strategy aims at creating a sense of chronological historicity of a given space by highlighting the other strategy, called 'stratigraphy', which operates horizontally while simultaneously superinscribing different elements of performance be it set design, dance routines, costumes or music. Each of them has its own dramaturgy and engenders different interactions with the audience as well as manipulates the space in a different way.

To show the intricate interconnections between the two strategies, I will use the example of *Hotel Savoy* (2012), a site-specific performance based on the novel by Joseph Roth, staged by Michał Zadara in the actual hotel in Łódź. The effect of superposition is conveyed by the very architecture of the hotel which is a multi-storey tenement house. The production begins in the hotel's backyard where the audience can clearly see the intersection through the

15 Pearson / Shanks: *Theatre / Archaeology*, p. 134.

floors. The effect is then reinforced as far as the topography of the event is concerned. On ground floor, the director situates performative lectures by historians, architects and former guests of the hotel presenting its importance not only in the local context but also as a hallmark of the Polish state in the interwar period. The higher we reach, the closer we are to the contemporary situation of the three-star hotel which is barely surviving the competition with more luxurious locales. Interestingly, the stratigraphical dimension of Roth's novel contributes to the sense of the space's miserable condition. The highest floor in *Hotel Savoy* the novel is where the poorest working class residents are staying. Therefore, the performance introduces the ghosts of socialist discourse popular in Łódź before the Second World War, which creates a sense of sympathy towards the underprivileged. However, the strategy somehow clashes with another element of the production's stratigraphy. At the beginning of the show the audience acquires a coupon attached to the map of the hotel. The coupon entitles the spectators to a reduced price of stay at Hotel Savoy. From this perspective, the space inconspicuously becomes a set design for the hotel's marketing campaign. Thus, the ghosts of the working class past of the city invoked by the performance paradoxically contribute to the benefit of the contemporary capitalist system. The example of *Hotel Savoy* shows that the analytical concepts of superposition and stratigraphy may be useful to reveal conflicting discourses operating within a site-specific performance.

Finally, Pearson and Shanks coin the term *deep mapping* in order to describe a strategy whereby site-specific performers appropriate a given space. According to the British researchers,

> a deep map attempts to record and represent the grain and patina of place through juxtapositions and interpenetrations of the historical and the contemporary, the political and the poetic, the factual and the fictional, the discursive and the sensual; the conflation of oral testimony, anthology, memoir, biography, natural history and everything you might ever want to say about a place.[16]

We can see here that Pearson and Shanks refer to the performative aspect of the map highlighted by contemporary human geographers. For maps do not simply represent a particular landscape but they function "as an unfolding potential; as conduits of possibilities; as the sites of imagination and action in the world"[17]. Therefore, in the context of site-specific practices, the form of

16 Ibid., p. 64.

17 Rob Kitchin / Chris Perkins / Martin Dodge: Thinking about Maps. In: Id. (eds): *Routledge*

deep mapping employed by artists significantly determines ways in which the spectators experience the space by providing them with more or less visible reference points which are to guide them through the site-specific event. Consequently, deep mapping strategies may take various forms: from the actual map in *Hotel Savoy* through the use of the dramatic structure of Shakespeare's play in Klata's *H.* to the expressionist 'Stationendrama' form employed by Macras in *Forest: The Nature of Crisis.* However, deep mapping occurs even when there appears to be no leading structure that aims at manipulating the space. In the 2009 production of *Tunnel 228* by a British site-specific theatre company, Punchdrunk, there is no direct semiotic network that a spectator could refer to. Staged in the underground of London's Waterloo Station, the production leads the audience to the tunnels and leaves them there without any guidance on the part of the actors or the script. Artistic installations are located in darkness, which forces spectators to take an active part in the event as they have to create their own maps of the space depending on their individual path through the tunnel. For example, in one of the underground halls the artists put up a natural size forest made of paper. Spectators can stop at this point to enjoy meticulously sculpted trees and appreciate the eerie atmosphere of the locale. However some of them traverse the forest where they can find a staircase leading to other installations among them a room alluding to Salvador Dali's *Persistence of Memory*. Thus, what kind of a deep map do we have here? In this case deep mapping only emerges when spectators recognize their own ghostly presence in the tunnels. They form groups in order to explore the obscure parts of the tunnel or gather around the most spectacular objects, which altogether creates orientation points for the others to follow. In the end, the majority of spectators reach only the most frequented sites of the performance while the most unobtrusive ones are doomed to oblivion. Therefore, deep mapping of *Tunnel 228* aims at revealing, on a very basic level, the importance of social mechanisms responsible for creating collective memories of the space. The performance shows clearly that any attempt at forming an individual path through space is inevitably conditioned by the group we are operating within. In other words, ghosts are there even if there is no visible sign of their presence.

To conclude, the relation between ghosts and hosts in site-specific performance is definitely a complex one. For ghosts are not the cultural memories triggered by the site but rather they emerge in the course of the event as an

Studies in Human Geography. London / New York: Routledge 2009, S. 1–25, here p. 18.

interaction between space, performative strategies and spectators. Thus, analysing site-specific performance does not aim at ascribing definitive meanings to particular actions. On the contrary, the analysis serves to reveal ambiguities, paradoxes and clashing discourses activated in performance and the impact they may have on the instable experience of the spectator.

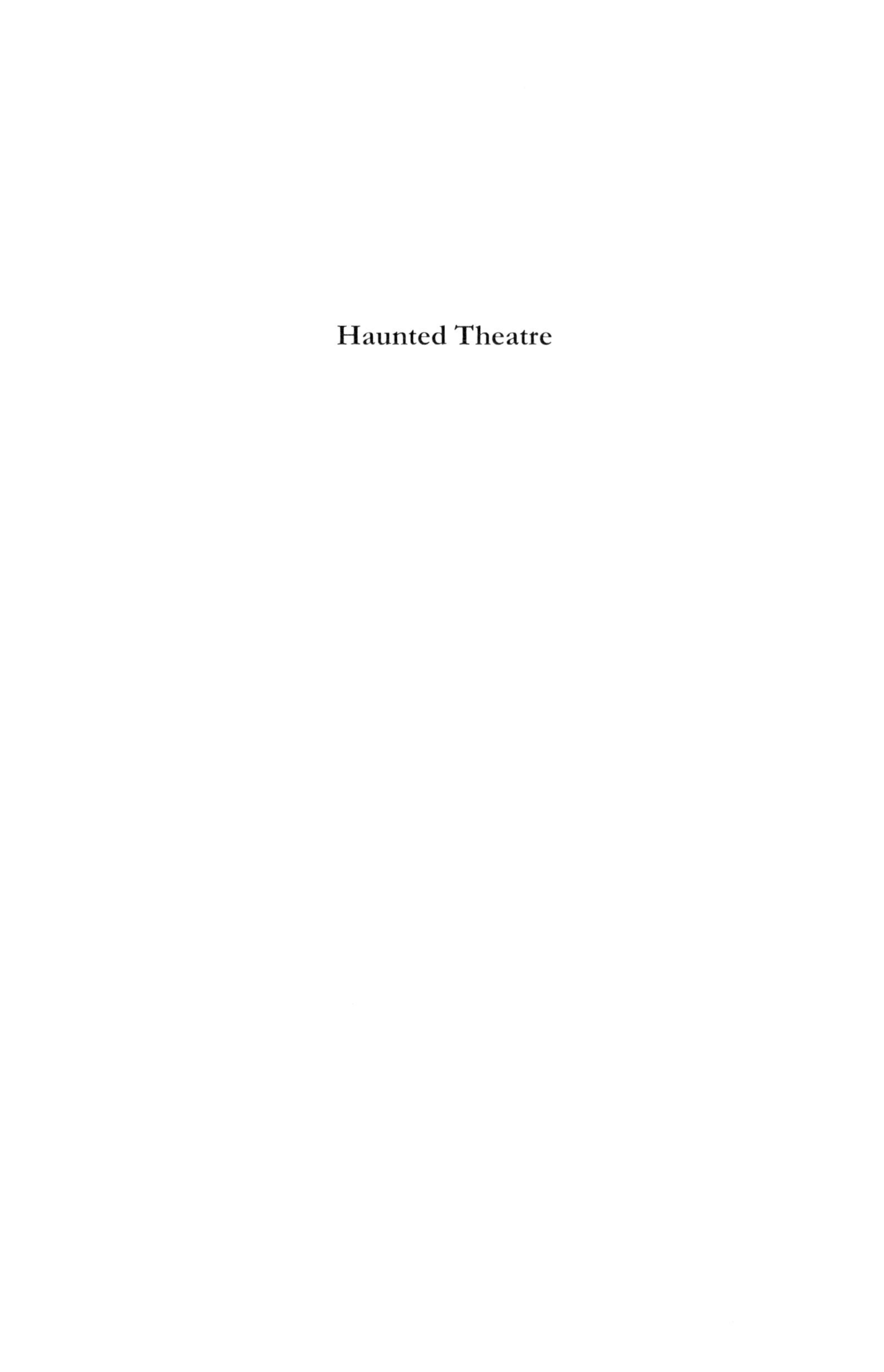

Haunted Theatre

Theater Gespenster Unfug

Gerald Siegmund

Ein Gespenst einfach aus der Erde aufsteigen zu lassen, sei weder ansprechend noch wirke es wunderbar. Auch andere Teile der Bühne seien für die Gespenstererscheinung wenig geeignet. Das befindet jedenfalls der venezianische Dichter und Bühnenausstatter Angelo Ingegneri (1550–1613) in seinem 1598 veröffentlichten Traktat *Della Poesia rappresentativa & del modo di rappresentare le favole sceniche*, der auf Deutsch unter dem Titel *Über die Kunst Bühnenstücke darzustellen* vorliegt.[1] Ingegneris Überlegungen zur wirkungsvollen Ausstattung von Bühnenstücken sind im Umfeld der Inszenierung des *Ödipus Tyrannos* im Teatro Olimpico in Vicenza 1584 entstanden, jenem Renaissancetheater, das von Palladio für eine örtliche Gelehrtengesellschaft entworfen und nach Palladios Tod 1580 von dessen Sohn fertiggestellt wurde. Orsato Giustinianis Inszenierung dient Ingegneri immer wieder als Beispiel für eine gelungene Bühnenausstattung. Der Traktat steht also unmittelbar im Zusammenhang mit der Herausbildung der Kulissenbühne und ihrer zentralperspektivischen Konstruktion, für die der Architekt Vincenzo Scamozzi verantwortlich zeichnete. Scamozzis Bühnenaufbau durchbrach die geschlossene *scenae frons* mit Hilfe von sieben die sieben Tore Thebens repräsentierenden Gassen, wobei der Holzaufbau sich nach hinten verjüngen musste, um die zentralperspektivische Illusion zu erzeugen, was ein Spiel in den Gassen oder im hinteren Teil der Bühne unmöglich machte. Wie nun hier also ein Gespenst auftreten lassen? Ingegneri weiß Rat. „Sein Erscheinungsort“, so sagt er,

> müsste aus zwei Gründen der letzte Teil der Hauptperspektive sein; erstens, weil gemäß den perspektivischen Gesetzen das Gespenst dort, im Vergleich zu den perspektivisch

1 Angelo Ingegneri: Über die Kunst Bühnenstücke darzustellen. In: *Maske und Kothurn* 5,1 (1959), S. 81–88.

> verkleinerten Häusern, außerordentlich groß wirkt, was die schreckliche Wirkung, die an mancher Stelle sehr erwünscht sein mag, verstärkt, zweitens, weil die Front der besprochenen Perspektive klein ist und man umso bequemer alles mit einem schwarzen Schleier bedecken (und auch wieder abdecken) kann [...].[2]

Dieser Schleier hülle das, was dahinter geschieht, in ein Geheimnis und lasse das Gespenst dadurch wahrscheinlicher wirken. Doch damit nicht genug. Das Gespenst solle sich lebhaft bewegen können, nur einen Lendenschurz tragen, hinter einem Schleier weder Arme noch Beine zeigen und überhaupt eher ein „unförmiges Gebilde darstellen und besser auf Rädern dahin gleiten als Schritte tun"[3]. Seine Stimme muss hoch, gellend und rau sein, und während es spricht, muss es mit Hilfe der Maschine ständig in Bewegung sein. Als Höhepunkt des gespenstischen Auftritts solle der Schleier zu brennen beginnen, was den Schrecken der Zuschauer vergrößere und sie vom eigentlichen Abgang der Gestalt ablenke.

Kein Zweifel: Das Gespenst richtet veritablen Unfug sowohl in der Ordnung der Bühne als auch in der Wahrnehmung der Zuschauer an.[4] Gerade dort, wo sich das frühneuzeitliche Subjekt seiner selbst habhaft werden soll, im Fluchtpunkt der Perspektive nämlich, erscheint das Gespenst als dessen aufgelöstes und auflösendes Double. Obwohl es eher den Charakter eines Dings hat, lässt es sich nicht dingfest machen. Es entzieht sich der Verortung und ist doch da. Es figuriert eine Leerstelle am hinteren Ende des Kulissenaufbaus, die es zugleich verdeckt und anzeigt. Die vier Beiträge in dieser Sektion nehmen sich in unterschiedlicher Weise diesen von Ingegneri formulierten Besonderheiten des Theatergespensts an. Sie thematisieren das Gespenst als Krise der Wahrnehmung und der rationalen Weltsicht (Alice Rayner), als prothesen- und maschinenhafte Grenze der theatralen Darstellung (Hans-Friedrich Bormann), als Double des Subjekts, das das Subjekt allererst in Bewegung versetzt und tanzen lässt (Sebastian Schulz), und als Maske und verlebendigende Figuration des Ursprungslosen, Abwesenden (Matthias Dreyer). In ihren Aufsätzen zeichnet sich ein gespenstisches Theater ab, das sich der Logik des *logos* und der im Bild geschlossenen Repräsentation widersetzt. An deren Stelle tritt, Ingegneris Gespenstern nicht unähnlich, ein Theater der

2 Ingegneri: Über die Kunst Bühnenstücke darzustellen, S. 85.

3 Ebd.

4 Vgl. auch Gerald Siegmund: ‚Un-Fug': Gespenster und das Wahrnehmungsdispositiv des Theaters". In: Ders. / Petra Bolte-Picker (Hrsg.): *Subjekt : Theater. Beiträge zur analytischen Subjektivität. Festschrift für Helga Finter zum 65. Geburtstag*. Frankfurt am Main / Berlin: Lang 2011, S. 31–45.

Stimmen und des Körpers, ein Theater des Tanzes und der schleierhaften Masken, das dem Abwesenden im Anwesenden Rechnung trägt.

Derartige Uneindeutigkeiten und Öffnungen, die Ingegneri als Schwierigkeiten der Theaterpraxis seiner Zeit thematisiert, haben für das Theater nicht nur ästhetische, sondern auch ethische Implikationen. Folgt man Jacques Derridas berühmter Hamlet-Lektüre in seinem nach dem Zusammenbruch des kommunistischen Ostblocks verfassten Buch *Marx' Gespenster*, so ist das Gespenst zum einen eine genuine Theaterfigur und zum anderen gerade deshalb jene Figur, die das Ästhetische mit dem Ethischen verbindet, zusammenfügt oder verfugt. Die ethische Dimension des Gespenstes ist bedingt durch dessen unklaren ontologischen Status, der in Shakespeares Vers „to be or not to be" (Akt 3, Szene 1) als das Problem der Figur Hamlet auf den Punkt gebracht wurde. Die unklare Ontologie des Gespensts ist gleichzeitig die Ontologie des Theaters, das ebenfalls ist und nicht ist. Im Theater bedeutet Sein oder Nichtsein immer zugleich zu sein und nicht zu sein. Für Theaterwissenschaftler wie Herbert Blau oder Freddie Rokem thematisiert *Hamlet* daher das Problem des Theaters selbst.[5] In den berühmten Eröffnungsversen des Stücks „Who's there? / Nay, answer me. Stand and unfold yourself!" (Akt 1, Szene 1) artikulieren sich die Grundfragen jeden Theaters als Spiel in und mit der Zeit, als Spiel mit dem Als-Ob der falschen Erscheinungen, Täuschungen und Wiederholungen. Theater ist der Ort, an dem Dinge erscheinen, die die gewohnte Ordnung der Dinge durcheinander bringen, weil sie wiederkehren. Fasziniert betrachten wir dabei die tragischen oder komischen Ergebnisse des Unfugs, den ihre gespenstische Wiederkehr anrichtet.

Das Gespenst ist eine Fügung, die dem Ungefugten der Zeit, die aus den Fugen ist, stets Rechnung tragen muss. Derrida hat in *Marx' Gespenster* das Gespenst in erster Linie mit der Gerechtigkeit als Fügung zusammengedacht. In Anlehnung an Heideggers Konzept der *Dike*, das Derrida dekonstruktivistisch wendet, konzipiert er Gerechtigkeit als „‚Fug' oder Fuge, Verfugung, Zusammenfügung, Ajustierung, Artikulation des Einklangs oder der Harmonie (*Die Fuge ist der Fug*)."[6] Die Gerechtigkeit verfugt den Einklang und bestimmt das Sein als mit sich selbst verfugte Anwesenheit. Das Gegenteil nun, und hier kommt das Gespenst ins Spiel, ist das, was „ausgerenkt und außerhalb des Rechts, im Unrecht des Ungerechten, ja in der Dummheit

5 Vgl. Freddie Rokem: *Geschichte aufführen. Darstellungen der Vergangenheit im Gegenwartstheater*. Berlin: Neofelis 2012, bes. S. 29–39; Herbert Blau: *Take Up the Bodies. Theater at the Vanishing Point*. Urbana: University of Illinois Press 1982.

6 Jacques Derrida: *Marx' Gespenster*. Frankfurt am Main: Fischer 1996, S. 46–47.

(im *Un-Fug*)" ist.[7] Das Gespenst ist sowohl die Ursache als auch das Resultat des Unverfugten, markiert es doch das „Unverfugte in der Anwesenheit des Anwesenden selbst, diese Art von Ungleichzeitigkeit der gegenwärtigen Zeit mit sich selbst [...]"[8]. Die Heimsuchung, *Hantologie*, des Gespensts fügt der Zeit einen Riss zu und setzt sie durch die Unterbrechung als lineare überhaupt erst in Gang. Derridas im Sinne des Gespensts revidiertes Konzept der Gerechtigkeit basiert auf diesem Un-Fug. Es basiert auf der Asymmetrie in der Begegnung mit dem Anderen, die auf dessen Vor- und Unzeitigkeit gründet. Wir sind im Leben nie eins mit dem Sein, weil es im Leben (und nicht in Opposition zum Leben oder als andere Seite des Lebens) selbst etwas gibt, das das Leben teilt, den Tod. Die Figur des Gespensts ist dieses Anwesende ohne Anwesenheit und das heißt für Derrida, der Ort der Gerechtigkeit.[9] Sie erhebt den Anspruch, dem Gesetz und dem Anspruch des Anderen treu zu bleiben und seiner Stimme Folge zu leisten, ohne darin umzukommen und davon besessen zu werden.

Diese ethische Dimension des Gespensts entfaltet Derrida nun ausgerechnet an einer Theaterfigur, die nur mit Hilfe von Theatermitteln erscheinen kann. Er macht aus dem Gespenst von Hamlets Vater jenen Ort, an dem die symbolische Ordnung mit Hilfe von Blick und Stimme, von Maske und Körperprothese, dem Subjekt erscheint.[10] „Daß wir uns gesehen fühlen von einem Blick, den zu kreuzen immer unmöglich bleiben wird, darin besteht der *Visier-Effekt*, von dem her wir das Gesetz erben"[11]. Das Gespenst von Hamlets Vater fügt in den Bühnenraum eine andere Zeit und einen anderen Blick ein, der nicht gleichzusetzen ist mit dem Blick einer Figur oder Person. Hamlet berichtet Horatio, dass ihm das Erkennen seines toten Vaters einzig und allein dadurch möglich wurde, dass das Gespenst sein Visier hochgezogen habe. In diesem Visier wird der Blick, der „ganz fest" auf Hamlet gerichtet ist, selbst gerahmt und ausgestellt. Der Blick selbst gerät ins Visier und macht sich dadurch als Blick sichtbar, ohne dass er an einen Köper zurückgebunden werden könnte. Die Rüstung als „technische Prothese, ein Fremdkörper für den gespenstigen Leib, den sie bekleidet, versteckt und schützt, auf

7 Derrida: *Marx' Gespenster*, S. 47.

8 Ebd., S. 49.

9 Ebd., S. 44.

10 Jacques Lacan: *Die vier Grundbegriffe der Psychoanalyse. Das Seminar Band XI*. Weinheim / Berlin: Quadriga 1987, S. 99–103.

11 Derrida: *Marx' Gespenster*, S. 24.

diese Weise sogar seine Identität maskierend"[12], wie es Derrida hellsichtig formuliert, fungiert als Prothese des Blicks, der plötzlich im Bild erscheint und, wie bei Ingegneri, dessen Rahmen zu sprengen droht. Die Rüstung, die wie eine Maske funktioniert, ist aber auch die Öffnung für die körperlose Stimme des Gesetzes. Sie weist der Stimme einen phantasmatischen Ort zu, ohne sie an einen Körper binden zu können. Der gespenstische Blick, der zugleich da und nicht da ist, in einem Körper, der als solcher unsichtbar bleibt und lediglich durch eine Prothese markiert ist, erblickt Hamlet und richtet seinen Anspruch an ihn.

Dieser Anspruch von Gerechtigkeit muss sich also zumindest temporär verkörpern, um Effekte zu zeitigen. Derrida stellt dem Visier-Effekt des isolierten Blicks und der Stimme einen „Phantom-Effekt" des Körpers zur Seite.[13] „Denn es gibt keinen Spuk, kein Gespenst-Werden des Geistes", wie er formuliert, „ohne zumindest den Anschein eines Leibs, in einem Raum unsichtbarer Sichtbarkeit, als Verschwinden (*dis-paraître*) oder Erscheinung (*apparition*)"[14]. Diese Verkörperung vollzieht sich nun gerade nicht, „indem man zum lebendigen Leib zurückkehrt, von dem die Ideen oder Gedanken abgezogen sind, sondern indem man diese letzteren in einem anderen, artefakthaften Leib inkarniert, in einem prothetischen Leib, einem Phantom des Geistes […]"[15].

Wenn Francisco zu Beginn von *Hamlet* den Geist auffordert, sich zu offenbaren, „to unfold itself", dann ist dieses Auffalten stets ein unendlicher und undefinierbarer Prozess von Zeigen und gleichzeitigem Verbergen. Theater arbeitet aus diesem Riss heraus. Es institutionalisiert und bearbeitet ihn in der Aufteilung von Raum und Zeit, die es vornimmt: zwischen Zuschauerraum und Bühne oder zwischen dem Hier und Jetzt auf der einen und dem Dort und Damals auf der anderen Seite. Nimmt man die gespenstische Dimension des Theaters ernst, so hat dies selbstredend Auswirkungen auf eine Theorie des Theaters. Denn die Figur des Gespensts ist eine Figur des Dritten, die jegliche Vorstellung einer unmittelbaren Ko-Präsenz von Zuschauern und Akteuren durchstreicht. Der Gespensterdiskurs zwingt dazu, jenes in der Theaterwissenschaft zentral gewordene Paradigma des Performativen zu überdenken und zu differenzieren. Richtet dieses sein Augenmerk auf das phänomenale So-Sein der Körper und Stimmen, die in der leiblichen

12 Ebd.

13 Ebd., S. 200.

14 Ebd.

15 Ebd.

Ko-Präsenz von Darstellern und Zuschauern im Hier und Jetzt des geteilten Theaterraumes eine Erfahrung ermöglichen,[16] verweist das Gespenst gerade darauf, dass dieses So-Sein immer bereits ein Anders-Sein impliziert. Es ist immer schon angeschnitten von Bildern, Sprache und Diskursen, die es nicht auf sich abbilden kann, die ihm fremd und äußerlich bleiben müssen und die es heimsuchen. Eine Ko-Präsenz als ‚Ko-Präsens' kann es im Theater unter der Herrschaft des Gespensts daher ebenso wenig geben wie eine geschlossene (narrative) Repräsentation von Geschichte. Stattdessen müsste man von Schichtungen und Schichten des Raum-Zeitgefüges sprechen, die Ungleichzeitiges und räumlich Getrenntes jeweils neu konstellieren. An dieser Stelle tritt das Gespenst als Medium in Erscheinung. Es medialisiert das Verhältnis des Subjekts zur Sprache, zum Bild und zum Körper, indem es den Riss, der sowohl das Subjekt als auch dessen Zugang zur Welt bestimmt und ermöglicht, phantasmatisch besetzt und ausstellt. Es stellt eine Art symbolischer Identifikation mit dem unpersönlichen symbolischen Blick des Theaters dar, indem sich, gespenstisch verkörpert, das Theater als Theater zeigt. Das Gespenst ist eine genuine Theaterfigur, das die Brüchigkeit jeder Identifikation als Aufgabe an das Theater stets kritisch stellt. Der Geist, den Derrida verkörpert sehen will, verkörpert sich demnach nicht als sinnliches Scheinen der Idee, wie es Hegel wollte. Der Geist verkörpert sich in dem Sinne, dass sich die Idee (des Theaters) an den Körpern, Stimmen und Maschinenprothesen der Schauspieler oder Performer zer-setzt. Damit wird sie verräumlicht und verzeitlicht und von sich selbst entfernt und enteignet. Ihr widerfährt Gerechtigkeit, gerade weil sie sich nicht setzen und verabsolutieren kann. Gespenster lieben das Theater, weil es wohl auch ein Ort ist, an dem sich die kulturell-historischen Bedeutungen der Dinge an der Materialität der Dinge ihre Köpfe blutig schlagen können. Die Materialität der Signifikanten kann sich an Ideen reiben, ohne diese verkörpern, oder zumindest nur kurzzeitig verkörpern zu müssen, bevor sie sich wieder trennen. Sprache und Wissen auf der einen und Körper und Erfahrungen auf der anderen Seite können auf diese Weise ko-existieren, sich gegenseitig überprüfen, miteinander spielen, ohne „sein" oder gar identisch sein zu müssen. Der Phantomkörper des Geistes, den Derridas Theater-Philosophie und Ingegneris Theater-Praxis teilen, verbindet Maske und Blick und produziert auf diese Weise eine Pro-These – etwas, das zeitlich einer eindeutigen Aussage oder gar einem Faktum

16 Vgl. exemplarisch Erika Fischer-Lichte: *Ästhetik des Performativen*. Frankfurt am Main: Suhrkamp 2004.

vorausgeht. Die Prothese ist eine Maschine des Werdens, ein Medium, das die Möglichkeit von Etwas aufscheinen lässt, das unsere Wirklichkeit mit dem Schatten eines Doubles belegt.

Die Texte in dieser Sektion widmen sich auf unterschiedliche Weise dieser gespenstischen Nicht-Setzung und Nicht-Identität der Dinge mit sich selbst als der ethisch-ästhetischen Dimension von Theater. Alice Rayner untersucht in ihrem phänomenologisch grundierten Beitrag das Nichtwissen, das mit dem Tod ins menschliche Leben tritt. Dieses mit dem Tod verbundene Nichtwissen treibt den Menschen um und sucht ihn gespenstisch heim. Diesseits unserer lebensweltlichen Orientierung, die mit angenommenem Wissen und scheinbar stabilen Kategorien operieren muss, erstreckt sich ein weites Feld aus Erinnerungen, Geschichte, Hoffnungen, Träumen, Ängsten, Fantasien und Eingebildetem, das als das Andere unseres Bewusstseins gelten kann. Es weist jede stabile Wirklichkeit als Setzung und daher als kontingent aus. Theater erkennt dieses Paradox der menschlichen Existenz in seinem konstitutiven ‚Als ob' an. Die Bühne erscheint mithin als der Ort, an dem dieses Nichtwissen, das unserer logisch-pragmatischen, organisierten Lebenswelt zuwiderläuft, in den Vordergrund treten kann. Damit widersetzt sich das Theater der Einteilung der Welt in wahr und falsch, in sichtbar und unsichtbar. Das Theater trotzt also der Dichotomie von Anwesenheit und Abwesenheit, indem es alle Dinge, die es zeigt, zugleich immer auch verbirgt. Gerade weil im Theater die Dinge immer zugleich sind und nicht sind, operiert es mit dem gespenstischen Double und macht es, wie Tadeusz Kantor in seiner letzten Inszenierung, *Today is My Birthday*, erfahrbar. In Rimini Protokolls *Situation Rooms* schließlich sieht Rayner ein neues kollektives Gespenstisches am Werk, das uns unsere Verstrickung in globale Zusammenhänge nachvollziehen lässt, von denen wir zwar wissen oder sie zumindest erahnen, ohne sie jedoch einsehen zu können.

Hans-Friedrich Bormann widmet sich in seinem Beitrag dem wohl berühmtesten Gespenst der Theatergeschichte: dem Geist von Hamlets Vater aus Shakespeares Tragödie *Hamlet*. Auch hier ist das Gespenst eine Figur, die zwar ständig benannt wird, ohne dass diese Zuschreibungen jedoch zu einem gesicherten Wissen über dessen Existenz und Wesen führten. Deshalb steht der Geist von Hamlets Vater in einer grundsätzlichen Differenz zu den anderen Figuren des Stücks. Er ist keine Figur, die einfach dargestellt werden kann, sondern sie führt die theatrale Repräsentation an ihre Grenze und stürzt sie in eine Krise. Anhand bildlicher Darstellungen und Beschreibungen des Geistes von Hamlets Vater aus dem englischen Theater des 18. und frühen 19. Jahrhunderts arbeitet Bormann zwei Strategien heraus, wie das Theater mit der Undarstellbarkeit des Gespensts umgehen kann. Verfahren der Externalisierung versuchen das Gespenst durch den Einsatz von Technik und Medien wie etwa Nebel, Bildeffekte oder Geräusche zu evozieren, während Verfahren der Internalisierung versuchen, das Gespenst allein durch die Wirkung aufzurufen, die dieses bei den anderen Figuren auslöst. Durch gesteigerte Ausdrucksmittel wie Gestik oder Mimik zeigen die Schauspieler die Präsenz einer übernatürlichen Gestalt an, ohne dass diese selbst gezeigt werden müsste. Beide Verfahren können jedoch scheitern; sie können ins Lächerliche abrutschen, weshalb das Gespenst letztlich auch jene Figur ist, die, um die Gefahr des Misslingens zu bannen, die Grenzen des jeweiligen Theaterdispositivs erweitert.

Ebenfalls mit Hamlet setzt sich Sebastian Schulz in seinem Text auseinander. Die Figur des Hamlet steht für ihn paradigmatisch für das gespaltene neuzeitliche Subjekt, das erst durch die Einführung in die symbolische Ordnung einer Kultur zum Subjekt wird. Gegenstand und Austragungsort dieser Subjektwerdung des Menschen ist der Tanz. Schulz zeigt anhand von Thoinot Arbeaus Traktat *Orchésographie* aus dem Jahr 1589 auf, wie die Choreographie zum gespenstischen Double des Tanzes wird, um die Menschen sozial zusammenzubinden und so die geregelte Organisation eines Gemeinwesens herzustellen und darzustellen. Im Gegensatz dazu ist Hamlet der Tanz verwehrt. Mit Jacques Lacans Lesart der Hamlet-Figur stellt Schulz fest, dass diese die Spaltung verleugnet, sodass Hamlet schließlich das Gespenst in der Realität erscheinen muss. Daraus zieht Schulz Konsequenzen für eine zeitgenössische choreographische Praxis, die sich weder auf die Seite der Natur stellen noch mit der Choreographie als der symbolischen Manifestation der gesellschaftlichen Ordnung identisch werden kann. In beiden Fällen gilt es, das Gespenst der Choreographie als jene immer wieder neu zu besetzende Leerstelle, an der sich ein Bild des Menschen und der Gesellschaft zeigt, nicht zu leugnen, sondern sich zu ihm zu verhalten.

Auch Matthias Dreyer kreist in seinen Überlegungen zu Friedrich Nietzsches Geisterkonzept um eine zentrale Leere, die Nietzsche in *Geburt der Tragödie aus dem Geiste der Musik* mit der Figur des Dionysischen maskenhaft belegt. Am Ort der Maske wird etwas verlebendigt, das sich der Darstellung entzieht. Mit dem Erscheinen der Geister ist auch der Auftritt eines Schauspielers verbunden, der sich aus dem Chor gelöst hat, und mit dem, so Nietzsche, das Scheinen selbst zum Vorschein kommt. Nietzsches Tragödienkonzeption spricht der Szene eine ganz und gar halluzinatorische Qualität zu. Darin erscheint der erste Schauspieler als Vision des Chores, der ein zitterndes Bild aussendet, das die Figur des Schauspielers irrealisiert. Als zitternder, unscharfer, an- und abwesender wird der Protagonist schließlich vom Publikum auch erkannt. In diesem Sinne sind für Nietzsche die Helden der griechischen Tragödie allesamt Figurationen und damit Wiedergänger des abwesenden Gottes Dionysos. Dreyer vollzieht in einem zweiten Schritt die Abkehr von der Vorstellung, dass Mythos und Kult der Ausgangspunkt für Nietzsches Geister- und Theaterkonzeption seien. Vielmehr betrachtet er diese ebenfalls als Masken und Figurationen eines Abwesenden, das phantasmatisch besetzt werden muss. Diese Leere nun wird für Nietzsche in einer entpersonalisierten Stimme vernehmbar, deren Grund unauffindbar bleibt und die doch jeden, der sie hört, in ihren Bann zieht. „Am Ort der Maske erklingt etwas, das sich der Sichtbarkeit entzieht und nicht mit der darstellenden Person identisch ist." Diese herren- und körperlosen Stimmen eröffnen einen ursprungslosen Echoraum, in dem sie geisterhaft ihr Un-Wesen treiben. Das Theater ist der Ort ihrer Verlebendigung, ihrer Wiederkehr und ihres Fortlebens als Etwas, das die Gegenwart unterbricht, aussetzt durchkreuzt und auf etwas hin öffnet, das noch aussteht.

The Ghostly Paradox

Alice Rayner

My work on ghosts has clearly developed over time, so it is a special privilege in this essay not only to consider my earlier work, but to develop that work toward new conditions that were unexplored in my book on ghosts. For the world has changed significantly since *Ghosts* was first published.[1] It thus seems particularly important to identify how we continue to be haunted, even in the light of changing history. There are always lessons to learn from the ghosts even as new technologies and social configurations come to the fore. The common denominator in each of the sections is, perhaps unsurprisingly, death. To whatever degree the response to death is variable, the existential fact of death will necessarily exceed even those variations. And however much the responses to death are recorded by history, mystery will remain, for ghosts continually present us with the unknown and however one perceives them, the unknown continues.

The first section of the essay accounts for the ways in which haunting may occur in the most ordinary of circumstances. That ordinary way can perhaps best be seen as the paradox of knowing and not-knowing that we are always living in, perhaps rightly ignoring that contradiction just in order to get on with the day. What haunts us all in daily life, however, is the fact that we will die. It is that element of non-knowing that, like the dark matter that surrounds us, becomes only just a little clearer over time. For the most part one lives in denial and paradox, ignoring the inevitability of death; yet death will come.

1 Alice Rayner: *Ghosts. Death's Double and the Phenomena of Theatre.* Minneapolis / London: University of Minnesota Press 2006.

The second section looks at a film by French director François Ozon, *Sous le sable*, as a way of investigating the simple trajectory of such unknowing, through denial into acceptance. Similarly, in the third section I will look at the posthumous work of Tadeusz Kantor and the place that theater takes in dealing with such life and death issues. For it is the double that theater entails that teaches us that we are almost always caught by the double. Together these two sections suggest that it is only *through* that double that we can ever fully recognize the paradoxes of life and death. Theater is undoubtedly the clearest and perhaps most paradigmatic case for making us aware of that double. Thus it is theater that provides the through-line for all of the sections.

The final section of this essay is the newest and perhaps riskiest. Rather than the conventional relationship between the stage and the audience in which the audience attends to what is happening on stage, Rimini Protokoll in their production of *Situation Rooms: A Multi-Player Video Shooting*, creates an event that is somewhere between theater, adventure, and reality. What is ghosted in such circumstances becomes a complex interplay of imagination and reality, each informing and coloring the other to the extent that neither can be taken as entirely independent of the other. New connections are created even as others are ignored. Rimini Protokoll's project seemed to be a useful indicator for what elements are coming to the fore and what elements are receding into the background of theater as it becomes a global phenomenon. The use of technology is one of the most important elements, for it is through technology that Rimini Protokoll creates a participatory event that changes the conventional relationship between participants and audience. The only catch is that new ghosts will arise. However speculative this section may be, I want to suggest that new ghosts will be constituted.

Each section invokes history to the extent that each necessarily involves gaps in the written record. Written history at most is an arrangement that aims at coherence: it generally escapes the chaos that might include myth and storytelling. In part that is the simple consequence of writing itself, for writing cannot cover everything. Written history is thus both partial and developmental. Different elements are covered at different times and at any given moment the written record will pass over all that composes being.

Ghosts of the Everyday

If there are such things as ghosts, they reside in a dimension that does not take kindly to the material world we know. Any acknowledgement of a ghostly presence leads to contradictions that simply do not compute with what we acknowledge as real. Even to begin acknowledgement requires a recognition and acceptance of paradox. Such recognition requires a deep penetration of time itself and the ways in which time is as fluid and mobile as space. This is my claim. Certainly we create history out of time but we also fill the gaps in that history with objects, the mute evidence of other times, of something having passed away, of silent messengers coming from a distance into the present. The oscillations between what is known, what is unknown, what has passed, and what remains a mystery, both constitute and escape what we call history; hence history itself contains multiple dimensions.

What makes theater unique in understanding the very mobility of time and space derives from its capacity to employ multiple dimensions at the same instant. Theater, in other words, confounds the premise that there is a strict division between true and false, real and unreal, visible and invisible, if only because it employs the specific dimensions of true and false, real and unreal, visible and invisible. Instead of the common notion that there is an original residing somewhere behind the copy, there is a dynamic contradiction that cannot come to rest in either the visible or invisible, real or unreal, true or false. Theater is the one place that requires a deep engagement with both the materiality of the world and the invisibility that exceeds that materiality. In other words, the theatrical double is not either an imitation or a simple representational practice if only because representation is where we live. And that, in any logical terms, is a contradiction.

Akin to metaphor and metonymy, that theatrical double invokes dissimilar elements and finds points of overlap such that the double negative (not *not* that or is and is *not* that) count as true whether or not they are really true. Language does have a way to deal with complex perceptions, but the logic tends to fail: such is the limitation of dualistic thought. Language thus insists that paradox and contradiction are logical impossibilities that have no real bearing on the way in which humans formulate complex reality, and such a formula is both logical and rational but rarely true. For those of us exploring any realm outside logic, the refusal to consent to the rationalist's formulation of what is real and what is false, of what is marked by material reality and what by imagination, is also limiting. The further premise, then, is that imagination *always* marks the way in which we comprehend the world and is inextricable from the ways in which we think and communicate. Ghosts tend to land in that imaginative territory, but cannot be fully assimilated. They stand for that aspect of reality that resists full assimilation to either language or thought. To put it another way: ghosts inhabit the region in which thought comes to a stop. Such is the sense of the uncanny or of horror at the encounter. That paradoxical territory marks the kinship of ghosts and time that we humans formulate, at best, through representation.

There is the song by John Hiatt with the lyrics, "And you see your old man's ghost/ Come back as creamed chip beef on toast"[2]. The difference between ghost and creamed chipped beef is really negligible for he is singing about a combination between the ghost and the mundane found in the perception of another person. That combination not only signals that ghosts return in the most ordinary circumstances but that absence and presence are deeply entwined. Rather that being distinct qualities of objects, that is, the combination of absence and presence marks the "old man" as somehow returning in the form of creamed chipped beef on toast. Certainly they are not identical, but the perception of the difference relies not on either the "old man" or the "chipped beef on toast", but on the third party, the singer, whose memory engages with past and present simultaneously. That kind of memory combines with the sensory reality of the present such that together they create a specific sense of something uncanny: a nothing that is also something, for we humans are continually caught between the facts of sensory experience and the possibility of the unknown.

Perhaps a better version of this idea comes from Jacques Derrida in *Specters of Marx* in which he writes about Hamlet's father as an absence that nonetheless has force: the very repetition and return that comprise history. I am calling on Derrida to note simply that he uses the ghost of Hamlet's father to demonstrate what he means by the persistence of the ghost in Marxist history. He writes:

> There has never been a scholar who really, and as a scholar, deals with ghosts. A traditional scholar does not believe in ghosts – nor in all that could be called the virtual space of spectrality. There has never been a scholar who, as such, does not believe in the sharp distinction between the real and the unreal, the actual and the inactual, the living and the non-living, being and non-being ("to be or not to be") in the conventional reading, in the opposition between what is present and what is not, for example, in the form of objectivity.[3]

Derrida goes on to say that it is Marcellus, the guard who goes with Horatio to Hamlet, who articulates that "other scholar" (Marx) who "would be capable, beyond the opposition between presence and absence, actuality and

2 John Hiatt: *Your Dad Did* on *Bring the Family*. A&M Records, 1987.

3 Jacques Derrida: *Specters of Marx: The State of Debt, the Work of Mourning and the New International.* New York: Routledge 1994, p. 11.

in-actuality, life and non-life, of thinking of the possibility of the specter, the specter as possibility."[4]

This essay, then, is specifically about that possibility lying between life and non-life, actuality and in-actuality. Such an in-between condition carries as much force as the material world but actually holds far more than our language can contain – as Hamlet knew: "There are more things in heaven and earth, Horatio, than are dreamt of in your philosophy."[5] That possibility is perhaps best conceived of as a temporal aspect of the present, one that informs but does not determine the present. Such possibility is probably best enacted at the theater where one actually experiences the combination of true and false, real and unreal, visible and invisible. That experience often gives one the sense that theater itself is largely unreal. But it actually shows not only the fact that humans are representing animals but that representation conceals the paradox of participation.

The Paradox of Time

What we take from the theatrical experience is precisely the *feeling* that in some measure supports any of the specific ideas within a production. Theater is the one place that requires an engagement with both the materiality of the world and the invisibility that exceeds that materiality (however much this may also be true in any arena). But the theater doubles the world and that theatrical double is neither an imitation nor a representational practice, yet it does not escape representation: hence the paradox. Representation is where we live and that, in any logical terms, is both a contradiction and an inescapable situation.

Such doubling is our means of representing the world to ourselves: rarely do we perceive the thing itself. Yet the mystery of the contradiction within representation belongs to the mystery of time and its variability. How otherwise do we reconcile the passing moment with the past and the future? How do we make sense of an ending, when life is on-going? How do we deal with an impossible present and an ever-moving temporal existence? Such contradictions are perhaps similar to the one articulated by Augustine when he tried to think about time. He wrote: "We surely know what is meant by time when we hear someone else talking about it [time]. What then, is time? Provided

4 Ibid., p. 12.

5 William Shakespeare: *Hamlet*, ed. by Harold Jenkins. New York: Methuen 1981, pp. 174–175.

that no one asks me, I know. If I want to explain it to an inquirer, I do not know."[6]

Augustine eventually answers that lack of explicit knowledge by means of recollection and anticipation: capacities of the mind. In another sense, however, time is the very nothing that Hamlet faced in seeing his father's ghost. There is something there, but it is nothing. Is the father dead or alive or a projection of young Hamlet's? How can one know whether the ghost is real or unreal or somewhere in between? Is it dad or creamed chipped beef on toast? As long as nobody presses the case we certainly 'know' what time is but as soon as anybody asks we are baffled, perhaps starting to talk about the time and space as inextricable elements. Still, there is a significant difference between how one explains time and how one lives within it, between the materiality of the world we live in and the fact that such materiality is always escaping the ways we might speak of it.

Just to keep things simple, let me propose that this 'nothing' is the end of time, or, to put it in more mundane terms, death. It is more than likely much more than that but for now suppose that the 'nothing' that confronts us as we think about time is the gap or absence that consistently confronts us but is more often than not, ignored. For death is the space, so to speak, when time as we know it comes to an end. One looks into that absence and quickly retreats. Consider now a couple of cases that illustrate more clearly what I mean by this.

Consider the starting time of theater, conventionally at 8:00 p.m. Clearly there is a reality to that time and for the most part we all show up as though by appointment and are likely to forgive the production that does not start exactly at 8:00 p.m. From the ghostly perspective, however, that 8:00 is an impossibility because the real 8:00 is always passing and the present of 8:00 is either lost to the past or anticipated in a future. This was Augustine's problem. The encounter between an audience and the stage certainly elides the actual slippage of time and convention takes over. Exactitude, however, is an impossible ideal. That is to say that the arbitrary nature of exactly 8:00 is impossible except through representation like that of the clock, but even that moment is within representation. It stands against the *now* that is always passing away.

That encounter is continually lost to attention and we miss it. The play, however, will begin and I only miss the exactitude that I pretend to want. One

6 St. Augustine: *Confessions*, transl. from the Latin by Henry Chadwick. Oxford: Oxford University Press 1992, XI.xiv (17).

is always missing that exactitude because we live heavily in time and space and are not really built to keep up with the present. Such an automatic habit simply turns the 'now' of the present into an unconscious point, and we more generally live by the clock. Clocks, however, disguise their own failure and conceal the precise moment when the past and future exchange places. It might in fact be more reasonable to think of the present as that exchange, but that is extremely difficult to maintain. Perhaps recognition really comes at the point when imagination and reality open up to each other and what we see is in fact our own part in creating that event. What such a perception eliminates is the sense that there can ever be an 'objective' reality, at least on the human plane of existence. Instead, to some extent, we are creating that combined reality along the way. Beyond our perception, of course, things do carry on without us.

The paradox of time thus becomes an impossible contradiction on the border of conscious and unconscious behavior. We all carry them both to the theater. Such an impossible duality was nicely summed up by Virginia Woolf in *The Waves*. She wrote:

> But it is a mistake, this extreme precision, this orderly and military progress; a convenience, a lie. There is always deep below it even when we arrive punctually at the appointed time with our white waistcoats and polite formalities, a rushing stream of broken dreams, nursery rhymes, street cries, half-finished sentences and sights – elm trees, willow trees, gardeners sweeping, women writing – that rise and sink even as we hand a lady down to dinner.[7]

That rising and falling, coming and going, falling away and repeating (like waves) are always present, even when we concentrate. Social niceties and the convenience of punctuality help wash away the multiplicities of time and space that consciousness disavows. But below that consciousness resides another one, constituted by memory, history, hopes, imagination, dreams, and possibilities that "rise and sink" along with daily life. Blended with consciousness, that is, comes the 'other' one (the unconscious) that carries on regardless.

In Denial: François Ozon's *Sous le sable*

The relationship between these two elements tends to be syncopated because the two blend together, often in unknown ways. Imagining that we are always conscious, it is almost impossible to see the degree to which the unconscious

7 Virginia Woolf: *The Waves*. New York: Harvest / HBJ 1959, p. 255.

is also determining elements of our behavior. Such syncopation means that both conscious and unconscious elements remain in the present, but we remain unaware of just which is operating at any given moment because they are always moving, always in touch with the past, always anticipating the future. There is a French film from the year 2000 called *Sous le sable*, starring Charlotte Rampling that perhaps illustrates this point best. In that film a wife is attempting to deal with her husband's disappearance. They had been on vacation and while she napped he simply disappeared. He was possibly depressed; possibly not depressed; but he disappeared without a trace, without a witness. She goes to the police; she waits at the house; she drives back to Paris.

In the next scene she is at a dinner party teasing the host about his lack of exercise. It should be a flashback but quickly becomes clear that she is in denial about her husband's loss. Yet the husband appears in the very next scene and she talks to him about the dinner party and the host. Later, while she puts away dishes in the cupboard there is a shot of her face, in shock. She recovers, sits at the table, butters toast for her husband, and tells him that she does not want to go to work but to stay home with him. Then we see her teaching Virginia Woolf's *The Waves*, reading the passage quoted above. Alone on her bed she feels the hands of both her husband and her suitor, Victor. When told that she must declare her husband dead, she says she will speak to him about it. She is going in and out of denial.

When she pays for her husband's prior visit to a doctor and discovers that he had been taking anti-depressants, and then reports to his mother that he may have committed suicide, we no longer know the extent of her denial or her acceptance of his death. The film slips seamlessly between an absolute certainty of his presence and the practical actions she takes based on his absence. She finally returns to the seaside and demands from the police to identify not only the swim trunks and watch they have recovered but also to see the putrefied, bloated body that was found. As the police hand her a watch she laughs and says, "No, absolutely not; this is not his watch." They reply, "But Madame, it is exactly as you described it to us", to which she replies, "I am his wife and I should know."[8]

Returning to the beach where he was lost, she weeps. But looking up she sees a man in the distance and in the final long shot she runs toward him, her footprints tracing a curving line in the sand. The camera, however, foreshortens

8 *Sous le sable* (*Under the Sand*, F 2000, D: François Ozon).

the distance between them and as it pans back to a long shot it is impossible to know how much space is between them and whether she might be running toward him or past him. Clearly there is all the evidence of a missed encounter with death. Marie's bafflement at her husband's loss is not just whether he is dead or alive, by suicide or accident. The bafflement itself is necessarily the result of an unseen accident, impossible to comprehend, impossible to locate in a moment.

Death happens when one is not looking because it cannot be fully seen, only felt. Death is the bar between the comfort of daily objects – boiling water, buttering toast – and the vast empty space of the ocean, with its repetitious sameness. This alteration between kinds of time, the daily and the eternal, the time of things and the time of infinity, suggests that the mystery lies in the overlap and the impossible difference between them, somewhere between the known and the unknown. Such ordinary time, that of "handing a lady down to dinner", contrasts with the onslaught of memory, history, and fantasy that constitute double consciousness. Between those elements lies the mystery of the unknown that constitutes the impossible reality that haunts us.

What the film captures is the bafflement of death that must always seems like some terrible accident: a mystery, impossible to comprehend, impossible to locate at a moment in time. Death tends to happen when one is not looking and people are known to die precisely at the moment when the relative or the nurse leaves the room. Death is the bar that remains a mystery. It lies between the comforts of daily objects and ordinary desires and the vast space that, like the ocean has a steady and ever-changing sameness.

The Empty Chair: Tadeusz Kantor's *Today Is My Birthday*

Let me now put this in more mundane terms. A chair is one of the most basic human objects that echo the human body. It is an inanimate reproduction of the human lap with enveloping arms (or not) and a duplication of the safety that the lap implies. The chair holds off the pull of gravity and gives ease to muscle and bone. It catches the body halfway between upright and collapse; it expects the bent knee and the hinged hips. It stands midway between the creaturely need for rest and the symbolic social configurations of order. Etymologically the word combines *kata* (down/along) with *hédra* (seat) and thus, *kathédra*: the four-legged, two-armed seat generally occupied by a bishop.[9] The word thus holds an archaic sense in which a figure of authority takes

9 For the complete definition see the *Oxford English Dictionary*, vol. II. Oxford: Clarendon 2001.

the place of honor amid an attentive crowd. Organizing the crowd gathered around, the 'chair' speaks to the very social order it has created. The midway position, half up and half down, puts power and vulnerability in the same place, relying completely on context to determine whether the seated figure calls for contempt or respect.

Of course a chair is always particular, a readable object of culture, or time, and of place. It speaks of the kind of person who would occupy it, of social position and history, of class and gender, of equality. It thus exhibits the specificity of power, of identity, character, and technology: these are all the elements that announce who *should* sit in that chair. From this point of view, consider the chair that Tadeusz Kantor left behind in his posthumous production of *Today Is My Birthday.*[10] Kantor had been dead for about a month when that production first opened but had been in rehearsal prior to that and he had occupied the chair that remained for the production. It was thus normal for him to be on stage, telling actors when or where to move. In production, however, his loss was obvious and the production became very much about his loss at the time of his birthday.

As Michael Kobialka describes it, there were three large picture frames on stage.[11] In the stage right frame was the substitute Kantor who was known as the Self-Portrait. The actor was wearing a white shirt, black suit, and black scarf, just as Kantor would have done. Kantor's own voice began a monologue that had been recorded earlier while he was preparing for the production. At a certain point, the voice stopped and the substitute Kantor fell out of his frame, took out a paper, and began to read aloud. A recorded voice interrupted. Then the Kantor double went back to his frame and finished the monologue. In that switch between places the empty chair that Kantor would have occupied became what one could call hyper-evident. That lack was supplemented via the memory of the audience and filled the absence without negating it. The alternation between the living 'Kantor' and the dead one indicated the very double of a real absence and a Self-Portrait both of whom were speaking Kantor's words. At a certain point late in the piece, soldiers pulled the Self-Portrait out of his frame and into the dark of the central frame.

10 *Today Is My Birthday* (Théâtre Garonne Toulouse, premiere: 10.01.1991, D: Tadeusz Kantor).

11 See a description of the production in Tadeusz Kantor: *A Journey through Other Spaces: Essays and Manifestos, 1944–1990*, ed. and transl. from the Polish by Michal Kobialka. Berkeley: University of California Press 1993, p. 383.

The desire to keep others alive, even when knowing they are gone, gives substitutes the power to preserve an attachment however imaginary that attachment might be. If the empty chair provided a site for one's memory to recall both Kantor and his absence, such representation brought home the actual loss of Kantor. In other words, not until the substitute was removed from the stage that the chair that Kantor would have occupied became fully known *as* empty. Knowledge, which is abstract, and experience, which is concrete, coincided when the double was lost and Kantor's actual death became palpable.

The production completed Kantor's representational practices that tended to combine both real life and art. Such theatrical doubling truly resists the difference between true and false. For even before his death Kantor brought the deathly double into view: the mannequins, the bodies wrapped in burlap, the clothes hanging in the closets. The empty chair in *Today Is My Birthday* reiterated what he had been doing all along but added the reality of his death and produced, at the very least, the experience of loss. It is the experience rather than the idea that theater does best. The un-decidability of the double created a Kantor who was both strangely gone and weirdly present. If that is a paradox then it reflects the real loss of Kantor that is simultaneously inaccessible and real.

Collective Ghosts: Rimini Protokoll's *Situation Rooms*

If Kantor, even in death, blurs the line between real and unreal for an audience, other companies are now including the audience in the equation. Rimini Protokoll's classic *Situation Rooms* is blending new technologies and live theater to generate new forms of mediation that have gone beyond the conventional audience relationship to the stage.[12] As some ghosts recede, that is, other ghosts come forward. With technology in particular we are already playing with these new ghosts. The encounter involves the reality of an international world, one in which individuals become subordinate to a collective sense of behavior mediated through technology; one in which no individual is separate but is, rather, implicated in all that happens.

Rimini Protokoll is blending live theater, participation, and mediated effects in which the audience is never wholly separate from the event. As technological mediation becomes an explicit element of performance, some ghosts

12 *Situation Rooms. A Multiplayer Video Piece* (Ruhrtriennale Bochum, premiere: 23.08.2013, D: Helgard Haug / Stefan Kaegi / Daniel Wetzel).

disappear and others come forward and require us to play with ghosts that are far more obviously manifest than they are in traditional theater.

Certainly any technological development alters the arrangement between audience and stage. Electricity, to name just one, began to change the relationship between actors and audience, though the observer remained at a distance from the stage. Here I am rather pointing at a shift in a particular kind of power that combines participation with a lack of control that together suggest what it means to be part of the global village. Such lack of control indicates the degree to which any one individual lacks full knowledge, so what recedes is the superior position of the knowing audience. No longer a jury but a participant, that audience becomes fully implicated in the action.

Situation Rooms begins with a gathering of people for a "labyrinth of unexpected neighborhoods and intersections."[13] Each audience member receives an iPad and begins to follow the trail of those intersections. Along the way, individual audience members get glimpses of others following their own trails, but each individual is following her own way through the building. In a specific way, "the spectators ensnare themselves in a network of incidents, slipping into the perspectives of the protagonists" so that "each individual [is] becoming part of the re-enactment of a complicatedly elaborated multi-perspective [film] 'shooting'".[14]

The actors in the piece are rarely actors. They are, instead, 'experts', talking as they might outside the theater. As the booklet on the production states: "By bringing this role to the stage, the frame is changed and the definition is shifted."[15] That shift leaves the real world 'perforated' by the fiction, yet the performance is not wholly a fiction. Actors are and are not themselves. In blending reality with fictional circumstances, the line between the two becomes hard to discern. Such confusion blurs the rules by which one might say someone is performing. At the very least, one might recognize that most aspects of real life have some element of performance in them. Beyond that reality, however, the participants are all showing or telling us about their own real lives, and that specific reality makes a significant difference.

The audience number is very limited. Each person carries the iPad through the site, informed and occasionally meeting other audience members. No scenes really cohere and the links are jagged, neither causal nor linear. The

13 Rimini Protokoll: *Situation Rooms*. http://www.rimini-protokoll.de/website/de/project_6009.html (accessed 30.07.2014).

14 Ibid.

15 Ibid.

site as a whole becomes a labyrinth of "links, directions, and traces, impossible to disentangle and yet exhibiting a horrifying reason."[16] Each situation is plausible in itself and, from the perspective of the experts, logical and reasonable. But the rationality meets its limit and often achieves the opposite of its humanist agenda. The reality created in the space, that is, manifests the interplay between imaginary conditions of theater and the reality that the participants bring along, following their iPads. Such mediated reality filters through the theatricality of the event, but also calls up the very specific reality of the global condition in what the website calls an "entanglement" in the "spatial and material labyrinth."[17] Yet the question remains: where are the ghosts?

I propose that the ghosts sneak in between the humans and the technological apparatus. Neither entirely real nor entirely fictional, the performance surrounds the ghost with a combination of real and false, actual and fictional. That combination creates a small space between 'neither' and 'nor'. Perhaps akin to the double negative, that space is something like a 'not NOT'. It seems an impossible space that lives just beyond a tangible realm, yet in terms of perception it is entirely specific, for the bar that logically separates 'neither' from 'nor' is the same bar that connects them. If the two realms represent the significant difference between reality and fiction, it also blurs the two and on that line arises the ghost. For thought itself is trapped between unlike realms. If the global culture that the production represents seems to be coming together in a new way, then in that rapprochement we find the ghosts that remain incompatible and contradictory and hover, like history, over the global scene.

The performance shows that the same technology seeming to unify the world equally keeps all elements apart. What this suggests is that the logic of causality – the very thing that for Aristotle connects events – does not operate. Beginning, middle and end certainly create the form that makes an event intelligible, yet even that unity persists for the sake of coherence. In an incoherent world, which is where we really live, and what *Situation Rooms* shows, events happen more or less all at once, subject to each individual perception. And even though the collective perception is what constitutes the whole, gaps must remain. Thus in *Situation Rooms* we wander through conditions that identify reality as ultimately beyond full comprehension. That reality may be

16 Ibid.
17 Ibid.

violent, mysterious, strange, but what it finally requires are new ways to see relationships between events; to see a whole picture even if the causes are muddy and uncertain. Such connective tissue is hidden from view but makes each person no less responsible. Connection hides not only behind the shear number of events that are always occurring but behind the explanatory principles that are, at most, partial. Without such a full or satisfactory explanation for the coherence of events we see only that the connection is mysterious, strange, or obscure: ghostly. That is the point when we need to ask the next question: what is my part in this ghostly field?

The connection between the multiple elements that create 'situations' may well be the very ghosts who inhabit the interstices between incomprehensible actions. Like the impossibility of being 'really' present at 8:00 (though we are) or the impossibility of fully knowing death (though we know it will come), the connective tissue between human activities remains hidden behind manifest appearances. What the Rimini Protokoll performance suggests, however, is the contemporary shift of perception that now identifies what constitutes an action. To put this another way, it is now a *collective*, showing itself to be the coming paradigm. The personal is becoming subordinate to that collective, and that collective is what will create the next generation of ghosts. Over time this leads to the sense that each of us is implicated in all that happens, whether we fully know it or not. Each of us is a global participant. Even when we cannot see the others who are also playing, we sense our interconnectedness and respond in the context of that relationship.

Such a premise does not negate appearances. It only shifts the sense of a ghost toward a *new* unknown that is generated by time. For as ghosts are known, they cease to be ghosts. Only when they remain uncertain to humans can they retain their uncanny reality. For a ghost must remain hidden behind the visible scene, generating events whose ultimate cause is simply unknown, or imagined, or supposed. A ghost must make a paradox appear. In recognizing that we living humans really do not know and yet still operate, we find out how deep that paradox really is, for every action contributes to but does not constitute the whole. More importantly, perhaps, the ghost returns, like Hamlet's father, looking not quite like himself, and not exactly unlike himself either, but putting responsibility upon the son. The ghost returns reconfigured for a new generation, but carrying unspoken secrets from the past.

As the world migrates toward more collective action, the assembly of actions determines the specific outcome or meaning of events. In this assembly we are all participants even if we are unaware of the collective action that is taking place. Each of us belongs to a whole, yet each of us carries ghosts. Thus, even as the collective becomes dominant, our ghosts also shift in order to make sure that we are not so confident that we really have the last word. The paradox, then, is that everything we think and feel is, at best, partial, and the unconscious will always follow us around, making sure that nothing is ever fully complete. Ghosts hang around to make sure we remember that.

„Who's there?"
Hamlets ‚Geist' und die Krise der Darstellung

Hans-Friedrich Bormann

„Wer ist da?" Die Frage, die am Beginn von Shakespeares *Hamlet* steht, bezeugt eine grundlegende Verunsicherung. Vordergründig geht es um die prekären Umstände einer nächtlichen Wachablösung, doch es wird bald deutlich, dass hier mehr (wenn nicht sogar alles) auf dem Spiel steht. Denn der Zweifel, nicht wissen zu können, *wer da ist* (und das heißt hier: ob es *jemand* oder *etwas* ist, ob ihm unsere gängigen Vorstellungen von *Sein* und *Identität* zukommen), lässt sich nicht auf einzelne Protagonisten oder einzelne Aspekte der Handlung beschränken. Dieser Zweifel betrifft alle Handlungen von *Hamlet*/ Hamlet, er hält sie in Gang und bedroht sie zugleich. Zur Disposition steht das Wahrnehmungsdispositiv Theater: die Ordnung der Darstellung und die in ihr wirksame Ökonomie des Begehrens.[1]

Im Zentrum dieser Krise steht eine rätselhafte Erscheinung. Ihr Status bleibt unklar, worüber etablierte Benennungen wie die Figurenbezeichnung ‚Geist' notdürftig hinwegtäuschen. Die Frage nach dem Wesen der Erscheinung dominiert die Gespräche zwischen den Wachen, Horatio und Hamlet im ersten Akt, und sie findet einen prägnanten Ausdruck in einer Reihe von Benennungen, mit denen Hamlet (der Sohn) sie bei ihrer ersten Begegnung adressiert:

> Be thou a spirit of health, or goblin damned, / Bring with thee airs from heaven, or blasts from hell, / Be thy intents wicked, or charitable, / Thou com'st in such a questionable

1 Vgl. zu dieser Konstellation mit Blick auf Lacan und Derrida Gerald Siegmund: ‚Un-Fug': Gespenster und das Wahrnehmungsdispositiv des Theaters. In: Ders. / Petra Bolte-Picker (Hrsg.): *Subjekt : Theater. Beiträge zur analytischen Subjektivität. Festschrift für Helga Finter zum 65. Geburtstag*. Frankfurt am Main / Berlin: Lang 2011, S. 31–45.

> shape / That I will speak to thee. I'll call thee Hamlet, / King, father, royal Dane – O, answer me! (I,4)[2]

Die „fragwürdige Gestalt" provoziert diese Benennungen, vorerst ohne eine Antwort zu geben. Und auch die spätere Selbstauskunft „I am thy father's spirit" (I,5)[3] führt zu keinem *Wissen*: Erstens ist keineswegs klar, was genau damit gemeint ist und welche Konsequenzen daraus zu ziehen sind. Zweitens lässt sich keine Instanz innerhalb des Dramas ausmachen, die diese Aussage beglaubigen könnte. Drittens muss derjenige, der sie versteht und für zutreffend erachtet, die darin formulierte Differenz anerkennen: Nicht Hamlets Vater spricht, sondern (s)ein Geist. Diese Feststellung ist nicht trivial, denn sie ruft jene Differenz zwischen Sein und Erscheinung auf, welche die Basis theatraler Repräsentation bildet. Solange die Erscheinung für das Wesen einzustehen vermag, bewegen wir uns innerhalb ihrer Konventionen, sobald ihr Auseinandertreten offenkundig wird, rücken deren Voraussetzungen in den Blick:

> Wir sind im Theater [...] nie nur zu zweit (der Schauspieler und ich), sondern immer schon zu dritt (der Schauspieler, ich und das Theater). An dieser Stelle tritt das Gespenst als Medium in Erscheinung. Es medialisiert das Verhältnis des Subjekts zur Sprache, zum Bild und zum Körper, indem es den Riss, der sowohl das Subjekt als auch dessen Zugang zur Welt bestimmt und ermöglicht, phantasmatisch besetzt.[4]

Der ‚Geist' in *Hamlet* ist kein Gegenstand unter anderen (problematischen) Gegenständen, kein technisch lösbares Problem für Schauspieler oder Bühnenarbeiter, wie es Götter, Fabelwesen, Traumgestalten, allegorische Figuren sind. Das Jenseits, aus dem er kommt, befindet sich nicht in einem imaginären Außen (sei es der Himmel, sei es die Hölle), es begründet das Theater selbst. Der ‚Geist' sucht die Bühne an eben jenem Ort und in jenem Moment heim, wo diese ganz bei sich ist: wo manifeste Körper und hörbare Stimmen in der Wahrnehmung des Zuschauers zusammenfinden.

Darauf, dass deren Zusammenspiel in *Hamlet* mit Bedacht gestört wird, verweist bereits die Gestalt, die Shakespeare ihm gegeben hat, soweit sich diese

2 „Du magst ein Geist des Heils sein oder ein verdammter Kobold, Lüfte des Himmels mit dir führen oder Gebläse aus der Hölle, deine Absichten seien böse oder wohltätig, du kommst in solch befragbarer Gestalt, daß ich zu dir sprechen will. Ich nenn dich Hamlet, König, Vater, königlicher Däne – oh, antworte mir!" (I,4), (William Shakespeare: *Hamlet*, Bd. 1: Text (Englisch/Deutsch), hrsg., aus d. Engl. und komm. v. Holger M. Klein. Stuttgart: Reclam 1984, S. 92–95.)

3 „Ich bin deines Vaters Geist". (Ebd., S. 98, 99.)

4 Siegmund: ‚Un-Fug', S. 40.

(in Ermangelung ausdrücklicher Szenenanweisungen) durch die Aussagen der anderen Figuren erschließen lässt. Shakespeares ‚Geist' bricht mit den Darstellungskonventionen (nicht nur) seiner Zeit,[5] indem er ihn vollständig eingehüllt in einer metallenen Rüstung auftreten lässt, die einen allenfalls denkbaren Körper (auch: den Körper des Darstellers) dem Blick des Zuschauers entzieht und ihn durch eine Prothese, einen Maschinen-Körper ersetzt: Nicht das Erscheinen ist zweifelhaft, sondern die Erscheinung: das, was sich dem Blick (nicht) zeigt.

> Wir sehen, wie die Rüstung, dieses „Kostüm", auf das keine Bühneninszenierung jemals wird verzichten können, den angeblichen Körper des Vaters für die Augen Hamlets von Kopf bis Fuß bedeckt. Wir wissen nicht, ob sie Teil der gespenstischen Erscheinung ist oder nicht. Dieser Schutz ist im strengsten Sinn des Wortes *problematisch* (*problema*, das ist auch der Schild), denn sie verbietet der Wahrnehmung die Entscheidung über die Identität dessen, den sie so fest in ihrem Panzer verschließt. Die Rüstung kann nichts anderes sein als der Körper eines realen *Artefakts*, eine Art technische Prothese, ein Fremdkörper für den gespenstigen Leib, den sie bekleidet, versteckt und schützt, auf diese Weise sogar seine Identität maskierend.[6]

Mit folgenden Überlegungen nehme ich den Gedanken einer problematischen, paradoxen Medialität und Materialität der (Geister-)Erscheinung in *Hamlet* auf. Ich werde dabei zunächst drei allgemeine Thesen vorstellen und zwei Strategien unterscheiden, die dann anhand von einigen ausgewählten Dokumenten aus dem 18. und 19. Jahrhundert erläutert werden sollen. Derridas irritierende Unterstellung, dass keine Bühneninszenierung auf die (Darstellung der) Rüstung verzichten könne, soll dabei im Hintergrund stehen: zu fragen ist, welche *Formen* diese Rüstung annehmen kann, in welchen *Medien* sie sich realisiert.

Erste These: *Die Erscheinung des ‚Geists' bedingt eine prinzipielle (und nicht allein graduelle) Differenz zur Darstellungsform der anderen Figuren.*
Jede Hamlet-Inszenierung, die auf den Nachvollzug der Figurenkonstellation und der Handlung Wert legt, steht vor der Aufgabe, die im Dialog dokumentierte Erschütterung der anderen Protagonisten (insbesondere die Hamlets) plausibel zu machen. Auf welche Art und Weise dies geschieht, ist offen, zumal Shakespeares Text, abgesehen von der Handlung und indirekten Hinweisen (beispielsweise auf die Rüstung), keine inhaltlichen Vorgaben

5 Vgl. zu den Darstellungskonventionen R. A. Foakes: ‚Armed at Point Exactly': The Ghost in *Hamlet*. In: *Shakespeare Survey* 58 (2005), S. 34–47.

6 Jaques Derrida: *Marx' Gespenster. Der verschuldete Staat, die Trauerarbeit und die neue Internationale*, aus d. Franz. v. Susanne Lüdemann. Frankfurt am Main: Fischer 1995, S. 24 (Herv. i. Orig.).

macht. Deutlich muss jedoch werden, dass der Geist nicht der Sphäre des Menschlichen zugehört, und diese ontologische Differenz kann nur durch eine Erweiterung oder Intensivierung der etablierten Darstellungsmittel zum Ausdruck gebracht werden. Die Frage, wo die Grenze verläuft, um deren Überschreitung es hier geht, kann nur von Inszenierung zu Inszenierung beantwortet werden und hängt vom Dispositiv Theater in seiner jeweiligen Ausprägung ab – also sowohl von den jeweiligen weltanschaulichen, sozialen und theatralen Konventionen der Zeit als auch von der jeweils etablierten „Verlautbarungssituation“[7]. Ganz allgemein jedoch gilt die Gegenprobe: Wo diese Überschreitung ausbleibt – aus inszenatorischem Unvermögen oder weil die Regie genau auf eine solche Nivellierung und den damit verbundenen kritisch-ironischen Mehrwert abzielt –, müsste der ‚Geist‘ als Maskerade eines anderen Protagonisten erscheinen.

Zweite These: *Es gibt – über alle Unterscheide der theaterästhetischen Prämissen und medialen Möglichkeiten hinweg –zwei Klassen von theatralen Strategien, mit denen die ontologische Differenz zum Ausdruck gebracht werden kann:* Externalisierung *und* Internalisierung.
Externalisierung bedeutet, die Differenz, die der ‚Geist‘ macht (und die ihn ausmacht) entweder über einen Medienwechsel oder einen Wechsel des Darstellungsmodus zu markieren. Die Funktions- und Wahrnehmungsweise des jeweiligen Dispositivs wird dabei vorausgesetzt und ggf. erweitert. Für das Sprechtheater auf einer Guckkastenbühne könnte dies beispielsweise der Einsatz von Theatertechnik (Falltür, Nebel, Spiegel, Licht- und Toneffekte, Bild- und Tonprojektion etc.) sein, aber auch (stummer) Tanz, Musik und Gesang, Pantomime oder Puppenspiel. *Internalisierung* bedeutet, die Grenzüberschreitung in der Artikulation, der Mimik und/oder der Gestik der anderen Darsteller anzusiedeln und die Darstellung des ‚Geists‘ der Imagination des Zuschauers zu überlassen. Wichtig ist mir, dass in beiden Fällen das Gelingen an eine Markierung der Grenzüberschreitung geknüpft ist, an eine (Über-) Steigerung oder Intensivierung von Bühnen- oder Ausdruckstechnik.[8]

7 Vgl. zu diesem Begriff Patrice Pavis: Die Inszenierung zwischen Text und Aufführung. In: *Zeitschrift für Semiotik* 11,1 (1989), S. 13–27.

8 Dass die beiden Strategien nicht klar voneinander getrennt werden können, versteht sich; auszugehen ist zudem davon, dass sie in der Theaterpraxis stets in Kombination auftreten. Zugleich bin ich der Überzeugung, dass ihre begriffliche Trennung zum Zweck der Analyse zu einer theaterhistorischen Ausdifferenzierung beitragen kann.

Dritte These: *Jede Grenzüberschreitung lenkt den Blick auf die theatralen bzw. medialen Strategien und ihre rhetorischen bzw. technischen Mittel. Sie macht den Vorgang der Darstellung zu einem kritischen Akt.*
Wenn es zutrifft, dass die Erscheinung eines ‚Geists' an die Grenzüberschreitung geknüpft ist und diese durch den Einsatz von Bühnentechnik und/oder mit Hilfe spezifischer bzw. gesteigerter Ausdrucksmittel realisiert wird, so handelt es sich um eine Strategie mit hohem Risiko. Denn sie führt dazu, dass das jeweilige Dispositiv Theater *sich selbst* überschreitet und zu einem Bereich hin öffnet, in dem seine etablierten Funktions- und Rezeptionsmodi in Frage gestellt sind. Signifikant sind in diesem Zusammenhang jene Darstellungen, welche die Erscheinung des ‚Geists' mit dem Illusionsbruch verknüpfen, etwa indem sie seine Prothesenhaftigkeit der Lächerlichkeit preisgeben. Vordergründig geht es dabei um ein individuelles und partielles Misslingen; tatsächlich wird präzise das skandalöse Moment erfasst, das *jeder* Geistererscheinung eignet. Darstellungen des Scheiterns bieten gewissermaßen eine Travestie des Gelingens. Gelingen hieße: das Dispositiv im Moment seiner Aussetzung zu *verändern*: die Grenz*überschreitung* zu einer Grenz*erweiterung* zu machen, den Illusions*bruch* zur Illusions*steigerung* zu nutzen, die *Theatertechnik* in ein *Techniktheater* zu verwandeln. Entscheidend ist, dass sich – im Scheitern wie im Gelingen – die Möglichkeit eröffnet, über die jeweilige Form und die jeweiligen Möglichkeiten des Theaters zu reflektieren. In diesem Sinne möchte ich den zweiten Teil dieser These verstanden wissen: *Mit* und *in* seiner Darstellung auf der Bühne wird die Frage nach dem Wesen des ‚Geists' zur einer Frage des Theaters und seiner Möglichkeiten.

Im Folgenden möchte ich die in der zweiten These angesprochenen Strategien anhand von theaterhistorischen Zeugnissen näher erläutern. Dabei möchte ich zunächst auf zwei visuelle Dokumente eingehen, die mir geeignet erscheinen, die an die Externalisierung geknüpften Chancen und Risiken zu verdeutlichen. Ihre Kombination bietet sich aus zwei Gründen an: erstens, weil beide den Abgang des ‚Geists' in *Hamlet* zum Thema haben, zweitens, weil sie das Moment der Grenzüberschreitung im Medium des Bildes erfassen – allerdings mit ganz unterschiedlichen Mitteln und einer konträren Zielsetzung.
Die Quellenlage des ersten Bildes (Abb. 1) ist dürftig. Es handelt sich (ich folge hier den Angaben der Folger Shakespeare Library) um eine kolorierte Zeichnung von J. Coghlan vom Beginn des 19. Jahrhunderts, die mutmaßlich als Illustration zum Dramentext (also ohne Bezug zu einer konkreten Inszenierung) konzipiert wurde. Allerdings ist es meines Erachtens offensichtlich,

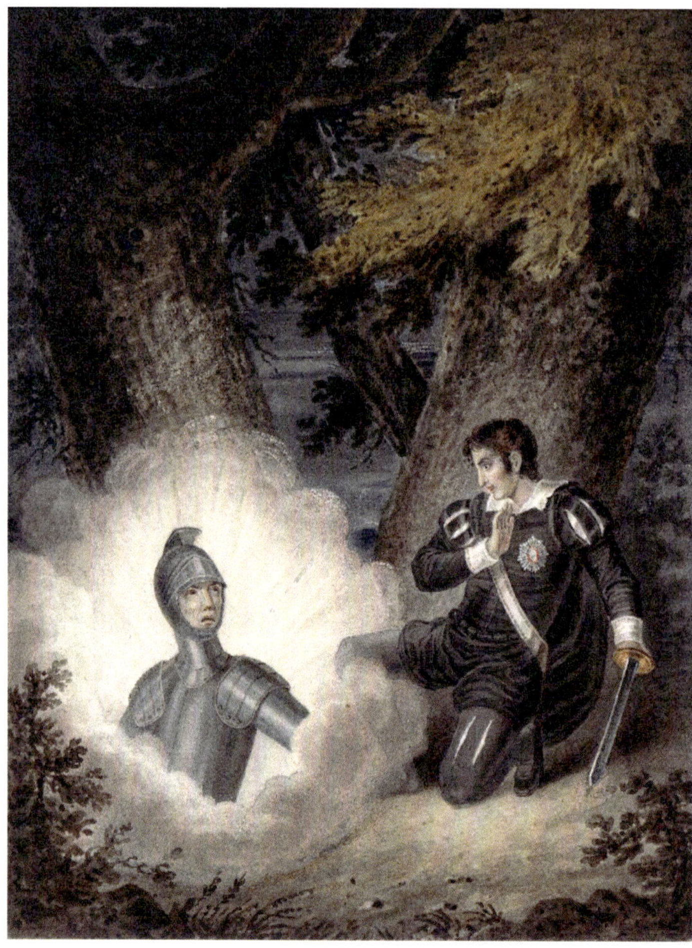

Abb. 1

dass die Bildidee mit einer gängigen Bühnenpraxis korrespondiert. Noch wichtiger ist in unserem Zusammenhang, dass die oben für das Theater beschriebene Grenzüberschreitung hier im Medium des Bildes (nach-)vollzogen wird.

Wir sehen Hamlet und den ‚Geist' in seiner Rüstung und mit offenem Visier unter einer Baumgruppe. Hamlet scheint erschreckt zurückzuweichen, während sein Gegenüber in einer Dampf- oder Nebelwolke im Boden versinkt; nur noch Rumpf und Kopf sind sichtbar.[9] Coghlan operiert mit zum Teil

9 Dafür, dass es sich um den Moment des Verschwindens (I,5) handelt, spricht die abgewandte Körperhaltung des ‚Geists', vor allem aber die Handlung des Dramas: Die erste Begegnung

heute noch vertrauten, zum Teil in Shakespeares Drama und seiner Zeit angesiedelten Vorstellungen: Ersteres gilt für Nebel und ein unerklärliches helles Licht, die mit der Geistererscheinung einher gehen, letzteres betrifft das Verschwinden im Boden, mit dem Shakespeare, wie unter anderen Stephen Greenblatt gezeigt hat, eine ältere Tradition des katholischen Volksglaubens aufruft, die den ‚Geist' mit dem Fegefeuer in Verbindung bringt.[10] Interessanterweise ist dieser Aspekt in *Hamlet* doppelt konnotiert: Zum Thema wird nicht nur ein möglicher Glaubensinhalt, sondern die Wirklichkeit der Bühne, konkret: die Nutzung von Falltür und Unterbühne. Dies wird auch im Dramentext, am Schluss des ersten Akts, deutlich, wo Hamlet seine Gefährten nach seinem Verschwinden zur Verschwiegenheit verpflichtet und sich der ‚Geist' mehrfach ‚aus dem Off' zu Wort meldet. Hamlet adressiert ihn daraufhin mit ironisch-despektierlichen Bezeichnungen, die zwar im Horizont der dramatischen Handlung verbleiben, jedoch nur als (begrifflich verschleierte) Selbstreflexionen der Theaterpraxis plausibel sind:

> *Ghost.* *(Beneath.)* Swear! / *Ham.* Ha, ha, boy! say'st thou so? Art thou there, truepenny? – / Come on, you hear this fellow in the cellerage, / Consent to swear. […] *Ghost.* *(Beneath.)* Swear by his sword! / *Ham.* Well said, old mole! Canst work i'th' earth so fast? / A worthy pioner! […] (I,5)[11]

In unserem Zusammenhang ist wichtig, dass Coghlan – über den Textbezug hinaus – eine Externalisierung seiner eigenen bildnerischen Mittel betreibt: Licht- und Schattenwurf, die Flächigkeit des Nebels, die Fragmentierung und Dekontextualisierung der Figur machen aus der Geistererscheinung eine Vignette: ein Bild im Bild. Insofern bezieht sich das Erschrecken Hamlets (und des Betrachters?) nicht nur auf die ungewöhnliche Fortbewegungsart des ‚Geists', sondern auf den Bruch im Medialen, der mit der Offenlegung seiner Produktions- und Rezeptionsbedingungen einhergeht. Dass sämtliche genannten Mittel *auch* als theatrale Techniken beschreibbar sind, ist vor diesem Hintergrund nur eine zusätzliche Pointe. Die Nutzung von Nebelmaschine, Scheinwerfern (nicht zum Zweck der Sichtbarmachung, sondern als

zwischen Hamlet und dem ‚Geist' findet auf der königlichen Burg und in Gesellschaft seiner Gefährten statt (I,4).

10 Stephen Greenblatt: *Hamlet im Fegefeuer*, aus d. Engl. v. Klaus Binder. Frankfurt am Main: Suhrkamp 2008, insbes. S. 267–331.

11 „*Geist (unten)*. Schwört! / *Ham.* Ha, ha, Junge, sagst du es? Bist du dort drunten, Treugroschen? – Macht voran, ihr hört den Burschen in dem Kellerraum, willigt ein zu schwören. […] *Geist (unten)*. Schwört bei seinem Schwert! *Ham.* Gut gesprochen, alter Maulwurf! Kannst du dich so behende durch die Erde wühlen? Ein wackerer Schanzer!" (Shakespeare: *Hamlet*, S. 106–109, I,5).

expressives, auf seine eigene Künstlichkeit verweisendes Mittel) und Falltür bzw. Unterbühne sind geeignet, den ‚Geist' von sämtlichen anderen Protagonisten des Dramas abzugrenzen – und eben jene Selbstreflexion in Gang zu setzen, die bereits bei Shakespeare angelegt ist.
Das heikle Potential dieser Strategie rückt in der zweiten Darstellung ins Zentrum (Abb. 2). Es handelt sich um eine karikierende Illustration von George Cruikshank, die in einer Biographie des Schauspielers Robert Elliston (1774–1831) Verwendung gefunden hat.[12] Zu sehen ist dort, wie der Schauspieler Dowton, Darsteller eines „Geists", beim Abgang durch eine Falltür („descendig to solemn music") von seinen Kollegen (unter ihnen Elliston) mit Stöcken geärgert wird:

> Poor Dowton, whose duty it was to look as dignified and intrenchant as a ghost, smarting under the pain, curvetted with his heels, like a horse in Ducrow's arena. Chocking with rage, he was at lenghth wholly let down, and being now completely out of sight of the audience, he looked earnestly round to discover the perpetrators of the violence.[13]

Im länglichen Fortgang der Erzählung wird berichtet, wie Dowton, da sich Elliston und seine Freunde rechtzeitig in Sicherheit gebracht haben, einen unschuldigen Kollegen attackiert. Der komische Effekt des Bildes selbst basiert allerdings nicht auf diesem Inhalt; er verdankt sich einer genuin visuellen Strategie, welche die Bühnentechnik gegen das Bild (auf) der Bühne in Stellung bringt. Dowtons Aufgabe war es, so Raymond in bestechender Präzision, „würdevoll und *unzerteilbar auszusehen wie ein Geist*". Cruikshank stellt die entsprechende Szene in einer doppelten/geteilten Ansicht dar, die in dieser Form weder dem Publikum im Auditorium noch einem Zuschauer in der Unterbühne zugänglich wäre. Über den komischen Effekt hinaus heißt das: Auch seine Darstellung muss ihre Mittel offen legen, um den ‚Geist' darstellen zu können, und sie zeigt uns damit nicht nur seinen, sondern auch ihren eigenen Zerfall. Die Wahl des *Hamlet*-Zitats als Bildunterschrift ist in diesem Zusammenhang ebenfalls von Interesse und zwar gerade deswegen, weil sie von Raymonds Erzählung nicht gedeckt ist.[14] Tatsächlich ist nicht der gequälte Darsteller *arm*, sondern der ‚Geist': weil er – im vermeintlichem

12 George Raymond: *The Life and Enterprises of Robert William Elliston, Comedian*. London / New York: Routledge 1857, dort gegenüber von S. 116.

13 Ebd., S. 117.

14 Raymonds Text lässt offen, um welches Stück es sich handelt; der *Hamlet*-Bezug wird nur bei Cruikshank – durch die Kostümierung und die Bildunterschrift „Alas, poor Ghost" (vgl. Shakespeare: *Hamlet*, I,5, S. 98) – explizit. Denkbar wäre auch, dass beide Aspekte Mitte des 19. Jahrhunderts so etabliert waren, dass der ‚Geist' aus *Hamlet* für sämtliche Geisterdarstellungen (genauer: deren problematische Dimension) einstehen konnte.

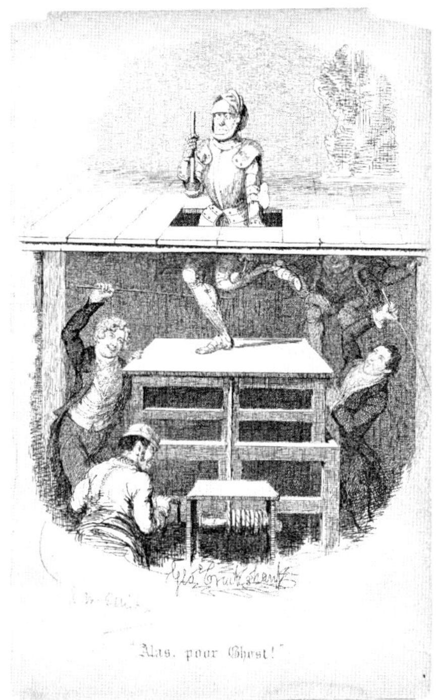

Abb. 2

Gegensatz zum Darsteller – immer *zu wenig ist*: ein Prothesenwesen, dessen Einheit (eben: nur) ein Bild ist, ein Bild, das sich (s)einer uneinholbaren Zer-Teilung verdankt. Auf der Bühne zeigt sich der ‚Geist' als Bildeffekt, im Bild zeigt er sich als Bühneneffekt – weder dort noch hier kommt er in der selbstgewissen Fülle körperlicher Präsenz zur Geltung.

Angesichts der Risiken, die an die Strategie der Externalisierung geknüpft sind, ist es nicht erstaunlich, dass jene Theaterkonzeptionen, die nicht auf Schauwerte und den Einsatz von Bühnentechnik, sondern auf die vermeintliche Natürlichkeit der Geste setzen, auf die konkrete Erscheinung des ‚Geists' weitgehend verzichten.[15] In der Strategie der Internalisierung kommt dem Hamlet-Darsteller die doppelte Aufgabe zu, nicht nur Entsetzen über den ‚Geist' auszudrücken, sondern seine Existenz zu beglaubigen. In Gotthold Ephraim Lessings *Hamburgischer Dramaturgie* findet sich (in Ergänzung

15 Zum Verhältnis zwischen Theater und Bild im 18. Jahrhundert siehe grundlegend Günther Heeg: *Das Phantasma von der natürlichen Gestalt. Körper, Sprache und Bild im Theater des 18. Jahrhunderts*. Frankfurt am Main / Basel: Stroemfeld 2000.

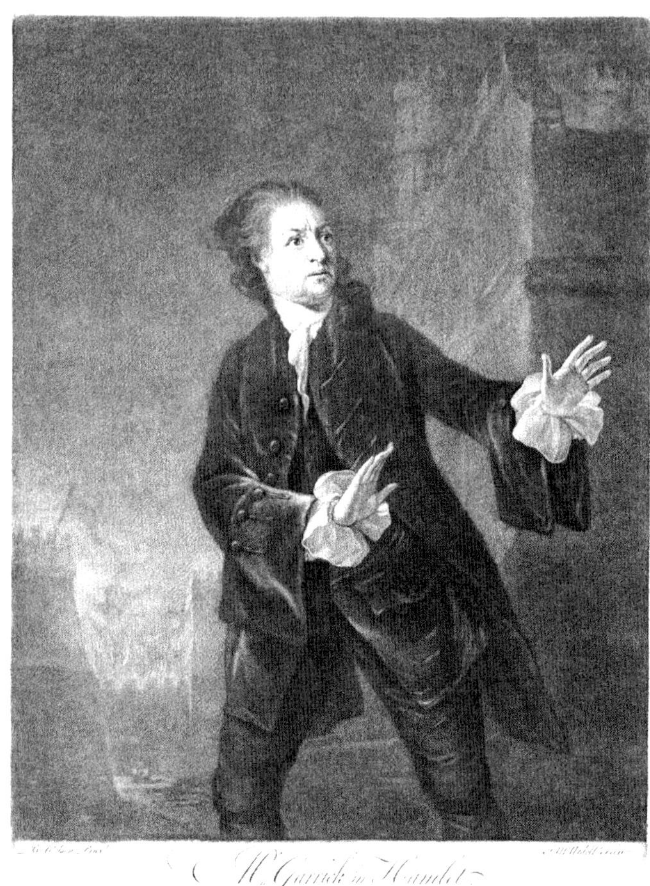

Abb. 3

zu einer scharfen Kritik an der Geisterkonzeption Voltaires) die folgende Reflexion:

> Beim Shakespeare ist es der einzige Hamlet, mit dem sich das Gespenst einläßt; in der Szene, wo die Mutter dabei ist, wird es von der Mutter weder gesehen noch gehört. Alle unsere Beobachtung geht also auf ihn, und je mehr Merkmale eines von Schauder und Schrecken zerrütteten Gemüts wir an ihm entdecken, desto bereitwilliger sind wir, die Erscheinung, welche diese Zerrüttung in ihm verursacht, für eben das zu halten, wofür er sie hält. Das Gespenst wirket auf uns, mehr durch ihn, als durch sich selbst.[16]

16 Gotthold Ephraim Lessing: *Hamburgische Dramaturgie*, hrsg. v. Kurt Wölfel. Frankfurt am Main: Insel 1986, S. 63. Vgl. dazu auch Siegmund: ‚Un-Fug', S. 34–37.

Als Beispiel für die theaterpraktischen Konsequenzen dieses Verständnisses kann man den Schauspieler und Regisseur David Garrick (1717–1779) anführen. Eine zeitgenössische Beschreibung Georg Christoph Lichtenbergs, der Garrick als Hamlet in London gesehen und seinen Schauspielstil in Notizen und Briefen gewürdigt hat, verdeutlicht dies:

> Der Geist erschien sehr gut, die Farbe seiner Rüstung war nicht sehr von der Farbe der Scene unterschieden, und man entdeckte erst an Hamlet[,] daß er da seyn müßte. Wenn Garrick ihn erblickt, […] fährt [er] mit zusammenbrechenden Knien und ausgebreiteten Armen taumelnd plötzlich zurück und bleibt endlich in dieser Stellung in einem großen Schritt mit gebeugten Knien stehen, ihn unterstützen Horatio und (Marcellus) so spricht er, dieser Ausdruck des mit dem kältesten Grausen verbundenen Schreckens […]. Die große Stille der Versammlung erhob alles noch mehr, ich kan nicht läugnen, daß mich ein kalter Schauer etlichemal überlief noch ehe er die Anrede angefangen hatte.[17]

Zwei Aspekte sind hier von Interesse: Erstens, dass die Wirkung der Geste des Erschreckens wesentlich auf der Unterbrechung der Rede und der Stillstellung von Bewegung basiert, wenn man so will: auf einer Verwandlung Hamlets in ein Bild.[18] Zweitens, dass der ‚Geist' „sehr gut" erscheint, insofern er (fast) gar nicht erscheint, während Hamlets (Re-)Aktion – ihrerseits (fast) anlasslos – die Szene dominiert.

Es erstaunt nicht, dass Garricks Geste zu einem kanonischen Ausdruck geworden ist, zumal er aufgrund seiner Bewegungslosigkeit für eine bildliche Umsetzung prädestiniert erscheint, so etwa in dem bekannten Gemälde von Benjamin Wilson, welche die von Lichtenberg (und anderen) gelobte Geste des Entsetzens zum Gegenstand hat – und den ‚Geist' fraglos außerhalb des Bild-Rahmens ansiedelt. (Abb. 3).[19]

Wenn der ‚Geist' in den Hintergrund der Bühne tritt bzw. außerhalb des Bildes platziert wird, eröffnen sich Möglichkeiten für eine von mechanischen Irritationen ungestörte Imagination: Nicht die Erscheinung des ‚Geists' löst nun das Erschrecken (bei Hamlet wie beim Publikum) aus, sondern die Darstellung des Erschreckens selbst. Als solche ist sie zwar auch der Gefahr eines

17 Zit. n. Hans Ludwig Gumbert (Hrsg.): *Lichtenberg in England. Dokumente einer Begegnung*, Bd. 1: Einleitung und Text. Wiesbaden: Harrassowitz 1977, S. 46, 49 (alle Schreibweisen so im Orig.).

18 Entsprechende Zeugnisse finden sich auch bei Kalnan A. Burnim: *David Garrick, Director*. Pittsburgh: University of Pittsburgh Press 1961, S. 150–162.

19 Dass es sich um eine Transformation handelt, die nicht ohne die beiden anderen Schauspieler/Protagonisten ausgeführt werden kann (die ihrerseits aus dem Bild entfernt wurden), vermerkt eine zeitgenössische Kritik aus dem *Theatrical Examiner* (1757): „The start at the ghost … may be picturesque, but it is grossly absurd to see a man fling himself into so exact an attitude, which is impossible for him to remain steady in, without two supporters." (Zit. n. Burnim: *David Garrick, Director*, S. 160.)

Scheiterns ausgesetzt (etwa bei einem Darsteller, der nicht Garricks Fähigkeiten besitzt), aber sie ist nicht mehr bedroht von einer prinzipiellen Zer-Teilung durch die materielle Dimension von Apparaturen – sei es die einer Rüstung, Falltüren oder Unterbühnen mit ihren spezifischen Unwägbarkeiten. Auf diese Weise scheint jene imaginäre Einheit gewährleistet zu sein, die mit dem ‚Geist' auf der Bühne fraglich wurde, und jene Bedrohung gebannt, die er für das Selbstverhältnis des Zuschauers bedeutet hat.

Allerdings spricht einiges dafür, dass es sich bei dieser Vertreibung des ‚Geists' von der Bühne nur um eine Verdrängung im psychoanalytischen Sinne handelt, bei der das Verdrängte auf einer anderen Ebene und in anderer Form – nunmehr (fast) unkenntlich – wiederkehrt. Man kann eine andere Notiz Lichtenbergs in diesem Sinne lesen:

> Sein entsetzen, wenn er den Geist seines Vaters erblickt hat in mir ein Grausen erregt, dessen ich mich fast nicht mehr fahig [sic] glaubte. Dieses kan nur das höchste Schauspieler Genie verbunden mit einem schönen Körper, dessen Muskeln auf ein Haar die Stellung zu treffen wissen, die sich seine Seele im Enthusiasmus denckt, ausrichten.[20]

Indem Lichtenberg den Muskeln des Schauspielers die Aufgabe zuweist, jene Stellungen zu treffen, „die sich seine Seele im Enthusiasmus denckt", setzt er eine Trennung zwischen Körper und Seele (Muskeln und Gedanken) voraus, deren Einheit er auf der Ebene der Erfahrung propagiert. So verstanden, überwindet die Strategie der Internalisierung nicht die Spaltung und Zerteilung selbst, sondern lediglich die Zumutung ihrer Sicht- und Erfahrbarkeit, einschließlich der vielfältigen Möglichkeiten ihrer Reflexion, Kritik, Denunziation oder Verlachung. Sie ist (fast) nicht wahrnehmbar: weil sie sich nicht auf einen ‚Geist', sondern auf den Darsteller selbst bezieht.

Ein letztes Zeugnis vermag zu zeigen, dass auch eine solche Feststellung die Lage nicht vollständig erfasst. Verschiedentlich wird darauf verwiesen, dass sich die besondere Wirkung von Garricks Erschrecken bei seiner (Nicht-)Begegnung mit dem Geist einer *mechanischen Perücke* verdankt, die durch einen Handgriff ausgelöst wurde und sein Haar buchstäblich zu Berge stehen ließ.[21] Diese Idee wirft nicht nur ein irritierendes Licht auf die Pose des Erstarrens, die als technisch induziert erscheint. Vor allem kehren unvermittelt sämtliche

20 Zit. n. Gumbert: *Lichtenberg*, S. 68 (alle Schreibweisen so im Orig.).

21 Diese Information ist nicht zweifelsfrei verbürgt; sie widerspricht zudem den Darstellungen Lichtenbergs und Wilsons. Siehe dazu auch Burnim: *David Garrick, Director*, S. 160–161. Eine ausführliche Auseinandersetzung mit der Perücke im Kontext der Körper-Konzepte des 18. Jahrhunderts und Garricks Schauspielkonzeption bietet Joseph R. Roach: Garrick, the Ghost, and the Machine. In: *Theatre Journal* 34,4 (1982), S. 431–440.

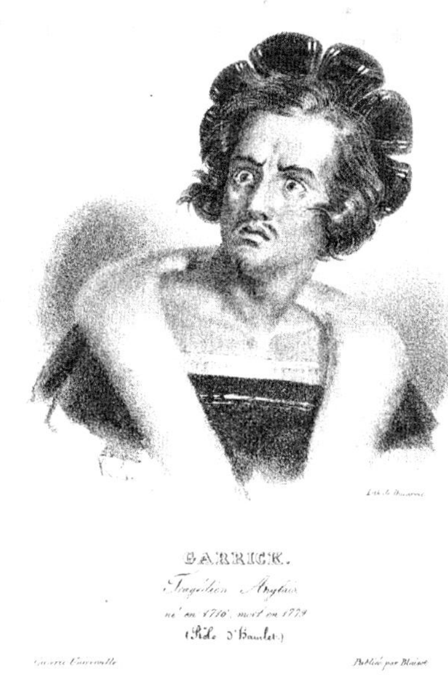

Abb. 4

Fragen und Probleme der Externalisierung zurück, die uns bei den Darstellungen Coghlans und Cruikshanks beschäftigt haben. Eine französische Lithographie, die sich augenscheinlich auf Garricks Perückentechnik bezieht (Abb. 4), verdeutlicht, dass zwischen dem dokumentarischen Interesse und dem denunziatorischen Effekt, zwischen Schrecken und Komik keine eindeutige Grenze zu ziehen ist, ebenso wenig wie zwischen der vermeintlichen Natürlichkeit des Körpers und der mechanischen Applikation. Wenn man so will, zeigt sich hier Garrick selbst als mechanisierter ‚Geist': enthüllt und verborgen zugleich, hinter der Rüstung seines Bildes, und er provoziert uns zu der Frage: Wer ist da?[22]

22 Dabei wäre auch die Bildunterschrift einzubeziehen, die den Namen Garrick herausstellt, seine Berufsbezeichnung und seine Lebensdaten nennt – und dann erst, in Klammern und wie in einem Nachtrag, darauf verweist, dass er in der Rolle des Hamlet zu sehen ist.

Das Gespenst der Choreographie

Sebastian Schulz

Auftakt

Dieser Text liest die 1589 erschienene *Orchésographie* von Thoinot Arbeau und William Shakespeares 1603 uraufgeführte Tragödie *Hamlet. Prinz von Dänemark* als historisches Double mit- und gegeneinander. Dabei stützt er sich auf Ausführungen der Tanzwissenschaftler André Lepecki und Gerald Siegmund sowie die Hamlet-Interpretation Jacques Lacans, die einen großen Teil seines Seminars VI *Das Begehren und seine Interpretation* ausmacht. Der Beitrag begreift im Nachdenken über den Begriff der Choreographie die Texte Arbeaus und Shakespeares als Vorder- und Rückseite eines in der Renaissance auftauchenden Problems, das einen Umgang mit einer neuen Gespenstigkeit des Körpers notwendig zu machen scheint, und erkennt in der von Arbeau für die Tanz-Schrift anvisierten Kommunikationssituation gespenstische Parallelen zu Hamlet. Aus diesem Blickwinkel stehen sich Arbeaus Konzeption der Choreographie als Mittel der Tradierung von Ordnung, die über diese verkörpert werden soll, und das eklatante Scheitern einer solchen Tradierung in *Hamlet* antithetisch gegenüber und lassen Konsequenzen erkennen, die auch für das Nachdenken über choreographische Praktiken in Ästhetik und Politik heute weiterhin relevant sind.

Dass *Hamlet* in *Marx' Gespenster* von Jacques Derrida zentrales Leitmotiv von Derridas hantologischem Denken,[1] aber auch, wie Simon Critchley und Jamieson Webster gezeigt haben, in den Denkbewegungen G. W. F. Hegels, Friedrich Nietzsches, Sigmund Freuds, Carl Schmitts, Walter Benjamins und Heiner Müllers von außerordentlicher Bedeutung ist,[2] wird dabei in diesem

1 Vgl. Jacques Derrida: *Marx' Gespenster. Der Staat der Schuld, die Trauerarbeit und die neue Internationale*. Frankfurt am Main: Suhrkamp 2004.

2 Vgl. Simon Critchley / Jamieson Webster: *Stay Illusion! The Hamlet Doctrine*. New York: Pantheon 2013.

Kontext als Symptom verstanden, das auf die Aktualität der seit der Renaissance nicht wieder aussetzenden Erfahrung der Kontingenz von Mensch und Gesellschaft als eines Fallens in eine Unzeitigkeit der Existenz verweist, in der wir immer noch leben.

Auftritt Arbeau: Choreographie als Anbahnung des Gesellschaftskörpers

Thoinot Arbeau erfindet Ende des 16. Jahrhunderts den Begriff der Choreographie für die Neuzeit und stellt in seinem Buch *Orchésographie* sein Konzept einer solchen Tanz-Schrift vor. Der Begriff leitet sich dabei aus den griechischen Wurzeln *choros* – Tanz/Reigen und *graphein* – Schrift her und meint bei Arbeau ganz materiell das Buch, in dem Tänze aufgeschrieben sind. Die Idee ist einfach: Einer attestierten Flüchtigkeit des Tanzes „in Folge des Einflusses der Zeit“[3], dem, wie André Lepecki betont hat, damit ein ontologischer Mangel angedichtet wird,[4] soll mit einer eigens dafür erfundenen Notation begegnet werden. Der fiktive Schüler Capriol, ein Rechtsanwalt in heiratsfähigem Alter, dem der Mathematiker und Priester Arbeau in einem inszenierten Lehrdialog die Worte in den Mund legt, wendet sich an seinen Lehrer: „Ach, Monsieur Arbeau, verhüten Sie das [den drohenden Verlust der Tänze, Anm. d. Verf.], da sie es können. Schreiben Sie etwas darüber, ich werde dann im Stande sein, dieses Vergnügen zu lernen“[5]. Geschmeichelt und im jovialen Gestus eines nonchalanten ‚Wenn Sie denn unbedingt wollen, junger Mann‘ gibt Arbeau in der Folge eine Funktionsbestimmung der Choreographie. Einer frühneuzeitlichen Erfahrung der Kontingenz des Menschen und der Gesellschaftsordnung, die – wenn dem nicht Abhilfe geschaffen wird – dazu führen würde, „daß unsere Nachkommen alle diese von Ihnen soeben genannten neuen Tänze nicht mehr kennen werden, und zwar aus demselben Grunde, aus dem uns die Tänze unserer Vorfahren verloren gingen“[6], wird hier versucht, durch die Einsetzung einer neuen Technologie zur Erhaltung und Weitergabe dieses Wissens beizukommen. Diese entwirft sich als praktisches Projekt, das Körper über Schrift-Zeichen in Bewegung versetzt und so

3 Thoinot Arbeau: *Orchésographie, et traité en forme de dialogue, par lequel toutes personnes peuvent facilement apprendre et pratiquer l'honnête exercice des dances.* Hildesheim / Zürich / New York: Olms 1989, S. 23.

4 Vgl. André Lepecki: Inscribing Dance. In: Ders. (Hrsg.): *Of the Presence of the Body. Essays on Dance and Performance Theory.* Middletown: Wesleyan University Press 2004, S. 124–139.

5 Arbeau: *Orchésographie*, S. 24.

6 Ebd.

im Sinne eines in diesen festgeschriebenen Bildes mobilisiert. Ziel ist es, dass das Erlernen der Tänze mithilfe des Tanzbuches auch ohne die Anwesenheit eines die Bewegungen vormachenden Lehrers möglich ist. Der Schüler bezeugt: „Ihre Darstellungsweise ist ja derart, daß auch in Ihrer Abwesenheit und allein nach Ihrer Theorie und Vorschrift ein Schüler auf seiner Stube Ihren Unterricht sich aneignen kann."[7]

Anvisiert ist folglich eine Situation, in der der Schüler alleine mit der Tanz-Schrift in einem isolierten Studio und Probenraum, nur durch das Lesen und Umsetzen der Choreographie, tanzen lernen kann. Nur mit dem Geist seines Lehrers kommunizierend, von dessen in den Text gebannten Körper heimgesucht, eignet der Situation, in die sich der Schüler begibt, mit André Lepecki gesprochen, ein spektrales Moment. Es ist nicht auszumachen, wieso es im abgeschlossenen Studio nicht merklich unheimlich zugehen sollte, wenn der junge Mann einerseits der Kreatürlichkeit seines Körpers und dessen Tierhaftigkeit und Sterblichkeit und andererseits den Graphemen abstrakter Einschreibungen begegnet, durch die hindurch die akusmatische Stimme des im extremen Falle schon toten, radikal abwesenden Lehrers spricht. Die Choreographie wird so, als unkörperlicher „call for and from the law"[8], zur abstrakten Verfügung, die die Subjekte auffordert, sich ihnen fremden Regeln zu unterwerfen.

Sie wird, so Gerald Siegmund, zum „*Gesetz* des sich bewegenden Körpers"[9], das aber nicht einseitig als Vereinnahmungsapparat im Sinne des mit Deleuze argumentierenden Lepecki negativ als die Körper disziplinierendes Machtdispositiv gedacht werden kann, sondern als den Körper hervorbringende, diesen im Akt der ihr inhärenten Limitierung ebenso auch stützende Prothese – als eine Sprache, die den Körper zwar verfehlt, ihm aber auch die Möglichkeit gibt, sich in ihrem Rahmen zu subjektivieren und zu artikulieren. Mit Hilfe der Choreographie können die Subjekte sich in der Folge in den Gesellschaftskörper eingliedern und in Beziehung zu anderen treten: Capriol muss nicht mehr wie ehedem nur kurz in Gesellschaft verweilen, weil er, wie er ausführt, „für einen Klotz gehalten zu werden befürchtete"[10], sondern kann sich der durch die Choreographie erlernten Form bedienen, „um den

7 Ebd.

8 André Lepecki: *Exhausting Dance. Performance and the Politics of Movement.* New York: Routledge 2006, S. 26.

9 Gerald Siegmund: Recht als Dis-Tanz: Choreographie und Gesetz in William Forsythes *Human Writes.* In: *Forum Modernes Theater* 22,1 (2007), S. 75–93, hier S. 81.

10 Arbeau: *Orchésographie*, S. 22.

Mädchen zu gefallen“[11] und diese durch „gute Haltung, Grazie und Geschicklichkeit im Tanze“[12] für sich zu gewinnen. Dem Tanz wird dabei auch eine gesellschaftshygienische Funktion zugesprochen, ist es den Tanzpartnern doch gestattet, sich am Ende des Tanzes unverbindlich zu küssen, damit sie, wie Arbeau ausführt, anhand eines etwaigen schlechten Atems, der „Hammelschulter“, herausfinden können, ob beide denn auch für den Stand der Ehe ausreichend gesund und damit geeignet sind.[13]

Als Mittel, um den Geschlechtern einen Körper zu geben, mit dem sie sich begegnen können, übernimmt Choreographie in der Folge die Funktion, die Reproduktion der Gesellschaft in den durch diese vorgegebenen Formen anzubahnen. Sie wird für das Subjekt unerlässlich, „um sich bei Männern und Frauen beliebt zu machen“[14], und gibt dem in die Kontingenz gefallenen, aus dem Paradies vertriebenen, erbsündigen Menschen einen allgemeinen, gesellschaftlichen Körper. Dieser artifiziell verdoppelte Körper, so Siegmund, „setzt Männer in einem ersten Schritt mit sich und dem Gespenst des anderen Mannes, des Lehrers, und in einem zweiten Schritt auch mit Frauen in Beziehung und schafft so gesellschaftliche Verbindungen, die das zukünftige Leben der Gesellschaft garantieren.“[15] Indem sie dem Einzelnen zu einem Körper verhilft, ermöglicht die Choreographie so die Emergenz eines sozialen Körpers. Der Körper des Einzelnen wird hierbei zum Medium für die Darstellung des Subjekts. Damit der Mensch sich selbst und anderen transparent werden kann, wird ihm über den Umweg eines Rückzugs aus der Gesellschaft eine allgemein verbindliche Gestik gegeben, die ihn dann körperlich in das Soziale einfügt und andersherum gewendet das Soziale erst ermöglicht. Wie Arbeau nur zwischen den Zeilen andeutet, ist der so erzogene und körperlich ausgebildete Mann von Welt dann auch bestens in der Lage, den Gegnern des Tanzes, die diesen etwa für „weibisch“[16] halten, entgegenzutreten und „die Reformirten“, die den Tanz „verabscheuen“[17], mit „Dreckpasteten“[18] zu traktieren bzw. hat schon die ersten Schritte getan, um sich als Soldat in ein

11 Arbeau: *Orchésographie*, S. 23.

12 Ebd.

13 Ebd., S. 22.

14 Ebd.

15 Siegmund: Recht als Dis-Tanz, S. 82.

16 Arbeau: *Orchésographie*, S. 23.

17 Ebd., S. 24.

18 Ebd.

Regiment einzureihen und im etwaigen Ernstfall, die choreographische Form als Fassung wahrend, eventuell auch bestehen zu können.

Betrachtet man über Arbeaus Traktat hinaus die konkrete Funktion des Tanzes am Ende des 16. Jahrhunderts, so ist evident, dass er – über die Modi der Vergesellschaftung im Gesellschaftstanz hinaus – schon dazu genutzt wird, die staatliche Ordnung am Hofe zu erproben, vorzuführen und zu feiern. Der Tanz beginnt dabei im Übergang von der Renaissance zum Barock die Aufgabe zu übernehmen, der gegebenen Herrschaftsordnung, wie man mit Agamben sagen könnte, die gebotene Herrlichkeit zu verleihen,[19] die diese als von Gott eingesetzte legitimiert und jedem die Position anzeigt, an der er in Relation zum König steht. Diese Aufgabe bleibt von Arbeau, der als Geistlicher in der französischen Provinz lebte und sich an ein erstarkendes bürgerliches Publikum richtete, fast unerwähnt. Sie formuliert damit, zu dem Zeitpunkt, an dem Arbeau sie auf den Begriff bringt, Potentiale aus, die ihr schon von der Zeit der ersten *balli* an italienischen Fürstenhöfen zumindest nicht fremd gewesen zu sein scheinen,[20] und fügt so dem in der Renaissance bestimmenden Aspekt der Einübung und Aushandlung eines körperlichen und subjektiven Verhaltens die machtpolitische Dimension der Einfügung in die staatliche Ordnung und den Gesellschaftskörper hinzu. Die Choreographie beginnt damit, den sakrale Hintergrund der Souveränität des Monarchen in der Welt aufzuführen und die Körperpolitik des Barocks zu instituieren: Das Gottesgnadentum der Herrschaft des Monarchen wird durch die Choreographie zur Darstellung gebracht und dessen doppelter Körper in einer repräsentativen Verdopplung des choreographisch eingeübten Gesellschaftskörpers gespiegelt.[21]

Wie die von der Choreographie geleistete Übersetzung zwischen Körper und Schrift zeichentheoretisch letztlich abgesichert ist, problematisiert Arbeau nicht. Er scheint darauf zu vertrauen, dass die Zeichen sich und ihre Ratio schon vermitteln und mimetisches Lernen, auch unter intermedialer Zuhilfenahme bildlicher Darstellungen und musikalischer Notationen, möglich machen werden. Arbeau versucht das Tanzen als „wohlanständige[e]"[22] und

19 Vgl. Giorgio Agamben: *Herrschaft und Herrlichkeit. Zur theologischen Genealogie von Ökonomie und Regierung. Homo sacer II,2.* Frankfurt am Main: Suhrkamp 2010.

20 Vgl. Rudolf zur Lippe: *Naturbeherrschung am Menschen I. Körpererfahrung als Entfaltung von Sinnen und Beziehungen in der Ära des italienischen Kaufmannskapitals.* Frankfurt am Main: Suhrkamp 1981, S. 96–97.

21 Vgl. zur Theorie des doppelten Körpers des Königs: Ernst Kantorowicz: *Die zwei Körper des Königs. Eine Studie zur politischen Theologie des Mittelalters.* Stuttgart: Klett-Cotta 1992.

22 Arbeau: *Orchésographie*, S. 24.

gottesfürchtige Kunst zu beschreiben und den Zuspruch Gottes zum Tanz zu konstruieren, was für das westliche Tanzverständnis eher ungewöhnlich ist.[23] Was im Denken des Priesters Arbeau dennoch unausgesprochen bleibt und was den sinnvollen Bezug von Schrift und Körper aber letztlich gelingen zu lassen und zu garantieren scheint, ist im Weltbild des sechzehnten Jahrhunderts, mit Foucaults Analyse der Episteme der Ähnlichkeit argumentiert, ihre angenommene Gleichursprünglichkeit in Gott: Weil sowohl Sprache als auch Natur in der Spätrenaissance als Signaturen des gleichen, göttlichen Ursprungs interpretiert werden, den sie in Ähnlichkeiten ausdrücken,[24] scheint angenommen zu werden, dass sich auch die choreographische Vermittlung im Modus schriftlicher und körperlicher Übersetzung schon glücklich fügen wird. Die Frage nach der Möglichkeit einer Symmetrie von Körpern und Schrift kommt für Arbeau aufgrund dieses hermeneutischen Horizonts gar nicht als solche in den Blick, da sie im Kontext des Denkens in Ähnlichkeiten nicht problematisierbar ist.

Die Choreographie schafft es folglich, mit dem Glauben an eine semiotische Pragmatik, sakral gestützt, das Soziale hervorzubringen und die Gesellschaftsordnung zu inszenieren. Sie bezieht die Subjekte aufeinander und verpflichtet sie auf die gesellschaftlichen Ziele der Reproduktion, Tradierung und Sicherung der politischen Verhältnisse. Sie versammelt die Subjekte, überspielt Konflikte und bietet ihnen so einen Rahmen, in dem sie sich mit ihrer eigenen Sterblichkeit und dem in der Gesellschaft nie gänzlich aufgehenden Ausgleich zwischen den sich widersprechenden Prinzipien von Freiheit und Gleichheit auseinandersetzen können. „Tempus plangendi, & tempus saltandi [Zeit zu Trauern, Zeit zu Tanzen]“[25], lautet dann auch zutreffend das Incipit der *Orchésographie*.

… und Hamlet: Choreographie als Aussetzung des Subjekts

Zu Beginn der Handlung von *Hamlet* ist dieser eigentlich aufgefordert zu tanzen. Allein es will ihm nicht gelingen, sich auf der Hochzeit seiner seit einem Monat verwitweten Mutter Gertrud und seines Onkels Claudius, der damit zum neuen König wird, zu freuen. Findet er doch, dass nicht genügend Zeit für Trauer zwischen dem Tod seines Vaters und der Hochzeit liegt und vermutet er, dass in der Weitergabe des Throns nicht alles mit rechten Dingen

23 Vgl. Arbeau: *Orchésographie*, S. 22–23.

24 Vgl. Michel Foucault: *Die Ordnung der Dinge*. Frankfurt am Main: Suhrkamp 1974, S. 46–77.

25 Arbeau: *Orchésographie*, S. III.

zugegangen ist. Mit diesem furiosen Auftakt und einem sich ankündigenden Gespenst beginnt Shakespeare in *Hamlet*, die gleichen Spannungen vorzuführen, die auch im Konzept der Choreographie zwischen Subjekt, Körper, Gesetz und Ordnung virulent sind. Die Spannungen und Brüche, die die Choreographie in Renaissance und Barock noch nicht thematisieren darf – es wird ihr im Barock letztlich richtiggehend verboten, choreographisch ein anderes Bild des Menschen und der Gesellschaft zu zeichnen –, dramatisiert Shakespeare zur gleichen Zeit. In *Hamlet* zeigt er uns seinen Helden, in Differenz zur Marionette Capriol, als unfähig, der Anrufung durch das Gesetz der Choreographie Folge zu leisten und deren Forderungen in die Tat umzusetzen.

Wendet sich Capriol noch (von Arbeau inszeniert) an seinen Lehrer, um diesen um Hilfe zu bitten, ist die der choreographischen Kommunikationssituation vergleichbare Szene, die in *Hamlet* die Handlung anstößt, unverschleierter: Das Gespenst des toten Vaters, das hier argumentativ mit der Choreographie als gespenstischer Schrift des toten Lehrers gleichgesetzt werden soll, wendet sich an Hamlet und verlangt von diesem, ihm Folge zu leisten. Hamlet Senior fordert von seinem Sohn, dass er der illegitimen Herrschaft des Usurpators auf dem Thron ein Ende bereitet, der ihn (Hamlet Senior), ohne dass er vorher Buße tun konnte, „cut off even in the blossom of my sin“[26], mit Gift ermordet hatte. Obwohl das Gespenst Hamlet schwören lässt, sich ihm zu verpflichten und umgehend zur Tat zu schreiten, distanziert sich dieser schnell von einer unmittelbaren Umsetzung seines Auftrags und damit davon, die Choreographie auszuführen, zu ‚tanzen'. Statt die alte Ordnung sofort wieder herzustellen, indem er als ihr legitimer Erbe auftritt oder aber sich mit der neuen Situation abzufinden und zum Studium nach Wittenberg zurück zu reisen, wird Hamlet durch die Forderung des Gesetzes an ihn paralysiert: Er kann die Choreographie nicht umsetzen und anstatt Handlung zu ermöglichen, führt die Anrufung durch das Gespenst zu einer Lähmung. Hamlet findet sich in der Zeit nicht wieder, er fällt aus der Zeit im Sinne einer sinnvollen Erzählung seiner selbst heraus und verflucht sein Schicksal: „The time is out of joint. O cursed spite, / That ever I was born to set it right.“[27]

Christoph Menke erklärt Hamlets Zurückschrecken vor der vergeltenden Bluttat mit einem Kategorienfehler, den dieser macht, indem er Sein und Schein nicht voneinander unterscheidet. Hamlet verhält sich als Zuschauer

26 Shakespeare: *Hamlet*. Stuttgart: Reclam 2010, S. 102.

27 Ebd., S. 108.

der Handlung und seiner selbst, weil er die Welt im Modus einer Erfahrung unhintergehbarer Theatralität interpretiert.[28] Misstraut er bis zur Mitte des Stücks erst einmal der Wahrheit der Aussagen des Gespenstes – unternimmt aber noch Schritte, um die Schuld Claudius' aufzuklären –, verzweifelt er danach daran, wie er der ihm zugewiesenen Rolle als aufgetragenem Schicksal, dem er fremd gegenübersteht, gerecht werden soll. Die choreographische Anrufung zum Tanz, die er ausschlägt, führt hier direkt in die Spaltung des Subjekts und damit in eine Suspension des Handelns, aus der Hamlet keinen Ausweg findet.

Bemerkenswerterweise haben die anderen Figuren in *Hamlet* keine Probleme damit, sich angesichts der ausgesetzten Ordnung am Hofe ihre Handlungsfähigkeit zu erhalten: Sie sind allesamt in der Lage, die gegebene Ordnung und die Positionen und Identitäten aller Subjekte darin, distanziert zu betrachten und damit zu leben, dass der choreographische Rahmen lediglich Spielregeln vorgibt, mit denen Herrschaft konstruiert wird. Deren Relativität ist jedoch allen Charakteren transparent, ohne dass sie sich in einem tieferen Sinne dem Sinn des Buchstabens des Gesellschaftsvertrags verpflichtet fühlen würden. Ein soziales Miteinander ist hier im Sinne eines sozialen Naturzustands des nur mäßig kaschierten Bürgerkriegs aller gegen alle ausgesetzt: Die sozialen Beziehungen erscheinen für Hamlet aus den Fugen geraten. Es konstruiert sich eine Welt der Intriganten und Spione, die sich zweiteilt in eine Ebene der offiziell gewahrten, schönen Form und eine inoffizielle Realität hinter den Kulissen, in der die erste Ordnung nur indirekt Geltung hat.[29] Voraussetzung dafür ist in diesem Stück, in dem, wie bei Shakespeare oft, kein einziger Geistlicher auftritt, dass man nicht an die Ordnung glaubt. Konfrontiert mit dieser politischen Realität sind alle Figuren pragmatisch in der Lage, ihr Begehren zu verfolgen und ihre Rolle für sich gewinnbringend zu spielen. Nur Hamlet tanzt aus der Reihe der gespaltenen Subjekte und pocht auf die restlose Einheit von Körper und Gesetz.

Diese Beobachtung führt Jacques Lacans Analyse weiter, in der dieser den Grund für Hamlets Nicht-Handeln zu finden versucht. Sie setzt sich dabei aus psychoanalytischer Perspektive deutlich von Freuds Interpretation ab, die Hamlet eine heimliche Identifikation mit Claudius als dem Mann unterstellt, der Hamlets eigenen ödipalen Wunsch umgesetzt habe. Im Gegensatz dazu formalisiert Lacan das Problem Hamlets rund um den Begriff des in der

28 Vgl. Christoph Menke: *Die Gegenwart der Tragödie. Versuch über Urteil und Spiel.* Frankfurt am Main: Suhrkamp 2005, S. 161–187.

29 Vgl. Critchley / Webster: *Stay Illusion!*, S. 46–50.

Einschreibung ins Symbolische verworfenen Phallus, der den Körper in der Folge spaltet und ihn gespenstisch heimsucht. Der Phallus, verstanden als volle, aber verbotene *jouissance*, ist in der Folge für Lacan das Gespenst, das in Hamlet sein Unwesen treibt.[30]

Wie Lacan schreibt, schlägt für Hamlet immer die „Stunde des Anderen“[31]. Deswegen handelt er immer zu spät, schiebt sein Handeln auf, oder zu früh, in einer Affekt- oder Übersprungshandlung. Bezeichnend dafür ist, dass er den gerade überführten Claudius unbeschadet lässt, der reuevoll seine Tat gesteht und im Betstuhl vor ihm kniet. Stattdessen eilt er zu seiner Mutter, stellt diese zur Rede, steigert sich in eine Raserei hinein und erschlägt – denselben Claudius als unwahrscheinlichen, heimlichen Zuhörer hinter einem Vorhang vermutend –, ohne noch einmal nachzuschauen, und weil es ihm tatsächlich auch egal ist, wen er als Schuldigen trifft, den dahinter versteckten Polonius.[32] Befolgt Hamlet im Affekt, also im Entgleiten seiner Subjektivität, das Gesetz des Vaters, dann kann mit Lacan die Unzeit, in die er ansonsten fällt, nicht die des funktionierenden symbolischen Gesetzes sein. Lacan betont folglich, dass Hamlets Nicht-Handeln gänzlich an das Begehren seiner Mutter geknüpft ist, die mit dem Usurpator auf dem Thron gemeinsame Sache macht. Statt im Rahmen des Symbolischen ein eigenes Begehren zu artikulieren, verwirft Hamlet mit der vorgeworfenen Maßlosigkeit von Gertruds Begehren, das sich so leicht vom Mörder ihres Mannes verführen ließ, sein eigenes gleich mit, bleibt aber trotzdem an ihr Gesetz als Gesetz des Anderen, das der Forderung des Symbolischen diametral entgegensteht, gebunden. So handelt er erst, wenn Gertrud vergiftet stirbt und er selbst alsbald tödlich verwundet ist, nachdem vorher schon die verstoßene Ophelia als ehemaliges Objekt seiner Liebe Hamlets Verwerfung seines Begehrens mit dem Tod bezahlt hatte.

Hamlet befindet sich folglich in einer Krise des Symbolischen, die in die Regression führt. Das Loch im Realen, das durch den Tod seines Vaters genau an der Stelle entstanden ist, an der ehedem der Name-des-Vaters repräsentiert wurde, macht seine Einrückung ins Symbolische dysfunktional, so dass das vorher Verworfene, der Phallus – der als Teil des Körpers, als „Pfund

30 Vgl. Jacques Lacan: Desire and the Interpretation of Desire in Hamlet. In: *Yale French Studies* 55/56 (1977), S. 11–52; ders.: Hamlet. In: *Wo Es War* 1,2 (1986), S. 3–60; ders.: Hamlet (Vorträge V–VII). In: *Wo Es War* 2,3–4 (1987), S. 5–45.

31 Ebd., S. 13–14.

32 Vgl. ebd., S. 43–44.

Fleisch"[33], in der symbolischen Kastration aufgegeben und betrauert werden muss – sich in Bewegung versetzt und auf einmal in der Realität wiederkehrt. Dies tut er in der Ordnung der Psychose, in der Stimmen und Geistererscheinungen zur Tagesordnung gehören. So findet sich Hamlet zwischen zwei sich ausschließenden Ordnungen (nicht) wieder: Einerseits ist ihm aufgetragen das illegitime Genießen, das Claudius und seine Mutter verkörpern, zu rächen, andererseits ist er an das Begehren seiner Mutter in einer Weise gebunden, die die Artikulation eines dieser widersprechenden, durch das Symbolische gestützten Begehrens unmöglich macht. Den reuigen Claudius tötet er deshalb nicht, weil er *in ihm mehr als ihn* erschlagen will, nämlich den Verbrecher *in flagranti*, den heimtückischen Brudermörder, der sich an der Schöpfung versündigt hat. Ertappt er jemanden aber auf frischer Tat wie Polonius hinter dem Vorhang, dann denkt er nicht zweimal nach und erschlägt den Anblick des sich in der Realität verschleiert manifestierenden Phallus ohne zu zögern – mit Schaum vor dem Mund erschlägt er exzessiv das Unrecht selbst, selbst *jenseits* seines symbolischen Auftrags.

Hamlet ist in diesem Sinne eine Tragödie der verfehlten Trauer, die Hamlet in einen vorhergehenden Entwicklungsstand zurückwirft. Um dies zu verhindern, müssten die affektiven Bindungen und Besetzungen, die durch das Loch im Realen keine Entsprechung mehr in der Realität haben, in mühevoller Trauerarbeit gelöst und neu verknüpft werden. Dafür ist in Hamlet keine Zeit. „Something is rotten in the state of Denmark"[34] bedeutet hier laut Critchley und Webster, dass eine Gesellschaft dann „rotten" ist, wenn sie ihren Subjekten nicht die Zeit zur Trauer einräumt und sie stattdessen dazu zwingt, deren Bearbeitung aufzuschieben: daher Hamlets melancholische Grundstimmung[35] und seine Abhängigkeit vom Begehren eines nicht durchgestrichenen Anderen als Wahrheit eines dysfunktional gewordenen Symbolischen, das ihm doch eigentlich wiedereinzusetzen aufgetragen ist. Im Gegensatz zum Maß des Symbolischen kehrt ohne die Trauerarbeit die Maßlosigkeit als Nacht der Welt wieder und der nicht als Schein entlarvte Phallus macht sich auf den Weg, die Subjekte heimzusuchen.[36]

33 Lacan: Hamlet., S. 22.

34 Shakespeare: *Hamlet*, S. 96.

35 Vgl. Critchley / Webster: *Stay Illusion!*, S. 119–125.

36 Für Lacan ist dies aus psychoanalytischer Perspektive demzufolge die strukturelle Erklärung für die Existenz von Gespensterglaube als anthropologischer Konstante im Allgemeinen.

Arbeau mit Hamlet: Choreographie als Heimsuchung durch die Gespenstigkeit des Körpers

Bezieht man das Fazit einer von Gott versicherten glücklichen Fügung, die eine autoritäre Staatsform stützt, bei Arbeau abschließend auf die Auflösung und Zersetzung des Sozialen in *Hamlet*, so lassen sich aus der Zusammenschau die Einsätze beschreiben, mit denen das Projekt der Choreographie zu kalkulieren hat. Vor diesem Hintergrund erscheint die Choreographie nicht nur selbst als eine gespenstische Technologie, sondern antwortet auf die Erfahrung eines gespenstischen Körpers. Sie antwortet auf eine Krise der Darstellung des Menschen, die auftaucht, sobald der Mensch aus einer göttlichen Ordnung heraus in die Kontingenz eines mit sich selbst asynchronen Seins fällt, aufgrund derer er zur Begründung, zur Grundlegung seines Handelns, einer Technologie bedarf, die ihm einen Umgang mit seinem Körper ermöglicht.

Während Arbeau den Traum der Vernunft als Traum einer einfachen, tautologischen Selbstevidenz träumt – wenn wir euch, unseren Nachkommen, eine Form geben, dann werdet ihr eine Form haben – und den gespenstischen Körper am Ende leugnet, der seinem Projekt in den Erfahrungen von Vergänglichkeit sowie Scham und gesellschaftlichem Ausschluss doch eigentlich den Anstoß gab, problematisiert Shakespeare diesen zur selben Zeit, indem er die Tradierung als Weitergabe einer illegitimen und gewalttätigen Ordnung zeigt, in deren Rahmen Handeln unmöglich wird. Die einfache Setzung einer Form durch Macht und Gewalt führt bei Shakespeare dazu, dass in Differenz zu dieser ein Anspruch entsteht, der auf eine mit der Setzung einhergehenden Ent-setzung antwortet und sich als eine Forderung nach Gerechtigkeit artikuliert. Das ausgesetzte Symbolische deckt sich nicht mehr mit der Choreographie als Errichtung der Gesellschaft im Sinne Arbeaus und kehrt deshalb als gespenstische Anrufung von außen wieder. Diese formuliert Zweifel an der Körperpolitik des souveränen Herrschers, die genau die Verbindungsstelle zwischen seinen zwei Körpern, seinem sterblichen und seinem überzeitigen Leib, betreffen, und stellt eine Auflösung gesellschaftlicher Widersprüche in schönem Schein als leere Form in Frage.

In *Hamlet* wird dabei genau die Konfrontation zwischen einer mythischen und einer kontingenten Ordnung dramatisiert. Der Schein des Phallus, als phantasmatisches Gegenstück zu der durch den Signifikanten durchgestrichenen Einheit des Körpers, ist dabei das, was das Gespenst in Bewegung versetzt und ihm seine (Ir-)Realität verleiht. Seine Triebkraft ist darin begründet, dass das Sein des Menschen in seiner Ausgesetztheit sich selbst Angst macht,[37] sobald dieser einer heilsgeschichtlichen Letztbegründung seines Handelns in einer als kontingent erfahrenen Welt verlustig geht. Spiegelt man dies auf ein Denken der Choreographie zurück und fügt noch hinzu, dass die in *Hamlet* ausführlich dargestellte Spaltung des Subjekts zwischen dem Symbolischem und seinem Anderen *als* Symptom des Symbolischen selbst angesehen werden kann, das seine Aufrichtung als Gesetz mit seiner Setzung immer auch verfehlt und so stets eine Verbindung zum Phallus impliziert, dann ist der Choreographie als Artikulation des Körpers durch das Symbolische immer schon eine Spannung zwischen Setzung und Stütze von Subjekt und Gesellschaft einerseits und deren Durchstreichung und Ent-setzung andererseits eingeschrieben. Gegenüber der dadurch gegebenen Notwendigkeit einer jeweils kontingenten Neubegründung, einer neu ausgehandelten Vermittlung zwischen beiden Ordnungen, verweigert sich Hamlet jedoch, indem er auf einer nihilistischen Position beharrt. „Harping on the word nothing“[38] gleich einem Grundakkord, die ganze Schöpfung und den Menschen als eitel bezeichnend und sich darin narzisstisch selbst gefallend, sein Begehren jedoch verwerfend, entscheidet sich Hamlet dafür, keine Wahl zu treffen. „He is not a nice guy“[39], schreiben Critchley und Webster, sie widersprechen damit einer ganzen Tradition der Hamlet-Identifikation, die zum Beispiel mit Goethes Wilhelm Meister in Hamlet „ein schönes, reines, edles, höchst moralisches Wesen“[40] erkennen will.

Hamlet mit Arbeau: Einsätze choreographischer Praxis

Was bedeuten diese Ausführungen nun für ein Verständnis choreographischer Praxis heute? Erstens legen sie nahe, dass Choreographie immer zwei Ordnungen miteinander konfrontiert und sich zu dem Konflikt zwischen beiden verhalten muss. Zweitens scheint es in diesem Konflikt darum zu gehen, den potentiell leeren Ort im Zentrum der Choreographie, an dem sich ihr Bild vom Menschen und der Gesellschaft artikuliert, stets neu zu besetzen, in Frage zu stellen und zu begründen. Jedes Aufgeben einer Seite der implizierten Spannung zwischen Fleisch und Sprache führt dabei in die Verdrängung und ist reduktionistisch. Ein Verständnis von Choreographie als *schöner Form*, die eine Ahnung paradiesischer Harmonie gibt, ist in dieser Perspektive

37 Vgl. Derrida: *Marx' Gespenster*, S. 146–149.

38 Critchley / Webster: *Stay Illusion!*, S. 131.

39 Derrida: *Marx' Gespenster*, S. 53.

40 Johann Wolfgang Goethe: *Wilhelm Meisters Lehrjahre*. München: dtv 1977, S. 263.

künstlerisch und politisch der Rückschritt in das Feiern von Ordnung *als* Ordnung. Diese wird als selbstevident gut verstanden, ohne dass ihr Anderes und dessen Konsequenzen für den Menschen thematisiert werden. Eine solche Ausschließung leugnet letztlich auch das Gespenst in seiner Gespaltenheit durch den Phallus und trägt nur dazu bei, die Spannungen zwischen Körper und Sprache zu maximieren, bis dem Menschen sein Verworfenes um die Ohren fliegt.

Der gleiche Vorwurf wäre in der Folge ebenso jedem Verständnis von Choreographie zu machen, das sich rein auf die Seite der radikalen Andersheit des Anderen als eines flüchtigen, authentischen Ereignisses stellt. Ein solches Denken, das schnell mythologisierend in ganz klassische Verständnisse von Kunstfertigkeit, Grazie, Präsenz und dem Erscheinen einer angeblich natürlichen Gestalt des Körpers zurückführt, verleugnet ebenso das Insistieren eines durch die Schrift immer schon ins Spiel gebrachten und verfehlten Transzendenten. Es führt in der Konsequenz in eine Metaphysik der Realpräsenz zurück, die genau, wie jede Ästhetik der harmonischen Bewegung, eine ideologische Schließung sowie die Fetischisierung einer Form bedeutet, in der kein Widerspruch, kein Konflikt und keine Krise mehr verhandelt wird. Es ist – und das wäre auch die große Gefahr jedes Differenzdenkens, das ohne Alterität rein auf Immanenz, Flüchtigkeit und die stetige Variation eines Singulären setzt, das sich selbst schon ständig variiert und verschiebt – die Rückkehr in eine Ästhetik des schönen Scheins, die den Spuk, das Gespenstische, das Monströse und ihr Un-Heimliches gerade leugnet. Statt die Gespaltenheit des Körpers durch sein gespenstisches Double, die ihm als choreographische Vor-Schrift zu seiner Artikulation gegebene signifikante Form, zu behandeln und den Phallus damit ins Spiel zu bringen, verschanzt sich ein solches Choreographieren hinter einem Klischee des Anderen als reiner Immanenz, als ob diese keine weitreichenden Konsequenzen für den Menschen hätte, und verbleibt zum Beispiel angesichts der Verheerungen einer angeblich alternativlosen kapitalistischen Weltordnung[41] in der absoluten Sprachlosigkeit. Dies kann nicht im Sinne eines Denkens der *différance* sein, wenn man darunter nicht die absolute Belanglosigkeit und Beliebigkeit des Fallens in Kontingenz und Sterblichkeit und damit des Lebens verstehen möchte, sondern eine Logik der Uneigentlichkeit des Eigenen als das, was dem Subjekt Angst macht

41 Vgl. Joseph Vogl: *Das Gespenst des Kapitals*. Zürich: Diaphanes 2010.

und dieses antreibt.[42] Ein solches „Lernen, *mit* den Gespenstern zu leben“[43] wäre immer ein emanzipatorisches politisches Projekt, für das eine reflektierte choreographische Praxis in der Vorführung des notwendigen und diese Unterscheidung heimsuchenden Widerspruchs von Körper und Sprache und des Vorschlags einer Vermittlung zwischen beiden in der Ästhetik das Versuchslabor und in sozialer Perspektive das Modell für die Strukturierung von Gesellschaft abgeben kann.

42 Vgl. Jacques Derrida: Spekulieren – über/auf ‚Freud‘. In: Ders.: *Die Postkarte von Sokrates bis an Freud und jenseits. 2. Lieferung.* Berlin: Brinkmann & Bose 1987, S. 7–181.
43 Jacques Derrida: *Marx' Gespenster*, S. 10.

Nietzsches Masken
Medien der Verlebendigung

Matthias Dreyer

Dass die Bühne ein Ort sei, an dem die Toten wiederkehren und Gespenster erscheinen, ist ein gebräuchlicher Topos des Theaters. Verschiedentlich wurde die Totenbeschwörung als Ursprung des Theaters verstanden.[1] Wenn sich Heiner Müller in den 1980er-Jahren auf diese gespenstische Wiederkehr bezieht, zitiert er somit einen weit zurück reichenden Theaterdiskurs und dies mit Worten, die wiederum oft zitiert worden sind: „Das Tote ist nicht tot in der Geschichte. Eine Funktion von Drama ist Totenbeschwörung – der Dialog mit den Toten darf nicht abreißen, bis sie herausgeben, was an Zukunft mit ihnen begraben worden ist."[2] Müller verweist in diesem Zusammenhang explizit auf Marx' Rede vom Albdruck toter Geschlechter, der auf den Lebenden lastet, sowie auf Walter Benjamins Geschichtsdenken – doch ähnliche Denkfiguren im Diskurs über das Theater sind um einiges älter. In diesem Geister-Diskurs wird verhandelt, was Verlebendigung im Theater bedeutet und welche Art des Erscheinens damit verknüpft ist.

1 Carl Niessen: *Handbuch der Theater-Wissenschaft*, Bd. 1,2: Ursprung des asiatischen und griechischen Dramas aus dem Toten-und Ahnenkult. Emsdetten: Lechte 1953, kommentierend dazu Lutz Ellrich: Carl Niessens Handbuch der Theater-Wissenschaft – Versuch einer ethnologischen Relektüre. In: *Maske und Kothurn* 1–2 (2009), S. 175–192; vgl. zu dieser Ursprungstheorie auch Theo Girshausen: *Ursprungszeiten des Theaters: Das Theater der Antike.* Berlin: Vorwerk 8 1999, S. 197–202; bei Roland Barthes heißt es: „Die ursprüngliche Beziehung zwischen Theater und Totenkult ist bekannt: die ersten Schauspieler sonderten sich von der Gemeinschaft ab; indem sie die Rolle der TOTEN spielten: sich schminken bedeutete, sich als einen zugleich lebenden und toten Körper zu kennzeichnen […]" (Roland Barthes: *Die helle Kammer. Bemerkung zur Photographie*, aus d. Franz. v. Dietrich Leube. Frankfurt am Main: Suhrkamp 1992, S. 41).

2 Ein Gespräch zwischen Wolfgang Heise und Heiner Müller. In: Heiner Müller: *Gesammelte Irrtümer 2. Interviews und Gespräche.* Frankfurt am Main: Verlag der Autoren 1991, S. 50–70, hier S. 64.

In dieser Hinsicht gilt es zunächst, die prominenten Geisterfiguren der Dramengeschichte zu erinnern. Mit Hamlets Vater, Henrik Ibsens Gespenstern oder Heiner Müllers Untoten bricht Vergangenheit in die Gegenwart ein; sie stören die Ordnung einer Zeit, die auf den Fortschritt blickt. Sie haben wiederum Vorläufer in den überlieferten griechischen Tragödien der Antike: In Aischylos' *Persern* ruft der Chor angesichts des aktuellen Kriegsdebakels den ehemaligen Herrscher Dareios aus seinem Grab hervor; im dritten Teil der *Orestie* irrt die im zweiten Teil getötete Klythaimnestra als Schatten umher; und in Euripides' *Alkestis* – darauf komme ich unten zurück – kehrt die Titelheldin, nachdem sie freiwillig in den Tod gegangen ist, aus der Unterwelt auf rätselhafte Weise zurück. Die Rede von den Bühnen-Gespenstern umfasst indes mehr als die Gespenster-Figuren in den überlieferten Dramen, taucht sie doch auf einer metaphorischen Ebene im Hinblick auf die scheinbar endlose Wiederkehr der Klassiker auf, wenn die allabendlichen Auftritte von Medea, Faust oder Phädra als eine Wiederkehr der Toten interpretiert wurden.[3]

Wenn dieser alte Theater-Topos von der gespenstischen Wiederkehr im Folgenden einer erneuten Revision unterzogen wird, so jedoch keineswegs, um die Gegenwart der Klassiker zu beschwören. Die ‚Wiederkehr der Toten' ist vielmehr von Bedeutung für ein Theater, das zweierlei zugleich zu denken versucht, indem es die Frage der Vergegenwärtigung stellt und sich zudem bewusst macht, dass jene Gegenwart nicht im Hier und Jetzt alleine lebt, sondern von Spuren des Vergangenen und Unabgeschlossenen durchsetzt, kurz: von einer konstitutiven Nachträglichkeit bestimmt ist.

Die Genealogie eines solchen Theaters führt auf die moderne Interpretationsgeschichte des antiken Theaters zurück. Zentrale Bezüge dieser Debatte sind insbesondere Nietzsches *Geburt der Tragödie aus dem Geiste der Musik*, erstmals veröffentlicht 1872, sowie weitere Texte aus dieser frühen Werkphase, die jene zentrale Schrift umgeben. Im Folgenden möchte ich mittels einer Analyse von Nietzsches Metapher der Geister, die am Ort der Maske entstehen, das Konzept der Verlebendigung erörtern, um die Paradoxien und Potentiale dieses Komplexes im Theater aufzudecken. Dabei gilt es, Nietzsches Theorie der Erscheinung zu reflektieren, in der das Scheinhafte selbst zum Vorschein kommt.

3 Carlson entwirft das *ghosting* als umfassende Metapher der Theaterhistoriografie, vgl. Marvin Carlson: *The Haunted Stage. The Theatre as Memory Machine.* Ann Arbor: University of Michigan Press 2001.

Geisterseher und Visionsgestalt

Nietzsches *Geburt der Tragödie* blickt zurück auf die archaischen Praktiken des Theaters und des Kults aus der Zeit vor den überlieferten Tragödientexten, um – jenseits historiografischer Evidenzen – Anstöße für das Denken des Theaters seiner Zeit zu finden. In den dionysischen, mit Ekstasetechniken arbeitenden Mysterien sieht er die „künstlerische Urerscheinung"[4] des Dramas – und hierbei werden für Nietzsche Geister und Visionen wichtig. So steht im Mittelpunkt seiner Überlegungen ein Begriff der *creatio* als einer Kraft des Fortlebens und Wiederauferstehens. Denn der Dichter ist für Nietzsche ein Schöpfer, weil er „von Gestalten sich umringt sieht, die vor ihm leben und handeln und in deren innerstes Wesen er hineinblickt."[5] Er ist im Schöpfungsakt zunächst weniger mit einer gedanklichen Deutung oder Umschrift der Überlieferung befasst, vielmehr versucht er, etwas aufzunehmen und fortzuführen, das außer ihm existiert: „Man habe nur die Fähigkeit, fortwährend ein lebendiges Spiel zu sehen und immerfort von Geisterschaaren umringt zu leben, so ist man Dichter; man fühle nur den Trieb, sich selbst zu verwandeln und aus anderen Leibern und Seelen herauszureden, so ist man Dramatiker."[6] Die Begabung der zwei Künstler sind auf diese Weise eng miteinander verbunden und beide sind weniger als Schöpfer tätig in dem Sinne, dass sie Neues erschafften. Die Nähe zu den Geistern, die den Dichter ausmacht – womit Nietzsche die alte Rede von der Be-geisterung als Grund der Schöpfung fortschreibt –, bezieht sich auf etwas, was vor ihm war und um ihn herum ist; die Fähigkeit des Dramatikers, „aus anderen Leibern und Seelen herauszureden" bedeutet ein Außer-sich-Sein des Schaffenden. Dichter wie Dramatiker zielen daher auf das Eigenleben anderer, äußerer Kräfte ab, zu deren Medium der Künstler wird.

Für Nietzsche soll der Tragödienprozess eine Hervorbringung in diesem Sinne sein, er imaginiert, dass die Teilnehmer im Theater der Tragödie solche Kräfte im Rausch entwickeln: „Die dionysische Erregung ist im Stand, einer ganzen Masse diese künstlerische Begabung mitzutheilen, sich von einer solche Geisterschaar umringt zu sehen, mit der er sich innerlich eins weiss."[7] Stellen wir uns also die dionysischen, im Kollektiv agierenden Gläubigen vor,

4 Vgl. Friedrich Nietzsche: Geburt der Tragödie aus dem Geiste der Musik. In: Ders.: *Sämtliche Werke. KSA*, Bd. 1, hrsg. v. Giorgio Colli / Mazzino Montinari. München / Berlin / New York: dtv / de Gruyter 1988, S. 9–156, hier S. 60.

5 Ebd.

6 Ebd., S. 61.

7 Ebd.

die Nietzsche im Dionysos-Kult aus einer archaischen Zeit vor dem attischen Theater des 5. Jahrhunderts beschreibt: Die Gläubigen werden im Schwange ihrer ekstatischen Praktiken zu Satyrn „verzaubert“[8], zu exzentrischen, tierähnlichen Jüngern von Dionysos. Der Satyr wiederum „schaut den Gott, er sieht in seiner Verwandlung eine neue Vision ausser sich“[9]. Nietzsche nennt ihn daher einen „Geisterseher“.[10] In der kultischen Handlung also ruft mit anderen Worten das dionysisch verzückte Kollektiv den Gott Dionysos an und dieser offenbart sich ihm – nicht in Realpräsenz, sondern als ein geisterhaftes *Bild der Wiederkehr*.

Den Chor der Tragödie denkt Nietzsche als ein Symbol dieser dionysisch erregten, Bilder generierenden Masse: Er wird nun zum „Schauer der Visionswelt der Scene“[11], d.h. er bringt die als Protagonisten handelnden Gestalten auf bestimmte Weise hervor und betrachtet sie zugleich als etwas ihm Äußeres. Im Hinblick auf das tragische Theater in den historisch späteren Entwicklungsphasen, also nach der Gründung eines Polis-Theaters und insbesondere nach dem Theater des Euripides, entsteht zwar der Eindruck, dass sich die Tragödie als ein Handeln der Protagonisten vollziehe, die vom Chor lediglich unterbrochen und kommentiert werden. Im Unterschied dazu sind die tragischen Figuren im prä-dramatischen Prozess, für den Nietzsche sich vorrangig interessiert, als eine Vision des chorischen Kollektivs zu denken: „Nach dieser Erkenntniss haben wir die griechische Tragödie als den dionysischen Chor zu verstehen, der sich immer von neuem wieder in einer apollinischen Bilderwelt entladet.“[12] Was mit dieser Entladung gemeint ist, konkretisiert Nietzsche später in einer Sprache, die an die zu dieser Zeit entstehenden Vorformen des Films denken lässt: Der tragische Held sei nichts weiter „als das auf eine dunkle Wand geworfene Lichtbild d.h. Erscheinung durch und durch“[13], beschrieben auch als ein „leuchtendes Wolkenbild“[14] oder als Traum. All diese Formulierungen weisen zurück auf die beschriebene „Geisterschaar“, die aus der dionysisch inspirierten Kunst hervorgeht.

Die Art, wie Nietzsche den kultischen Rausch, den Bildcharakter der Szene und die Geistererscheinungen gedanklich verknüpft, erinnert an die jüngeren

8 Nietzsche: Geburt der Tragödie, S. 61.

9 Ebd., S. 62.

10 Ebd., S. 63.

11 Ebd., S. 59.

12 Ebd., S. 62

13 Ebd., S. 65.

14 Ebd., S. 60.

Diskurse darüber, wie eng die Geschichte der frühen Medien im 19. Jahrhundert (Telegrafie, Telefon, Fotografie) mit spiritistischen und okkulten Praktiken sowie nicht zuletzt mit Trancemedien verbunden ist.[15] Nietzsches Überlegungen zum Ursprung des Tragödientheaters greifen grundlegende Fragen am Beginn der Moderne auf, etwa den Zweifel am Sichtbaren, die Krise kausaler wie metaphysischer Erklärungen oder die Infragestellung des neuzeitlichen *cogito*. Im Spezifischen versucht er zu erklären, wie es dazu kommen konnte, dass zu einer bestimmten Zeit tragische Heldendarsteller auf der Szene auftauchen, während die tragische Gattung zuvor in der Form eines Dithyrambos bestanden hatte, d. h. einer kollektiven Chorlyrik, die ohne die solistische Darstellung von Figuren auskam:

> [U]rsprünglich ist die Tragödie nur „Chor" und nicht „Drama". Später wird nun der Versuch gemacht, den Gott als einen realen zu zeigen und die Visionsgestalt sammt der verklärenden Umrahmung als jedem Auge sichtbar darzustellen; damit beginnt das „Drama" im engeren Sinne. Jetzt bekommt der dityrambische Chor die Aufgabe, die Stimmung der Zuhörer bis zu dem Grade dionysisch anzuregen, dass sie, wenn der tragische Held auf der Bühne erscheint, nicht etwa den unförmlich maskirten Menschen sehen, sondern eine gleichsam aus ihrer eignen Verzückung geborene Visionsgestalt. [...] Unwillkürlich übertrug er *das ganze magisch vor seiner Seele zitternde Bild* des Gottes auf jene maskirte Gestalt und löste ihre Realität gleichsam in eine *geisterhafte Unwirklichkeit* auf.[16]

So versucht Nietzsche das, was „jedem Auge sichtbar"[17] ist, gewissermaßen in eine Schwebe zu bringen, mithin einen Prozess zu denken, in dem die Evidenz des Sichtbaren durch das Imaginäre durchkreuzt wird. Hierfür gebraucht er die Metapher des Geisterhaften und versteht darunter einen Zustand, der durch eine im dionysischen Rausch vollzogene Überblendung des Darstellers mit einem imaginären Bild zustande kommt, d. h. die Überlagerung des „*magisch vor der Seele zitternden Bildes*" mit der – im antiken Theater üblicherweise – maskierten Gestalt. Die reale Gestalt der Szene wird dadurch irrealisiert, wodurch eine „*geisterhafte Unwirklichkeit*" entsteht. Die „Visionsgestalt" enthält auf diese Weise, so lässt sich sagen, ein eigenes Leben, das am Ort der starren, leblosen Maske hervortritt und mit dieser zusammenfällt – und dabei

15 Zur breiten Rezeption des Spiritismus aus mediengeschichtlicher Sicht vgl. Marcus Hahn / Erhard Schüttpelz (Hrsg.): *Trancemedien und Neue Medien um 1900. Ein anderer Blick auf die Moderne*. Bielefeld: Transcript 2009. Zum Spiritismus aus kulturhistorischer Sicht vgl. Diethard Sawicki: *Leben mit den Toten. Geisterglauben und die Entstehung des Spiritismus in Deutschland 1770–1900*. Paderborn: Schöningh 2002; die technisch-medialen Kontexte behandelt Terry Castle: Spectral Technology. In: *Critical Inquiry* 15,1 (1988), S. 26–61.

16 Nietzsche: Geburt der Tragödie, S. 63–64 (meine Hervorhebungen).

17 Ebd., S. 63.

freilich nicht biologisch real ist, sondern zunächst als ‚geisterhaft' benannt wird.
Um dieses Geisterhafte näher zu verstehen, gilt es, die Visionsgestalten ausdrücklich im Rahmen von Nietzsches Polaritätstheorie zu situieren.[18] In seinen Vorträgen aus den frühen 1870er-Jahren sowie in der *Geburt der Tragödie* entwirft er das Denkmodell zweier rivalisierender Triebe, illustriert durch die antiken Götter Apoll und Dionysos. Während das Apollinische, assoziiert mit dem Individuellen und Gestalthaften, Bilder des schönen Scheins zu schaffen vermag, erwachsen die glühenden Lebenskräfte aus dem Dionysischen, das Nietzsche mit Musik und Melodie assoziiert. Der dionysische Trieb verleitet den Menschen dazu, sich mit anderen in rauschhafter Gemeinschaft zu verbinden, ist jedoch ein zutiefst ambivalenter Trieb, in dem Befreiung und Zerstörung grundlegend zusammenhängen. Betont wird in der regen Rezeption dieser Figur zumeist, dass sich in der gemeinsamen rauschhaften Bewegung verzückende Kräfte der Befreiung entfesseln, geführt von dem Frühlingstrieb, dem „‚Fanget an!'"[19]. Allerdings offenbart sich dem Menschen im Dionysischen Nietzsche zufolge zugleich „das ungeheure Grausen": ein Abgrund, der sich öffnet, wenn die schützende Individuation wegfällt, die Lebensform zerfällt und der Mensch einem sinn- und bodenlosen, unfassbaren Nichts ausgesetzt ist. Angesichts dessen helfen die apollinischen Kräfte – und ihnen entspringen zweifellos die beschriebenen Visionsgestalten –, das Leben zu bewahren, da sie das *principium individuationis* stabilisieren und Weltbilder entwerfen, in denen der Einzelne Halt findet. Auf diese Weise denkt Nietzsche das Dionysische und das Apollinische in einer Art dialektischer Balance.[20] Richtet man seine Aufmerksamkeit allein auf die Erscheinungen, so ist es unmöglich, das „Entsetzliche und Absurde des Menschseins"[21] zu erkennen, denn dieses ist „verhüllt und dem Anblick entzogen"[22]. Blickt man indes zu

18 Ausführlicher zum Folgenden, insbesondere zur Analyse und Kritik des Dionysischen, vgl. Matthias Dreyer: *Theater der Zäsur. Antike Tragödie im Theater seit den 1960er Jahren*. Paderborn: Fink 2014, S. 115–175.

19 Friedrich Nietzsche: Die Geburt des tragischen Gedankens. In: Ders.: *KSA*, Bd. 3,2, S. 72–91.

20 Die *Geburt der Tragödie*, wie Nietzsche später über seinen Text sagte, „riecht anstößig Hegelisch", zit. n. Gilles Deleuze: *Nietzsche und die Philosophie*, aus d. Franz. v. Bernd Schwibs. München: Rogner & Bernhard 1976, S. 16.

21 Nietzsche: Geburt des tragischen Gedankens, S. 87.

22 Nietzsche: Geburt der Tragödie, S. 36.

tief in diese Abgründe hinein, so bedarf es umso mehr der apollinischen Gestalten, um die vitalen Kräfte zu retten.[23]
Daher handelt es sich bei den Visionsgestalten, die am Ort der tragischen Maske entstehen, gewissermaßen um ‚gute Geister', die jedoch keinen abbildenden Charakter haben, sondern als Kräfte innerhalb eines relationalen Spiels von Illusion, Erkenntnis und Abwehr zu analysieren sind. Diese Geister sind keine verdrängten Kräfte der Vergangenheit, wie dies etwa in Heiner Müllers zitierter Poetik der insistierenden Gespenster anklingt. Vielmehr kaschiert ihre Erscheinung andere wichtige Erfahrungen, so dass man sie näher bestimmen könnte mit dem, was Freud später „Deckerinnerungen"[24] nennt. Zugleich setzen diese Bilder den Rezipienten in Relation zum unzugänglichen Realen, da sie auf eine solche Weise erscheinen, dass ihr scheinhafter Charakter zum Vorschein kommt und sie sich daher in ihrer Funktion des Verbergens selbst entlarven. So formuliert Nietzsche mit seiner Rede von Geistern und Visionen eine Theorie der Verlebendigung, mit der die Kunst als „das große Stimulans des Lebens, zum Leben"[25] gedacht wird: Sie verführt zum Weiterleben und stärkt die vitale Existenz;[26] dabei geht sie von einem – noch näher zu befragenden – „Urgrund" aus, den Nietzsche oft als „Leben", später auch als „Wille zur Macht" bezeichnet und der als etwas Unbestimmtes und vermutlich auch Unbestimmbares charakterisiert werden muss.[27]
Diese Verlebendigung widerspricht fundamental der Hauptströmung des modernen Theaters seit der Aufklärung. Denn diese ist bemüht, ‚tote Schrift' in ‚lebendige Darstellung' zu verwandeln, d. h. einen Text, eine Figur oder eine Rolle durch Empfindungen und mimischen Ausdruck psychologisch zu

23 „Der Grieche kannte und empfand die Schrecken und Entsetzlichkeiten des Daseins: um überhaupt leben zu können, musste er vor sie hin die glänzende Traumgeburt der Olympischen stellen." (Ebd., S. 35.)

24 Sigmund Freud: Erinnern, Wiederholen, Durcharbeiten. In: Ders.: *Schriften zur Behandlungstechnik. Studienausgabe*, Ergänzungsband. Frankfurt am Main: Fischer 1982, S. 205–215, hier S. 208.

25 Friedrich Nietzsche: Nachgelassene Fragmente Frühjahr 1988. In: Ders.: *KSA*, Bd. 13, S. 230.

26 Im Gedanken des revolutionären Aufruhrs trägt das Dionysische auch gewaltsame Züge: „Ein Sturmwind packt alles Abgelebte, Morsche, Zerbrochne, Verkümmerte, hüllt es wirbelnd in eine rothe Staubwolke und trägt es wie ein Geier in die Lüfte […]. Ja, meine Freunde, glaubt mit mir an das dionysische Leben und an die Wiedergeburt der Tragödie […] denn ihr sollt erlöst werden." (Nietzsche: Geburt der Tragödie, S. 131–132.)

27 Vgl. hierzu Gunter Martens: Schon zu Beginn der Moderne ‚postmodern'? – Zur poetologischen Konzeption in Nietzsches Frühwerk. In: Anja Lemke / Martin Schierbaum (Hrsg.): *‚In die Höhe fallen'. Grenzgänge zwischen Literatur und Philosophie*. Würzburg: Königshausen & Neumann 2000, S. 73–98, hier S. 87.

beleben, wobei die Differenz zwischen Schrift und Figur, zwischen Darsteller und Dargestelltem zum Verschwinden gebracht werden soll. Die seit der Zeit der Aufklärung in der bürgerlichen Theatertheorie sich entwickelnde Tradition wird seit Mitte der 19. Jahrhunderts – zu Nietzsches Lebzeiten also – etwa in den Schriften Heinrich Theodor Rötschers fortgeführt, demzufolge im Theater „volle ganze Menschen" erzeugt werden sollen, um die dramatische Vorlage „zur vollsten sinnlichen Gegenwart" zu bringen.[28] Nietzsches Theaterkonzeption steht quer zu dieser seit der Aufklärung erstrebten Natürlichkeit samt ihrer Ökonomie der Einfühlung und zwar durch jene Qualität, die Nietzsche als „geisterhaft" benennt. Näher zu diskutieren ist daher im Folgenden ihr Status der Wiederkehr sowie die Frage, woher sie stammen.

Nachträglichkeit

Die geisterhaften Erscheinungen bringen wie erwähnt ihren scheinhaften Charakter selbst zum Vorschein, indem sich das Sichtbare in ihnen als instabil und ‚zitternd' erweist. Dies veranschaulicht Nietzsche mit der Erscheinung der aus dem Totenreich zurückkehrenden mythologischen Gestalt der Alkestis, die ihrem Gatten Admet wiederbegegnet:

> Denken wir uns Admet mit tiefem Sinnen seiner jüngst abgeschiedenen Gattin Alcestis gedenkend und ganz im geistigen Anschauen derselben sich verzehrend – wie ihm nun plötzlich ein ähnlich gestaltetes, ähnlich schreitendes Frauenbild in Verhüllung entgegengeführt wird: denken wir uns seine plötzlich zitternde Unruhe, sein stürmisches Vergleichen, seine instinctive Ueberzeugung — so haben wir ein Analogon zu der Empfindung, mit der der dionysisch erregte Zuschauer den Gott auf der Bühne heranschreiben sah, mit dessen Leiden er bereits eins geworden ist.[29]

Die szenische Erscheinung wird verglichen mit dem Bild einer herbeigesehnten Verstorbenen und dem Phantasma ihrer wiederkehrenden Präsenz. Wieder wird hier die halluzinatorische Qualität des theatralen Vorgangs betont. Die Wiederkehr stellt sogar das Ereignis der Szene dar und kreiert eine Existenz, die für den Zuschauer nicht vollständig lebendig ist, sondern durch „seine plötzlich zitternde Unruhe, sein stürmisches Vergleichen [...]"[30] zugleich affirmiert und in Frage gestellt wird. Die hier gedachte ‚Präsenz als

28 Vgl. Heinrich Theodor Rötscher: Die Kunst der dramatischen Darstellung, zit. n. Hans Christian von Herrmann: *Das Archiv der Bühne. Eine Archäologie des Theaters und seiner Wissenschaft.* München: Fink 2005, S. 104.

29 Nietzsche: Geburt der Tragödie, S. 63–64.

30 Ebd., S. 63.

Wiederkehr' ist daher mit einer Nachträglichen verbunden, die zugleich vorläufig bleibt, weil sie in ihrer zitternden Qualität unabgeschlossen ist.[31]
Die Hauptfiguren der Theaterszene sind in diesem Sinne sämtlich als Wiederkehrer zu denken. Darauf verweist Nietzsche, wenn er darüber nachdenkt, dass Dionysos zwar der Gott des Theaters (und der Maske) sei, aber in den überlieferten Tragödien – bis auf Euripides' *Bakchen* – nicht als Figur auf der Bühne auftaucht. Er kommt zu dem Schluss, „dass alle die berühmten Figuren der griechischen Bühne, Prometheus, Ödipus usw. nur Masken jenes ursprünglichen Helden Dionysus sind"[32], dass sich in ihnen also eine Wiedergeburt desjenigen Gottes vollziehe, der als Knabe zerstückelt wurde, derart die Leiden der Individuation erfahren hat und in seinem Wirken, in der Rückkehr nun deren Aufhebung provoziert, wobei dem Faktum der Zerstückelung selbst aber niemals zu entkommen ist. In diesem Sinne betont auch Ulrike Haß die „Nachträglichkeit der Tragödiendichtung", die erst richtig erfasst werden könne, wenn man von modernen Konzepten des Charakters, der Rolle oder des Individuum absieht, um stattdessen die antike Vorstellung der Persona als eine das Gesicht verdeckende Maske zu erinnern, mit der Geschichten von Toten dargestellt würden.[33] Françoise Frontisi und Jean-Pierre Vernant fassen ihre Forschungen zur antiken Maske in diesem Sinne so zusammen, dass die Maske das zentrale Mittel ist, um die Abwesenheit in der Gegenwart auszudrücken.[34]

31 Aus kultur- und medienwissenschaftlicher Sicht wird dieser Figur zuletzt nachgegangen in Ulrike Hanstein / Anika Höppner / Jana Mangold (Hrsg.): *Re-Animationen. Szenen des Auf- und Ablebens in Kunst, Literatur und Geschichtsschreibung*. Köln: Böhlau 2012.

32 Nietzsche: Geburt der Tragödie, S. 71.

33 Ulrike Haß: Rolle. In: *Metzler Lexikon Theatertheorie*, hrsg. v. Erika Fischer-Lichte / Doris Kolesch / Matthias Warstat. Stuttgart: Metzler 2005, S. 278–283, hier S. 278. Sie kommt jedoch zu einem gänzlich anderen Schluss als Nietzsche, wenn sie darlegt, im antiken Theater gehe es, auf der Grundlage dieser Nachträglichkeit, „nicht um den Anschein einer Revitalisierung jener Toten, von denen es handelt", sondern um die „Zitation der Abwesenden in der Sprache des Dichters und ihre stimmliche Verlautbarung" (ebd., S. 279). Obwohl es tatsächlich eine starke Tradition gibt, die antike Tragödie als ein primär Sprache aufführendes Geschehen zu verstehen, die besonders von Hölderlin ausgeht (vgl. hierzu Dreyer: *Theater der Zäsur*, Kap. 6), wird im Kontrast deutlich, wie stark Nietzsche den sprachlichen Akt in seiner Tragödientheorie, die zugleich eine Theorie des Theaters der Moderne sein will, komplett ausblendet bzw. zwischen den Polen der Musik (Dionysos) und des Bildes (Apoll) verschwinden lässt.

34 Vgl. Françoise Frontisi / Jean-Pierre Vernant: Figures du masque en Grèce ancienne. In: Jean-Pierre Vernant / Pierre Vidal-Naquet: *La Grèce ancienne*, Bd. 3: Rites de passage et transgressions. Paris: Seuil 1992, S. 297–315 (Engl: Dies.: *Myth and Tragedy in Ancient Greece*. New York: Zone Books 1990, S. 189–206.

Aber woher stammen die ursprünglichen Helden? Welche Kraft wäre dieser Nachträglichkeit vorgängig? Wohin gelangen wir, wenn es gelingt, „jenes kunstvolle Gebäude der apollinischen Cultur gleichsam Stein um Stein abzutragen, bis wir die Fundamente erblicken, auf die es begründet ist“?[35] Nietzsches Metaphorik des Aufdeckens und des Durchstoßens einer Oberfläche scheint hier die metaphysische Denktradition des Authentischen und der Wahrheit aufzurufen. Wie also lässt sich umgehen mit jenen metaphysisch anmutenden Fundamenten, die ein zugrunde liegendes Prinzip vermuten lassen, das die Darstellung bestimmt?

Leere hinter der Maske

Hier bietet es sich an, den Mythosbegriff, der Nietzsches Theaterkonzeption grundiert, näher zu reflektieren. Worin besteht der Zusammenhang seines Gespenstischen mit der romantischen Suche nach einer „neuen Mythologie“? Bekanntlich dachte Nietzsche bei seinem Lob der griechischen Tragödie an Wagners Musiktheater, das fähig sei, die Tragödie durch die „Wiedergeburt des deutschen Mythus“ zu erneuern.[36] Mit Wagner gelte es, die „mythischen Fundamente“ wiederzufinden; mit Tristan, Siegfried, Lohengrin anzuknüpfen an eine „herrliche, innerlich gesunde, uralte Kraft“[37]. Philippe Lacoue-Labarthe hat diese Mythenkonstruktion zurückgewiesen als Teil eines politischen Projekts, das die Kunst in den Dienst der nationalen Identität stellt, um ein im Mythos verschmelzendes deutsches Volkssubjekt herauszubilden.[38] Tatsächlich bezeichnet Wagner den Mythos als „das ursprünglich namenlos entstandene Gedicht des Volkes“[39]. Nietzsches Visionen aussendendes Chor-Kollektiv könnte vor diesem Hintergrund mit der von Herder formulierten Idee des Volksgeistes, die von den Romantikern aufgenommen wird, assoziiert werden. Die „Geisterschaaren“, die sich, vom Chor ausgehend, in der tragischen Szene niederlassen, sind daher nicht ‚unschuldig‘. Wie

35 Nietzsche: Geburt der Tragödie, S. 34.

36 Zwar zeichnete sich zur Zeit der Veröffentlichung seiner Schrift schon der Bruch mit Wagner ab, wurde aber in seiner Argumentation selbst (noch) nicht deutlich, vgl. Philippe Lacoue-Labarthe: Der Umweg, aus d. Franz. v. Thomas Schestag. In: Werner Hamacher (Hrsg.): *Nietzsche aus Frankreich*. Frankfurt am Main / Berlin: Ullstein 1986, S. 77–110, hier S. 82.

37 Vgl. Nietzsche: Geburt der Tragödie, S. 145–146.

38 Philippe Lacoue-Labarthe: Musica Ficta (Figuren Wagners). In: Ders.: *Dichtung als Erfahrung / Die Fiktion des Politischen / Musica Ficta (Figuren Wagners)*, aus d. Franz. v. Thomas Schestag. Basel / Weil am Rhein: Engler 2009, S. 247–404, bes. S. 275–276.

39 Zit. n. ebd., S. 274.

eng, so ist zu fragen, sind sie verwandt mit der nationalistischen Rhetorik des Mythos?

Nietzsches Geister, die einem mythologischen, anti-historischen Denken entstammen, scheinen jener Sichtweise der Tragödie, die spätestens mit Walter Benjamin virulent wird, entgegenzustehen: dass diese nämlich einen *Abstand* zum Mythos inszeniere.[40] Denn woher sollte der kritische Abstand auch kommen, wenn Nietzsche jegliche Differenz zwischen Chor und Protagonisten suspendiert, wenn er davon ausgeht, dass die szenische Handlung ein Produkt des Chors sei? Und wenn Jean-Luc Nancy, von Brecht her denkend, argumentiert, Theater begänne dort, wo sich ein „Ausgang aus dem Kult" vollziehe, wo die Präsenz der Götter verlassen werde, um das Drama des Menschen selbst sichtbar zu machen,[41] so scheint sich hier eine fundamentale Kluft zu Nietzsches Position aufzutun. Nancys Sicht besteht darin, dass mit den Göttern auch eine bedingende Ursache oder lenkende Autorität die Sphäre des Menschlichen verlassen habe. Nietzsche jedoch versucht, den Mythos als ursächlichen Beweger der Tragödie zu denken, ebenso die Natur (daher beruft er sich auf den naturhaften Satyrn als Geisterseher der Tragödie) sowie die Wahrheit, die zum Vorschein komme, wenn mit der Tragödie die Oberfläche der Zivilisation durchstoßen würde. Daher sind Mythos, Natur, Wahrheit – und implizit auch: das Volk – in den frühen Nietzsche-Texten als ursächliche Autoritäten hinter der Maske zu erkennen.

Doch blickt man von Nietzsches späteren Schriften, in denen er diese metaphysischen Ursprungsideen selbst außer Kraft setzt, auf seine frühen Schriften zurück, so wird deutlich, wie fadenscheinig die Kategorien von Mythos, Natur und Wahrheit bereits in diesen sind. Sie scheinen selbst Masken zu sein, um eine Leere zu kaschieren, mit der Nietzsches Denken zu dieser Zeit noch nicht umzugehen wusste.[42] Denn wie unbestimmt die Quelle der Visionen ist, wie unsicher also die Herkunft der Geister, das wird deutlich, wenn man den Stimmen lauscht, die Christiaan Hart Nibbrig bei Nietzsche entdeckt hat, etwa in der Notiz von 1868/69, kurz vor Erscheinen der *Geburt der Tragödie*. Hier schreibt Nietzsche: „Was ich fürchte, ist nicht die schreckliche

40 Vgl. Walter Benjamin: Ursprung des deutschen Trauerspiels. In: Ders.: *Gesammelte Schriften*, Bd. 1.1, hrsg. v. Rolf Tiedemann / Hermann Schweppenhäuser. Frankfurt am Main: Suhrkamp 1991, S. 203–409; zur Differenz von Mythos und Tragödie bes. ebd., S. 284–297.

41 Jean-Luc Nancy: Theatereignis. In: Nikolaus Müller-Schöll (Hrsg.): *Ereignis. Eine fundamentale Kategorie der Zeiterfahrung. Anspruch und Aporien.* Bielefeld: Transcript 2003, S. 323–331.

42 Zu beobachten sind „Merkmale einer schon hier aufbrechenden gegenläufigen Auffassung des Philosophierens" (Martens: Schon zu Beginn der Moderne ‚postmodern'?, S. 78.)

Gestalt hinter meinem Stuhle, sondern ihre Stimme: auch nicht die Worte, sondern der schauderhaft unartikulierte unmenschliche Ton jener Gestalt. Ja, wenn sie noch redeten, wie Menschen reden!"[43] Diese Stimme beunruhigt, weil sie körperlos, nicht lokalisierbar ist – „nicht zurückführbar [...] auf eine bestimmte lebende Tonquelle in Fleisch und Blut"[44]. Genau diese Qualität kommt der Maske zu, wie Roland Barthes betont, wenn er in seiner Lektüre des griechischen Theaters die Verfremdung der Stimme durch die Maske hervorhebt, „die tief, hohl, fremd wird, wie aus einer anderen Welt kommend"[45]. Diese ‚andere Welt', die als Herkunft anzunehmen ist, bleibt jedoch unbestimmt. Denn am Ort der Maske erklingt etwas, das sich der Sichtbarkeit entzieht und nicht mit der darstellenden Person identisch ist. Hart Nibbrig resümiert in diesem Sinne: „Diese Stimme, die ihm angst macht, wird Nietzsche später selbst erheben"[46]. Dies verweist auf denjenigen Nietzsche, der die Vorstellung eines ursächlichen Grundes bekämpft hat und dessen Schreiben selbst ein Echo-Raum von herrenlos streunenden, ihrer Quellen entbundenen Selbstzitaten ist – denjenigen Nietzsche also, der letztlich durch Masken spricht, indem er diverse Sprecherpositionen auf- und wieder abbaut, hinter denen er letztlich verschwindet. Die Maske „verbirgt nicht, was sich zeigen ließe, sondern zeigt ein Verbergen, das so echt ist, daß nicht dahinterzukommen ist."[47]

Herrenlose Stimmen

Nicht der Kult oder das Mysterium also, sondern diese herrenlose Stimme am Ort der hohlen Maske ist mit Nietzsches Text zu denken. Was das für die zeitgenössische Theaterpraxis bedeutet, lässt sich abschließend am Beispiel einer Tragödienaufführung zeigen. In Aischylos' *Persern*, inszeniert 2006 am Deutschen Theater Berlin von Dimiter Gotscheff, gibt es einen Botenbericht, der als Rede von den Gespenstern rezipiert worden ist.[48] Die Bühne ist dunkel

43 Nietzsche, zit. n. Christiaan L. Hart Nibbrig: *Geisterstimmen: Echoraum Literatur*. Weilerswist: Velbrück 2001, S. 100–101.

44 Ebd., S. 100 – ebenso ist die Stimme rückführbar auf die Figur des Gespensts, die hier unerwähnt bleibt.

45 Roland Barthes: Das griechische Theater. In: Ders.: *Der entgegenkommende und der stumpfe Sinn*. Frankfurt am Main: Suhrkamp 1990, S. 69–93, hier S. 88.

46 Hart Nibbrig: Geisterstimmen, S. 101.

47 Ebd., S. 104.

48 Eine detailliertere Analyse der Inszenierung findet sich in Dreyer: *Theater der Zäsur*, S. 275–291.

und leer bis auf eine bewegliche Wand, die in dieser Szene so gedreht ist, dass sie die Bühne in zwei teilt und von vorne nur ihre Außenkante zu sehen ist. Zwei Männer, aus dem Dunkel der Hinterbühne kommend, bewegen sich mit trippelnden Schritten nach vorne an die Rampe. Schulter an Schulter stehen sie da, zum Publikum gerichtet, die Körper angespannt und leicht gebeugt. Nach einer Stille sprechen die Männer gemeinsam, man könnte sagen: chorisch, und bewegen sich während der folgenden zwanzig Minuten nicht vom Fleck. Ihre synchronen Stimmen überlagern sich und ergeben einen rauen, leicht scheppernden Klang. Der gesprochene, gedoppelte Fluss der Worte ist verfremdend, übt aber einen faszinierenden Sog aus. Berichtet wird vom fernen Schauplatz der Schlacht bei Salamis, wo das persische Heer eine entsetzliche Niederlage erleidet und ihre Bevölkerung vernichtet wird. Der in den zwei Stimmen gedoppelte Botenbericht wird nach vorne gesprochen und dennoch wird klar, dass sich die Rede nicht direkt an die Zuschauer richtet, mit denen die Sprecher auch keinen unmittelbaren Blickkontakt suchen. Aufgrund der Vortragshaltung der Schauspieler und ihres technisch präzisen, beinahe artistischen chorischen Sprechens scheint es, als handele es sich nicht um eine individuelle Ansprache, sondern als flösse der Bericht durch die Sprecher hindurch. Die Darsteller, obwohl sie unmaskiert sind, scheinen wie Masken.

Ein Kritiker hat herausgestellt, dass sich die Männer „auf zwei Zeitebenen" zu bewegen scheinen, und beschrieb sie als „Zwitterwesen, die gleichzeitig von weit her kommen und doch absolut gegenwärtig sind"[49]. Von anderen wurde die Inszenierung als eine Anrufung der Toten verstanden;[50] der Kritiker Peter Laudenbach ging noch weiter: „[...] plötzlich klingen die Erzählungen aus der Schlacht wie Gesänge aus dem Totenreich"[51].

Dies scheint gerade mit der entorteten, herrenlosen Stimme verbunden zu sein: Es ist nicht die Stimme eines Boten als dramatischer Figur; es sind auch nicht diejenigen der beiden Schauspieler Samuel Finzi und Wolfram Koch, denn die gedoppelte synchrone Stimme lässt weder den einen noch den anderen hören, sondern nur einen schrillen Klang. Auf ähnliche Weise ist auch die temporale Referenz offen und unbestimmt: Offenbar verweist der Bericht

49 Peter Lauderbach: Nach dem Krieg ist vor dem Krieg. In: *Süddeutsche Zeitung*, 13.10.2006.

50 Vgl. Violeta Detchewa: Kurzschluss. Versuch über Gotscheffs Theater am Beispiel von Koltès' ‚Kampf des Negers und der Hunde' und Aischylos' ‚Die Perser'. In: Peter Staatsmann / Bettina Schültke (Hrsg.): *Das Schweigen des Theaters – Der Regisseur Dimiter Gotscheff.* Berlin: Vorwerk 8 2008, S. 129–138, hier S. 137.

51 Vgl. Lauderbach: Nach dem Krieg ist vor dem Krieg.

nicht allein – das wäre historistisch – auf die Schlacht bei Salamis; genauso wenig wird er derart modernisiert, dass er sich geradlinig auf die Gegenwart bezöge. Vielmehr bleibt der Bezug in der Schwebe – und hier setzt die Rede von den Geistern des Theaters an.
Die Geister des Theaters verweisen also nicht auf etwas, das abgebildet würde, sondern auf etwas, das ausbleibt. Der Topos der Gespenster ist mit einer Ästhetik der Leere und der Unterbrechung verbunden: mit der leeren Bühne, dem weiten Dunkel, das auch die Zuschauer umgibt; und letztlich mit dem schrillen, entpersonalisierten Klang der Stimme, die niemandem wirklich zugehörig zu sein scheint, aber uns angeht und bannt.

Mythos ohne Ursprung

Diese Bannkraft, die die Szene auf viele Zuschauer ausübte, während sie zugleich auf etwas Fremdes und Unbestimmtes verweist, führt nochmals zu Nietzsche zurück und scheint in das Zentrum des Gespenstischen zu treffen: Nietzsche zufolge ist der Zuschauer (der Satyr oder der aussendende Chor) mit der Szene „innerlich eins“[52]; zugleich aber handelt es sich um eine „Vision ausser sich“. Diese Paradoxie hat damit zu tun, dass der Zuschauer-Akteur verwandelt ist: Er geht ein „in eine fremde Natur“[53], er bleibt nicht, wer er ist, die Szene redet nicht, wie Menschen reden. Das Geisterhafte ist gewissermaßen die Zentralmetapher für diese Verstrickung. *Innerlich eins* und *außer sich* – so fokussiert Nietzsche seine spezifische Variante von Alterität. Die Geister sind eine Metapher für die Verstricktheit mit dem Dargestellten, sie bezeichnen einen Grad der imaginären phantasmatischen Verbundenheit und verweisen zugleich auf eine Fremdheit, die in uns ist. Phänomenologisch gesprochen kann das geisterhaft Fremde daher mit Bernhard Waldenfels als die „Zugänglichkeit eines Unzugänglichen“[54] charakterisiert werden: „es tritt auf in einer besonderen Art von Bezug, der durch einen gleichzeitigen Entzug charakterisiert ist. [...] Das Fremde wäre das, *worauf* wir antworten und zu antworten haben.“[55] Davon ausgehend ließe sich ein neuer Blick auf den Mythos werfen, der nicht dem Kult angehört und nicht dem Volk, sondern von einer Instanz ohne Gesicht herrührt und daher stets undurchsichtig

52 Nietzsche: Geburt der Tragödie, S. 61
53 Ebd.
54 Bernhard Waldenfels: *Topografie des Fremden. Studien zur Phänomenologie des Fremden 1*. Frankfurt am Main: Suhrkamp 1997, S. 26.
55 Ebd., S. 51.

bleiben wird.[56] So ist das Geisterhafte der Inbegriff von etwas, das man als eine Verlebendigung in der Wiederkehr charakterisieren kann und das mit der anfangs erwähnten Kraft des Fortlebens zu tun hat. Die Tragödie erscheint darin als ein Spiel lebender Formen ohne Ursprung.

56 Anknüpfen ließe sich hier an Manfred Frank: *Einführung in die frühromantische Ästhetik*. Frankfurt am Main: Suhrkamp 1989.

Haunted Media

They're here!?

Eva Holling

„Who's there?"[1], diese Worte eröffnen die Infragestellung der Gewissheiten in Shakespeares *Hamlet* bereits gleich zu Beginn des Stückes. Der vermutlich witzige Effekt, wenn in einem *public playhouse* des Elisabethanischen Theaters Schauspieler am helllichten Tage mitternächtliche Blindheit spielen, betont ein Problem: Die Sehenden vermögen nicht, erkennend zu blicken, Sehen und Erkennen sind auseinandergefallen, irgendetwas stimmt nicht, aber die Umstände sind undurchsichtig. Es herrscht Finsternis, und für die Suche nach ‚Aufklärung', in die sich alle verstricken, und die die Ver-rückung Dänemarks zu Tage bringt, spielt ausgerechnet ein Gespenst die Rolle des Initiators.[2]
Dieses Gespenst macht seinen Interpretationen als Abgeordnetes der *adikia*[3] alle Ehre. Gleichzeitig verweist es, und mit ihm die Eingangsfrage, auf die Reflektion medialer Bedingungen der Erscheinungsweisen von Körpern, Handlungen, Texten; auf die Arten, sie wahrzunehmen – und nicht zuletzt auch darauf, dass sie in diesem Fall für das Theater konzipiert sind. Im Gegensatz zu den fiktionalisierten Figuren auf der Bühne nämlich ist den Lesenden des Dramas ein Vorwissen gegeben, denn ‚the Ghost of Hamlet's Father' wird bereits in der Aufzählung der *dramatis personae* benannt und somit

1 William Shakespeare: *Hamlet. Englisch/Deutsch*, hrsg., aus d. Engl. u. komm. v. Holger M. Klein. Stuttgart: Reclam 1984, S. 54.

2 Dass dann das Theater als Spiel im Spiel den entscheidenden Hinweis gibt und so quasi Hand in Hand mit dem Gespenst arbeitet, soll hier nur kurz erinnert werden.

3 „Wenn wir unsere juristisch-moralischen Vorstellungen fernhalten, wenn wir uns an das halten, was zur Sprache kommt, dann sagt *adikia*, daß es, wo sie waltet, nicht mit rechten Dingen zugeht. Das bedeutet: etwas ist aus den Fugen." (Martin Heidegger: Der Spruch des Anaximander. In: Ders.: *Holzwege*. Frankfurt am Main: Klostermann 1950, S. 326–327, zit. n. Jacques Derrida: *Marx' Gespenster. Der Staat der Schuld, die Trauerarbeit und die neue Internationale*. Berlin: Suhrkamp 2014, S. 42.)

vorausgeworfen, wer da ist. Umso mehr rückt die Frage nach seiner Erscheinung und seinem Erscheinen in den Fokus, denn die Unsicherheit darüber, was im Dunkeln gesehen werden kann, leitet das Stück nur ein, wenn es aufgeführt wird: wenn *Midnight* als raumzeitliche Umgebung *aktu*-alisiert ist. Damit wäre auf die Relevanz der Form – und des Mediums[4] – verwiesen, in denen etwas zur Erscheinung kommt: Als Text ergibt sich aus *Hamlet* eine andere Erfahrung als aufgeführt.

Moritz Baßler, Bettina Gruber und Martina Wagner-Egelhaaf bringen in ihrem *Gespenster*-Band[5] gerade den Bereich der Medialität mit dem *sujet* des Gespensts zusammen. Gespenster, die in medialen und als mediale Phänomene(n) erscheinen, sind immer auch Befragung ihrer Erscheinungsformen, daher stellen die drei Herausgebenden fest, „dass Gespenster sich in den unterschiedlichen Medien – Literatur, Fotografie, Film, Internet – nicht nur verschieden darstellen, sondern dass sie selbst Reflexionsfiguren der Medialität sind."[6] Dabei geht es etwa um das Potential einer „Figur medialer Selbstreferenz und Selbstreflexion", die häufig zum Einsatz komme, „wenn ein neues Medium sich seiner selbst bewusst wird"[7]. Es ist also von Gespenstern die Rede, die sich in verschiedensten Medien zeigen, es wird aber verbreitet auch die Gespenstigkeit von (technischen) Medien selbst untersucht. Die Tradition, Medien und ihre Vollzüge als Gespenstisches zu er- und empfinden bzw. mit dem Gespenstischen in Verbindung zu bringen, wird wohl mit am Anschaulichsten in *Poltergeist*[8] umgesetzt, wo das Gespenstische direkt aus dem Rauschen des Fernsehers kommt[9] und dabei nicht mehr die Frage nach der Anwesenheit, sondern die Antwort darauf, „They're here!",

4 Vgl. Die Unterscheidung zwischen Form und Medium bei Niklas Luhmann: Das Medium der Kunst. In: Ders.: *Schriften zu Kunst und Literatur*. Frankfurt am Main: Suhrkamp 2008, S. 123–138. Medien liefern die Elemente zur Formbildung, Formen können aber auch Medien erschaffen. Dienten Mediengespenster dann als Erschaffung des Mediums des Gespenstischen?

5 Moritz Baßler / Bettina Gruber / Martina Wagner-Egelhaaf (Hrsg.): *Gespenster. Erscheinungen – Medien – Theorien*. Würzburg: Königshausen & Neumann 2005.

6 Baßler / Gruber / Wagner-Egelhaaf: Einleitung. In: Ebd., S. 9–21, hier S. 11.

7 Ebd.

8 *Poltergeist* (USA 1982, R: Tobe Hooper); Steven Spielberg (Drehbuch, Produktion) hat maßgeblich Einfluss auf den Film genommen. Die Erinnerung an den Film in diesem Zusammenhang verdanke ich Mira Katharina Frye und ihrer Magisterarbeit *Geistererscheinungen, Hirngespinste und Augengespenster. Medien des Gespenstischen im späten 18. Jahrhundert*. Humboldt-Universität zu Berlin, Institut für Kultur und Kunstwissenschaft 2008.

9 Für eine aktuelle Analogie zum Stimmen-Rauschen heutiger Medien in Twitter siehe Josef Reisz: Poltergeister, Zombies und Twitter: So bringe ich meinen Twitter Account zum Pulsieren. http://blog.socialhub.io/poltergeister-zombies-und-twitter-so-bringe-ich-meinen-twitter-account-zum-pulsieren (Zugriff am 11.11.2014).

Unheil verspricht. Auch verschiedene Medientheorien widmen sich dieser Verwandtschaft, wie etwa Friedrich Kittler, der zur Korrelation von Spiritismus und jeweils neuen Medien Stellung nimmt und über die Veränderung von Körpern nachdenkt, die Eingang in Medien gefunden haben („Doppelgängerphantome", „Gespenster").[10] Günter Anders diagnostiziert bereits in den 50er-Jahren die ‚Phantomhaftigkeit' im Hinblick auf den zunehmenden massenmedialen Einfluss auf die Rezeption von Welt: „Wenn sie [die Welt] zu uns kommt, aber doch nur als Bild, ist sie halb an- und halb abwesend, also phantomhaft"[11], und die Nähe elektronischer Medien zum Reich des Gespenstischen untersucht ebenso Jeffrey Sconce in *Haunted Media*[12], dem dieser Buch-Abschnitt seinen Titel verdankt. Nicht zuletzt sei an Roland Barthes erinnert, der immer wieder den Bezug zwischen lebendig fotografierten Körpern und ihrem Tod herstellt und eindringlich das fotografierte Subjekt beschreibt, das „sich Objekt werden fühlt" im „Ereignis des Todes im Kleinen", eben im Zum-Gespenst-Werden.[13]

Darüber hinaus reflektieren ‚Mediengespenster' sich aber auch im Unterschied zu ‚echten' Gespenstern; wenn Medien Gespenstisches zeigen, erschaffen, zur Erscheinung bringen, stellt sich in und mit ihnen auch die Frage nach der Macht über dieses Zeigen, Erschaffen, zur Erscheinung bringen. Überhaupt wäre zu fragen, ob und wie Gespenster nicht-medial vermittelt erscheinen können – bekannt sind sie zu allermeist überliefert in Narration, Bild, oder eben im Medium der Séance. Gespenstererscheinungen zeigen sich dann unter Umständen nicht mehr nur als Widerfahrnisse bezeugender Subjekte, sondern auch als Produkte genialer Medientüftler (häufig männliche Figuren), die die Wahrnehmung anderer beeinflussen und manipulieren. Medialität wird so besonders zum Feld für Fragen nach dem, was wahrzunehmen gegeben wird, von wem, für wen und wie.

Die Nachzeichnung der Geschichte des Medienbegriffs von Dieter Mersch zeigt diese Grundfragen nach Erscheinung und Wahrnehmung in den verschiedenen historischen Perioden auf. Ob Medien nun mit Geistern oder

10 Vgl. Friedrich Kittler: *Grammophon. Film. Typewriter.* Berlin: Brinkmann & Bose 1986, bes. S. 20–21, 87, 198.

11 Günther Anders: Die Welt als Phantom und Matrize. Philosophische Betrachtungen über Rundfunk und Fernsehen, §5 (1956). In: Ders.: *Die Antiquiertheit des Menschen,* Bd. 1: Über die Seele im Zeitalter der zweiten industriellen Revolution. München: Beck 1987, S. 111.

12 Jeffrey Sconce: *Haunted Media. Electronic Presence from Telegraphy to Television.* Durham: Duke University Press 2000.

13 Roland Barthes: *Die helle Kammer. Bemerkung zur Photographie.* Frankfurt am Main: Suhrkamp 1985, S. 22.

Geistheilern in Verbindung stehen, Massenmedien und Technik bezeichnen, oder sich, etwa von Aristoteles' *De Anima* ausgehend, als Drittes ‚zwischen' Auge und Gegenstand schieben und die Vermittlung beider gestatten,[14] eine aisthetische Prägung der Medienbegriffe setzt sich durch. Sie bleibt noch in der ‚profansten' Definition des Mediums als „Träger von Information oder Kommunikation"[15] virulent. Baßler et al. zeigen auf, dass diese Grundfragen besonders in der gespenstischen Perspektive auf die Medien bzw. in der mediengeprägten Perspektive auf die Gespenster zum Tragen kommen: ‚Who's there?' und „Wie wirklich ist etwas?"[16] visieren sowohl den Bereich der Gespenster als auch den der „medialen Sphäre"[17] primär an.
Vor dem Hintergrund solchen Erkennen-Wollens wird die Welt des Menschen zu der des Gespensts in Differenz gesetzt, wobei ‚Wirklichkeit' nicht selten auf den menschlichen Körper als Referenz rekurriert. Daher wird auch immer wieder auf das ‚Medium' als Person verwiesen, die mit Gespenstern in Kontakt tritt und somit selbst zum Teil einer ‚anderen Welt' werden kann, indem sie ihren Körper und ihren ‚Geist' mit der Welt der Gespenster kompatibel macht,[18] das Medium als Bote der Gespensterwelt.[19] ‚Medien' vermögen also den menschlichen Körper zu erweitern, ihm Kommunikationsräume zu eröffnen, Prothesen zu bilden oder gar über den Körper hinauszuwachsen und Aufgaben zu übernehmen, die über die physischen Fähigkeiten des Menschen hinausgehen, wie z.B. räumliche und zeitliche Entfernungen zu überbrücken, in der Zeit zu überdauern, reproduzierbar zu sein oder nach dem Tod noch Einfluss nehmen zu können, wie es Gespenster tun, wie Hamlet senior es tut.
Sein Erscheinen verschärft die Frage, wer da ist. Er eröffnet den Schauplatz für die Verhandlung der Macht der Erscheinung und ihrer Erkennung, und damit auch für das Oszillieren zwischen Widerfahrung und Beschwörung (und damit Erschaffung). Dieser Geist erscheint rüstungsförmig[20] und

14 Dieter Mersch: *Medientheorien zur Einführung*. Hamburg: Junius 2006, S. 18–19. Vgl. die Topoi *metaxu* und *diaphane*.

15 Ebd., S. 22.

16 Baßler / Gruber / Wagner-Egelhaaf: Einleitung, S. 11–12.

17 Ebd.

18 Vgl. ebd., S. 11.

19 Es stellt sich die Frage, warum Sybille Krämer Medien und Gespenster eigentlich nicht mit in der Reihe ihrer Boten von (medialer) Übertragung, wie etwa Engel, Viren oder Geld, diskutiert. Vgl. Sybille Krämer: *Medium, Bote, Übertragung. Kleine Metaphysik der Medialität*. Frankfurt am Main: Suhrkamp 2008.

20 „Enter Ghost, in armour and bearing a marshal's truncheon." (Shakespeare: *Hamlet*, S. 56.)

zunächst nur visuell, Hellebardenstreiche richten nichts gegen ihn aus („For it is, as the air, invulnerable“[21]). Die Rüstung dient dabei als immaterielle Kontur seiner Gestalt, als Rahmung, die ausstellt und erfahrbar macht. Für Gerald Siegmund ist daher „der Geist von Hamlets Vater der prothesenhafte, weil nur durch Prothesen oder Medien überhaupt artikulierbare“[22], womit das Problem seines Erscheinens angesprochen wäre. Die prothetische Rüstung verunmöglicht aber gleichzeitig die Identifikation: „Dieser Schutz ist im strengsten Sinn des Wortes *problematisch* (*problema*, das ist auch der Schild), denn er verbietet der Wahrnehmung die Entscheidung über die Identität dessen, den sie so fest in ihrem Panzer verschließt.“[23] – Who's there? Indem sie ihr Inneres verbirgt, ist die Rüstung auch eine Ermöglichung: sie erzeugt eine Leerstelle, in die eine Blick-Setzung geschehen kann, und eröffnet – frei nach Lacan – eine agalmatische Topologie.[24] Mit Hilfe der Prothese erhält etwas Ungewisses eine Rahmung und damit Konfiguration von den Rändern her, wodurch das Innere zum Möglichkeitsraum und so ‚Artikulation' überhaupt erst entfacht werden kann.

Gerade dieser Geist bezieht sein Erscheinen ja primär aus Artikulation: Er erscheint wesentlich durch die, die ihn sehen, ihn diskutieren, aussprechen und berichten, bestätigend zuhören, ihn also durch Sprechen konstituieren und ihn auch seinerseits (zunächst erfolglos) zur Äußerung auffordern. Erst als sich einer als sein Sohn positioniert und sich von dort aus, den Geist bei (s)einem Namen und mit Funktionen benennend, an die Erscheinung wendet,

> Thou com'st in such a questionable shape
> That I will speek to thee. I'll call thee Hamlet
> King, father, royal Dane – O, answer me![25],

gibt es eine Replik – jedoch nicht in Anwesenheit von anderen. Hamlet und der Geist ziehen sich zum Dialog zurück: der Geist winkt, Hamlet folgt. Des Geists Worte können also nur von dem erhört werden, der diesen Geist benannt hat. Diese Erschaffung bestätigt der Geist in seiner ersten

21 Ebd., S. 62.

22 Gerald Siegmund: Gespenster-Ethik, oder warum Gespenster das Theater lieben. In: *Nebulosa* 4 (2013), S. 140–150, hier S. 150.

23 Derrida: *Marx' Gespenster*, S. 22.

24 In seinem Seminar zur Übertragung entwickelt Lacan den Begriff des *Agalma* als wertvolles Objekt, das sich von außen unsichtbar in einem Inneren befindet. Vgl. Jacques Lacan: *Die Übertragung. Das Seminar, Buch VIII.* Wien: Passagen 2008, bes. S. 175–207.

25 Shakespeare: *Hamlet*, S. 94.

Aussage bzw. fordert noch einmal explizit dazu auf: „Mark me."[26] So bilden sich noch weitere Prothesen des Erscheinens, die wesentlich zum gespenstischen Wesensmerkmal gezählt werden können, nämlich die bestätigend-erschaffende Bezeugung eines Blickes, eines *Blepeins*, und seine Wirkungen im Zuhören und Sprechen.[27] Zum *Visier* als „Prothese des Blicks"[28] kommt auf der anderen Seite Hamlet juniors übertragende[29] *Vision* als Hilfsmittel zur Erscheinung hinzu. Und die hinwendende Sprache schließlich gibt Wahrnehmung ab, wendet sich an die körperlose Verkörperung in Erwartung der Ge-Setze, in deren Geltungsbereich sich geworfen, denen ge-horcht werden kann („I am bound to hear"[30]).

Gerald Siegmund schreibt dem Blick des Geistes die konstituierende Leistung zu: „Er nimmt Hamlet selbst ins Visier und erkennt ihn als Hamlet."[31] Die gegenseitige Identifizierung der beiden Hamlets bildet offenbar die Basis für das Ge-Setz der Handlung, die Einforderung, über die gehadert, gezögert werden kann. Jedoch: Das identifizierende Ge-Sicht, der Blick unter dem hochgeklappten Visier,[32] werden Hamlet von Horatio nur berichtet, erscheinen also mehr als Möglichkeit, der Hamlet sich unterwirft, denn als Tatsache. Derrida erkennt darin einen Gehorsam (Gehörsam?), der sich trotz der Möglichkeit der Täuschung oder anderer Möglichkeiten, wer der Geist sein könnte, vollzieht:

> Die unabdingbar blinde Unterwerfung unter sein Geheimnis, das Geheimnis seines Ursprungs, ist der erste Akt des Gehorsams gegenüber der Verfügung. Er wird alle anderen bedingen. Es kann sich immer um jemand anderen handeln. Ein anderer kann immer

26 Shakespeare: *Hamlet*, S. 96. Und Hamlet junior stimmt zu: „I will." (Ebd.)

27 Was ja auch sehr schön am Geist v. Canterville lesbar ist, der große Probleme hat zu erscheinen, weil niemand den ‚richtigen Blick' innehat (haben will), um ihn als Gespenst anzuerkennen.

28 Siegmund: Gespenster-Ethik, S. 143.

29 Übertragung soll auf Lacan (vgl. ders.: *Die Übertragung*) basierend als krea(k)tiver Prozess verstanden werden: Das agalmatische Sehen der Übertragung, das *Blepein*, erschafft an der Stelle des Gesehenen etwas, das vorher nicht da war und auch für andere Blicke nicht in gleichem Maße sichtbar sein muss.

30 Shakespeare: *Hamlet*, S. 98.

31 Gerald Siegmund: ‚Un-Fug': Gespenster und das Wahrnehmungsdispositiv des Theaters. In: Ders. / Petra Bolte-Picker (Hrsg.): *Subjekt : Theater. Beiträge zur analytischen Theatralität*. Frankfurt am Main / Berlin: Lang 2011, S. 31–45, hier S. 38. Nebenbei: ‚Erkennen' ist eine nicht zu unterschätzende Angelegenheit, vgl.: „Adam erkannte Eva, seine Frau; sie wurde schwanger und gebar Kain." (Gen 4,1. http://www.bibleserver.com/text/EU/1.Mose1 (Zugriff am 22.04.2014)).

32 „Ham. *Then saw you not his face.* / Hor. *O yes, my lord, he wore his beaver up.* / Ham. *What, looked he frowningly?* / Hor. *A countenance more in sorrow than in anger.* / Ham. *Pale, or red?* / Hor. *Nay, very pale.* / Ham. *And fixed his eyes upon you?* / Hor. *Most constantly.*" (Shakespeare: *Hamlet*, S. 80.)

> lügen, er kann sich als Gespenst verkleiden, und auch ein anderes Gespenst kann sich für dieses ausgeben.[33]

Die Hamletsche Unterwerfung geschieht aber eigentlich weniger blind als durch ein übermäßiges Sehen, ein krea(k)tives Sehen, das mehr sieht als da ist. Die Möglichkeit, etwas in der Rüstung zu sehen, was diese um- und verhüllt, lässt Hamlet, noch bevor der Geist von sich aus spricht, den Geist sprechend erschaffen und ihm folgen, wenn er winkt, denn er sieht bereits den Vater in der Rüstung.

Damit vollzieht sich möglicherweise auch die Wandlung vom Gespenst zum Geist, denn der Geist ist das Andere, das im Gespenst seine paradoxe, möglich-unmögliche Verkörperung findet: „Sobald man den Geist nicht mehr vom Gespenst unterscheidet, verkörpert, inkarniert er sich, als Geist, im Gespenst. Oder vielmehr ist das Gespenst […] eine paradoxe Verleiblichung, das Leib-Werden, eine bestimmte leibliche Erscheinungsform des Geistes."[34]

Erst wenn Geist und Gespenst zusammenfallen entsteht aber die Möglichkeit eines Ge-Setzes, das vom anderen her kommt. Hamlet findet sich so als der Unterworfene, weil in einem Blick sub-jektivierte wieder, der ihn als Handelnder (Rächender) entwirft. Hamlets *Blepein* erkennt also *jemand anderen*[35] in diesem Geist, in dessen Blick wiederum er sich selbst konstituiert sieht.

Diese Oszillation zwischen Widerfahrung und Erschaffung stellt der Erkenntnis den Glauben an das Gesehene beiseite. „Wer sagt: ‚Ich bin der Geist (le spectre) deines Vaters' (‚I am thy father's spirit'), dem kann man nur aufs Wort glauben"[36], formuliert Derrida, und betont damit eben genau den Bereich des Nicht-Wissens, aus dem Gespenster ihre Existenz beziehen:

> Es ist nämlich etwas, was man nicht weiß, und man weiß nicht, ob das eigentlich ist, ob das existiert, ob es auf einen Namen hört (répond) und ihm ein Wesen entspricht (correspond). Man weiß es nicht – aber nicht aus Unwissenheit, sondern weil dieser Nicht-Gegenstand, dieses Anwesende ohne Anwesenheit, dieses Dasein eines Abwesenden oder eines Entschwundenen nicht mehr dem Wissen untersteht.[37]

Gespenster Sehen begibt sich also immer in einen Bereich des Nicht-Wissens, der das Feld öffnet für Glauben und Erschaffen, für das zur-Erscheinungverhelfen, für eine Wahrnehmung, die sich wider besseren Wissens durchsetzt,

33 Derrida: *Marx' Gespenster*, S. 22.
34 Ebd., S. 19.
35 Ebd., S. 21.
36 Ebd., S. 22.
37 Ebd., S. 20.

da sie letztlich anderen Gesetzen gehorchen will. Die Mannoni'sche Parole „Je sais bien, mais quand-même“[38] ist Ausdruck für Techniken, diesen Glauben zu erhalten. Und dies ist ein Vollzug, in den nicht selten die Medien sich verstricken.

Die Oszillation von Widerfahrung und Erschaffung von Gespenstern fragt nach der Handlungsmacht der ihnen begegnenden Individuen, die als Subjekte der Gespensterbegegnung angerufen werden.[39] Die Beiträge innerhalb der *Haunted Media* beschäftigen sich daher in unterschiedlichster Weise mit der Frage ‚Who's there?‘ zwischen Glauben und Erkenntnis, Ausgeliefertsein und Handlungsmacht und untersuchen Einflussnahmen jeweiliger Erscheinungsweisen.

Karin Peters zeigt dabei anhand von *La invención de Morel* von Adolfo Bioy Casares Gespenster als strategische Metapher. Der Roman erzählt von Mediengespenstern, die als Projektionen bewegter Bilder auf einer Insel auftreten und von einem dort Gestrandeten, der sich diesen Phänomenen zunächst ausgesetzt sieht, schließlich jedoch Einfluss auf sie gewinnt, indem er sich selbst in ihr Medium ein- und ihre Erscheinungen um-schreibt. Dies ist insofern mediale Selbstreflexion, als „Heimsuchung des Zentrums und die Existenzform des Gespensts“[40] sich von einem „Bild für die negative Erfahrung der Macht- und Ortlosigkeit in eine produktive Form peripherer Autorschaft“[41] wandeln. Casares' Gespenster werden zur politischen Allegorie, die die „*soft violence*, die innerhalb der literarischen Weltrepublik am Werk ist“[42], darstellt, nämlich die „Penetration peripherer Kulturräume durch zentralisierende Normen.“[43] Der Kampf um die Hegemonie der Darstellung der gespenstischen Projektionen im Roman wird in Peters' Medienanalyse zum Zeichen der ganz ‚wirklichen‘ „ewige[n] Wiederkehr des Kampfes um Unabhängigkeit“[44] Lateinamerikas.

38 Octave Mannoni: Je sais bien, mais quand même… In: Ders.: *Clefs pour l'Imaginaire ou l'autre Scène*. Paris: Seuil 1969, S. 9–33.

39 Vgl. Interpellation bei Louis Althusser: Ideologie und ideologische Staatsapparate. In: Ders.: *Ideologie und ideologische Staatsapparate. Aufsätze zur marxistischen Theorie*. Hamburg / Berlin: VSA 1977, S. 108–153.

40 Karin Peters: Von Geisterhand. Zur Spektralisierung argentinischer Autorschaft bei Adolfo Bioy Casares (*La invención de Morel*, 1940), S. 305.

41 Ebd.

42 Ebd., S. 310.

43 Ebd., S. 309.

44 Ebd., S. 316.

Besonders die Themen der Überdauerung, der Spur, der Iterabilität im Mediendiskurs werden hier aufgerufen, da sich die Macht der symbolischen Ordnung des Medialisierten, des Zeichens, das auch und gerade ohne den Körper einer Autorschaft wirkt, zeigt. Hier kommt die Medien-Analyse auf die wichtige Differenz zwischen ‚Mediengespenstern' und ‚echtem Spuk'. Mediengespenster sind sehr häufig Werke einer autor-isierenden Instanz und also einer Macht über die Erscheinungen, die es anzugreifen gelten kann. Solche manipulierenden ‚Medienmacher' werden nicht selten als *‚mad scientists'*, wie Katharina Rein zuspitzt, präsentiert. Sowohl fiktive Gegenspieler wie *Morel* oder *Orfanik*, die in Romanen technische Meisterleistungen zugeschrieben bekommen, als auch Etienne Gaspard Robertson als Autor des Pariser Phantasmagorientheaters um 1800 herum, führen von ihnen medial erzeugte Gespenster vor. Katharina Rein differenziert daher ausgehend von Jules Vernes *Das Karpathenschloß* und Bram Stokers *Dracula* zwischen ‚echtem' Spuk und ‚Medienspuk' und zeigt so das Kippen einer Kultur der Vormoderne in eine der Moderne. Dieses Kippen macht sich ihr zufolge an einer Verlagerung des Gespensterglaubens von ‚außen' nach ‚innen', in die Psyche der Geistersehenden fest: „Wenn [...] die Externalisierung von Gedanken Gespenster (als Projektionen) erzeugt, dann ist ihre Quelle im Inneren zu suchen. Das Übernatürliche ist folglich nicht mehr irgendwo da draußen [...].“[45] So werden in Romanen spukenden Wesen wie Dracula neue, medial erzeugte Wesen zur Seite gestellt, wie La Stilla, die verstorbene Operndiva, die per Tonspur und Spiegeltricks mit einem lebensgroßen Portrait von einem ihrer Verehrer in einer Art gespenstischem Leben gehalten wird. Ein anderer hingegen hält den Medienspuk für echt, primär weil er, wie der erste, an ihr Fortbestehen glauben will und das Wahrgenommene daher nicht erkennend überprüft. Sein Glaube geht so weit, dass er selbst zum Medium der verstorbenen Sängerin wird, als das Medienspektakel zerbricht – er rezitiert selbst den Gesang von der Phonographenwalze und wird nur durch die Existenz anderer Aufnahmen davon wieder erlöst. Auch hier stehen Medialitäten und das Verschwinden des Körpers im Medium zur Debatte – und dabei auch die potentielle Gespenstigkeit des (aufgezeichneten) Körpers selbst. Eine Stimme die vom Band kommt, wird zum Garant einer Lebendigkeit, die das stillgestellte Spiegelbild einer Malerei offenbar ausgleicht.

45 Katharina Rein: Gespenstische Medien und mediale Gespenster. Jules Vernes *Das Karpathenschloß* und Bram Stokers *Dracula.* S. 329.

Die Verhandlung des stets potentiell gespenstischen Verhältnisses von Stimme und Körper nimmt Eva Krivanec zum Anlass, um die Gespenstigkeit des Bauchredens zu untersuchen. Diese wird als „freundlich" charakterisiert, da sie „auf einem Einverständnis mit dem Publikum beruht und ohne betrügerische Absicht erzeugt wird".[46] An der Ventriloquie zeigt sich besonders der „Doppelcharakter"[47] der menschlichen Stimme, indem sie aus dem Inneren eines sprechenden Individuums kommt, gleichzeitig aber sich von dort ent-äußert und Distanz zu ihrer Quelle nimmt. In diesem Spannungsfeld von Intimität und Veräußerung spielt das Bauchreden mit der scheinbaren Beseelung von toten Objekten und macht die Grenze zwischen „Leblosem und Lebendigem, zwischen Maschine und Mensch"[48] brüchig. Aber auch das „Eigenste und Ursprünglichste des sich konstituierenden Subjekts, die stimmliche Äußerung", wird in ihrer „gespenstischen Kausalität" entlarvt:[49] die Fremdheit einer Wirkung ohne sichtbare Ursache.
Krivanec vollzieht eine interessante Entwicklung der künstlerischen Techniken nach, vom „Spiel mit der ortlosen Stimme" zum „Spiel mit der sprechenden Puppe"[50]. Die Techniken wandeln sich wie die Medien ihrer Vermittlung; damit fokussiert sie, und ebenso Rein, ein Lernen der Anwendung und Wahrnehmung, mit jeweiligen Medien umzugehen, wie z. B. auch ein Sehen-Lernen[51], das stets mit dem Wandel der Techniken und ihrer Möglichkeiten einhergeht. Daher ist es nur folgerichtig, dass Leonhard Fuest sich dem Weiterdenken medialer Möglichkeiten des Zukünftig-Körperlichen und daher auch des Zukünftig-Gespenstischen widmet, gemäß dem Brecht'schen Motto „so wie Geister früher kamen aus Vergangenheit, so jetzt aus Zukunft ebenso."[52] Angesichts des „Versprechen[s] des *Human Enhancement* des 21. Jahrhunderts"[53] entwirft er und verweist auf bereits existierende Szenarien, die die aktuellen Grenzen zwischen Mensch und Tier, sowie zwischen

46 Eva Krivanec: Dislozierte Rede. Das Bauchreden als populäre Attraktion und die Faszination des Freundlich-Gespenstischen, S. 331.

47 Ebd., S. 332.

48 Ebd., S. 341.

49 Ebd., S. 344.

50 Ebd.

51 Vgl. Béla Balázs: Der Geist des Films. In: Ders.: *Schriften zum Film*, Bd. II: ‚Der Geist des Films'. Artikel und Aufsätze 1926–1931. Berlin: Hanser 1984, S. 49–205, hier S. 53. Selbstverständlich müsste gleichermaßen von einem Hören-Lernen ausgegangen werden.

52 Bertolt Brecht: Fatzer-Fragment. In: Ders.: *Werke. Große kommentierte Berliner und Frankfurter Ausgabe*, Bd. 10. Frankfurt am Main: Suhrkamp 1997, S. 387–529, hier S. 465.

53 Leonhard Fuest: Die Träume des Cyborg. Für eine Zoogrammatik der Heimsuchung, S. 349.

Mensch und Maschine auflösen. Welchen Gespenstigkeiten diese ‚enhanceten' Wesen (Cyborgs, Hybride, Androiden), die heute selbst (noch?) als gespenstig erscheinen, in Zukunft gegenüberstehen werden, hängt für Fuest von den Welten ab, von denen sich die der Menschen in Zukunft unterscheiden wird. Daher werden die „Gespenster, die aus der Zukunft kommen, [...] tierische und poetische Züge aufweisen."[54]

Das Denken des zukünftig Gespenstischen, wo die Maschine nicht mehr zur gespenstischen Erscheinung verhilft, sondern Teil eines post-gespenstischen Körpers ist, mag die durch Medien geschulte Wahrnehmung zu neuen Erkenntnissen führen. Gespenstisches entstünde dann aber nach wie vor aus einer radikalen Unmöglichkeit der (etwa programmierbaren, humanwissenschaftlich kontrollierten[55]) Körperlichkeit und Kommunikation, die dem zukünftigen Glauben weiterhin eine Möglichkeit einräumt, weil immer wieder eine Erscheinung aus der Finsternis treten kann.

54 Ebd., S. 353.

55 Vgl. ebd., S. 355.

Von Geisterhand

Zur Spektralisierung argentinischer Autorschaft bei Adolfo Bioy Casares (*La invención de Morel*, 1940)

Karin Peters

> La certidumbre de que todo está escrito nos anula o nos afantasma.[1]
>
> (Jorge Luis Borges: *La biblioteca de Babel*, 1941)

I. Peripherie, *haunting* und Autorschaft

Anfang der 60er-Jahre begegnet der argentinische Exilant Julio Cortázar in Paris einer argentinischen *señora*, die ihm überzeugend darlegt, dass es sich bei ihm nicht um Julio Cortázar handeln könne; angesichts seiner Überraschung fügt sie hinzu, dass der echte – *el auténtico* – Julio Cortázar ein Herr mit weißen Haaren sei, ein sehr guter Freund einer ihrer Verwandten, und dass er sich nie aus Buenos Aires wegbewegt habe. Cortázar interpretiert diese Szene, die aus einer seiner Erzählungen stammen könnte und an die phantastischen Verdoppelungen in *Rayuela* (1963) erinnert, als eine Art ‚Spektralisierung' seiner selbst. Er erläutert in einer Rede: „[...] me siento un poco como un fantasma que viene a hablarles [...]. Como yo hace doce años que resido en París, comprenderán ustedes que mi calidad espectral se ha intensificado notablemente después de esta revelación."[2] Dabei ist nicht zu unterschätzen,

1 „Die Gewissheit, dass alles bereits geschrieben wurde, annulliert uns oder verwandelt uns in Gespenster." (Übers. d. Verf.)

2 Julio Cortázar: Algunos aspectos del cuento (1962–1963). In: Ders.: *Obra crítica*, Bd. 2, Madrid: Alfaguara 1994, S. 365–385, hier S. 367: „[I]ch fühle mich ein wenig wie ein Gespenst, das kommt, um mit Ihnen zu sprechen [...]. Da ich bereits seit zwölf Jahren in Paris lebe, werden Sie verstehen, dass meine spektrale Beschaffenheit seit dieser Offenbarung beträchtlich zugenommen hat." (Übers. d. Verf.)

dass mit seiner körperlichen Existenz und Präsenz in Europa zugleich seine ästhetische Autonomie in Frage gestellt scheint.

Im Folgenden soll deshalb in den Blick kommen, inwiefern die *calidad espectral* von Autorschaft als Figuration dieses kulturellen Agons zu deuten wäre. Denn auch im Jahr 2014, hundert Jahre nach der Geburt Cortázars und nach seiner inzwischen erfolgten Kanonisierung zum postmodernen ‚Klassiker', ist die Frage nicht minder brisant, warum argentinische Schriftsteller sich wie Gespenster im literarischen Universum vorkommen, ist doch gerade erst Argentinien als Ehrengast des Pariser *Salon du livre* aufgetreten. Die argentinische Literatur findet im ökonomischen Zentrum der literarischen Welt ganz offensichtlich Gehör, ist aber auch einem spezifischen Blick unterworfen, der bestimmt, was ein lesendes und zahlendes Publikum von ihr erwartet.[3] Gerade der argentinischen Literatur ist es immer wieder besonders darum zu tun gewesen, sich in den ästhetischen Kanon der ‚Universalliteratur' einzuschreiben, und eben diese hat in der Moderne ihren symbolischen Ort in der geistigen Metropole Paris. Wenn dem lateinamerikanischen Autor dort das Bleiberecht zumindest symbolisch verweigert wird und er sich in ein Gespenst verwandelt, färbt dies auch auf die Poetik lateinamerikanischer Texte ab, die sich bewusst von europäischen Vorbildern abgrenzen. Bezeichnenderweise ist Cortázar jedoch nicht der erste, der solcherart im Gespenst eine Metapher für das Schreiben aus der Peripherie gefunden hat. Bereits ein Zeitgenosse und Freund von Jorge Luis Borges, Adolfo Bioy Casares (1914–1999), hatte in seinem mittlerweile kanonischen Roman *La invención de Morel* (1940) den Kampf um Anerkennung in Europa und im literarischen Kanon als einen Kampf von Gespenstern beschrieben. Im Zuge dessen entwickelt er ein Modell, das man als ein Schreiben von Geisterhand bezeichnen kann.

Ich möchte das Verhältnis zwischen Zentrum und Peripherie als einen produktiven Prozess beschreiben, der dennoch zugleich ökonomischen, politischen und damit ideologischen Regeln ausgesetzt ist. So wird die Figur des Gespensts als eine Form des kulturellen Gedächtnisses lesbar, wie dies Avery F. Gordon in *Ghostly Matters* mit dem Begriff der Heimsuchung vorgeschlagen hat: *haunting* „is an animated state in which a repressed or unresolved social violence is making itself known"[4]. Die Figur des Gespensts gibt demzufolge

3 Vgl. das Dossier „L'Argentine à la croisée des mondes" der Zeitschrift *Lire* 423 (2014), S. 54–65.

4 Avery F. Gordon: *Ghostly Matters. Haunting and the Sociological Imagination*. London: University of Minnesota Press 2008, S. xvi.

dem eher diffusen Affekt[5] sozialer Gewalt, wie sie auch im Verhältnis der dominanten europäischen und einer peripheren lateinamerikanischen Literatur ausgeprägt wird und im Unbehagen Cortázars Ausdruck findet, eine Form. Das Gespenst fordert diejenigen, die von ihm heimgesucht werden, nicht nur auf, eine Schuld zu begleichen („the something to be done"[6]), sondern auch, die oftmals geleugnete Verbindung des Privaten zum Sozialen zu erkennen: „the ghost always carries the message […] that the gap between personal and social, public and private, objective and subjective is misleading"[7]. Sprich: Gordon zufolge ist das Gespenst eine soziale Figur, die von den Spuren symbolischer, sozialer, politischer oder ökonomischer Gewalt zeugt. Demzufolge müssten literarische Entwürfe, die das Gespenst als eine poetologische Chiffre für das Schreiben aus der Peripherie einsetzen, weniger als individuelle Phantasmen denn als Figuration einer sozialen Gewalt gedeutet werden.
Dazu beziehe ich mich auf das Konzept der „literarischen Weltrepublik"[8] von Pascale Casanova, das die spezifische soziale Gewalt zwischen Zentrum und Peripherie beschreibbar macht. In der Interpretation des Romans wird so deutlich, dass eine Heimsuchung des Argentiniers durch europäische Gespenster und somit die affektische Spur sozialer Gewalt innerhalb der „literarischen Weltrepublik" sich in ein literarisches *haunting* zweiter Potenz verwandeln kann: Denn im Roman begegnet ein lateinamerikanischer Autor zuerst europäischen Gespenstern, verliebt sich in eines von ihnen und überschreibt dann schließlich deren Version der Vergangenheit, indem er in die scheinbar auf ewig festgeschriebene ‚Geschichte' der Europäer eindringt. Aus der Heimsuchung des Argentiniers wird folglich eine Heimsuchung des Zentrums und die Existenzform des Gespensts verwandelt sich von einem Bild für die negative Erfahrung der Macht- und Ortlosigkeit in eine produktive Form peripherer Autorschaft.

II. Universalisierung und literarische Weltrepublik in Argentinien

Pascale Casanova deckt mit *La république mondiale des lettres* die Funktionsweisen jener Universalliteratur auf, von der hier eingangs die Rede war. Ihr zufolge gehen die Dominanz und der Vorbildcharakter westlicher und insbesondere französischer Kultur mit einer *méconnaissance* einher, die ausschließlich an den

5 Vgl. etwa ebd., S. 8.
6 Ebd., S. xii.
7 Ebd., S. 98.
8 Vgl. Pascale Casanova: *La république mondiale des lettres*. Paris: Seuil 2008.

Rändern der literarischen Weltrepublik durchbrochen werden kann.[9] Nur diejenigen Schriftsteller, die sich den Zutritt zum westlichen Kanon erkämpfen müssen, haben demzufolge einen luziden Blick darauf, dass es sich bei diesem System um ein System der Macht, der Ökonomie, der Gewalt und mithin der Exklusion handelt. In der Konfrontation mit literarischen Gespenstern, die jener Struktur Tribut zollen, kann es also mit Jacques Derrida gesprochen nicht darum gehen, dieses kulturelle Legat ‚exorzieren' zu wollen, sondern müssen die Gespenster ‚befragt', muss der Spuk akzeptiert werden.[10] Casanova stellt fest: Weil im Zentrum der literarischen Weltrepublik der Glaube an eine universale und reine Literatur aufrecht erhalten wird, die überhistorische, transnationale, apolitische und quasi ökumenische Züge trägt, kann die Literatur der Peripherie nicht umhin, den eigenen historischen, nationalen bzw. politischen Standpunkt zuerst zu verleugnen, wenn sie Eingang in die Universalliteratur nehmen will. Die ökonomische Realität hinter dieser literarischen Ökumene gerät dabei aus dem Blick. Dass es sich um einen spezifisch französischen Zentralisierungsgedanken handelt, ist offensichtlich; dies wurde in der hiervon angestoßenen literaturwissenschaftlichen Debatte zum Konzept der Weltliteratur in Zeiten der Globalisierung mehrfach – nicht zuletzt von der Autorin selbst – bemerkt.[11]

Es ist mithin müßig, hier eine weitere Kritik am Konzept der literarischen Weltrepublik vorzunehmen, die mitnichten republikanischen Strukturen gehorcht, sondern vielmehr einer globalen Verlängerung des französischen Imperiums gleicht. Vielmehr interessiert an dieser Stelle die besondere Situation Argentiniens: Denn als die Modernisierung Argentinien und insbesondere Buenos Aires Anfang des 20. Jahrhunderts erreicht, beginnt auch die argentinische Literatur erneut, sich am ‚Meridian' der Modernität auszurichten: am Präsens der universalen Literatur, so Casanova, und also an denjenigen ‚Moden', die im Zentrum der literarischen Weltrepublik in Paris geformt werden. Eine Vielzahl von Autoren betätigt sich zugleich im Bereich der literarischen Übersetzung, um europäische Kultur gezielt zu verbreiten. In dieser Situation, die Beatriz Sarlo eine Mischkultur – *cultura de mezcla* – nennt, koexistieren in der argentinischen Literatur mehrere ästhetische Programme: jenes,

9 Vgl. Casanova: *La république mondiale des lettres*, S. 73.

10 Vgl. Jacques Derrida: *Marx' Gespenster. Der verschuldete Staat, die Trauerarbeit und die neue Internationale*. Frankfurt am Main: Fischer 1995, S. 253.

11 Vgl. das neue Vorwort der Autorin in der Ausgabe von 2008, ebd., S. 16; sowie zur Weiterführung des Konzepts einer „world structure" Pascale Casanova: Literature as a World. In: *New Left Review* 31 (2005), S. 71–90, hier S. 79–80.

das die importierte französische Kultur euphorisch als avantgardistischen Renovationsimpuls begrüßt; jenes, das Eigenes und ‚Argentinisches' fremden Einflüssen gegenüber wehrhaft machen möchte, indem es sich nostalgisch auf die gaucheske Nationalepik des 19. Jahrhunderts beruft; und schließlich das, was Sarlo flüchtig als residuelles Element, als ‚Rest' des Argentinischen innerhalb der bewussten Kreolisierungsprogramme bezeichnet.[12]

Insbesondere Autoren der sogenannten argentinischen Neophantastik wie Borges und Bioy Casares bewegen sich in genau diesem Spannungsfeld. Ricardo Piglia polarisiert diesbezüglich, wenn er eine seiner literarischen Figuren bemerken lässt, das Werk Borges' sei von einer „exhibición cultural", ja einer „superstición culturalista"[13] geprägt, und seine Auseinandersetzung mit dem Geist der Universalliteratur folglich als Akt der Unterwerfung deutet. Dabei ist vielmehr bemerkenswert, inwiefern Borges den phantastischen Modus des Erzählens in seinen Texten immer wieder nutzt, um das Verhältnis der argentinischen Kultur zur europäischen Literatur zu beleuchten. Phantastik ist hier mitnichten reine intellektuelle Spielerei im Zeichen des vorweggenommenen Postmodernismus.[14] Unter dem Stichwort der ‚Universalisierung' verhandeln Autoren wie Borges und Bioy Casares in der phantastischen Literatur auch die Frage, wo sie sich als argentinische Schriftsteller im imaginären Universum der Literatur verorten.

In einem berühmt gewordenen Essay fordert Borges mit Verweis auf so genannte universale Autoren wie Racine oder Shakespeare ein, die okzidentale Kultur zu einer genuin argentinischen Tradition zu erklären.[15] Dennoch entpuppt sich sein kurzer Text ungewollt als Manifest der Strukturgesetze der literarischen Weltrepublik, wenn Borges etwa betont, die argentinischen Schriftsteller hätten immer schon „sin esfuerzo"[16], ohne Anstrengung und mit unmittelbarem Gefallen die französische Literatur genießen können – anders

12 Vgl. Beatriz Sarlo: *Una modernidad periférica: Buenos Aires 1920 y 1930*. Buenos Aires: Nueva Visión 2007, S. 28.

13 Ricardo Piglia: *Respiración Artificial*. Barcelona: Anagrama 2010, S. 132.

14 Gerade hinsichtlich Borges wurde dagegen bisher v. a. auf Neophantastik als Spiel hingewiesen, das die raum-zeitliche Illusion des Mimetischen unterbreche und somit eine Welt magischer Kausalität (vgl. Emir Rodríguez Monegal: Borges. Una teoría de la literatura fantástica. In: *Iberoamericana* 95 (1976), S. 177–189), eine „textautonome, trans-mimetische Welt des Phantastischen" erzeuge. Vgl. Karl Alfred Blüher: Paradoxie und Neophantastik im Werk von Jorge Luis Borges. In: Paul Geyer / Roland Hagenbüchle (Hrsg.): *Das Paradox. Eine Herausforderung des abendländischen Denkens*. Tübingen: Stauffenburg 1992, S. 531–550, hier S. 540.

15 Vgl. Jorge Luis Borges: El escritor argentino y la tradición. In: Ders.: *Obras completas*, Bd. I: 1923–1949. Barcelona: Emecé 1989, S. 267–274, bes. S. 272.

16 Ebd.

als die spanische Literatur der ehemaligen Kolonialherren. Weder diese noch die Gaucho-Epik des 19. Jahrhunderts, weder die pietätvolle reine Imitation noch die pathetische Loslösung von europäischen Vorbildern strebe er an – er betont, die argentinische ‚Erfindung' und Innovation stamme direkt von ihrem europäischen Erbe ab und sei diesem daher nicht untergeordnet. Selbstbewusst erklärt er eine in Europa im Niedergang begriffene Kunst des Erzählens zur argentinischen Tradition, und deren Dimension sei nun einmal nicht das Lokale, Nationale oder Nationalhistorische, sondern: „nuestro patrimonio es el universo"[17]. Hieran erkennt man die fast libidinöse Identifikation eines Autors mit der Zentralisierungsphantasie der reinen, unpolitischen Literatur oder universalen ‚Kunst des Erzählens'. Dennoch wird sie bei Borges von offen zur Schau gestellter Skepsis gegenüber der realistischen bzw. modernistisch stilbesessenen Kunst Europas begleitet („the vice of realism" und „the vice of aesthetics" als zwei Seiten der „French disease"[18]), die der ‚Dritte-Welt-Literatur' das Rustikal-Volkstümliche im Gegenzug nachgerade aufdränge. So hat Jacques Rancière zu Borges' Essay bemerkt: „Literary France is the obstacle between the New World and itself, because it is the obstacle blocking the harmonious course of tradition which leads from the old to the new."[19] Das moderne Europa blockiert demzufolge lateinamerikanische Autoren gleich zweifach: zum einen, weil es dem Kult der stilbewussten reinen Literatur huldigt, der guten alten *inventio* und der Tugend der *narratio* hingegen abgeschworen hat, und zum anderen, weil es vom Amerikaner eine ‚amerikanische' *couleur locale* erwartet.

Also ist Borges' Universalisierungsanspruch, dem sich auch Bioy Casares verpflichtet fühlte, in diesem literarischen Agon, der lateinamerikanische Autoren durch die Hintertür als heteronome Subjekte konstituiert, unweigerlich ebenso performative *prise de possession*;[20] Borges stilisiert sich und seine Mitstreiter nachgerade zu Rettern einer „mythic unity of the tale"[21], die er dem französischen Roman seit der Erfindung des Realismus verloren gegangen wähnt. Die Inbesitznahme des europäischen Erbes (die zugleich eine

17 Borges: El escritor argentino y la tradición, S. 274.

18 Jacques Rancière: Borges and French Disease. In: Ders.: *The Politics of Literature*. Cambridge: Polity 2011, S. 128–146, hier S. 131.

19 Ebd., S. 129.

20 Vgl. Amelia Barili: *Jorge Luis Borges y Alfonso Reyes: la cuestión de la identidad del escritor latinoamericano*. Mexico: Fondo de cultura económica 1999, die im Rückgriff auf Reyes' „inteligencia americana" (S. 28) zeigt, dass die Frage nach hispanoamerikanischer Identität mitnichten, wie dies die frühere Forschung unterstrichen hatte, im Werk von Borges absent ist.

21 Rancière: Borges, S. 142.

Vereinnahmung durch die Logik dieses Erbes ist, nämlich: das ‚reine' Erzählen bewahren und tradieren zu wollen) motiviert demzufolge auf der Ebene der zum Einsatz gebrachten Rhetorik diskursive Abwehrmechanismen: Leugnen, selbstbewusste Besitzerklärungen, prophetisch anmutende Identifikation mit den Vorbildern oder heldenhafte Gesten der Übernahme und Rettung. In der Literatur wiederum finden diese Abwehrmechanismen einen phantasmatischen Freiraum. Auch die argentinische Phantastik und ihre Erben müssen deshalb, so meine ich, in jenem Sinne als politische Allegorie gelesen werden, die Fredric Jameson am Beispiel von Lu Xun's *Diary of a Madman* (1918) entwickelt hat.[22] Gerade die Texte der so genannten Dritten Welt, so Jameson, entlarven, wie Privates und Politisches, Schreiben und Macht verbunden sind. Sie tun dies, möchte man hier mit Casanova einhaken, weil sie nicht bzw. noch nicht dem Gesetz der universalen und reinen Literatur unterworfen sind.
An jener Schnittstelle, auf der bei Autoren wie Borges das europäische Postulat ästhetischer Autonomie damit vermittelt werden muss, dass das eigene Schreiben realiter heteronom ist, ist also vielleicht die Sollbruchstelle der *méconnaissance* innerhalb der literarischen Weltrepublik zu finden, die schließlich zur Form des Gespenstischen und der Heimsuchung gerinnt. Ich möchte vorschlagen, die residuellen Spuren der Dekolonisation, von denen Jameson im Falle der lateinamerikanischen Literaturen nur kurz spricht, in diesem Sinne noch einmal genauer unter die Lupe zu nehmen. Denn nicht nur die allgemein-ökonomischen Produktionsbedingungen des kapitalistisch-imperialistischen Systems halten Eingang in die Welt der Phantastik, wie Jameson dies an den kannibalistischen Metaphern Lu Xun's nachweist. Auch die konkret-literarischen Produktionsbedingungen innerhalb des literarischen Marktes – Formen der, mit Casanova gesprochen, „soft violence"[23] – finden dort ihre phantasmatisch durchgespielten, literarisch ausgestellten Abwehrmechanismen. Jameson betont: „Nothing is to be gained by passing over in silence the radical difference of non-canonical texts."[24] Die Schreibverfahren, die jene radikale Differenz ausstellen und damit die Penetration peripherer Kulturräume durch zentralisierende Normen markieren, und die unter dem

22 „All third-world texts are necessarily, I want to argue, allegorical, and in a very specific way: they are to be read as what I will call national allegories, even when, or perhaps I should say, particularly when their forms develop out of predominantly western machineries of representation such as the novel." (Fredric Jameson: Third-World Literature in the Era of Multinational Capitalism. In: *Social Text* 15 (1986), S. 65–88, hier S. 69.)

23 Casanova: Literature as a World, S. 79.

24 Jameson: Third-World Literature, S. 65.

Einfluss der „western machineries of representation“[25] stehen, kann man gerade in Hinblick auf den Text Bioys näher beschreiben.[26] Denn dort sind die Gespenster jene Form, die die politische Allegorie zum Einsatz bringt, um die *soft violence*, die innerhalb der literarischen Weltrepublik am Werk ist, auszustellen.

III. Adolfo Bioy Casares: *La invención de Morel*

In seiner Einleitung zu Bioys Roman bemerkt Borges: „*La invención de Morel* (cuyo título alude filialmente a otro inventor isleño, a Moreau) traslada a nuestras tierras y a nuestro idioma un género nuevo.“[27] Damit spielt er auf Wells' Roman *The Island of Dr. Moreau* von 1896 an, ausschlaggebend ist hier jedoch die Wortwahl: Borges spricht, wenn er die treue Anspielung erwähnt, von „filialmente“, ein Wort, in dem der ‚Filius‘ steckt. Die Übertragung eines neuen Genres in die argentinische Literatur wird also nicht nur mit einer Form kultureller *translatio* in Zusammenhang gebracht, sondern auch als kindliche Unterwerfungsgeste unter eine väterliche Figur entworfen, die vielleicht nicht zufällig an das väterliche Gespenst erinnert, das Derrida im Zuge seiner Lektüre von Shakespeares *Hamlet* als Prototypus der Hantologie entwickelt.[28] Hier entpuppen sich die europäische Literatur und ihre gattungs- und stilprägenden Vorbilder als Vater-Gespenst, dem sich der Argentinier zunächst folgsam unterwirft. Der Roman selbst bewegt sich in der Folge tatsächlich zwischen Nachahmung und *inventio*, da der Text zwar deutliche Bezüge zu Wells aufweist, innerhalb der Handlung jedoch gerade das Prinzip der Nachahmung unterlaufen und der Filius dem Vater gegenüber in Vorteil gebracht wird.

Es handelt sich bei Bioys Roman um die Tagebucherzählung eines namenlosen Gestrandeten, dem auf einer Insel Gespenster (*fantasmas*) begegnen, die sich als mediale Projektionen entpuppen. Ihre Bewegungen und Interaktionen wurden von dem Wissenschaftler Morel mit einer Maschine aufgezeichnet,

25 Jameson: Third-World Literature, S. 69.

26 Sarlo beschreibt dies als eine Form der Kreolisierung, die z. B. schon beim frühen Borges die Konstruktion des literarischen „yo“ innerhalb einer Zone der Marginalität entwirft. Vgl. Sarlo: *Modernidad periférica*, S. 49.

27 Jorge Luis Borges: Prólogo. In: Adolfo Bioy Casares: *La invención de Morel / El gran Serafín*. Madrid: Cátedra 1998, S. 89–91, hier S. 91: „*Morels Erfindung* (dessen Titel getreu auf einen anderen Inselerfinder anspielt, auf Moreau) überträgt ein neues Genre in unser Land und unsere Sprache.“ (Übers. d. Verf.)

28 Vgl. Derrida: *Marx' Gespenster*.

die jedoch das Leben der einmal Aufgenommenen einfordert – all diejenigen, deren Woche auf der Insel immer wieder von neuem abgespult wird, sind an den Folgen der Aufnahme gestorben. Dazu gehört auch Faustine, in die sich der Erzähler verliebt und die er erfolglos zu beeindrucken sucht – zunächst noch im Ungewissen darüber, ob sie lebendig ist oder tot, eine Halluzination oder ein Traum. Als der Erzähler jedoch den Ursprung der Projektionen und damit auch seine eigene Gespensterliebe durchschaut, fasst er einen Plan, der ihn schließlich selbst in einen Geist verwandeln wird: Er wiederholt die Aufnahme, um sich parasitär in die „Wochenschau"[29] einzuspielen und als neuer Begleiter Faustines unsterblich zu machen. Damit überbietet der Erzähler zuletzt auch Morel, der ebenfalls in Faustine verliebt gewesen war: Durch Nachahmung schafft er eine völlig neue, neu simulierte Liebesgeschichte, an der sich in Zukunft vielleicht auch andere Rivalen werden messen müssen.

Die Verwandlung des Erzählers in ein Gespenst, die notwendigerweise auf seinen inszenierten Selbstmord folgen muss, diese ‚Spektralisierung' ist also Spielart eines äußerst erfolgreichen Abwehrmechanismus gegen die Übermacht eines Europäers, die hier auf den Bereich der Erotik und der Libido verschoben wurde. Aus diesem Grund sollte die libidinöse Struktur zwischen den drei Figuren des Romans neu auf den Prüfstand kommen. Denn die erste Form gespenstischer Figuration ist bei Bioy auf der Ebene der Figuren angesiedelt und untermalt die Dynamik innerhalb des libidinösen Dreiecks (es werden noch andere Figurationen des Gespenstischen folgen, vier davon werde ich im Einzelnen beschreiben). Der Roman setzt damit ein, dass der verängstigte Erzähler – ein politisch verfolgter venezolanischer Schriftsteller,[30] der in den 1920er-Jahren auf die abgelegene Insel flüchtet – berichtet, wie eines Tages scheinbar aus dem Nichts Personen auftauchen, die nicht nur etwas aus der Mode gekommene Kleidung tragen, sondern noch dazu die Gebäude der Insel bevölkern, tanzen und völlig ungerührt selbst bei stürmischem Regen Partys feiern. Zunächst hält der Erzähler die Neuankömmlinge für eine Bedrohung, er bringt sie mit der Polizei in Verbindung und erwartet,

29 Vgl. Wolfram Nitsch: Die Insel der Reproduktionen. Medium und Spiel in Bioy Casares' Erzählung *La invención de Morel*. In: *Iberoromania* 60 (2004), S. 102–117, hier S. 110.

30 Vgl. zur konkreten Kontextualisierung Karin Peters: *Der gespenstische Souverän. Opfer und Autorschaft im 20. Jahrhundert*. München: Fink 2013, S. 326–337. Im Roman wird auf politische und literarische Kontexte verwiesen, die vermuten lassen, dass es sich bei dem Verfolgten um ein Mitglied der venezolanischen *Generación del 28* handelt, die 1928 im Namen der Unabhängigkeitsbewegung des 19. Jahrhunderts eine Studentenrevolte gegen den venezolanischen Diktator Juan Vicente Gómez anzettelte und deren Anführer 1929 ins Exil geschickt wurden.

verhaftet zu werden. Erst als er feststellt, dass sie nicht auf ihn reagieren, beginnt die Bedrohung sich in Begehren zu wandeln. Er beobachtet Faustine, wie sie abends den Sonnenuntergang betrachtet, aber es gelingt ihm nie, ihre Aufmerksamkeit auf sich zu lenken – schließlich ist sie eine gespenstische Simulation[31] und kein Wesen, das mit ihm interagieren könnte:

> Auf einer Insel zu leben, die von künstlichen Gespenstern bevölkert war, erschien mir der unerträglichste aller Albträume; in eines dieser Bilder verliebt zu sein war schlimmer, als in ein Gespenst verliebt zu sein (vielleicht haben wir immer schon gewünscht, daß die geliebte Person eine Spukexistenz führe).[32]

Das Mediengespenst als Figur innerhalb der diegetischen Welt und als metaphysische Metapher für die Unmöglichkeit der Liebe, für die Macht moderner Simulationsmedien bzw. für den Wunsch nach Unsterblichkeit[33] – dies wurde schon oft beschrieben und soll deshalb hier nicht erneut im Vordergrund stehen.[34]

Eine zweite Figuration des Gespensts ist der Text selbst. Er wird quasi zum Gespenst des Tagebuchautors. Während der Körper des Erzählers sich zuletzt verdoppelt, dieser sich selbst narzisstisch für eine Weile betrachten kann, dann aber langsam verendet und in der Projektion zum seelenlosen Abbild wird, hinterlässt der Erzähler mit dem Tagebuch eine subjektive Innenschau, die sein Leben bezeugt. Sein Text ist also nicht nur das Zeugnis eines Liebesopfers, sondern in gewisser Hinsicht das Text-Gespenst des Autors, dessen autodiegetische Erzählung am Ende verstummt – bezeichnenderweise mit einer Reflexion darüber, wie zuerst die Hand, das Schreiborgan des Erzählers also, langsam abstirbt. Während er zu Beginn den eigenen Text noch als *testimonio*, als Zeugnis, bezeichnet, wird er später vom eigenen Testament sprechen. Es handelt sich hier also um eine Autorschaftsfiktion, die

31 Vgl. Maria Rodríguez Pérez, die von einem „alejamiento del referente de la representación“ spricht, in dies.: A propósito del poder de las construcciones simuladas: *La invención de Morel* y *Ceci n'est pas une pipe*. In: *Espéculo* 26 (2004), o. P.

32 Adolfo Bioy Casares: *Morels Erfindung*. Frankfurt am Main: Suhrkamp 2003, S. 94. Das Original ist erschienen als *La invención de Morel / El gran Serafín*. Madrid: Cátedra 2005.

33 Vgl. Gerardo García Muñoz: *El Sueño Creador. Adolfo Bioy Casares, el ABC de la invención*. México D. F.: Consejo Nacional para la Cultura y las Artes 1994, S. 45.

34 Siehe dazu etwa Roger Bozzetto: L'Invention de Morel. Robinson, les choses et les simulacres. In: *Études Françaises* 35,1 (1999), S. 67–77; Luisa Block de Behar: Una épica de la invención. In: *Cuadernos Hispanoamericanos* 609 (2001), S. 56–66; Kian-Harald Karimi: Von der äußeren in die innere Mongolei. Medialität und Domestizierung des Körperlichen bei Mario de Sá Carneiro, Adolfo Bioy Casares und Michel Houellebecq. In: Cerstin Bauer-Funke / Gisela Febel (Hrsg.): *Der automatisierte Körper. Literarische Visionen des künstlichen Menschen vom Mittelalter bis zum 21. Jahrhundert*. Berlin: Weidler 2005, S. 259–283.

als gespenstische Rede in Szene gesetzt wird. Sie privilegiert damit indirekt auch die literarische Erfindung des Erzählers – das Tagebuch – im Vergleich zur Erfindung Morels. Argentinische Autorschaft ‚von Geisterhand' bedeutet mithin, die eigene Unterlegenheit so zu wenden, dass – wenngleich im Modus der Absenz (hier inszeniert an der *figura auctoris* des Erzählers) – durch die gespenstische ‚Präsenz' seines Textes die Oberhand über den europäischen Rivalen gewonnen werden kann.

Hinzu kommt, dass der Text quasi von fremden Textgespenstern heimgesucht wird: Als dritte Figuration des Gespenstischen könnte man jene intertextuellen Heimsuchungen durch europäische Texte bezeichnen, die einer Lektüre im Sinne der literarischen Weltrepublik zuträglich sind und gleichzeitig an die Auseinandersetzung zwischen ‚Filius' und Vater-Gespenst erinnern. Neben *The Island of Dr. Moreau* sind die für den Roman prägendsten Vorbilder insbesondere *Robinson Crusoe* und Marcel Prousts *Recherche*. Tatsächlich ist die ‚Erscheinung' des mächtigen Demiurgen Morel nachgerade eine Allegorie auf die Wirkung übermächtiger literarischer Vorbilder. Das taktische ‚Umschreiben' seiner Wochenschau dient dem lateinamerikanischen Autor dazu, im Kampf um die französische Faustine, alias die europäische Literaturhoheit, einen Vorteil zu gewinnen. Das libidinös besetzte Figurenverhältnis zwischen dem Erzähler, Faustine und Morel – die trianguläre, gespenstische „Photo-Minne"[35] – kann also nur mit Bezug auf den gespenstischen Text und den intertextuellen Agon gelesen werden.

Dieses Verhältnis habe ich andernorts als literarische Figuration interpretiert, die den Gesetzen der *Apophrades* folgt, wie sie Harold Bloom beschrieben hat.[36] Bei *Apophrades* – der Rückkehr von Toten in ihre früheren Häuser – handelt es sich um eine der Revisionsstrategien, die Bloom als Erscheinungsform poetischer *anxiety of influence* identifiziert hat. Auch bei seiner Analyse ist der Agon zentral, und zwar der zwischen den literarischen Generationen ausgetragene „contest for aesthetic supremacy"[37]. Bloom zufolge funktioniert Literaturgeschichte als bewusstes, immer neues *misreading*, das imaginäre Freiräume für die Spätgekommenen eröffnet – bedrohlich beeindruckende Vorbilder müssen demzufolge ‚falsch' gelesen werden, um sich der eigenen literarischen Stimme und Autonomie zu versichern. Dieses *misreading* kann

35 Siehe dazu Renate Lachmann: *Erzählte Phantastik. Zu Phantasiegeschichte und Semantik phantastischer Texte*. Frankfurt am Main: Suhrkamp 2002, S. 315.

36 Vgl. Peters: *Der gespenstische Souverän*, S. 337–356.

37 Harold Bloom: *The Anxiety of Influence. A Theory of Poetry*. New York / Oxford: Oxford University Press 1997, S. xxiv.

wie im Fall der *Apophrades* den unheimlichen Effekt haben, dass es so aussähe, als hätte der spätere Dichter das Werk des früheren verfasst: „The mighty dead return, but they return in our colors, and speaking in our voices, at least in part, at least in moments […].“[38] Diese Form einer unheimlichen Heimsuchung, in der der neue Text gerade den europäischen Kanon heimsucht, liegt auch bei Bioys Roman vor: Denn die Erzählung lässt die Toten auferstehen, tote Texte, tote Personen, wird sie aber zuletzt für und durch die ‚Stimme' des Erzählers sprechen lassen. Die Handlung ist demzufolge Allegorie für den intertextuellen Agon: Die Rivalität zwischen Morel und dem Erzähler um die französische Faustine ist sozusagen zugleich eine Rivalität um Anerkennung im literarischen Kanon.

Dennoch hat Bioy selbst ähnlich wie Borges immer wieder das Prinzip des Agons und die gezielte Nachahmung von Vorbildern geleugnet, z. B. wenn er ganz im Geiste des ‚universal' gültigen Gesetzes des Erzählens behauptet, nur auf die ‚Erfindung' von Geschichten zu setzen, nicht auf die Nachahmung oder Einordnung in literaturgeschichtliche Zusammenhänge.[39] Darin äußert sich gerade die *anxiety* der *anxiety of influence*; im Roman verwandelt sie sich in das inszenierte Selbstopfer eines Autors, der den eigenen Tod und das eigene Verstummen durchspielt. Während Bioy selbst sich also mit der Ideologie der autonomen, reinen Literatur zu identifizieren weiß, ist sein Text wohl stellenweise hellsichtiger, da er zeigt, welchen Preis diese Identifikation hat. In diesem Sinne wird man das Überspielen der Morel'schen Projektionen zu lesen haben. Die Forschung hat bereits hervorgehoben, dass der Roman mitnichten eine Glorifizierung der dreidimensionalen Medien-Gespenster ist; sie sind seelenlos – ob das Bewusstsein der aufgenommenen Menschen in die Projektionen übergeht, bleibt ungewiss. Deutlich wird dies zum Beispiel, wenn der Erzähler eine zukünftige, bessere Version der Apparatur mit Worten beschreibt, die mehr auf das Schrift- als auf das Bildmedium verweisen:

> Und eines Tages wird es einen kompletteren Apparat geben. Das während des Lebens – oder während der Aufnahmezeiten – Gedachte und Empfundene wird wie ein Alphabet sein, mit dem das Bild weiterhin alles erfassen kann (wie wir mit den Zeichen des Alphabets alle Wörter verstehen und bilden können). Das Leben wird dann ein Depot des Todes sein.[40]

38 Bloom: *The Anxiety of Influence*, S. 141.

39 Vgl. Adolfo Bioy Casares: *Adolfo Bioy Casares a la hora de escribir*. Barcelona: Tusquets 1988, S. 41–42.

40 Bioy Casares: *Morels Erfindung*, S. 130.

Die glorreiche Wiederkehr eines narzisstischen Selbstgenusses, den die eigene gespenstische Verdoppelung dem Erzähler zu versprechen scheint, wird also notwendigerweise konterkariert durch das spektrale Gesetz der Erzählung selbst – denn der Erzähler ‚überlebt' tatsächlich nur im literarischen Text. Damit wird gerade gegen „Morels Erfindung" und durch die agonale Revisionsstrategie Eigenes erstritten.[41] Mit einem wesentlichen Unterschied zur Bloom'schen Apophrades: *La invención de Morel* narrativiert das Gespenstische, indem er es auf der Ebene der Figuren und auf der Ebene des *discours* realisiert, anstatt rein stilistische Doppelbelichtungen zu erzeugen.

Der Roman kann schließlich, und dies im Besonderen möchte ich hier neu zur Diskussion stellen, als phantasmatisches Narrativ noch über den literarischen Agon hinaus, den Bloom beschreibt, interpretiert werden. Es handelt sich dabei gerade nicht nur um einen Agon auf der Achse der Zeit – also einen literarischen Generationenkampf. Vielmehr geht es hier auch um einen Kampf um das literarische ‚Präsens', von dem Casanova spricht, und das die Zugehörigkeit zur universalen Literatur einerseits und die Dominanz des Zentrums über die Peripherie andererseits bedeutet. Der gespenstische Liebesplot des Romans ist in diesem Sinne sowohl Figuration von Autorschaft als auch kultureller Kommentar mit politischer Relevanz. Die Desintegrationsphantasie[42] des Selbstopfers ist nichts anderes als die Erfüllung der Regel, die in der literarischen Weltrepublik herrscht: Um in diese aufgenommen zu werden, muss man sich unterwerfen und in gewissem Sinne ‚aufgeben'.

Hier kommt allerdings noch eine vierte und letzte Figuration des Gespensts ins Spiel. In der Abschlusspassage des Textes erwähnt der Erzähler plötzlich seine venezolanische Heimat und überblendet das französische Liebesobjekt Faustine wie in einer Doppelbelichtung völlig unvermittelt mit einer lateinamerikanischen Geliebten namens Elisa. Ein Gespenst, das nur in der Erinnerung lebt und hier wie in einer Art Totenbeschwörung visualisiert wird, tritt hinter dem Medien-Gespenst hervor. Apostrophiert wird sie im Text mehr oder weniger direkt als Inkarnation der Patria (begleitet von zahlreichen Zeichen nationaler Identität: der Nationalhymne, der Erinnerung an die

41 „Any departure from initial narcissism, according to Freud, leads to development of the ego, or in our terms, every exercise of a revisionary ratio, away from identification, *is* the process generally called poetic development." (Bloom: *Anxiety*, S. 147.)

42 „Thus not only does the fantasizing subject as a rule not identify with his own appearance within the fantasmatic space; even more radically, fantasy creates a multitude of ‚subject positions' among which the (observing, fantasizing) subject is free to float, to shift his identification from one to another." (Slavoj Žižek: Fantasy as a Political Category: A Lacanian Approach. In: *JPCS: Journal for the Psychoanalysis of Culture & Society* 1,2 (1996), S. 77–85, hier S. 79.)

Hauptstadt und den Nationaldichter) und mithin als Mahnzeichen dessen, was der Agon um Aufnahme in die literarische Universalität zu löschen bestrebt ist. Der Erzähler wird in dieser Rückschau schließlich als unheroischer Anti-Bolívar und insofern gescheiterter Unabhängigkeitskämpfer entworfen, wenn von seiner heimlichen Reise ins Exil über die kolumbianische Grenze berichtet wird:

> Und du, Elisa, zwischen Indio-Wäschern, die du bei jedem Erinnern Faustine ähnlicher wirst; du hast ihnen gesagt, sie sollten mich nach Kolumbien bringen, und wir haben das eisige Hochland überquert; die Indios bedeckten mich mit schwelenden Blättern und Rindenasche, damit ich nicht erfror; während ich Faustine schaue, werde ich dich nicht vergessen – und ich dachte, ich liebte dich nicht![43]

Simón Bolívar verfasste 1815 im Exil die berühmte *Carta de Jamaica*, die ein völlig neues lateinamerikanisches Selbstbewusstsein bezeugt. Der Erzähler von Bioys Roman ist also auch insofern Doppelgänger des berühmten Unabhängigkeitskämpfers, da er wie dieser auf einer Insel – und im Exil – einen Text verfasst, der als performative *prise de possession* des Wortes und der Autonomie auftritt – wenn auch in der paradoxen Form des Selbstopfers und der Verwandlung in ein Gespenst. Bezeichnenderweise ist es im Text die Asche von brennenden ‚Blättern', die den Schriftsteller in einer geistigen Krise der verbrannten Erde zurücklässt, in der auch das literarische Schreiben auf papiernen Blättern fast unmöglich geworden scheint. Diese Passage ist bisher in der Forschung ignoriert worden. Wenn man jedoch mit Avery Gordon eine Gespenstererscheinung wie die Elisas als Gedächtnis von Gewalt und als soziale Figur begreift, lässt sich für das phantasmatische Narrativ des Romans und dieses hochgradig pathetische Schlusstableau einer Totenbeschwörung der Nation Venezuela festhalten: Die soziale *Ghostly Matter* von *La invención de Morel* ist eine Reflektion über die Macht und soziale Gewalt, die im Zuge politischer Dekolonisationsprozesse und innerhalb der Struktur der herrschenden literarischen Weltrepublik wirkt – die ewige Wiederkehr des Kampfes um Unabhängigkeit, hier materialisiert in der Identifikation mit dem Helden der Dekolonisation Bolívar und der ‚Opferung' der amerikanischen Geliebten zugunsten eines ‚universalen' Liebesphantasmas wie der unnahbaren Faustine.

Wenngleich Casanova behauptet, auch die peripheren Literaturen hätten ihren blinden Fleck, weil sie immer nur die eigene partikulare Position in der

43 Bioy Casares: *Morels Erfindung*, S. 131–132.

literarischen Weltrepublik, nie aber die globale Struktur[44] beleuchten könnten, ist die Phantastik Bioys also zuletzt hellsichtiger. Als taktisches Überschreiben der ‚Regeln des Spiels' ist sie *misreading* des Zentrums aus Sicht der Peripherie, ein Spiel mit den Regeln einer Kultur der Universalisierung und Depolitisierung von Literatur. An die Stelle der von Bloom beschriebenen Revisionsstrategien (*revisionary ratios*) rücken dabei taktische, ja phantasmatische Abwehrmechanismen, ein Residuum von *argentinidad*: in diesem Fall die argentinische, spektralisierte Autorschaft ‚von Geisterhand'. Man tut dem Roman also offensichtlich keinen Gefallen, wenn man über das Schlusstableau hinweg liest und in der Deutung des Plots ausschließlich das libidinöse Begehren nach der französischen Faustine fokussiert. Es hieße mithin ebenso, der bereits klassisch gewordenen postmodernen Hermeneutik Einhalt zu gebieten, die der neophantastischen Erzählung nachsagt, Intertextualität ausschließlich als ironisches Zeichen einer textautonomen Ästhetik oder einer fiktionsbewussten Ontologie einzusetzen.

Die hier ausgestellte kulturelle Agonalität ist mehr als das, sie ist immer auch literarische Antwort auf die *western machineries of representation*, eine Stimme, die, wenn auch gespenstisch, so doch hörbar aus der Peripherie in das Zentrum schallt und vielleicht nicht zufällig im Jahr 2014 neue Brisanz entwickelt, wenn weltweit darüber diskutiert wird, warum einschlägige zeitgenössische Autoren, die der Kirchner-Regierung gerade aufgrund ihrer dezidiert politischen und kritischen Haltung nicht opportun erschienen, nicht auf die Pariser Buchmesse eingeladen wurden.[45] So weigerte sich Ricardo Piglia zunächst „por motivos literarios"[46], anzureisen, und selbst die renommierte Essayistin und Literaturwissenschaftlerin Beatriz Sarlo fiel der ‚Streichliste' der argentinischen Selbstdarstellung im literarischen Zentrum zum Opfer. Sie schlussfolgerte daraufhin lakonisch über ihre ‚periphere' Kulturlosigkeit: „Ils doivent penser que je ne sais pas me tenir à table".[47] Anders als Julio Cortázar blieb sie also in Buenos Aires und konnte nur darüber spekulieren,

44 Vgl. Casanova: *La république mondiale des lettres*, S. 74.

45 Vgl. Alexis Ferenczi: Salon du livre 2014: polémique autour des écrivains argentins invités. http://www.huffingtonpost.fr/2014/03/20/salon-du-livre-argentine-polemique-ecrivain-opposant_n_5001816.html (Zugriff am 14.04.2014).

46 Vgl. Lucia Merle: Más polémica: el director del Salón del Libro de París atacó a Piglia. http://www.clarin.com/sociedad/polemica-Salon-Libro-Paris-Piglia_0_1104489612.html (Zugriff am 14.04.2014).

47 Vgl. Paulo A. Paranagua: L'Argentine au Salon du livre de Paris suscite une polémique. http://www.lemonde.fr/livres/article/2014/03/17/l-argentine-au-salon-du-livre-de-paris-suscite-une-polemique_4374228_3260.html (Zugriff am 14.04.2014).

wie ihr gespenstisches, barbarisches und ‚anderes' Selbst in Paris wahrgenommen worden wäre. Noch 100 Jahre nach der in Paris 2014 festlich gedachten Geburt Cortázars kommt es also zu unheimlichen Spektralisierungseffekten, wenn argentinische Autorschaft in Konflikt mit den Gesetzen des politischen Interesses und des literarischen Marktes gerät.

Gespenstische Medien und mediale Gespenster

Jules Vernes *Das Karpathenschloß* und Bram Stokers *Dracula*

Katharina Rein

1. Sirenengesänge aus dem Totenreich

1892, fünf Jahre bevor sich Dracula aus den Seiten von Bram Stokers Vampirroman erhob, erschien Jules Vernes *Le Château des Carpathes*, ein im Œuvre des französischen Autors, aber auch im Vergleich zu Stokers Horrorklassiker deutlich weniger bekanntes Werk, das unter dem Titel *Das Karpathenschloß* ins Deutsche übersetzt wurde. Es handelt von einer tragischen Liebe, einem fanatischen Verehrer und einer nur postmortem auftretenden Operndiva und nimmt vieles von Stokers paradigmatischem Vampirroman vorweg. Vernes Roman ist im von Aberglauben und Dämonenfurcht geprägten Dorf namens Werst[1] angesiedelt, dessen geografisch unbestimmte Lage in Transsilvanien, im Land zwischen den Wäldern, es als einen Ort des Dazwischen markiert und mit Draculas Schloss verbindet, das sich ebenfalls im Nirgendwo, im Grenzgebiet dreier Länder in den Karpathen befindet.[2]

Beide Romane spielen also an einem Ort, an dem zwischen den Welten gefangene Gespenster hausen und der sich mit den lateinischen bzw. griechischen Begriffen *medium* und μεταξύ (metaxý) beschreiben lässt, die beide ‚(da)zwischen' bedeuten und den modernen Medienbegriff entscheidend geprägt haben. In beiden Romanen steht in diesem Niemandsland ein altes Schloss, dessen menschliche Bewohner, der Folklore umliegender Dörfer und Städtchen zufolge, lange schon furchteinflößenden übernatürlichen Wesen

1 Werst (russ. верста) ist ein im russischen Zarenreich gebräuchliches Längenmaß, das 1066,78 Metern entspricht. Als Ortsname ohne weitere Details (Wie viele Werst wovon entfernt, in welche Richtung?) steht es für eine undefinierte Ortsangabe.

2 Bram Stoker: *Dracula*. London: Penguin 1994, S. 9–10.

gewichen sind, und das es deshalb zu meiden gilt. In Vernes *Karpathenschloß* lebt darin, von den Bewohnern Wersts unbemerkt, der Baron von Gortz mit seinem Gehilfen Orfanik. Dieser mit selbstkonstruierten prothetischen Sinnesorganen ausgestattete[3] *mad scientist* hält mit seinen Erfindungen, darunter ein elektrisches Sicherheitssystem an der Zugbrücke, neugierige Dorfbewohner vom Schloss fern.[4] Während, mit Friedrich Kittler gesprochen, die technischen Medien um 1900 Dracula zu Fall bringen,[5] ist es hier also umgekehrt der im Schloss wohnende Adel, der avancierte Technik gegen die Landbevölkerung einsetzt. Die von Orfanik als Verbund von Phantasmagorie und Phonograph verschaltete Medientechnik lässt zudem die verstorbene, von Baron von Gortz verehrte Opernsängerin la Stilla in einem privaten Medientheater wieder auferstehen. Der Spuk kommt hier, in einem Universum ohne übernatürliche Wesen oder Elemente, also aus den Maschinen, während die Protagonisten in *Dracula* es mit realen Vampiren zu tun haben.

Wie in *Dracula* taucht eines Tages ein Fremder in den Karpathen auf, der sich den Warnungen der Dorfbewohner zum Trotz zum Schloss begibt und schlussendlich zur Aufklärung der rätselhaften Vorgänge beiträgt. Hier allerdings ist es kein Londoner Anwalt, sondern ein Graf namens Franz von Telek[6], der sich als einstiger Verlobter la Stillas entpuppt. Vor den Toren des Schlosses erscheint ihm die Geliebte – ein Anblick, der ihn sämtliche rationale Erklärungen für den Schloss-Spuk, die er kurz zuvor den Dorfbewohnern vorgestellt hat, vergessen lässt. Fortan fühlt von Telek sich berufen, die von ihrem fanatischen Verehrer vermeintlich gefangen gehaltene Sängerin – so seine neue Interpretation – zu retten. Er schickt seinen Burschen Rotzko weg und betritt das Schloss allein durch das offene Tor, das in typischer

3 Orfanik trägt eine Brille mit nur einem Glas und eine künstliche Ohrmuschel.

4 Als die Dorfbewohner eines Tages Rauch aus dem Schornstein der Burg aufsteigen sehen, prüfen zwei Männer die Angelegenheit vor Ort. Sie werden in der Nacht von seltsamen optischen und akustischen Erscheinungen heimgesucht und als sie am Morgen in den Burggraben herabsteigen, wird Nic Deck beim Hochklettern an der Kette der Zugbrücke plötzlich heruntergeschleudert, während sein Begleiter, der Dorfarzt Patak, sich wie am Boden festgewachsen findet; vgl. Jules Verne: *Das Karpathenschloß*, aus d. Franz. v. Hansjürgen Wille / Barbara Klau. Zürich: Diogenes 1977, S. 101–113. Wie später klar wird, erhält Deck einen von der Kette geleiteten Stromschlag und die Eisenbeschläge an Pataks Schuhen werden mittels eines Elektromagneten am Boden festgehalten; vgl. ebd., S. 247–248.

5 Vgl. Friedrich A. Kittler: Draculas Vermächtnis. In: Ders.: *Draculas Vermächtnis. Technische Schriften*. Leipzig: Reclam 1993, S. 11–56.

6 Ein Accent aigu auf dem ersten e im französischen Original rückt die Aussprache seines Namens in die Nähe von τέλη (téle) – ‚fern', was nicht nur sein Fernweh spiegelt, sondern auch die Assoziation mit Medien wie dem Teleskop, der Telegrafie oder der Television wachruft.

Gothic-Novel-Manier sogleich eigenmächtig hinter ihm zuschlägt. Auf der Suche nach la Stilla irrt von Telek durch das labyrinthische Schloss, bis er in einer Krypta auf eine verschlossene Tür trifft, hinter der ihr Gesang zu hören ist; und zwar derselbe, den er zuvor bereits in seinem Zimmer im Dorfgasthof vernommen hatte. Die Stimme der Sängerin wird hier zu einem sonoren Objekt, das eine intensivere Form des involvierten Zuhörens ohne Fokus auf eine Klangquelle ermöglicht.[7] Diese akusmatische Stimme übt auf von Telek einen besonderen Zauber aus,[8] der zugleich ein besonders gefährlicher ist: „Akustische Wahrnehmungen", schreibt Thomas Macho,

> unterscheiden sich von visuellen Wahrnehmungen nicht nur durch höhere Eindringlichkeit, sondern auch durch die mögliche Verborgenheit ihrer Quellen. [...] Daher ist das Hören viel enger verwandt mit der Täuschung als das Sehen; was gehört wird, unterhält keine zwingenden Bindungen an Ursachen, Körper und materielle Objekte.[9]

Letztere Erkenntnis bleibt jedoch von Telek verborgen, wenn er la Stillas Stimme untrennbar an ihre körperliche Anwesenheit koppelt:

> As for Franz de Télek, who dispels the silly superstitions of the Werstian townfolk only to succumb himself to the seductions of de Gortz's sound and light show, he is pushed beyond the boundaries of common sense to where real and fantastic merge; real because he hears, and therefore, believes he sees la Stilla; fantastic because he witnessed both her death and burial, and yet she seems to be very much alive.[10]

Heutigen Leserinnen und Lesern wird spätestens dann klar, dass der sich wiederholende Gesang eine Aufnahme sein muss, wenn die vermeintlich hinter der Tür Singende auf die Rufe des Geliebten nicht reagiert und schließlich

7 Zum sonoren Objekt vgl. Pierre Schaeffer: Acousmatics. In: Christoph Cox / Daniel Warner (Hrsg.): *Audio Culture. Readings in Modern Music.* New York / London: continuum 2004, S. 76–81, hier S. 78–79.

8 Zu Akusmatik siehe Michel Chion: *Audio-Vision. Sound on Screen*, aus d. Franz. u. hrsg. v. Claudia Gorbman. New York: Columbia University Press 1994, insb. S. 71–80. An anderer Stelle (ebd., S. 129–131) entwickelt Chion das Konzept des Acousmêtre, einer allwissenden, allgegenwärtigen und allsehenden Figur, die mit einer besonderen Macht ausgestattet ist und das Geschehen aus dem Hintergrund manipuliert. Als Beispiele nennt er u. a. den Zauberer von Oz (vor seiner Entlarvung), die Mutter in *Psycho* (US 1960, R: Alfred Hitchcock) oder den Computer HAL 2000 in *2001: A Space Odyssey* (*2001: Odyssee im Weltraum*, US / GB 1968, R: Stanley Kubrick). Im *Karpathenschloß* ist von Gortz der Acousmêtre, der lange aus dem Verborgenen operiert und sich dabei u. a. der Aufzeichnungen la Stillas bedient, die als akusmatische Stimme auf *seine* unsichtbare, mächtige Präsenz verweisen.

9 Thomas Macho: Stimmen ohne Körper. Anmerkungen zur Technikgeschichte der Stimme. In: Doris Kolesch / Sybille Krämer (Hrsg.): *Stimme. Annäherung an ein Phänomen.* Frankfurt am Main: Suhrkamp 2006, S. 130–146, hier S. 130.

10 Jennifer Forrest: Scripting the Female Voice: The Phonograph, the Cinematograph, and the Ideal Woman. In: *Nineteenth-Century French Studies* 27,1–2 (1998–1999), S. 71–95, hier S. 78.

verstummt. Für den emotional angespannten von Telek hingegen bedeutet die ausbleibende Reaktion nur eins: „[S]ie ist wahnsinnig, denn sie hat mich nicht erkannt, hat mir nicht geantwortet!"[11] Später entnimmt von Telek einem belauschten Gespräch zwischen von Gortz und Orfanik, dass eine heimliche telefonische Leitung zum Wirtshaus im Dorf existiert, die es den Schlossbewohnern nicht nur ermöglicht, die Geschehnisse im Dorf zu verfolgen, sondern auch Warnungen oder Totengesänge erklingen zu lassen. So wurde von Telek mit der Macht der körperlosen Stimme seiner Geliebten in die Burg gelockt und soll in wenigen Stunden, wenn Orfanik das Schloss sprengt, unter den Trümmern begraben werden. Anschließend folgt er dem Baron in einen abgedunkelten Saal, wo auf einer Tribüne la Stilla erscheint und zu singen beginnt „als käme ein Hauch über ihre Lippen, ohne daß sie sich öffneten"[12]. Sie singt „jenes Finale, bei dessen letzten Worten die Sängerin tot zusammengebrochen war"[13], und wie damals verstummt ihr Gesang exakt an jener Stelle, an der sie einige Jahre zuvor auf der Bühne ihren Atem aushauchte.

Orfaniks Medienapparat gestattet es dem Baron von Gortz zwar, weiterhin seiner Obsession nachzugehen, indem er la Stillas Gesang immer wieder aufführt, doch wiederholt er damit auch hundertfach ihren Tod, wenn er jene Walze abspielt, die ihren Todesmoment akustisch aufgezeichnet hat. In *Dracula* wird ein ähnlicher Zustand zwischen Leben und Tod an der Figur Lucy Westenras exemplifiziert, die dem Vampir als Erste zum Opfer fällt: Wie la Stilla ist sie weder tot noch lebendig. Diese ähnelt dem Vampir insofern, als ihre Erscheinung eine Störung der gewohnten Weltordnung darstellt, weshalb sie Franz von Telek nachhaltig verstört. Nicht zufällig erinnert Orfaniks Name neben *ορφανός* (orfanos) – ‚dem Waisen', was auf seine Isolation als Wissenschaftler hindeutet, auch an Orpheus,[14] dem es fast gelungen wäre, mit Hilfe seiner Kunst seine verstorbene Geliebte aus der Unterwelt heraus- und ins Reich der Lebenden zurückzuholen. Vollständig von der Erscheinung la Stillas fasziniert versucht von Telek, sie in seine Arme zu schließen und zerbricht dabei den für die Aufführung des Medienspuks notwendigen Spiegel. Als

11 Verne: *Karpathenschloß*, S. 229.

12 Ebd., S. 260.

13 Ebd., S. 261.

14 Darauf weist neben Michel Serres, dessen Essay zum *Karpathenschloß* Orpheus im Titel trägt, auch Isabelle Casta hin, siehe dies: Un théophanie de l'obscur: La machine désirante du *Château des Carpathes* de Jules Verne. In: Philippe Mustière / Michel Fabre (Hrsg.): *Jules Verne. Les Machines et la Science.* Nantes: Coiffard libraire éditeur 2005, S. 309–316, hier S. 311; Michel Serres: Orphée en morceaux. In: Ders.: *Jouvences sur Jules Verne.* Paris: Editions de Minuit 1974, S. 251–269.

die Wiederauferstandene in unzählige Scherben zerspringt, lässt der Schock ihn in Ohnmacht fallen, während von Gortz mit der Phonographenwalze im Arm die Flucht ergreift. Da jedoch inzwischen Rotzko mit polizeilicher Verstärkung versucht, die Burg zu stürmen, gerät von Gortz unter Beschuss und eine Kugel zerschmettert die Aufnahme der letzten Arie la Stillas, bevor die geplanten Explosionen einsetzen und das Schloss einstürzt.

2. Geister und Medien

In den Trümmern der Burg findet man später den Leichnam von Gortz' und den lebendigen Telek, der allerdings für verrückt erklärt wird, weil er niemanden zu erkennen oder zu hören scheint und immerzu den letzten Gesang seiner Geliebten wiederholt. Die Alleinstellung der Schrift als Speichermedium ließ, laut Friedrich Kittler, das Medium um 1800 hinter seinem Inhalt verschwinden, weil das Konzept der Medialität mediale Vielfalt, d. h. verschiedene Wege der Speicherung, Übertragung und Prozessierung, voraussetzt.[15] Da die Ideen für die Geschehnisse im *Karpathenschloß* diesem Konzept historisch vorangehen, wird von Teleks gewohnte Gleichsetzung von Stimme und Körper schockartig erschüttert, als er das Mediengespenst la Stillas zerstört. Dieses plötzliche Verschwinden der vermeintlich lebenden Geliebten empfindet er als ihren endgültigen Tod, den er fortan dadurch zu negieren versucht, dass er ihren medial beschworenen Geist durch die Wiederholung ihrer letzten Worte selbst manifestiert. Die Vernichtung der Aufzeichnung la Stillas hat von Telek in die Rolle des unaufhörlich ihren letzten Gesangspart wiederholenden Phonographen versetzt.

Dies erinnert an den von Kittler referenzierten ‚Monsieur Tan', eigentlich Monsieur Leborgne, der sich 1861 bei Pierre Paul Broca im Bicêtre in Behandlung befand. Im Alter von etwa dreißig Jahren hatte Leborgne sein Sprachvermögen verloren und war ausschließlich in der Lage, die Silbe ‚tan' zu artikulieren. Als Ursache für Leborgnes Aphasie erkannte Broca eine bei der postmortalen Autopsie identifizierte Läsion im Gehirn.[16] Solche

15 Vgl. Friedrich A. Kittler: Romantik – Psychoanalyse – Film. Eine Doppelgängergeschichte. In: Ders.: *Draculas Vermächtnis*, S. 81–105, insb. S. 86. Die Schrift bzw. das Wort ist um 1800 insofern das einzige Medium, als dass es eine Speicherung im Sinne eines Sich-Einschreibens leistet – wie später auch Fotografie, Phonographie und Film.

16 Pierre Paul Broca: *Remarks on the Seat of the Faculty of Articulated Language, Following an Observation of Aphemia (Loss of Speech)*, aus d. Franz. v. Christopher D. Green. http://psychclassics.asu.edu/Broca/aphemie-e.htm (Zugriff am 21.03.2014) [Franz. Orig.: Remarques sur le siège de la faculté du langage articulé, suivies d'une observation d'aphémie (perte de la parole). In: *Bulletin de la Société Anatomique* 6 (1861), S. 330–357].

Lokalisierungen von Gehirnfunktionen durch Broca und dessen Kollegen im späten 19. Jahrhundert stellen für Kittler einen Teil des Aufschreibesystems um 1900 dar.[17] Ihm zufolge trieben derartige physiologische Forschungsarbeiten die bis dahin geltenden humanistisch-romantischen Vorstellungen von Geist und Seele aus, da die Rückbindung von Bewegungs-, Wahrnehmungs- und Denkvorgängen an eine physiologisch exakt bestimmbare Stelle im Gehirn dem Geist als übergeordnete, transzendentale Einheit keinen Platz mehr einräumte.

Neben der Lokalisierung zerebraler Leistungen wurden hier zudem die Grundlagen für das Leitmedium des 20. Jahrhunderts, das Kino, gelegt, dessen Erfindung Orfaniks Medientheater vorwegnimmt. Seine mittels der Kombination aus Spiegel- und phonographischen Techniken erzeugte Geistererscheinung bewegt sich zwar nicht, dafür unterliegt der Vorführung bereits passender Ton. Um bewegte Bilder auf der Leinwand zu erzeugen, bedurfte es unter anderem der durch die Erforschung von Wahrnehmungsvorgängen im 19. Jahrhundert erbrachten Erkenntnis, dass das menschliche Gehirn eine in Phasenbildern zerstückelte Bewegung, sofern sie mit einer Frequenz von mindestens zwölf Einzelbildern pro Sekunde vor dem Auge abläuft, zu einer fließenden zusammensetzt. Dieser so genannte Nachbildeffekt spielt auch im Diskurs um die Geisterseherei eine wichtige Rolle. Angesichts der wachsenden Popularität des Spiritismus versuchte beispielsweise J.H. Brown 1864, Gespenstererscheinungen wissenschaftlich zu erklären, indem er sie auf mit der physiologischen Beschaffenheit des menschlichen Auges zusammenhängende Effekte zurückführte.[18] Auch David Brewster machte im Nachbildeffekt („ocular spectrum", d.i. Augengespenst) nicht nur die Voraussetzung für durch optische Spielzeuge wie das Thaumatrop erzeugte Illusionen aus, sondern auch eine mögliche Ursache für optische Täuschungen und Geisterseherei.[19] Vor diesem Hintergrund verwundert es also nicht, dass es Vernes fiktiven Figuren schwer fällt, Gespenster von den Produkten optischer Medien zu unterscheiden.

Von Telek stellt sich im Gegensatz zu Monsieur Tan als heilbar heraus, wobei die technischen Medien, die seine Störung hervorgerufen haben, auch helfen, sie zu beseitigen. Der von ihm wiederholte Vers la Stillas stammt aus Julio

17 Vgl. Kittler: Draculas Vermächtnis.

18 Vgl. J. H. Brown: *Spectropia; or Surprising Spectral Illusions Showing Ghosts Everywhere, and of Any Color*. New York: Gregory 1864.

19 Vgl. David Brewster: *Letters on Natural Magic. Addressed to Sir Walter Scott.* New York: Harper & Brothers 1835, S. 30–36 (Letter II).

Arconatis *Orlando*, einer Adaption von Ludovico Ariostos Epos *Orlando furioso* (*Der rasende Roland*) aus dem 16. Jahrhundert, der u.a. von Orlandos unglücklicher Liebe zur Priesterin Angelica erzählt, deren Zuneigung zu einem Anderen ihm den Verstand raubt. Diesen erlangt er wieder, nachdem er auf dem Mond, wo alle auf der Erde verlorenen Dinge sind, wiedergefunden und ihm zurückgebracht wird. Der unglücklich in ein Mediengespenst verliebte von Telek hingegen verliert seinen Verstand an ein technisches Medium und muss ihn folglich in diesem wiederfinden. Den für diese Therapie nötigen Phonographen stellt Orfanik zur Verfügung, zusammen mit den verbleibenden Aufnahmen la Stillas. Die körperlose Stimme der Geliebten und die Fürsorge seines Freundes befreien von Telek vom gespenstischen Repetitionszwang, indem Orfaniks Phonograph mit den verbleibenden Gesängen ihm diese Aufgabe abnimmt. Das Medium verhilft dem Phantom la Stilla wieder zu einer Existenz außerhalb des unglücklich Verliebten und etabliert so eine Trennung von Stimme und Körper sowie von medialen Artefakten und unmittelbarer Erfahrung.

Die Projektion in von Gortz' Phantasmagorientheater ist die Spiegelung eines lebensgroßen Gemäldes, das er zu la Stillas Lebzeiten erworben hat. Als einziges der im Laufe des 19. Jahrhunderts erfundenen und bis heute gesellschaftsprägenden technischen Medien bleibt daher die Fotografie im *Karpathenschloß* ausgespart – ebenso wie in *Dracula*, wo ein ganzes medientechnisches Arsenal, unter Aussparung der Fotografie, zur Dokumentation der Vorgänge aufgefahren wird.[20] Die Fotografie war das erste optische Medium, das geisterhafte Doppelgänger erschuf, die ihrem Vorbild zwar in nie zuvor dagewesenem Maß glichen, aber stillgestellt und seelenlos schienen. Fotografien geben, bemerkt Roland Barthes, nicht das Wesen eines Menschen wieder und bleiben deshalb befremdlich. Nicht zuletzt schaffen sie mit der Repräsentation „d[es] Wirkliche[n] in vergangenem Zustand" ein zeitliches Paradoxon und haben „etwas mit Auferstehung zu tun"[21]. Einem Glauben Honoré de Balzacs zufolge bestünden Lebewesen aus unzähligen „Spektralschichten", von denen mit jeder fotografischen Aufnahme eine abhandenkäme, weil sie auf die fotografische Platte gebannt würde.[22]

20 Vgl. Daniel Martin: „Some Trick of the Moonlight": Seduction and the Moving Image in Bram Stoker's *Dracula*. In: *Victorian Literature and Culture* 40 (2012), S. 523–547, hier S. 527–528.

21 Roland Barthes: *Die helle Kammer. Bemerkung zur Photographie*, aus d. Franz. v. Dietrich Leube. Frankfurt am Main: Suhrkamp 1985, S. 92, 93.

22 Vgl. Nadar [d.i. Gaspard Félix Tournachon]: *Als ich Photograph war*, aus d. Franz. v. Trude Fein. Frauenfeld: Huber 1978, S. 23.

> As various nineteenth-century theories of photography attested, the taking of a photograph was often understood as the equivalent of a vampiric act – an emptying out of the vitality that constitutes a life, but also the process of storing eternal celluloid bodies.[23]

Analog dazu sind es im *Karpathenschloß* die phonographischen Aufzeichnungen, die la Stilla die Lebenskraft geraubt haben. Das technische Medium tritt hier als Vampir auf, der der Sängerin bei ihren Auftritten peu à peu das Leben ausgesaugt hat. Während die lebende la Stilla bei diesem Vorgang sukzessive dahinschwand, entstand im Gegenzug ihre mediale Doppelgängerin, die nach ihrem Tod als gespenstisches Abbild in der Welt verbleibt – wie eine Fotografie oder wie Draculas Opfer Lucy Westenra, die als „dim white figure"[24] durch die Welt streift und ihren Freunden nahezu wie eine Parodie der lebenden Lucy vorkommt. La Stillas ‚akustische Spektralschichten' wurden nach und nach von Orfaniks Phonographen aufgenommen, bis sie vollkommen in das technische Medium eingegangen ist. Und weil dieses nicht zwischen Rauschen und Signal unterscheidet, wurde auch das endgültige Verstummen der la Stilla in die Phonographenwalze eingeschrieben.
Im *Karpathenschloß* ist es der Zuhörer – von Gortz –, der wie ein Vampir seine Lebenskraft aus diesen Aufnahmen bezieht. Die Walze, die la Stillas Todesmoment festgehalten hat, scheint dabei von besonderer Bedeutung zu sein, weil er sie immer wieder abspielt. Als diese teure Aufzeichnung zerstört wird, sieht der gescheiterte Patient, dem die gespeicherten Opernarien Linderung, aber keine Heilung versprechen, keinen anderen Ausweg als den Suizid und lässt sich in den Ruinen seiner Burg begraben. In seiner Funktion als spiritistisches Medium kann der la Stilla wieder zum Leben erweckende Verbund technischer Medien nur einen temporären Kontakt herstellen – tatsächlich lebend ist la Stilla doch nicht. Und erst mit der Vernichtung ihrer medialen Überreste ist sie für ihre beiden Verehrer endgültig tot – ebenso wie Lucy Westenra erst dann aus der Welt scheidet, wenn auch ihr vampirisches Abbild vernichtet wurde.

3. Gespensterglaube

Die Heilige Inquisition verurteilte 1789 den Wunderheiler und Geisterbeschwörer Cagliostro als Häretiker zum Tode. Er starb sechs Jahre später, nachdem Papst Pius VI. die Strafe in lebenslange Haft umgewandelt hatte. Nicht zuletzt um einem ähnlichen Schicksal zu entgehen, erklärte Etienne

23 Martin: „Some Trick of the Moonlight", S. 527.

24 Stoker: *Dracula*, S. 252.

Gaspard Robertson, als er 1794 seine Phantasmagorienvorführungen begann, seine Gespenster von vornherein zu Täuschungen. Nach ersten erfolgreichen Shows im Pavillon de l'Echiquier und einer internationalen Tour eröffnete er sein Phantasmagorientheater am 3. Januar 1799 wieder in Paris, in einem während der Revolution aufgegebenen Kapuzinerstift.[25] In seinen Memoiren beschreibt Robertson, wie die Zuschauer durch das verlassene Kloster geführt wurden – vorbei an Grabsteinen, fantastischen Gemälden und hieroglyphenbedeckten Türen[26] –, um sich schließlich in einem mit schwarzem Stoff ausgekleideten, von einem Grablicht schwach erleuchteten Raum wiederzufinden. In dieser ernste Blicke und gedämpfte Stimmen provozierenden Atmosphäre begann der ‚fantasmagore' seine Ansprache, die unter anderem versicherte, dass das, was man in Kürze zu sehen bekommen würde, kein frivoles Spektakel sei, sondern etwas für Philosophen, Denker und jene, die etwas über die Wirkungen der Einbildungskraft lernen wollten. Nachdem das Licht erloschen war, erschienen die Geister nacheinander auf einer in Rauch gehüllten Gaze-Leinwand – zunächst als Lichtpunkt, dann wuchsen sie und nahmen langsam Gestalt an, begleitet von einer Geräuschkulisse aus Regen, Donner und Glockenläuten. Die Vorführung endete mit einem Nachwort über die Macht dieses geheimnisvollen Spektakels als *memento mori*, bekräftigt durch ein inmitten der Zuschauer stehendes Skelett, das im plötzlich wieder angezündeten Licht sichtbar wurde.[27] Robertsons Vorführungen haben starke emotionale Reaktionen hervorgerufen und erfreuten sich höchster Beliebtheit. Zwar waren Laterna-magica-Projektionen im 18. Jahrhundert weit verbreitet, allerdings verbarg Robertsons Arrangement die Geister erzeugende Apparatur größtenteils vor den Blicken der Zuschauer, sodass diese häufig nicht wussten, wie die Effekte hervorgebracht wurden.[28]

Die beschriebene Ansprache Robertsons attestiert der Show ein rein philosophisches bzw. wissenschaftliches Interesse, weil ‚echte' Gespenster bekanntlich nicht existierten, im Anschluss erschienen jedoch diese Gespenster, eingebettet in eine multimediale Inszenierung, die sich ebenso an der *Gothic Novel* wie an einer folkloristischen und alchemistischen Tradition orientierte

25 Vgl. Laurent Mannoni: *The Great Art of Light and Shadow. Archaeology of the Cinema*, aus d. Franz. v. Richard Crangle. Exeter: University of Exeter Press 2000, S. 158; vgl. Etienne Gaspard Robertson: *Mémoires récréatifs, scientifiques et anecdotiques d'un physicien-aéronaute*, Bd. 1: La Fantasmagorie. Langres: Café Clima 1985, S. 161.

26 Vgl. ebd., S. 162.

27 Vgl. ebd., S. 165.

28 Vgl. Mannoni: *Light and Shadow*, S. 155.

und auf eine Affektreaktion der Zuschauerinnen und Zuschauer abzielte. Anknüpfend an diese Paradoxie analysiert Terry Castle, wie Gespenster ab dem ausgehenden 18. Jahrhundert zugunsten des Rationalismus aus dem Alltag verdrängt wurden, um im Laufe des 19. Jahrhunderts wiederzukehren und internalisiert zu werden:

> The subliminal power of the phantasmagoria lay in the fact that it induced in the spectator a kind of maddening, irrational perception: one might believe ghosts to be illusions, present 'in the mind's eye' alone, but one experienced them here as real entities, existing outside the boundary of the psyche. The effect was overall unsettling – like seeing a real ghost.[29]

Robertsons und Vernes Geisterseherinnen und Geisterseher bewegen sich gleichermaßen in diesem Raum einer „Entkopplung von Wissen und Affekt, von Wahrheit und Effekt“[30]: Von Gortz, dem bewusst ist, dass er sich in einem vertonten Phantasmagorientheater befindet, gibt sich gern der *willing suspension of disbelief* hin, die es erlaubt, den Rationalismus beiseite zu schieben und die Illusion zu genießen. Das ist der Preis, den er zahlt, um die Gesänge la Stillas nicht nur so oft und wann er möchte, sondern auch nach ihrem Tod zu hören. Auch von Telek zeigt sich zunächst rational und erklärt den Dorfbewohnern, auf der Burg ginge es keinesfalls mit übernatürlichen Dingen zu. Diese Überzeugung verfliegt jedoch, sobald ihm das mediale Gespenst seiner Geliebten erscheint.

Sich wiederholende Gespenstersichtungen und ihr unklarer ontologischer Status warfen mit fortschreitender ‚Entzauberung der Welt‘ ab dem 18. Jahrhundert zunehmend philosophische Probleme auf: „Erzählungen von Gespenstern […] durften nicht wahr sein, da sie der Vernunft grundsätzlich widersprachen.“[31] Die traditionelle Geisterwelt (die im Alltag der Dorfbewohner im *Karpathenschloß* noch präsent ist) wurde daher im Zuge der Rationalisierung von Wahrnehmungs- und Denkprozessen, so Castle, weniger negiert als in die Sphäre der Psychologie verlagert. Im Zuge dessen wurde Geisterseherei entweder auf Täuschungen der Augenzeugen zurückgeführt oder als Projektion von innen, als Produkt der Imagination, verstanden. Dadurch

29 Terry Castle: Phantasmagoria. Spectral Technology and the Metaphorics of Modern Reverie. In: *Critical Inquiry* 15,1 (1988), S. 26–61, hier S. 49–50.

30 Mira Katharina Frye: *Geistererscheinungen, Hirngespinste und Augengespenster. Medien des Gespenstischen im späten 18. Jahrhundert.* Magisterarbeit, Humboldt-Universität zu Berlin 2008. http://www.culture.hu-berlin.de/files/Magisterarbeit_Frye.pdf (Zugriff am 21.03.2014), S. 14.

31 Ulrich Stadler: Gespenst und Gespenster-Diskurs im 18. Jahrhundert. In: Moritz Baßler / Bettina Gruber / Martina Wagner-Egelhaaf (Hrsg.): *Gespenster. Erscheinungen – Medien – Theorien.* Würzburg: Königshausen & Neumann 2005, S. 127–139, hier S. 130.

aber wurde die Grenze zwischen Geisterseherei und Gedanken überhaupt verwischt:

> Ghosts were unreal, according to the skeptics, in the sense that they were artificial – the product of certain internal mechanistic processes. The magic lantern was the obvious mechanical analogue of the human brain, in that it 'made' illusionary forms and projected them outward. But in another highly paradoxical sense, ghosts now seemed *more real than ever before* – in that they now occupied (indeed preoccupied) the intimate space of the mind itself.[32]

Es tritt hier das gleiche Paradox ein wie in Robertsons Phantasmagorientheater: Man weiß, dass Gespenster nicht existieren, aber man sieht sie dennoch. Auch dem Dämonenglauben in Werst tut die Rückführung der Vorkommnisse im Schloss auf naturwissenschaftliche und technische Ursachen keinen Abbruch[33] – entweder weil Jules Verne uns mitteilen möchte, dass transsilvanische Dorfbewohner belehrungsresistent sind oder weil diese wissen, dass es zwischen Gespenstern und den Hervorbringungen technischer Medien keine trennscharfe Grenze gibt. Für Robertsons Phantasmagorien um 1800 und in Vernes *Karpathenschloß* gilt die Feststellung Kants gleichermaßen: „Illusion ist dasjenige Blendwerk, welches bleibt, ob man gleich weiß, daß der vermeinte Gegenstand nicht wirklich ist."[34]

Die vermeintliche Entzauberung der äußeren Welt, ihre Befreiung von archaischen Dämonen und Geistern entpuppt sich also einerseits als eine Verlagerung dieser Geister ebenso wie des sie begleitenden magischen Denkens in die Technik. Deswegen gibt es – wie auch in Robertsons Phantasmagorientheater – keinen Unterschied zwischen ‚echten' und medialen Gespenstern. Andererseits erfolgt, wie Castle gezeigt hat, eine Internalisierung jener Gespenster in die Psyche des Menschen (was von Telek nach der Zerstörung des Schlosses wortwörtlich widerfährt). Wenn aber die Externalisierung von Gedanken Gespenster (als Projektionen) erzeugt, dann ist ihre Quelle im Inneren zu suchen. Das Übernatürliche ist folglich nicht mehr irgendwo da draußen, wie im in dieser Hinsicht regressiven Roman Stokers, der klare

32 Castle: Phantasmagoria, S. 58.

33 Im letzten Absatz erfahren wir, dass der Dorflehrer auch nach der Aufklärung des Schloss-Spuks die alten Sagen lehrt, die „die junge Generation von Werst glauben [lassen, K. R.], daß Geister aus der anderen Welt in den Ruinen des Karpathenschlosses spuken." (Verne: *Karpathenschloß*, S. 273.)

34 Immanuel Kant: Anthropologie in pragmatischer Hinsicht. In: Ders.: *Gesammelte Schriften*, Bd. 7, hrsg. v. d. Preußischen Akademie der Wissenschaften. Berlin: Akademie 2000, S. 117–334, hier S. 149.

Grenzen zwischen der eigenen (aufgeklärten, zivilisierten, technisierten) und der anderen (vormodernen, wilden, abergläubischen) Gesellschaft zieht.

Im *Karpathenschloß* kommt das Unheimliche aus den Menschen selbst, sodass es davor keine Sicherheit geben kann. Angesichts dessen verbleibt die Landbevölkerung in Werst bei einem Weltbild, das unerwünschte Dämonen im Anderen verortet, während von Telek seine Gespenster mithilfe technischer Medien nach außen zu verlegen lernt. Wie in *Dracula* scheinen sie zunächst zwei entgegengesetzten Kulturen anzugehören: die eine geprägt von Ruralität, Aberglaube, Folklore sowie Rückständigkeit und die andere von Urbanität, Aufklärung, Rationalität sowie Wissenschaft; erstere repräsentiert von der Landbevölkerung in den Karpathen (bzw. den Vampiren), letztere von Franz von Telek und Baron von Gortz sowie von ihren Begleitern Rotzko und Orfanik (bzw. den Vampirjägerinnen und -jägern). Während *Dracula* diese Polarität annimmt und bestätigt, offenbart sich im *Karpathenschloß* die Geistererscheinung als eine Kippstelle zwischen den beiden Kulturen der Vormoderne und Moderne, die diese Polarität in Frage stellt. La Stilla als Mediengespenst verbindet die beiden Welten wie ein Scharnier – daher von Teleks oben beschriebener Geisteswandel und von Gortz' *willing suspension of disbelief* angesichts ihrer Erscheinung. Hier sind also beide Kulturen miteinander verschränkt und gehen ineinander über. Auch das titelgebende Karpathenschloss fungiert als Gelenk zwischen ihnen: Wie ein Gespenst und das *medium* ist es im Dazwischen angesiedelt, wo die Grenze zwischen den Glaubenssystemen verschwimmt und ihre Bestandteile sich wie in einem Kaleidoskop in Bewegung versetzen, um immer wieder neue Konstellationen hervorzubringen. Sie bilden einen Raum für Phantasie, Traum und Irrationalität, in dem la Stilla als personifiziertes Paradoxon – ein erloschener Star (lat. *stella* – ‚der Stern'), eine stumme Sängerin (‚Stille'), eine lebende Tote – existieren und immer wieder mit ihrer körperlosen Stimme auf die Seite der Fantastik locken kann.

Dislozierte Rede

Das Bauchreden als populäre Attraktion und die Faszination des Freundlich-Gespenstischen

Eva Krivanec

> Es mag zutreffen, daß das Unheimliche das Heimliche-Heimische ist, das eine Verdrängung erfahren hat und aus ihr wiedergekehrt ist, und daß alles Unheimliche diese Bedingung erfüllt.
>
> (Sigmund Freud: *Das Unheimliche*, 1919)

Die dislozierte Rede des Bauchredners – seine ‚zweite Stimme', wie es in den Ratgebern oder medizinischen Abhandlungen des 19. Jahrhunderts häufig heißt – hat auch heute ihre Unheimlichkeit und die daraus resultierende Faszination nicht verloren, auch wenn wir an eine Vielzahl von Stimmen ‚aus dem Äther' gewöhnt sind. Warum dies so ist und wie sich die Präsentationen der Bauchredner seit ihrer Etablierung als Unterhaltungskunst gegen Ende des 18. Jahrhunderts transformiert haben, wird im folgenden Beitrag diskutiert und an drei ausgewählten Bauchrednern des 19. und frühen 20. Jahrhunderts – Alexandre Vattemare (1796–1864), Max Blume (1864–1941) und Fred Russell (1862–1957) – exemplarisch gezeigt. Brigitte Felderer und Ernst Strouhal bezeichnen die Bühnenmagie als „Kunst der freundlichen Täuschung"[1], da sie auf einem Einverständnis mit dem Publikum beruht und ohne betrügerische Absicht erzeugt wird – analog dazu verstehe ich das Bauchreden als Inszenierung des Freundlich-Gespenstischen.

Um die Charakteristika der Bauchredner-Performance überhaupt bestimmen zu können und dem Gespenstischen dieser zunächst harmlos wirkenden

1 Brigitte Felderer / Ernst Strouhal: Am Spielplatz rarer Künste. Zu den Geschichten der Zauberkunst – eine Einleitung. In: Dies. (Hrsg.): *Rare Künste*. Wien / New York: Springer 2007, S. 11–31, hier S. 16.

artistischen Praxis auf die Spur zu kommen, müssen wir uns zunächst jenem ‚Instrument' widmen, das der Bauchredner auf außergewöhnliche Weise zu nutzen versteht: die Stimme. Der Doppelcharakter der menschlichen Stimme, die einerseits eine intime Beziehung zum sprechenden Individuum in seiner Präsenz und Körperlichkeit unterhält, andererseits als Äußerung sich von diesem Ursprung entfernt und Raum greift, ja Raum ist, macht diese zu einem wesentlichen Medium der Beziehung zwischen Innen und Außen, zwischen Ich und Welt.[2] Die Stimme unterscheidet sich von Geräuschen, von Tönen dadurch, dass sie von einem beseelten Ursprung stammt, wie bereits Aristoteles feststellte.[3] Auch die körperlosen Stimmen der Toten, der Götter, der Halluzination verdanken ihre gespenstische Kraft der ihnen unterstellten Beseeltheit.

Die Produktion unartikulierter oder unwillkürlicher Laute, Schreie, die Lautstärke, Klangfarbe, Tonalität, die Körperlichkeit der Stimme, aber auch das Schweigen sind jene Elemente, die die affektive Dimension der Stimme hervortreten lassen. Lorenz Aggermann trifft die wesentliche Unterscheidung zwischen *Sonifikation* und *Signifikation* der Stimme und verknüpft sie mit dem Prozess der Subjektivierung.[4] Der „sonore Körper [der Stimme] räumt dem Subjekt die Möglichkeit ein, außerhalb seines haptischen und tangiblen Umkreises und abseits seiner unmittelbaren Präsenz eine Wirkung zu zeitigen."[5]

In seinem Vortrag *Über den Schrei* attestiert Joseph Vogl dem Schrei eine quasi bauchrednerische Qualität. Nicht nur führe der Schrei zu einer Defiguration des Gesichts, er komme auch von einem anderen Ort als aus dem Mund des Schreienden, nämlich „von einem Ort her, der außerhalb des Gesichts, außerhalb der Rahmung des Gesichts liegt".[6] Vogl bezieht sich hierbei auf den Begriff des *Akusmatischen*.[7] Auch der Kulturwissenschaftler Steven Connor, der in Großbritannien Pionierarbeit zur Kulturgeschichte des Bauchredens

2 Vgl. etwa Maurice Merleau-Ponty: *Phénoménologie de la Perception*. Paris: Gallimard 1945, S. 230; Doris Kolesch: Natürlich künstlich. Über die Stimme im Medienzeitalter. In: Dies. / Jenny Schrödl (Hrsg.): *Kunst-Stimmen*. Berlin: Theater der Zeit 2004, S. 19–39.

3 Vgl. Aristoteles: *Über die Seele. Griechisch – Deutsch*. Hamburg: Meiner 1995, S. 111.

4 Vgl. Lorenz Aggermann: *Der offene Mund. Über ein zentrales Phänomen des Pathischen*. Berlin: Theater der Zeit 2013, S. 139–140.

5 Ebd., S. 157.

6 Joseph Vogl: *Über den Schrei*. Wien / Göttingen: Vienna University Press / V&R unipress, S. 19.

7 Vgl. Michel Chion: *La voix au cinéma*. Paris: Cahiers du Cinéma/Editions de l'Étoile 1982.

geleistet hat, misst dem Schreien für das Verhältnis von stimmlicher (Ent-) Äußerung und Subjektivität besondere Bedeutung zu:

> A cry is not pure sound, but rather pure utterance, which is to say, the force of speech without, or in excess of, its recognizable and regularizing forms. A cry always seems in excess of the one from whom it issues, and in excess of the semantic content which it may have. In the cry, something else speaks apart of the person.[8]

Mladen Dolar geht in *His Master's Voice* noch einen Schritt weiter: Nicht lediglich der Schrei ist akusmatisch, sondern die Stimme selbst hat „von Natur aus akusmatischen Charakter: Die Stimme kommt aus dem Innern des Körpers, aus dem Bauch, aus dem Magen – aus etwas, das mit der Aktivität des Mundes unvereinbar ist und nicht auf sie reduziert werden kann."[9] Trotz dieser Herkunft aus dem geheimnisvollen Inneren ist die Stimme mit ihrer Äußerung durch eine unüberbrückbare Kluft vom menschlichen Körper getrennt, „die Stimme bleibt nicht beim Körper, sie ist ein Auswuchs, der nicht zum Körper paßt [...]."[10] Sie manifestiert eine fundamentale ‚Selbstfremdheit' des Subjekts, eine „intime Entfremdung"[11], wie es Johanna Bossinade nennt.
Dennoch liegt auch für Dolar in der im engeren Sinne akusmatischen Stimme, deren Quelle nicht sichtbar ist – paradigmatisch hierfür ist ihm die Stimme der Mutter für den Fötus im Mutterleib – eine umfassende Macht: sie wird ubiquitär, kann von überall herkommen.[12] Ist die Stimme nicht mit dem Ort ihrer Äußerung verknüpft, so führt dies zu einer zusätzlichen Irritation der Wahrnehmung, da die akustischen Eindrücke mit den visuellen nicht mehr übereinstimmen, die Stimme aus dem Nichts oder von einem höchst unwahrscheinlichen Ort zu kommen scheint bzw. umgekehrt die Stimme auf eine unsichtbare Präsenz verweist.[13] Die permanente Kontrolle der sensorischen Wahrnehmungen auf ihre Kongruenz, also das Verknüpfen von visuellen und auditiven Sinneseindrücken, welche den zusammenhängenden Kontakt mit der Welt erst ermöglicht, stößt hier auf eine radikale Verunsicherung – die

8 Steven Connor: *Dumbstruck. A Cultural History of Ventriloquism.* Oxford: Oxford University Press 2000, S. 33.

9 Mladen Dolar: *His Master's Voice. Eine Theorie der Stimme.* Frankfurt am Main: Suhrkamp 2007, S. 96.

10 Ebd., S. 82.

11 Johanna Bossinade: *Die Stimme des Anderen. Zur Theorie der Alterität.* Würzburg: Königshausen & Neumann 2011, S. 39.

12 Dolar: *His Master's Voice,* S. 85–89. Michel Chion bezeichnete die Wirkung der akusmatischen Stimme noch drastischer: „Une voix non localisée envahit tout le réel." (Chion: *La Voix au cinéma*, S. 65).

13 Vgl. Connor: *Dumbstruck*, S. 14–15.

hörbare, aber dislozierte, ortlose Stimme, zumeist ja sogar in Form einer verständlichen Rede, benötigt eine Quelle, die allerdings nicht zu sehen ist.[14] Diese unheimliche, weil über die menschliche Verfasstheit hinausgehende, sich selbstständig machende Kraft der Stimme, die wir in kulturellen Grenzphänomenen wie dem Schrei beobachten können, soll nun im Kontext der populären Bühnenkünste, der vielfältigen performativen Praktiken, die im Lauf des 19. Jahrhunderts einen festen Platz in der Freizeitgestaltung breiter Bevölkerungsschichten eingenommen haben,[15] untersucht werden.

Die Illusion und das „bessere Wissen"

> Je sais bien, mais quand même…
>
> (Octave Mannoni: *Clefs pour l'imaginaire ou l'autre scène*, 1969)

Das Bauchreden war Jahrhunderte lang eng mit religiösen und spiritistischen Praxen verbunden, mit dem antiken Orakel ebenso wie mit den Stimmen Gottes oder der Toten, mit Phänomenen von Besessenheit und Exorzismus, von Hexerei und Magie.[16] Als Teil der magischen Künste hat sich die Kunst des Bauchredens etwa ab dem Ende des 18. Jahrhunderts in säkularer Form etabliert.[17] Parallel zur artistischen Praxis und inspiriert von ihr hat sich eine intensive wissenschaftliche und medizinisch-anatomische Auseinandersetzung mit dem Phänomen des Bauchredens und seiner möglichen physiologischen Erklärungen entwickelt, die zumeist darum bemüht war, das Bauchreden als eine spezifische körperliche Fähigkeit oder Technik zu erklären und den mystischen Glauben an geisterhafte Stimmen als akustische Illusion zu entzaubern.[18] Der Begriff des Bauchredens selbst entspringt bereits einem aufklärerischen Gestus, indem der unbestimmbare Ursprung der Rede, die gespenstische Stimme aus dem Nichts oder von einem geheimnisvollen

14 Christian Metz beschreibt die Notwendigkeit der Rückführung auf einen Ursprung für sämtliche „aural objects", also für Geräusche, Klänge, Töne, die nur dann umfassend sprachlich bezeichnet werden können, wenn auch ihre Quelle benannt wird. Vgl. Christian Metz: Aural Objects. In: *Yale French Studies* 60 (1980), S. 24–32, insb. S. 24–27.

15 Vgl. hierzu etwa Kaspar Maase: *Grenzenloses Vergnügen. Der Aufstieg der Massenkultur 1850–1970.* Frankfurt am Main: Fischer 1997.

16 Connor: *Dumbstruck*, S. 47–74.

17 Vgl. ebd., S. 228; Simon During: Beckford in der Hölle. Eine Episode aus der Geschichte der säkularen Magie. In: Felderer / Strouhal (Hrsg.): *Rare Künste*, S. 339–365, insb. S. 339, 362.

18 Vgl. Connor: *Dumbstruck*, S. 209–225.

Ort zurückgebunden wird an den – vermeintlichen – Ort ihrer Herstellung, den Bauch des Ventriloquisten. Die Frage, wo diese Stimme nun tatsächlich gebildet würde, ob Sie aus dem Bauch, dem Rachen oder von einem eigenen, nur bei Bauchrednern ausgebildeten Organ käme, beschäftigte die Physiologen und Mediziner des 19. Jahrhunderts ausführlich.[19]

Trotz dieses (natürlich nie vollständig vollzogenen) Säkularisierungs- und Entmystifizierungsprozesses hat die Performance des Bauchredners bis heute ihren unheimlichen Charakter beibehalten. Es scheint so, als hätte das Bewusstsein über den illusionistischen Charakter des Bauchredens dessen Bühnenpräsentation erst möglich gemacht,[20] denn gerade der Bauchredner stellt sich selbst als Produzent der akustischen Illusion aus, obwohl er seine gesamte Geschicklichkeit dazu verwendet, ihre Produktion zu verbergen. Ebenso freundlich (im Sinne jenes o. g. Einverständnisses von Akteur und Publikum) wie gespenstisch ist die Sichtbarkeit des Sprechenden, der ostentativ nicht spricht, während seine *andere/n Stimme/n* zu hören ist/sind.

In Bezug auf den französischen Psychoanalytiker Octave Mannoni schreibt Robert Pfaller: „das Wissen ist die Bedingung der Anhänglichkeit an die Illusion“[21] und dies gelte, so Mannoni, insbesondere für Theater, Varieté und andere Bühnenillusionen. „Es handelt sich um Illusionen, die nur dann gepflegt werden, wenn es ein besseres Wissen gibt, das sie suspendiert.“[22] Das von Pfaller so genannte ‚bessere Wissen‘ zerstört also nicht die Art der Illusion, wie Bauchredner sie präsentieren, sondern im Gegenteil ermöglicht es sie erst. Oder wie Hans-Otto Hügel in seinen theoretischen Überlegungen zum Phänomen der Unterhaltung festhält, „Unterhaltung verlangt, dass alles Dargebotene ganz echt und zugleich unecht ist. In dem Moment, in dem der Zuschauer sich für eine der beiden Möglichkeiten entscheiden muss, kippt die Unterhaltung entweder in Zerstreuung, oder sie schlägt in Ernst um.“[23]

19 Vgl. ebd., S. 214–216, 327–337. Eine zeitgenössische Zusammenstellung der verschiedenen wissenschaftlichen Erklärungsansätze bietet Theodor S. Flatau / Hermann Gutzmann: *Die Bauchrednerkunst. Geschichtliche und experimentelle Untersuchungen.* Leipzig: Meiner 1894, S. 74–97.

20 Es sind uns von vor dem Ende des 18. Jahrhunderts, als sich die Aufklärung bereits der Frage der Ventriloquie – im Zusammenhang mit Orakeln, Geisterstimmen oder Weissagungen – ausführlich gewidmet hatte, wie sich etwa an den Einträgen hierzu in der emblematischen *Encyclopédie* von Diderot und D'Alembert zeigen lässt, nur äußerst vereinzelt Bauchredner als Bühnenkünstler bekannt.

21 Robert Pfaller: *Die Illusionen der anderen. Über das Lustprinzip in der Kultur.* Frankfurt am Main: Suhrkamp 2002, S. 54.

22 Ebd.

23 Hans-Otto Hügel: Ästhetische Zweideutigkeit der Unterhaltung. Eine Skizze ihrer Theorie. In: Ders.: *Lob des Mainstreams. Zu Begriff und Geschichte von Unterhaltung und Populärer Kultur.* Köln: Halem 2007, S. 13–32, hier S. 21.

Um zur Unterhaltung zu werden, müssen also die dislozierten Stimmen des Bauchredners sowohl geglaubt als auch bezweifelt werden. Sie müssen Assoziationen des Vertrauten ebenso wecken wie den Schauder des Fremdartigen und Unverständlichen. Der Bauchredner muss seine Technik zugleich verbergen und vorführen und die Zuschauer während der Aufführung in diesem Schwebezustand halten.
Im spiritistischen Kontext würde die Stimme einem übersinnlichen Wesen zugeschrieben und so die Uneindeutigkeit der Wahrnehmung gebannt, im Kontext der Aufdeckung eines Trickbetrügers würde die Stimme auf ihre tatsächliche Quelle zurückgeführt, obwohl alle auditiven Wahrnehmungen dagegen sprächen, und so die Ambivalenz aufgelöst. Im Kontext der Unterhaltung aber oszilliert die Wahrnehmung der Zuschauer zwischen der akustischen Illusion, die der Bauchredner mit seiner ‚zweiten Stimme' herstellt und durch zahlreiche diegetische und performative Hinweise verstärkt, und der visuellen Skepsis, die dieser Stimme keine plausible Herkunft zuordnen kann und sie auf den Bauchredner zurückführt, obwohl dieser nicht zu sprechen scheint. Diese Irritation und Entzweiung der Sinne ist, denke ich, ein wesentlicher Grund für das Gespenstische des Bauchredens, aber auch für dessen großen Erfolg als Unterhaltungskunst. Ein zweiter, ebenso wichtiger Grund ist die überraschende, geheimnisvolle Nähe der dissoziierten, dislozierten *anderen Stimme* zu der ambivalenten Verfasstheit der eigenen Stimme, die einem zugleich widerfährt, wie man sie produziert.

Monsieur Alexandre – Bauchredner und Kulturdiplomat

> Du Seltsamer, du Proteus, vielgestaltig,
> Vielzungig uns zu heitrer Lust betrügend;
>
> (Adelbert von Chamisso: *À Mr. Alexandre de Paris*, 1833)

Über Alexandre Vattemare, 1796 in Paris geboren, wissen wir relativ viel – wobei die Unterscheidung zwischen erfundener und tatsächlicher Biografie nicht immer leicht zu treffen ist –, vor allem auch deshalb, da er sich nach etwa einem Jahrzehnt der Erfolge als Bauchredner von der Bühne zurückzog und gewissermaßen eine zweite Karriere begann. Er engagierte sich in philanthropischer Weise in der Kulturdiplomatie, trug zur Entwicklung des öffentlichen Bibliothekswesens bei und begründete ein System wie auch eine Agentur für den internationalen Kulturaustausch. In den Jahren 1815 bis 1820 machte Monsieur Alexandre, wie er sich nannte, ausgedehnte Tourneen durch Deutschland und Österreich, nach 1821 noch weitere fünf Jahre durch England und Irland und wurde zu einem international anerkannten Unterhaltungskünstler. Eines der frühesten Dokumente seiner Auftritte, ein Theaterzettel vom 12. Februar 1816 aus Rostock, beschreibt detailliert die Attraktionen, die Vattemare präsentierte. Der erste Auftritt des ersten Akts zeigt Alexandre als Koch Nicolas, der Befehle von seinem invaliden Herrn Mr. Denys, der nicht auf der Bühne zu sehen ist, erhält. Darauf folgen einige Bauchredner-Kunststücke, die schon bald zum Standard-Repertoire gehören sollten: etwa die Stimme aus dem Schornstein, die schwächer wird, je höher die imaginäre Figur hinaufsteigt und schließlich vom Dach aus zu hören ist, oder Stimmen aus Kästen, Schachteln, Kellern etc. Der zweite Akt erhöht die Anzahl der miteinander kommunizierenden Stimmen auf drei. Und zu Ende des dritten Akts wird schließlich noch Mithilfe aus dem Publikum erwartet, denn Monsieur Alexandre zeigt – in humoristischer Reflexion auf seine Berufsbezeichnung – wie er aus dem Bauch sprechen kann, allerdings nicht aus seinem eigenen Bauch, sondern aus jenem eines beliebigen Zusehers.[24] Hier wird also dem einzelnen Zuschauer die eigene (Bauch-)Stimme als völlig fremde Stimme ganz unvermittelt zu Gehör gebracht – dieser harmlose Scherz kann bei den Betroffenen wohl auch heute noch Schaudern hervorrufen.

In der Dresdner *Abend-Zeitung* vom 23. Oktober 1817 erschien eine ganzseitige, jedoch durchwegs negative Kritik der Vorstellung von Monsieur Alexandre an der Dresdner Königlichen Schaubühne.[25] Der Kritiker nannte ihn einen „sogenannten Bauchredner", der „einige Kunststückchen" vorführte und sprach ihm die echte Beherrschung seiner Kunst ab, da man beobachten könne, wie er die Lippen beim Artikulieren der fremden Stimmen bewege. Besonderes Missfallen erregte beim Autor dieser Rezension eine kleine erotische Szene, die Vattemare hinter einem Paravent spielen ließ, so dass der Kritiker auch mehrmals den Verdacht äußerte, einige in den Kulissen (oder eben hinter dem Paravent) versteckte Helfer und Statisten würden die verteilten Rollen sprechen.[26] Auch die Tatsache, dass die Vorstellung länger als eine halbe Stunde dauerte – sehr lang im Vergleich zu damals üblichen Auftritten von Bauchrednern – wertete der Kritiker als Indiz dafür, dass es sich um kein echtes Bauchreden handeln könne.

24 Vgl. Connor: *Dumbstruck*, S. 259–260.

25 Chronik der Königl. Schaubühne zu Dresden. In: *Abend-Zeitung*, 23.10.1817, S. 4.

26 Vgl. ebd.

Im Stile der aufklärerischen Enttarnung der Geistererscheinung als ‚faulen Zauber' wird die Aufführung des Bauchredners mit einer Fülle von Argumenten als unecht entlarvt. Nur zwei Wochen zuvor hatte jedoch die gleiche Zeitung eine Anekdote abgedruckt, die im Gegenteil Alexandre als legendären Bauchredner und Schelm – jedenfalls als einen, der seine Fähigkeit überall anwenden konnte, ohne auf „Bühnenzauber" angewiesen zu sein – charakterisierte:

> Der Bauchredner Alexander war in der Mitte des Juli dieses Jahres zu Salzburg. Eines Tages kam er dort auf das Theater um die nöthigen Vorkehrungen zu seiner nächsten Vorstellung zu besorgen. Als er eben mit dem Maschinenmeister im Gespräch über diesen Gegenstand begriffen ist, ertönt vom obern Boden der Bühne eine Stimme, welche kläglich um Loslassung aus der Gefangenschaft bittet. Der Maschinist, der zugleich Schließer der Gebäude ist, geräth, in dem festen Bewußtseyn, daß niemand dort verborgen seyn könne, darüber in nicht geringes Erstaunen. Auf öfteres, immer dringenderes Bitten der Stimme, durchsuchen er und Alexander das ganze Stockwerk. Natürlich ohne etwas zu finden. Ungeduldig deßhalb wird die Stimme, welche sich für einen Deserteur ausgiebt, der hier schon drei Tage ohne Nahrung eingeschlossen sey, endlich drohend. Das heimliche Grauen verwandelt sich bei dem Maschinisten plötzlich in panisches Schrecken als Alexander mit dem Unsichtbaren in Streit gerät und von ihm unter Hülferufen angepackt wird. […][27]

Als der Maschinist die Flucht ergreift und Hilfe herbeiruft, sich vor dem Theater rasch eine Menge Neugieriger und Wachen einfindet, verlässt auch M. Alexandre den Schauplatz und weiht den obersten Polizeibeamten in seinen makabren Scherz ein. Dieser kann mit einiger Mühe den Umstehenden die tatsächlichen Zusammenhänge erklären, so dass die Menge halb verärgert, halb belustigt auseinander geht.[28] Verstellung und Enthüllung haben also auch abseits der Bühne gleichermaßen Anteil am Erfolg der Bauchredner-Performance.

Anekdoten über den scherzhaften, betrügerischen oder gar kriminellen Einsatz bauchrednerischer Fähigkeiten finden sich in der Tagespresse der ersten Hälfte des 19. Jahrhunderts außergewöhnlich häufig. Immer wieder wird auch von Gerichtsprozessen gegen Bauchredner berichtet, die kurz zuvor noch in Gasthäusern, auf Jahrmärkten oder in Theatern aufgetreten sind.[29] Alexandre

27 Anekdote von dem Bauchredner Alexander. In: *Abend-Zeitung*, 10.10.1817, S. 3.

28 Vgl. ebd.

29 Vgl. etwa jene Anekdote von einem Bauchredner, der in Piacenza einem Begräbnis beiwohnte und plötzlich den Toten sprechen ließ, so dass die Trauergäste vor Schrecken davonliefen und der Sarg alleine stehenblieb. Daraufhin wurde er von den Staaten von Parma ausgewiesen. Vgl. Bauchredner. In: *Der Wanderer*, 01.09.1816, S. 990.

Vattemare dienten solche aufsehenerregenden Scherze natürlich sowohl als Werbung für seine Auftritte als auch als Authentifizierungsstrategie.
Den zusehends perfektionierten ‚Bauchstimmen' aus großer Distanz wurde von den Zeitgenossen eine unheimliche Macht zugeschrieben, die vor allem mit der Möglichkeit, eine Fernwirkung zu erzeugen, zu tun hatte.[30] Anders als die früheren Vorstellungen der Ventriloquie, deren Macht sich eher zeitlich entfaltete, in die Deutung der Vergangenheit und Weissagung der Zukunft, war mit der dislozierten zweiten Stimme eine ganz diesseitige, räumliche Macht verknüpft, die sich ebenso gut für Betrug und Verbrechen wie für gute oder zumindest harmlose Zwecke nutzen ließ.[31]

Max Blume – Bauchredner mit Automaten

> Namentlich ist der frappante Stimmenwechsel im Dialog, welchen der Künstler geschickt handhabt, hervorzuheben.
>
> (*Züricher Zeitung*, Juli 1889)

Max Blume, geboren 1867 in Magdeburg, betrieb ab 1888 ein Zaubergeschäft in Altona und Hamburg, in dem er neben Zauberapparaten vor allem Artikel zum Bauchreden, etwa mechanisch bewegbare Figuren – oder Automaten, wie man sie damals häufig nannte – verkaufte. Über Blume wissen wir nicht viel mehr als das, was er selbst in seiner kleinen Schrift *Die Bauchrednerkunst* um 1895 niedergeschrieben hat. Er trat ab 1886 relativ erfolgreich in Varietés und auf Theaterbühnen kleinerer und mittlerer Städte in Deutschland, Holland, Dänemark und der Schweiz auf.[32] Seine größten Erfolge erzielte er mit einer Bauchredner-Szene mit sieben ‚sprechenden Automaten':

> Die humoristische Unterhaltung des Vortragenden mit einem Kameruner Rekruten, einer Dame, einem Engländer, einem Matrosen, einem Herrn Kusike, dem Humoristen der Automatengesellschaft und einem ganz kleinen Knirps waren thatsächlich Scenen ausgelassenster Heiterkeit und veranlaßten oft wahre Lachsalven.[33]

30 Hier wäre es interessant, eine eventuelle Verbindung mit den etwa zeitgleich entstehenden Diskursen um mögliche Fernwirkungen bei der Erforschung der Elektrizität genauer zu untersuchen. Vgl. hierzu etwa Florian Sprenger: *Medien des Immediaten. Elektrizität – Telegraphie – McLuhan*. Berlin: Kadmos 2012.

31 Vgl. Connor: *Dumbstruck*, S. 214–215.

32 Signor Saltarino: *Artisten-Lexikon. Biographische Notizen über Kunstreiter, Dompteure, Gymnastiker, Clowns, Akrobaten, Spezialitäten etc. aller Länder und Zeiten*. 2. verm. u. verb. Aufl. Düsseldorf: Lintz 1895, S. 24.

33 Kritik im *Magdeburger Generalanzeiger*, März 1888, zit. n. Max Blume: *Die Bauchrednerkunst. Geschichte und Lehrmethode derselben nebst Biographie des Bauchredners*. Hamburg 1897, S. 17.

Blumes Schrift unterrichtet uns auf sehr deutliche Weise über die Veränderung in der Darstellungsweise der Bauchrednerkunst in der zweiten Hälfte des 19. Jahrhunderts:

> In der Gegenwart werden aber auch weitergehende Anforderungen an den Bauchredner gestellt. Während derselbe früher etwa in einem Wirtslokal erschien und seine Stimme von verschiedenen Orten her ertönen ließ, resp. sich mit Personen an verschiedenen Orten (z.B. in Keller, Ofen etc.) zu unterhalten schien, producirt sich der Bauchredner heutzutage regelmäßig mit Automaten. Dadurch ist der Bauchrednerkunst ein ganz neues Feld geöffnet. Indem die Figuren auf mechanische Weise Mund, Gesicht, Hände etc. bewegen, wird die Imagination des Publicums, dass dieselben sprächen, sängen etc. wesentlich verstärkt. Ferner muß, der Anzahl der Automaten entsprechend, die Modulation der Stimme des Bauchredners eine ziemlich mannigfaltige sein. Schließlich lässt sich dabei dem Humor in viel weitgehenderer Weise Rechnung tragen, wenn der Bauchredner mit seinen Automaten Scenen aufführt, als wenn er nur für sich allein agiert.[34]

Während also Alexandre Vattemare und andere Bauchredner seiner Zeit alleine auf der Bühne auftraten und kurze Szenen und Sketches, aber durchaus auch längere, kompliziertere dramatische Verwicklungen dem Publikum mit ihren mehreren Stimmen darbrachten, die von weit her, von imaginierten Orten außerhalb des Bühnenraums oder aber aus verschlossenen Behältnissen zu stammen schienen und sich entfernen, näher kommen, an- und abschwellen konnten,[35] so führte die Verbindung der bauchrednerischen Stimmen mit mechanischen Puppen, die vom Bauchredner bewegt werden konnten, zu einer wesentlichen Veränderung der Performance:[36] Die volatile Stimme aus dem Off konnte nun den Gesichtern der oft lebensgroßen Automaten zugeordnet werden, die abwechselnd und in möglichst virtuoser Modulation und rascher Abfolge sprachen, sangen, lachten – auch in jenen Momenten, wo etwa der Bauchredner einen Schluck Wasser nahm oder ähnliches. Dies verlagert das Erstaunen und Schaudern des Publikums von der Omnipotenz einer Stimme, die quasi von überall kommen kann, hin zu der – ebenfalls gespenstischen, doch lokalisierten – Illusion von belebten oder jedenfalls zwischen unbelebt und belebt changierenden Automaten,[37] wobei es eben

34 Blume: *Die Bauchrednerkunst*, S. 5.

35 Vgl. Connor: *Dumbstruck*, S. 258–264.

36 Vgl. ebd., S. 335–337.

37 Der Psychiater Ernst Jentsch, auf den Freud sich in seinem Aufsatz „Das Unheimliche" (1919) bezieht, hat die Unsicherheit, ob ein Gegenstand leblos oder lebendig sei, als eine der Hauptursachen für das Gefühl des Unheimlichen beschrieben: „Unter allen […] Entstehungsursache[n] des Gefühls des Unheimlichen […] ist es ganz besonders eine, die eine ziemlich regelmäßige, kräftige und sehr allgemeine Wirkung zu entfalten imstande ist, nämlich der Zweifel […] darüber, ob ein lebloser Gegenstand nicht etwa beseelt sei, und zwar auch

die Stimme und in noch stärkerer Weise die Rede ist, die diese Grenze zwischen Leblosem und Lebendigem, zwischen Maschine und Mensch auflöst. Max Blume und viele seiner Kollegen[38] zeigten also einen virtuosen Wechsel zwischen den verschiedenen Figuren und ihren Stimmlagen, gleichzeitig aber vermittelten sie auch die – ebenfalls auf virtuose Weise hergestellte – Synchronizität der Bewegungen der Figuren mit Mund, Kopf, Armen und anderen Körperteilen.

Der anwesende Bauchredner auf der Bühne – im Kontext des Figurentheaters würde man von ‚offener Manipulation' sprechen – verrät zwar nicht die Geheimnisse seines artistischen Könnens, seine Präsenz verweist aber auf seine notwendige Urheberschaft. In dem Maße, als die Automaten lebendig werden, wird dem Bauchredner eine über-menschliche Kraft zugeschrieben, von der sich das Publikum einerseits ganz vollständig bezaubern lässt, zugleich aber diese Kraft auch bezweifelt und der artistischen Technik auf die Spur zu kommen trachtet. Für unmöglich gehaltene Körpervorgänge, etwa das zeitgleiche Trinken und Sprechen, dienen dem Bauchredner dazu, die Skepsis der Zuschauer mit immer neuen ‚Wundern' zu zerstreuen und ihre Freude an der Illusion zu nähren.

Fred Russell & Coster Joe – das erste Paar: Bauchredner und Kniepuppe

> The object that we see is not the object that we hear [...]
>
> (David Goldblatt, *Art and Ventriloquism*)

Fred Russell wurde 1862 in London geboren, arbeitete zunächst als Journalist und trat ab 1886 nebenbei als Bauchredner auf. 1896 erhielt er ein Engagement am Londoner Palace Theatre und schlug eine Laufbahn als Künstler ein. Damals führte er jenen Standard ein, der bis heute die Bauchrednerkunst entscheidend prägt: die einzelne, auf dem Knie sitzende Puppe mit

dann, wenn dieser Zweifel sich nur undeutlich im Bewusstsein bemerklich macht." (Ernst Jentsch: Zur Psychologie des Unheimlichen. In: *Psychiatrisch-Neurologische Wochenschrift* 8,22 (1906), S. 195–198; 8,23 (1906), S. 203–205, hier S. 197).

38 Steven Connor nennt hier vor allem die Amerikaner Lieutenant Walter Cole, Frank Travis oder Fred Neiman. Vgl. Connor: *Dumbstruck*, S. 336–337. Nicht vergessen werden sollte aber vor allem auch die britische Bauchrednerin Madeline Rosa, die als „first lady ventriloquist" in den 1880er und 90er-Jahren international auftrat. Vgl. Ventriloquist Entertainers in the 18th and 19th Centuries. http://www.ventriloquistcentral.com/ventriloquism-tribute/ventriloquists-history (Zugriff am 12.06.2014).

Persönlichkeit, die den Bauchredner ein (Bühnen-)leben lang begleitet und mit ihm im humorvollen, durchaus auch streitbaren Zwiegespräch steht. Mit Fred Russell und Coster Joe, einer spitzbübischen Puppe, die zu einer eigenständigen und profilierten Figur wurde, traten das Komödiantische, die Dialoge sowie die Ausgestaltung der innigen aber asymmetrischen Beziehung zwischen Bauchredner und Puppe in den Vordergrund. Fred Russell und Coster Joe wurden rasch zu einem der erfolgreichsten Bauchredner-Duos und machten nach einer mehrjährigen Auftrittsserie in London ausgedehnte Tourneen durch Großbritannien, Australien, die USA, Südafrika, Neuseeland, Tasmanien und Ceylon. Seine außergewöhnlich lange Bühnenkarriere hindurch, von 1896 bis in die 1950er Jahre hinein, trat er vorzugsweise mit Coster Joe auf.

Ein Grund für den Erfolg und die rasche Durchsetzung dieser neuen Form der Bühnenpräsentation liegt wohl in der Entwicklung des großstädtischen Varietés ab etwa 1870, das durch die schnelle Abfolge verschiedenster Nummern einen aufwändigen Bühnenaufbau mit einer Vielzahl von Automaten nicht mehr erlaubte, während es in den vorangehenden Jahrzehnten durchaus üblich war, dass ein Bauchredner an seinem Aufführungsort einen gesamten Abend allein bestritt. Auch wurden Bauchredner durch das System der internationalen Zirkulation der Varietékünstler von einem Engagement zum nächsten nach einer Phase der stärkeren Sesshaftigkeit wieder zu (Großstadt-)Nomaden. Erfolg und Expansion des Varietés boten so Auftrittsmöglichkeiten für eine zunehmend zahlreichere Schar von Bauchrednern und einzelnen Bauchrednerinnen.[39]

Was bedeutet nun die neue Bühnenanordnung für die bauchrednerische Illusion? Von ubiquitären Stimmen über die Polyphonie der Automaten ist es nun das Zwiegespräch mit der zunehmend psychologisierten Puppe, das die Präsentation des Bauchredners charakterisiert. Die Puppe, die übrigens im Lauf des 20. Jahrhunderts immer häufiger das Aussehen des Bauchredners selbst annimmt, also gar nicht mehr so sehr als eigenständiger Dialogpartner, sondern als – oft freches, widerständiges, kluges – Alter Ego des Bauchredners agiert, erhält eine Lebendigkeit und Beständigkeit, wie sie keine der früheren Figuren hatte. Die Beziehung zwischen Bauchredner und Puppe steht nun im Zentrum, eine intime Beziehung mit all ihren Konflikten, ihrer Komik und Tragik, ihren Übertragungen und Gegenübertragungen. Das Gespenstische hat sich neuerlich verschoben, und zwar von der beseelten Maschine

39 Vgl. Connor: *Dumbstruck*, S. 397–398.

hin zur Unheimlichkeit des Doppelgängers, des Alter Ego, wenn man so will: des Unbewussten. In gewisser Weise reflektiert der Auftritt des Bauchredners mit seiner Puppe die Exzentrizität des Menschen, dessen Ich mit und nach Freud, „nicht Herr sei in seinem eigenen Haus“[40]. Im Modus der Populärkultur kommt hier eine Verstörung zur Sprache, die den Menschen des 20. Jahrhunderts wesentlich prägt.

Darüber hinaus verändert sich auch das Verhältnis des Bauchredners zu seiner Performance. Konnte er in den früheren Auftrittsformen durch die virtuose Beherrschung fremder Stimmen und Automaten als Person nahezu verschwinden, rückt nun die natürliche, eigene Stimme des Bauchredners neben der ‚Bauchstimme‘, die der Puppe zugeordnet ist, stärker in den Vordergrund: „The inviolable shape-shifter gave way to the vulnerable ventriloquist attempting to subdue and control his insubordinate and often infantile other.“[41] Dieses Zwie- oder Selbstgespräch scheint das Publikum so stark in Bann zu ziehen, dass die akustische Illusion in den Hintergrund tritt. Die *zweite* Stimme hat sich nun ihrem Ursprung soweit angenähert, dass sie beinahe wieder zur inneren Stimme wird, dass sich Freuds ‚Heimlich-heimisches‘ des Unheimlichen am deutlichsten zeigt. Die Kniepuppe, deren Mimikry und Eigensinn sie zum aufsässigen Doppelgänger machen, spielt mit dem Bauchredner zumindest ebenso sehr wie er mit ihr. Nicht das ferne Grauen einer herumirrenden Stimme, nicht der schwankende Boden der sprechenden Maschinen, sondern das miniaturisierte, verzerrte und vor allem Paroli bietende Spiegelbild zieht hier die Zuschauer in Bann.

Diese Entwicklung gipfelt letztlich in der paradoxen Tatsache, dass der berühmte amerikanische Bauchredner Edgar Bergen mit seinem Alter Ego Charlie Mc Carthy seine größten Erfolge ausgerechnet im Radio erzielte, wo er in verschiedenen Formaten und Sendern von 1937 bis 1955 auftrat.[42]

Die (Ohn-)Macht der Puppe – zum Abschluss

Der Bauchredner als Artist der dissoziierten, dislozierten Stimme/n konnte die Bühne zu einem Zeitpunkt erobern, als im Zuge der Aufklärung die Vorstellung eines Bewohntseins einzelner Menschen durch andere, fremde Wesen mit eigenen Stimmen in das Reich der Phantasie, des Aberglaubens

40 Sigmund Freud: Eine Schwierigkeit der Psychoanalyse. In: *Imago. Zeitschrift für die Anwendung der Psychoanalyse auf die Geisteswissenschaften* 5 (1917), S. 1–7, hier S. 7.

41 Connor: *Dumbstruck*, S. 399.

42 Vgl. David Goldblatt: *Art and Ventriloquism*. London / New York: Routledge 2006, S. 33–34.

und der Scharlatanerie verwiesen wurde. Doch die menschliche Stimme ließ sich nicht so leicht rationalisieren und vereindeutigen wie erhofft. Zwischen innen und außen, zwischen physisch und psychisch, zwischen Sprache und Schrei, zwischen Spiegelung und Entäußerung überschreitet die Stimme laufend die ihr zugewiesenen Grenzen. „[W]enn ein menschliches Wesen spricht, dann spricht nicht diese konkrete körperliche Anwesenheit, sondern eine geisterhafte Entität in ihr, ein ‚Geist in der Maschine', der realer ist als die körperliche Realität der fraglichen Person"[43], schreibt Slavoj Žižek und sieht darin eine wesentliche Manifestation der Ereignishaftigkeit des Selbst.
Der Bauchredner produziert akusmatische Stimmen – doch vor allem produziert er sie *selbst* als Akteur auf der Bühne, ohne technische Hilfsmittel und mit den gleichen physiologischen Voraussetzungen, die er für die Produktion der eigenen Stimme braucht. Trotz der grundsätzlichen Erklärbarkeit der Körpertechniken des Bauchredners bleiben die Stimmen ohne sichtbaren Ursprung mysteriös und beunruhigend. Als Wirkungen ohne entsprechende Ursache konfrontieren sie die Zuschauer mit einer gespenstischen Kausalität.[44] Sie werfen uns zurück auf die verdrängte Fremdheit dessen, was das Eigenste und Ursprünglichste des sich konstituierenden Subjekts zu sein scheint: die stimmliche Äußerung.
Alexandre Vattemare, Max Blume und Fred Russell stehen hier exemplarisch für drei Phasen und unterschiedliche Formen der Bühnenpräsentation des Bauchredners, die je spezifische Anordnungen der akustischen Illusion hervorbringen und auch je spezifische Fertigkeiten von den Künstlern verlangen. Das Spiel mit der ortlosen Stimme wird nach und nach ergänzt (aber auch verdrängt) vom Spiel mit der sprechenden Puppe, die zusehends alle Eigenschaften ihres Erzeugers zu kopieren und zu karikieren in der Lage ist.
Das Fortleben und die Radikalisierung des Gespenstischen am Bauchreden in jenen zahlreichen Filmen, die das Phantasma der vom Bauchredner Besitz ergreifenden Puppe zum Inhalt haben – ich erwähne nur Fritz von Sternbergs *The Great Gabbo* (*Der große Gabbo*, USA 1929, R: James Cruze, Erich von Stroheim) und die Episode „The Ventriloquist's Dummy" von Alberto Cavalcanti in dem berühmten Horrorfilm *Dead of Night* (*Traum ohne Ende*, GB 1945, R: Alberto Cavalcanti / Robert Hamer / Charles Crichton / Basil Dearden) – kann ich hier nur noch als Ausblick anhängen. Ob sich damit der Kreis hin zu vormodernen Besessenheitsvorstellungen schließt?

43 Slavoj Žižek: *Was ist ein Ereignis?* Frankfurt am Main: S. Fischer 2014, S. 93.
44 Vgl. Dolar: *His Master's Voice*, S. 91.

Die Träume des Cyborg
Für eine Zoogrammatik der Heimsuchung

Leonhard Fuest

> Eine Zeitlang wird es noch den neuerdings im Internet eingerichteten sogenannten ‚Memorial Grove' geben, auf dem man solche, die einem besonders nahestanden, elektronisch beisetzen und besuchen kann. Aber dann wird auch dieser *virtual cemetery* sich auflösen in den Äther, und die ganze Vergangenheit wird zerrinnen in eine unförmliche, unkenntliche und stumme Masse. Und aus einer gedächtnislosen Gegenwart heraus und angesichts einer vom Verstand keines einzelnen mehr zu erfassenden Zukunft werden wir am Ende selber das Leben lassen ohne das Bedürfnis, eine Weile wenigstens noch bleiben oder gelegentlich zurückkehren zu dürfen.[1]

Auf diesem *Campo Santo* W. G. Sebalds, eines der größten deutschen Geisterseher des ausgehenden 20. Jahrhunderts, liegt die gesamte Literatur des Gutenbergzeitalters begraben, jene Literatur also, die sich der hypomnestischen Funktion ihrer materialen Verfasstheit sicher sein zu können glaubte. Nun kann man auch einen bekannten Slogan Friedrich Kittlers anschließen: „Wie wir alle wissen und nur nicht sagen, schreibt kein Mensch mehr."[2] Und dieses Wissen teilt wer mit wem? Wer ist hier überhaupt ‚wir'? Wer spricht, schreibt und liest (noch) als sogenannter ‚Mensch'?

Und müsste man für einen Augenblick an den Unterschied zwischen dem Lesen und dem Schreiben erinnern? Eine Schrift wird es so oder so auch in Zukunft geben, auch wenn sie nicht mehr gelesen wird – jedenfalls immer weniger von Menschen. Natürlich wächst die unheimliche Plausibilität dieser Unterstellung, wenn man die Literatur ins Spiel holt – ein letztes Mal. So wie in dem Schlusstableau von Ray Bradburys Roman *Fahrenheit 451*: Niemand

1 W. G. Sebald: *Campo Santo*. Frankfurt am Main: Fischer 2006, S. 37–38.

2 Friedrich Kittler: Es gibt keine Software. In: Ders.: *Die Wahrheit der technischen Welt. Essays zur Genealogie der Gegenwart*. Berlin: Suhrkamp 2013, S. 285–300, hier S. 285.

wird sich in Zukunft die Mühe machen müssen, Literatur auswendig zu lernen, um sie zu bewahren, denn dafür gibt es die Speichermedien. Und schon gar nicht wird irgendjemand eine moralische Notation an den Schutz der Bücher und die Haltung der Schützer knüpfen müssen, wie es Bradburys letzte Büchermenschen tun:

> Das Wichtigste allerdings, was wir uns immer wieder ins Bewusstsein rufen müssen, ist, dass wir nicht wichtig sind; es durfte keine Gelehrteneitelkeit aufkommen, wir durften uns nicht über andere erhaben fühlen. Schließlich sind wir nichts als Schutzumschläge für Bücher, im Übrigen aber belanglos.[3]

Die Belanglosigkeit der künftigen humanen Subjekte, so muss man korrigieren, wird sich unter den Schleiern der digitalen Medien verstecken – und zwar auch vor sich selbst. Unter diesen Schleiern werden sich nicht nur scheinbar humane Subjekte, sondern auch und vielleicht weit zuverlässiger gewisse Gespenster tummeln. Schließlich macht jedes Medium die Transformationen durch, die es verdient. Und um die Heimsuchungen steht es nicht anders.

Wenn nun so ein antiquiertes Gutenbergzeitalter-Gespenst wie das Sebald'sche angesichts der Virtualität und des Internet seinen Streik ankündigt, werden sich doch bestimmt ein paar andere, neuere, gegenwärtigere, ja zukünftige Gespenster nicht lange bitten lassen. Allerdings wüsste ich von diesen ganz anderen, ungefragt kommenden naturgemäß nichts Zuverlässiges zu sagen. Stattdessen halte ich hier vorerst – übrigens im Bewusstsein einer zuletzt unmöglich bleibenden Distinktionsbemühung – etwas altertümlich fest an den Gespenstern der Literatur und Philosophie. Deren Streik müsste man im Zweifel brechen, indem man sich als Leser dazu aufschwingt, gegen den Tod der Poesie etwa mit dem Dichter Édouard Glissant ein Verfahren zu etablieren, das er die „prophetische Vision der Vergangenheit" nennt: „Ich glaube [...], dass die Poesie, in jedem Fall die Anwendung des Imaginären zu einer prophetischen Vision der Vergangenheit und der fernen Räume, letztlich die einzige Möglichkeit für uns ist, uns in die Unvorhersehbarkeit der Weltbeziehung einzubringen."[4] Das profane Konzentrat dieser Überlegungen wäre mithin das Unvorhersehbare (als *telos* und Korrektiv).

Der Streik der Gespenster kann vielleicht nur mit Bitten gebrochen werden. Sie zu beschwören, heißt nichts anderes, als sie inständig zu bitten. Die traditionelle Geisterbeschwörung als andächtige und bescheidene Tätigkeit, wie

3 Ray Bradbury: *Fahrenheit 451*, aus d. Engl. v. Fritz Güttinger. Zürich: Diogenes 2008, S. 199.

4 Édouard Glissant: *Kultur und Identität. Ansätze zu einer Poetik der Vielheit*, aus d. Franz. v. Beate Thill. Heidelberg: Wunderhorn 2005, S. 64.

sie auch in den Literaturseminaren der Universitäten nicht fehlen darf, müsste ‚Gespenstern' wie W. G. Sebald, aber gewiss auch Jacques Derrida besondere Aufmerksamkeit schenken, fordern gerade diese beiden Geister doch zu einer engagierten Trauerarbeit auf. Diese Arbeit wäre indes zwischenzeitlich zu unterbrechen, auch um die Probe auf die eigene Heimsuchung zu machen. Vordergründig wäre dazu der immer unheimlicher werdende grammatikalische Modus der Frage zu nutzen, um etwa mit Derrida und Elisabeth Roudinesco zu fragen: „Woraus wird Morgen gemacht sein?"[5] Und es wäre ganz rasch eine mögliche Antwort in Derridas Verweis auf seine eigene *Grammatologie* zu entdecken: „Ich machte seinerzeit geltend, daß die ‚Begriffe Schrift, Spur, Gramma oder Graphem' über den Gegensatz ‚menschlich/nicht menschlich' hinausgehen würden."[6] Der Dialog, in dem er sich hieran erinnert, handelt von den Tieren, genauer: von der Gewalt gegen Tiere. Die Grenzen, um die es also gehen würde und könnte, verlaufen zwischen Menschen und Nicht-Menschen, und das heißt: Menschen und Tieren, aber auch Maschinen und Gespenstern. Diese Korrespondenzen über all jene Grenzen hinweg werden ihre Referenz in Gramma und Spur konservieren. Eine posthumane und unheimliche *Zoogrammatik* würde sich nun vielleicht nicht mehr lang bitten lassen – im Gegenteil.

Traumprogrammierung

Die uns heimsuchenden Fragen richten sich an eine allenthalben angekündigte, zukünftige Spezies, die sich zusammensetzt aus der Maschine, dem Menschen und dem Tier. (Das Gespenst als Geist und Gestalt ungeklärter Her- und Zukunft ist nicht (nie) eingeplant, tritt ungefragt und ungebeten hinzu – und fragt.) Es sind Mischgestalten, die man je nach den Mischungsverhältnissen Cyborgs oder Hybride oder Androiden nennen kann.[7]

Verdichten wir: Sind Cyborgs heimsuchbar? Und wer sollte sie heimsuchen? Wir, die sogenannten echten Menschen, die *Real Humans* oder *Äkta Människor*[8] (so der schwedische Originaltitel einer TV-Serie, die das Verhältnis zwischen den Menschen und humanoiden Robotern, sogenannten ‚Hubots', auslotet, wobei genaugenommen die ‚echten Menschen' bereits als prekäre

5 Jacques Derrida / Elisabeth Roudinesco: *Woraus wird Morgen gemacht sein? Ein Dialog*, aus d. Franz. v. Hans-Dieter Gondek. Stuttgart: Passagen 2006.

6 Ebd., S. 111.

7 Vgl. Christoph Vallant: *Hybride, Klone und Chimären. Zur Transzendierung der Körper-, Art- und Gattungsgrenzen.* Würzburg: Königshausen & Neumann 2008.

8 *Äkta Människor* (*Real Humans – Echte Menschen*, SE 2012, R: Lars Lundström).

Gruppe spezifiziert sind)? Sind Cyborgs traumatisierbar? Das müsste doch ausgeschlossen sein: Schließlich wird die Verbesserung und Erweiterung (Neudeutsch: das *Enhancement*[9]) des Menschen auch deshalb vorangetrieben, um ihm Leid, Schmerz und natürlich Traumata zu ersparen? Können Cyborgs wenigstens träumen? Sollten sie träumen können? Und wenn sie träumen, träumen sie dann wie oder als Menschen? Sind (für uns) diese Träume deutbar? Oder ist diese Frage zu vernachlässigen, weil wichtiger ist, ob Träume vielleicht programmierbar sind? Denn wenn schon heute Programme geträumt werden müssen, bevor sie programmiert werden, muss man dann nicht fragen, ob Traum und Programm in einem programmierbaren Verhältnis stehen – oder eben doch nur (an)deutbar? Auf Traumdeutungen verstehen wir uns ja seit einiger Zeit, glauben wir – müssen wir jetzt an einer Traumprogrammierung arbeiten?

Oder müssen wir, die ‚echten Menschen', doch angesichts einer solchen programmatischen Zukunft erst einmal ausrufen: *Nous sommes fichus*: *Wir sind fertig, am Ende*? Womit wir auf Derridas Frankfurter Adorno-Rede mit dem Titel *Fichus* anspielen und jenen Satz seines Vaters, den dieser kurz vor seinem Tode sagte: „Je suis fichu." „Ich bin fertig."[10] Diese Erinnerung sucht Derrida heim, während er Adorno gerecht zu werden versucht, indem er einen Traum Walter Benjamins liest, in welchem das Wort *fichu* mit all seinen erträumten Notationen auftaucht. Im Zuge einer „Politik des Traums", die den Traum charakterisiert als ein „Element", das „durchlässig ist für die Trauer, die Heimsuchung, das Geisterhafte aller Geister und allen Geistes"[11] – im Zuge dieser Traumpolitik spricht Derrida zuletzt auch von einem „erträumten Buch", in dessen letztem Kapitel von den Tieren die Rede sein soll und Sätzen wie diesem: „Der Faschismus beginnt, wenn man ein Tier, ja das Tier im Menschen beschimpft."[12]

Aber was, müssen wir fragen, soll denn nun der Faschismus mit den Cyborgs zu tun haben? Was mit ihren Träumen, auch und gerade insofern wir im Begriff wären, sie zu programmieren? Hören wir vielleicht erst einmal auf zu träumen und fragen die Experten in Sachen transhumanistischer Technologie und Ideologie.

9 Vgl. Christopher Coenen / Stefan Gammel / Reinhard Heil / Andreas Woyke (Hrsg.): *Die Debatte über „Human Enhancement". Historische, philosophische und ethische Aspekte der technologischen Verbesserung des Menschen.* Bielefeld: Transcript 2010.

10 Jacques Derrida: *Fichus. Frankfurter Rede*, aus d. Franz. v. Stefan Lorenzer. Wien: Passagen 2003, S. 27.

11 Ebd.

12 Ebd., S. 39.

Transhumane Singularitäten

Generell gilt die Warnung vor einer Vereinfachung der Debatte in Sachen Trans- und Posthumanismus[13], die zwei schlichte Positionen zu bieten hätte: eine positiv gestimmte, fortschritts- und technikaffine, trans- und schließlich posthumane Zukunftsgläubigkeit und ein kritisch-konservatives Bestehen auf eine Humanität, die gerade in ihrer evolutionären Unvollkommenheit und Fragilität zu erhalten ist. Die Wirklichkeit wie ihre Diskursivierung dürften um so vieles komplexer sein, dass auch die Gespenster neuerlich genug Spielräume hätten, um darin alle bereits angetragene Metaphorizität abzuschütteln, alle diskursiven Schleier abzulegen und nackt und buchstäblich wie einst etwa die Semprun'schen und Klüger'schen Gespenster nach der Shoah zu inkompatiblen Akteuren zu avancieren.[14]

Wenn wir uns nun aber ganz im Licht des Tages endlich von den Gespenstern des 20. Jahrhunderts als Referenten einer programmiert-programmatischen Zukunft des Menschen im Verhältnis zur Maschine und zum Tier verabschieden wollten (ohne es zu können), auch um einer anderen Singularität der künftigen Heimsuchungen gerecht zu werden bzw. für sie offen zu bleiben, dann müssen wir redlicherweise die Versprechen des *Human Enhancement* des 21. Jahrhunderts ernst nehmen, dann müssen wir also den Cyborgs Gastfreundschaft gewähren. Methodisch wird dies allein schon deshalb erzwungen, weil z. B. das Wort ‚Singularität' neuerlich reserviert wurde als ein prospektiver Begriff, der mindestens durchspielbar wäre. So will es etwa der amerikanische Cyber-Rhetoriker Ray Kurzweil:

> In der Singularität werden unser biologisches Denken und Dasein mit unserer Technik verschmelzen. Das Ergebnis ist eine nach wie vor menschliche Welt, allerdings jenseits unserer biologischen Wurzeln. Danach wird kein Unterschied mehr sein zwischen Mensch und Maschine, oder zwischen physikalischer und virtueller Realität. Falls Sie sich fragen, was dann überhaupt noch einen Menschen ausmacht – nun, es ist einfach folgende Qualität: Unsere Spezies strebt von Natur aus danach, ihre physischen und geistigen Fähigkeiten über alle gegebenen Grenzen hinweg zu erweitern.[15]

Die Singularität wäre also ein zukünftiges, „einzigartiges Ereignis mit einzigartigen Auswirkungen"[16], dessen „Prinzipien" absehbar sind etwa darin, dass

13 Vgl. zu diesen Begriffen z. B. Stefan Herbrechter: *Posthumanismus. Eine kritische Einführung.* Darmstadt: WBG 2009.

14 Vgl. Leonhard Fuest: *Noch einmal Gespenster. Zur Begründung der Hantologie.* http: dekonstrukte.de (Zugriff am 05.05.2014).

15 Ray Kurzweil: *Menschheit 2.0. Die Singularität naht*, aus d. Engl. v. Martin Rötzschke. Berlin: Lola 2013, S. 10.

16 Ebd., S. 23.

es „Mitte der 2020er Jahre […] funktionierende Software-Nachbildungen der menschlichen Intelligenz geben [wird]", was auch bedeutet, „dass Computerintelligenz nicht mehr von der Intelligenz biologischer Menschen unterscheidbar ist."[17]

Interessant für die Psychologen und Philosophen dürfte folgende Spezifizierung sein: „Maschinen werden unsere emotionale Intelligenz durchschauen und besitzen. Darunter zu verstehen ist die Fähigkeit, eigene und fremde Gefühle zu erkennen und darauf zu reagieren."[18] Das kann man diskutieren, zumal wenn man von der Programmatik der Träume spricht. Aber resümieren wir vorerst Kurzweils „wichtigste Aussage": jene nämlich, „dass die neue Intelligenz für eine *weiterhin menschliche* Mensch-Maschinen-Zivilisation steht. In anderen Worten: Die Maschinen werden menschlich sein, auch wenn sie nicht biologisch sind."[19]

Nun, man sieht rasch, dass man hier im Namen diverser Disziplinen und auch der Logik Einwände machen müsste. Und doch mag bei allem methodologischen Unbehagen die viel unheimlichere Impression für eine Weile Bestand haben, dass solche Sentenzen eigenartig vertraut und ganz stimmig klingen. Das hat etwas mit der jahrzehntelangen Durchdringung unserer Vorstellungswelten mit der Science Fiction zu tun; das hat außerdem etwas mit den Implikationen unserer Computertechnologie zu tun, will heißen, dem täglichen Umgang mit einer künstlichen, medialen Intelligenz; und schließlich hat die Kulturtheorie selbst seit längerem einen immer dringlicher werdenden Kontakt zu den Konzepten des *Human Enhancement* aufgebaut.

Berühmtes Beispiel wäre hier etwa das Cyborg-Manifest von Donna Haraway aus dem Jahre 1985, in welchem bekanntlich der Versuch unternommen wird, die moderne Technologie für den Feminismus theoretisch fruchtbar zu machen. Haraway hält grundsätzlich fest: „Im späten 20. Jahrhundert […] haben wir uns alle in Chimären, theoretisierte und fabrizierte Hybride aus Maschine und Organismus verwandelt, kurz, wir sind Cyborgs."[20] Mit dem Cyborg sind auch bei ihr schon diverse Grenzen durchlässig geworden: die zwischen Tier und Mensch und die „zwischen Tier-Mensch (Organismus) und Maschine. Vorkybernetische Maschinen konnten noch von

17 Kurzweil: *Menschheit 2.0*, S. 26.

18 Ebd., S. 30.

19 Ebd., S. 31.

20 Donna Haraway: Ein Manifest für Cyborgs. Feminismus im Streit mit den Technowissenschaften. In: Dies.: *Die Neuerfindung der Natur: Primaten, Cyborgs und Frauen*, aus d. Engl. v. Fred Wolf. Frankfurt am Main: Campus 1995, S. 33–72, hier S. 34.

Geistern heimgesucht werden. Stets gab es die Vorahnung des Geistes in der Maschine."[21] Für uns heutige Gespensterjäger ist dies eine wichtige Aussage, an deren *Reanimalisierung* wir noch zu arbeiten haben. Es bleibt an dieser Stelle aber festzuhalten, dass Haraways Maschinen die Differenz von Geist und Körper sowie weitere Distinktionsversuche „höchst zweideutig werden lassen."[22] Statt nun dies selbst als unheimlich aufzufassen, wird nicht ohne eine gewisse poetisch-utopische Wucht eine feministische Heimsuchung der alten Nomien des *oikos*, des Heims, und also der Ökonomien vorbereitet:

> Die Cyborg ist eine überzeugte AnhängerIn von Partialität, Ironie, Intimität und Perversität. Sie ist oppositionell, utopisch und ohne jede Unschuld. Cyborgs sind nicht mehr durch die Polarität von öffentlich und privat strukturiert, Cyborgs definieren eine technologische Polis, die zum großen Teil auf einer Revolution der sozialen Beziehungen im *oikos*, dem Haushalt, beruht. Natur und Kultur werden neu definiert.[23]

Wir verlassen an dieser Stelle die Genderträume vom Cyborg auch deshalb, weil wir die Vermutung nicht abschütteln können, es gäbe womöglich im Zuge des *Enhancement* gar kein humanes Subjekt mehr, das sich mittels einer ironischen Intelligenz zu sich selbst verhalten und solcherart etwa über bestimmte politische Freiheiten freuen könnte. So dunkelt sich die Perspektive ein, wenn wir weitere Phantasien der zweiten Hälfte des 20. Jahrhunderts ernst nehmen, solche nämlich, die zuletzt doch wieder auf den Hund, das Schaf, kurz: das Tier kommen.

Schafs- und Alpträume

Philip K. Dick hat im Jahre 1968 (ein Jahr nach Erscheinen von Derridas *Grammatologie*) einen zukunftsträchtigen Roman mit dem Titel *Do Androids Dream Of Electric Sheep*? (*Träumen Androiden von elektrischen Schafen*?) publiziert und die im Titel gestellte Frage nicht beantwortet. Seine Hauptfigur Rick Deckard fragt zwar noch einmal: „Träumen Androiden eigentlich?", und antwortet sich auch selbst: „Anscheinend schon."[24] Aber ob sie wie er, der Jäger von illegalen, humanoiden Robotern, ihrerseits von elektrischen Schafen träumen, das fragt er nicht. Die Frage wäre indes naheliegend, denn Deckard selbst ist Besitzer eines elektrischen Schafs, kurzzeitig nennt er sogar eine

21 Ebd., S. 37.

22 Ebd.

23 Ebd., S. 35.

24 Philip K. Dick: *Blade Runner*, aus d. Engl. v. Norbert Wölfl. München: Heyne 2002, S. 203 [Engl. Orig.: *Do Androids Dream Of Electric Sheep?*].

echte schwarze, nubische Ziege sein eigen, die allerdings von einem weiblichen Androiden, mit welchem er zuvor eine sexuelle (romantische?) Begegnung hatte, (aus Eifersucht?) getötet wird; und ganz am Ende findet er noch eine Kröte, die sich allerdings auch als Imitat entpuppt.

Die Frage nach natürlichen und künstlichen Tieren wird in dem in einer Nachkriegsszenerie des 21. Jahrhunderts spielenden Roman in allen möglichen Varianten gestellt, und sie ist zentral, weil sich an sie die Definition der *conditio humana* knüpft. Die Menschen begehren die rar gewordenen natürlichen Tiere, um sich solcherart als Menschen definieren zu können; und wenn sie sich diese echten Tiere nicht leisten können, kaufen sie sich immerhin täuschend echte Imitate. Die Tiersemantik ist überdies dazu da, die nicht-humane Spezies der Androiden abzugrenzen. Entsprechende Unterschiede werden mit einem Test ermittelt, in welchem Fragen zur Empathie vorzüglich geknüpft sind an Bilder und Szenen, in denen es um Tiere geht. Fühlt ein kommunizierendes Wesen keine Empathie für Tiere, ist es kein Mensch – und damit auch im Zweifel auszuschalten. Die Industrie arbeitet indes an einer permanenten Verbesserung der Androiden, und der ganze Roman lässt zuletzt auch keinen Zweifel daran, dass die Grenzen zwischen biologischer und technischer Spezies bis zur vollkommenen Unkenntlichkeit verwischt sein werden.

Die titelgebende Frage des Romans ist verwickelt und kann hier nicht vollständig entwickelt werden. Erstens geht es um die Fähigkeit einer humanoiden Maschine zu träumen; sodann geht es darum, von etwas zu träumen – und zwar im doppelten Wortsinne: einen bestimmten Trauminhalt zu haben, aber auch etwas im (Tag-)Traum zu erträumen und also zu wünschen. Es wird mithin gefragt, wie die neue Spezies zu sich selbst steht, was sie begehrt, was ihr überhaupt lebenswichtig ist, worauf sie zielt, was sie weiß und ahnt, ihr bewusst und unbewusst ist – und was ihr widerfährt (Pathos) und was ihr geschickt wird (Schicksal). Mit dem Traum wird der ganze biopolitische Menschheitstraum (seine Komödie, seine Tragödie) aufgerufen und gleichzeitig spezifiziert über ein Objekt, das seinerseits bereits als Natur- und Lebensersatz das Produkt einer Innovation ist, die einer historischen Reaktion oder besser Rekreation entspricht. Das elektrische Schaf wäre also das Produkt einer Schubumkehr, die alte, buchstäblich rührende Phantasien einer in die Defensive geratenen Menschheit befriedigt.

Dicks dystopischer Roman spielt den Krieg zwischen den Arten also an der Tierfrage durch. Und es ist interessant, dass der Romantitel in neueren Publikationen zugunsten jenes Titels verschwunden ist, den man seit der Verfilmung durch Ridley Scott verwendet: *Blade Runner* (USA 1982). Machte man sich die Mühe und vergliche die Stellung der Tiere in Roman und Film, so käme man zu dem Schluss, dass es im Film zwar eine Menge sichtbarer Tiere gibt, aber ihre Bedeutung beschränkt wird zugunsten der Handlung, der Technik und der nicht-/menschlichen Protagonisten. Im Buch indes wird das animalische *telos* der Menschheit im Modus des Gespenstischen markiert, da von einer toten Spinne die Rede ist, der kurz vor ihrem Tod vier ihrer acht Beine seitens eines empathiearmen Androiden abgeschnitten wurden: „Der Verfall hat schon vor langem eingesetzt und wird weitergehen. Die tote Spinne hat das Regiment übernommen."[25] Und dann wird eine apokalyptische Szene beschrieben, in welcher nur Teile toter Tiere aufgehäuft werden: der Kopf einer Krähe, die Hände eines Affen etc.

Gewiss bemüht sich Dick selbst, die von ihm aufgeworfene Frage nach dem Traum der Androiden zu überführen in einen posthumanen und postanimalischen Alptraum, der negative Utopie in sozialer und politischer Hinsicht, Science Fiction in technologisch-ästhetischer Hinsicht und sogar Beitrag zu einer postreligiösen Esoterik ist. Hier aber soll vereinfachend resümiert werden, dass das Buch mit einem elektrischen Schaf beginnt und einer elektrischen Kröte endet: Wappentiere einer futurologischen Traumnovelle, die aus dem Totenreich des Gutenbergzeitalters eben die Fragen in die Zukunft schickt, wie sie parallel zu ihr von Philosophen wie Derrida angesichts des Tieres zum Beginn und zum Ende des Philosophierens gestellt werden.

Werden die Cyborgs oder die Androiden oder wie man die verbesserten, erweiterten und eines Tages überschriebenen Menschen auch immer nennen wird, noch von Tieren träumen – und sei es von künstlichen Tieren? Werden dies nur Wunsch- oder auch Alpträume sein? Werden die Tiere die unabweisbaren Protagonisten dieser Träume und nicht nur der Träume sein – einzig noch dazu da, die Menschen und das, was sie sich in posthumaner Gestalt von sich erträumt und realisiert haben, heimzusuchen?

Zoopharmaka

Die Gespenster, die aus der Zukunft kommen, werden tierische und poetische Züge aufweisen. (Animations- und Animalisations-Techniken methodisch zu reflektieren, wird zu den wichtigeren Überlebensaufgaben der Philologie gehören.) Das Tier, das nicht antwortet, wird sich nicht in einem (philosophischen) Wissen bannen oder gar domestizieren lassen, stattdessen

25 Dick: *Blade Runner*, S. 234.

bestenfalls in einem poetischen Denken gewürdigt werden können.[26] Es wird keine programmierbare Kommunikation mit Tieren und (poetischen) Texten und anderen Spuren(-elementen) geben. Das wird sich nicht fügen. Was wir als *Zoo-Grammatik* einer animalisch animierten Heimsuchung bezeichnen, bezieht noch für eine Weile ihren Stoff und ihre Zeichen aus jenen animalisierten ‚Schreibmaschinen', die wie die Dick'sche von Schafen unruhig und unstillbar träumen, die wie das Sprachtier Derrida das chimärenhafte „*animot*"[27] in seinem metamorphotischen Vermächtnis *Das Tier, das ich also bin* als letztes Spurenelement in den Diskurs werfen, die wie Gilles Deleuze und Félix Guattari in ihrem psycho- und pharmakopolitischen Diskurs den „Molekular-Hund"[28] von der Leine lassen oder die wie der amerikanische Gegenwartsautor Max Barry in seinem Roman *Machine Man* einen „Überhund"[29] auf einen Prothesenmann hetzen, der seinerseits ein Nachfahre jenes „Prothesengott[s]"[30] zu sein scheint, wie ihn Sigmund Freud in seinem Text *Das Unbehagen in der Kultur* bereits 1930 charakterisierte – und damit natürlich den Menschen traf: „recht großartig, wenn er alle sein Hilfsorgane anlegt, aber sie sind nicht mit ihm verwachsen und machen ihm gelegentlich noch viel zu schaffen."[31] Das zu ändern, war und ist bis heute und wird das ehrgeizige Ziel der Menschen bleiben – in und durch alle möglichen Kriege hindurch. Das Tier aber, so resümiert Lena Kugler mit Blick auf die Kieferprothesen und Hunde des alten Freud – das Tier als „heterogenes Un/Tier" bleibe „in der menschlichen Narration" letztlich doch dies: „Ersatz für das, was durch die Grenze/den Schnitt/die Sektion abgetrennt wurde, eine nie genau sitzende, stets neu anzupassende Prothese, mit der wir – und zwar nur mühsam – über uns Menschen sprechen."[32]

Und es wäre schön, würden wir uns auf diese Anpassungsarbeit humananalytisch weiterhin einstellen können. Aber das Zeitalter der Human- und Psychoanalyse scheint einem anderen gewichen: eben jenem der

26 Vgl. Jacques Derrida: *Das Tier, das ich also bin*, aus d. Franz. v. Markus Sedlaczek. Wien: Passagen 2010, S. 25–26.

27 Ebd., S. 79.

28 Gilles Deleuze / Félix Guattari: *Tausend Plateaus: Kapitalismus und Schizophrenie*. Berlin: Merve 1992, S. 374.

29 Max Barry: *Maschinenmann*, aus d. Engl. v. Friedrich Mader. München: Heyne 2012, S. 214.

30 Sigmund Freud: *Das Unbehagen in der Kultur*. Frankfurt am Main: Fischer 1994, S. 57.

31 Ebd.

32 Lena Kugler: *Freuds Chimären. Vom Narrativ des Tieres in der Psychoanalyse*. Zürich: Diaphanes 2011, S. 239.

„Pharmako-Analyse“[33]. Will man nunmehr erforschen, woraus der Stoff der künftigen Träume besteht, so wird man sich heimsuchen lassen müssen von den animalischen (auch chimärenhaften, parasitären) Spurenelementen einer Grammatik, die eine Sprache und Schrift zu generieren im Begriff ist, welche sich der humanwissenschaftlichen Kontrolle zunehmend entzieht. Man wird einer Transformation beiwohnen, welche *zoopharmaka* zeitigt, deren Mixturen sich kaum mehr in kontrollierbaren Texturen abbilden lassen. Wie weit man dennoch bzw. gerade deswegen an einer dezidiert poetologischen *poiesis* zu arbeiten hat, allein schon weil man sich einmischen muss, das steht nicht zuletzt als medien- und pharmakopolitische Frage im Raum.[34] So als wäre es unbestreitbar, dass ein *pharmakon* nichts anderes sei als ein „Gegen-Phantom“[35].

33 Deleuze / Guattari: *Tausend Plateaus*, S. 386.

34 Vgl. Leonhard Fuest: Poetopharmazie. http: www.poetopharmazie.de (Zugriff am 05.12.214).

35 Jacques Derrida: Die Rhetorik der Droge. In: Ders.: *Auslassungspunkte. Gespräche*, aus d. Franz. v. Karin Schreiner / Dirk Weissmann. Wien: Passagen 1998, S. 241–266, hier S. 251.

Abbildungsnachweise

Petra Löffler: Geister der Stadt.

Abb. 1–2: Sandy Carson: *Ghosts of the City*. http://www.sandycarson.com/projects/ghosts-of-the-city (Zugriff am 10.01.2015).

Abb. 3–7: *Gespenster* (D 2005, R: Christian Petzold). DVD: Indigo 2006.

Micha Braun: Echo/Ghost.

Abb. 1–4: *Berek* (*The Game of Tag*, PL 1999, R: Artur Żmijewski). http://artmuseum.pl/en/filmoteka/praca/zmijewski-artur-berek (Zugriff am 25.08.2014). © Muzeum Sztuki Nowoczesnej w Warszawie.

Abb. 5–6: Zbigniew Libera: *Lego. Obóz koncentracyjne* (*Lego. Concentration Camp*), 1996. http://en.rastergallery.com/prace/1509/ (Zugriff am 25.08.2014). © Galeria Raster, Warszawa

Abb. 7–10: Zbigniew Libera: *Kolarze, Mieszkańcy, Che, następny kadr* und *Nepal* aus der Serie *Pozytywy* (*Positives*), 2002. http://www.atlassztuki.pl/3.html (Zugriff am 25.08.2014). © Atlas Sztuki, Łódź

Abb. 11–12: Robert Kuśmirowski: *PKP* (Installationsansicht), Galeria Biała, Lublin 2002. Quelle: Yilmaz Dziewior (Hrsg.): *Robert Kusmirowski*. Ostfildern: Hatje Cantz 2005, S. 106–107. © Robert Kuśmirowski

Abb. 13–14: Robert Kuśmirowski: *Double V* (Installationsansicht), Galeria Kronika, Bytom 2004 / Van Abbemuseum, Eindhoven 2005. Quelle: Yilmaz Dziewior (Hrsg.): R*obert Kusmirowski*. Ostfildern: Hatje Cantz 2005, S. 36–37, 39. © Robert Kuśmirowski

Hans-Friedrich Bormann: „Who's there?".

Abb. 1: J. Coghlan: *Hamlet and the Ghost*. Kolorierte Zeichnung, vermutlich frühes 19. Jahrhundert. Folger Shakespeare Library / Digital Image Collection, Source Call Number: ART Box C678 no. 3.

Abb. 2: George Cruikshank: *Alas, poor Ghost!* Radierung, 1857. Folger Shakespeare Library / Digital Image Collection, Source Call Number: ART File E47 no. 11.

Abb. 3: James McArdell (nach Benjamin Wilson): *Mr. Garrick in Hamlet*. Act I. Scene 4. Mezzotinto, 1756. Folger Shakespeare Library / Digital Image Collection, Source Call Number: ART File G241 no. 94.

Abb. 4: Ducarme: *Garrick, Tragédien Anglais, né en 1716, mort en 1779 (Role d'Hamlet)*. Lithographie, 19. Jahrhundert. Folger Shakespeare Library / Digital Image Collection, Source Call Number: ART File G241 no. 64.

Bibliographie

Adams, Alex: Rendition and the Stuff of Life: Towards a Political Cinema of Torture. Conference Paper zu ‚The Depoliticization of 9/11', vorgetragen am 06.11.2010, Newcastle University.

Adorno, Theodor W.: Kulturkritik und Gesellschaft. In: Ders.: *Gesammelte Schriften*, Bd. 10,1: Kulturkritik und Gesellschaft. Prismen – Ohne Leitbild, hrsg. v. Rolf Tiedemann. Frankfurt am Main: Suhrkamp 1977, S. 11–30.

—: Was bedeutet: Aufarbeitung der Vergangenheit. In: Ders.: *Kulturkritik und Gesellschaft II. Eingriffe – Stichworte – Anhang*. Frankfurt am Main: Suhrkamp 1977, S. 555–572.

Agamben, Giorgio: *The Coming Community*. Minneapolis: University of Minnesota Press 1993.

—: *Quel che resta di Auschwitz. L'archivio e il testimone*. Torino: Bollati Boringhieri 1998.

—: *Homo Sacer. Die souveräne Macht und das nackte Leben*. Frankfurt am Main: Suhrkamp 2002.

—: *Herrschaft und Herrlichkeit. Zur theologischen Genealogie von Ökonomie und Regierung. Homo sacer II,2*. Frankfurt am Main: Suhrkamp 2010.

Agazzi, Elena / Erhard Schütz (Hrsg.): *Heimkehr: Eine zentrale Kategorie der Nachkriegszeit. Geschichte, Literatur und Medien*. Berlin: Duncker & Humblot 2010.

Aggermann, Lorenz: *Der offene Mund. Über ein zentrales Phänomen des Pathischen*. Berlin: Theater der Zeit 2013.

Alazraki, Jaime: *La prosa narrativa de Jorge Luis Borges: temas, estilo*. Madrid: Gredos 1974.

Alphen, Ernst von: Zbigniew Libera. In: Monika Branicka / Asia Żak (Hrsg..): *Polish! Zeitgenössische Kunst aus Polen*. Ostfildern: Hatje Cantz 2011, S. 178–185.

Alt, Peter-Andre: *Ästhetik des Bösen*. München: Beck 2010.

Althusser, Louis: *Das Kapital lesen*, Bd. I. Reinbek: Rowohlt 1972.

—: Ideologie und ideologische Staatsapparate. In: Ders.: *Ideologie und ideologische Staatsapparate. Aufsätze zur marxistischen Theorie*. Hamburg / Berlin: VSA 1977, S. 108–153.

—: Ideologie und ideologische Staatsapparate. Notizen für eine Untersuchung. In: Ders.: *Ideologie und ideologische Staatsapparate*, Hbd. 1, hrsg. v. Frieder Otto Wolf. Hamburg: VSA 2010, S. 37–102.

Amnesty International: Below the Radar: Secret Flights to Torture and ‚Disappearance'. http://www.amnesty.org/en/library/info/AMR51/051/2006/en (Zugriff am 13.03.2014).

Anders, Günther: Die Welt als Phantom und Matrize. Philosophische Betrachtungen über Rundfunk und Fernsehen, §5 (1956). In: Ders.: *Die Antiquiertheit des Menschen*, Bd. 1: Über die Seele im Zeitalter der zweiten industriellen Revolution. München: Beck 1987.

Andriopoulos, Stefan: Die Laterna Magica der Philosophie. Gespenster bei Kant, Hegel und Schopenhauer. In: *DVjs* 80 (2006), S. 171–211.

—: *Ghostly Apparitions. German Idealism, the Gothic Novel, and Optical Media*. New York: Zone Books 2013.

„Anekdote von dem Bauchredner Alexander“. In: *Abend-Zeitung*, 10.10.1817, S. 3.

Arbeau, Thoinot: *Orchésographie, et traité en forme de dialogue, par lequel toutes personnes peuvent facilement apprendre et pratiquer l'honnête exercise des dances.* Hildesheim / Zürich / New York: Olms 1989.

Aristoteles: *De Anima.* Oxford: Clarendon 1961.

—: *Physik,* IV 10–14. In: Ders.: *Philosophische Schriften,* Bd. 6. Hamburg: Meiner 1995, S. 101–118.

—: *Über die Seele. Griechisch – Deutsch,* hrsg. v. Horst Seidl. Hamburg: Meiner 1995.

Assmann, Jan: *Collective Memory and Early Civilization. Writing, Remembrance and Political Imagination.* Cambridge: Cambridge University Press 2011.

Augé, Marc: *Nicht-Orte.* München: Beck 2000.

Augustine: *Confessions,* aus d. Lat. v. Henry Chadwick. Oxford University Press 2004.

Balázs, Béla: Männlich oder Kriegsblind? In: *Die Weltbühne* 25,1 (1929), S. 969–971.

Barili, Amelia: *Jorge Luis Borges y Alfonso Reyes: la cuestión de la identidad del escritor latinoamericano.* Mexico: Fondo de cultura económica 1999.

Barry, Max: *Maschinenmann,* aus d. Engl. v. Friedrich Mader. München: Heyne 2012.

Barthes, Roland: Das griechische Theater. In: Ders.: *Der entgegenkommende und der stumpfe Sinn.* Frankfurt am Main: Suhrkamp 1990, S. 69–93.

—: *Die helle Kammer. Bemerkung zur Photographie,* aus d. Franz. v. Dietrich Leube. Frankfurt am Main: Suhrkamp 1992.

Baßler, Moritz / Bettina Gruber / Martina Wagner-Egelhaaf (Hrsg.): *Gespenster. Erscheinungen – Medien – Theorien.* Würzburg: Königshausen & Neumann 2005.

Bauchredner. In: *Der Wanderer,* 01.09.1816, S. 990.

Beaupré, Nicolas: „Debout les morts!“: Die Wiedergänger des Ersten Weltkrieges in der Kultur des Krieges und des Nachkrieges. In: Claire Gantet / Fabrice d'Almeida (Hrsg.): *Gespenster und Politik. 16. bis 21. Jahrhundert.* München: Fink 2007, S. 271–286.

Beecroft, Alexander: World Literature Without a Hyphen. Towards a Typology of Literary Systems. In: *New Left Review* 54 (2008), S. 87–100.

Behar, Luisa Block de: Una épica de la invención. In: *Cuadernos Hispanoamericanos* 609 (2001), S. 56–66.

Benjamin, Walter: Der Flaneur. In: Ders.: *Charles Baudelaire,* hrsg. v. Rolf Tiedemann. Frankfurt am Main: Suhrkamp 1974, S. 33–65.

—: Eduard Fuchs, der Sammler und der Historiker [1937]. In: Ders.: *Gesammelte Schriften*: Bd. II.2, hrsg. v. Rolf Tiedemann / Hermann Schweppenhäuser Frankfurt am Main: Suhrkamp 1989, S. 465–505.

—: *Ursprung des deutschen Trauerspiels.* In: Ders.: *Gesammelte Schriften,* Bd. I.1, hrsg. v. Rolf Tiedemann / Hermann Schweppenhäuser. Frankfurt am Main: Suhrkamp 1991, S. 203–409.

Berg, Walter Bruno: Der Realismus des Phantastischen. Untersuchungen zur Funktion und Darstellung in den Erzählungen von J. L. Borges. In: *Iberoromania* 5 (1980), S. 49–81.

Berman, Marshall: *All that is Solid Melts into Air. The Experience of Modernity*. New York: Penguin 1988.

Biderman, Albert / Herbert Zimmer (Hrsg.): *The Manipulation of Human Behavior*. New York: Wiley & Sons 1961.

Bindernagel, Jeanne / Micha Braun: Mediale Rekonstruktionen. Zu historischem Ereignis und künstlerischem Reenactment in den Arbeiten von Thomas Harlan und Robert Kuśmirowski. In: Günther Heeg / Micha Braun / Lars Krüger / Helmut Schäfer (Hrsg.): *Reenacting History: Theater & Geschichte*. Berlin: Theater der Zeit 2014, S. 126–156.

Blanchot, Maurice: *Das Unzerstörbare. Ein unendliches Gespräch über Sprache, Literatur und Existenz*. München: Hanser 1991.

Blau, Herbert: *Take Up the Bodies. Theater at the Vanishing Point*. Urbana: University of Illinois Press 1982.

Bloom, Harold: *The Anxiety of Influence. A Theory of Poetry*. New York / Oxford: Oxford University Press 1997.

Blüher, Karl Alfred: Paradoxie und Neophantastik im Werk von Jorge Luis Borges. In: Paul Geyer / Roland Hagenbüchle (Hrsg.): *Das Paradox. Eine Herausforderung des abendländischen Denkens*. Tübingen: Stauffenburg 1992, S. 531–550.

Blume, Max: *Die Bauchrednerkunst. Geschichte und Lehrmethode derselben nebst Biographie des Bauchredners*. Hamburg 1897.

Borges, Jorge Luis: El Aleph [1949]. In: Ders.: *Obras completas*, Bd. I: 1923–1949. Barcelona: Emecé 1989, S. 533–630.

—: El sur [1953]. In: Ders.: *Obras completas*, Bd. II: 1952–1972. Barcelona: Emecé 1989, S. 525–530.

Bossinade, Johanna: *Die Stimme des Anderen. Zur Theorie der Alterität*. Würzburg: Königshausen & Neumann 2011.

Bozzetto, Roger: *L'Invention de Morel*. Robinson, les choses et les simulacres. In: *Études Françaises* 35,1 (1999), S. 67–77.

Bradbury, Ray: *Fahrenheit 451*, aus d. Engl. v. Fritz Güttinger. Zürich: Diogenes 2008.

Braun, Micha: Graniczne przestrzenie pamięci. Roberta Kuśmirowskiego artystyczne manipulacje polsko-niemieckimi obrazami historycznymi. In: Małgorzata Leyko / Artur Pełka (Hrsg.): *Teatr – literatura – media. O polsko-niemieckich oddziaływaniach w sferze kultury po 1989 roku*. Łódź: Primum Verbum 2013, S. 250–260.

Brecht, Bertolt: Trommeln in der Nacht. In: Ders.: *Gesammelte Werke*, Bd. I: Stücke I. Frankfurt am Main: Suhrkamp 1967, S. 69–124.

Brewster, David: *Letters on Natural Magic. Addressed to Sir Walter Scott*. New York: Harper & Brothers 1835.

Briggs, Julia: *The Ghost Story*. In: David Punter (Hrsg.): *A New Companion to the Gothic*. London: Wiley-Blackwell 2012, S. 176–185.

Brinkmann, Rolf Dieter: *Erkundungen für die Präzisierung des Gefühls für einen Aufstand: Reise Zeit Magazin (Tagebuch)*. Reinbek: Rowohlt 1987.

Broca, Pierre Paul: *Remarks on the Seat of the Faculty of Articulated Language, Following an Observation of Aphemia (Loss of Speech)*, aus d. Franz. v. Christopher D. Green. http://psychclassics.asu.edu/Broca/aphemie-e.htm (Zugriff am 21.03.2014) [Franz.: Remarques sur le siége de la faculté du langage articulé, suivies d'une observation d'aphémie (perte de la parole). In: *Bulletin de la Société Anatomique* 6 (1861), S. 330–357].

Brown, J. H.: *Spectropia; or Surprising Spectral Illusions Showing Ghosts Everywhere, and of Any Colour*. New York: James G. Gregory 1864. http://en.wikisource.org/wiki/Spectropia (Zugriff am 21.03.2014).

Burnim, Kalnan A.: *David Garrick, Director*. Pittsburgh: University of Pittsburgh Press 1961.

Carlson, Marvin: *Performance. A Critical Introduction*. London: Routledge 1999.

—: *The Haunted Stage: The Theatre as Memory Machine*. Ann Arbor: University of Michigan Press 2003.

Casanova, Pascale: *La république mondiale des lettres* [1999]. Paris: Seuil 2008.

—: Literature as a World. In: *New Left Review* 31 (2005), S. 71–90.

Casares, Adolfo Bioy: *Adolfo Bioy Casares a la hora de escribir*. Barcelona: Tusquets 1988.

—: *Morels Erfindung*. Frankfurt am Main: Suhrkamp 2003.

—: *La invención de Morel / El gran Serafín*. Madrid: Cátedra 2005.

Casta, Isabelle: Un théophanie de l'obscur: la machine désirante du *Château des Carpathes* de Jules Verne. In: Philippe Mustière / Michel Fabre (Hrsg.): *Jules Verne. Les Machines et la Science*. Nantes: Coiffard libraire éditeur 2005, S. 309–316.

Castle, Terry: Phantasmagoria. Spectral Technology and the Metaphorics of Modern Reverie. In: *Critical Inquiry* 15,1 (1988), S. 26–61.

Certeau, Michel de: *Kunst des Handelns*. Berlin: Merve 1988.

Chion, Michel: *La voix au cinéma*. Paris: Cahiers du Cinéma / Éditions de l'Étoile 1982.

—: *Audio-Vision. Sound on Screen*, aus d. Franz. u. hrsg. v. Claudia Gorbman. New York: Columbia University Press 1994.

—: *The Voice in Cinema*. New York: Columbia University Press 1999.

Chronik der Königl. Schaubühne zu Dresden. In: *Abend-Zeitung*, 23.10.1817, S. 4.

Cichocki, Sebastian: Double v. In: Yilmaz Dziewior (Hrsg.): *Robert Kusmirowski*. Ausstellungskatalog Kunstverein in Hamburg. Ostfildern: Hatje Cantz 2005, S. 28–39.

Coenen, Christopher / Stefan Gammel / Reinhard Heil / Andreas Woyke. (Hrsg.): *Die Debatte über ‚Human Enhancement'. Historische, philosophische und ethische Aspekte der technologischen Verbesserung des Menschen*. Bielefeld: Transcript 2010.

Commager, Henry Steele: *The Empire of Reason: How Europe Imagined and America Realised the Enlightenment*. London: Phoenix 2000.

Connor, Steven: *Dumbstruck. A Cultural History of Ventriloquism*. Oxford: Oxford University Press 2000.

Cortázar, Julio: Algunos aspectos del cuento (1962–1963). In: Ders.: *Obra crítica*, Bd. 2. Madrid: Alfaguara 1994, S. 365–385.

—: L'Argentine à la croisée des mondes. In: *Lire* 423 (März 2014), S. 54–65.

Critchley, Simon / Jamieson Webster: *Stay Illusion! The Hamlet Doctrine.* New York: Pantheon 2013.

Damrosch, David (Hrsg.): *World Literature in Theory.* Malden: Wiley-Blackwell 2014.

Danner, Mark: *Torture and Truth. America, Abu Ghraib, and the War on Terror.* New York: New York Review Books 2004.

Dargent, Juliette-Lambertine: Alexandre Vattemare (1796–1864). In: *Bulletin des bibliothèques de France* 8 (1964). http://bbf.enssib.fr/consulter/bbf-1964-08-0333-002 (Zugriff am 02.06.2014).

Dedekind, Ernst Gustav Wilhelm: *Ueber Geisternähe und Geisterwirkung oder Ueber die Wahrscheinlichkeit, daß die Geister der Verstorbenen den Lebenden sowohl nahe seyn, als auch auf sie wirken können.* 3. Aufl. Hannover: Hahn'sche Buchhandlung 1825.

Deleuze, Gilles / Félix Guattari: *Anti-Ödipus*, aus d. Franz. v. Bernd Schwibs. Frankfurt am Main: Suhrkamp 1977.

—: *Tausend Plateaus. Kapitalismus und Schizophrenie.* Berlin: Merve 1992.

Deleuze, Gilles: *Nietzsche und die Philosophie*, aus d. Franz. v. Bernd Schwibs. München: Rogner & Bernhard 1976.

—: *Das Bewegungs-Bild. Kino 1.* Frankfurt am Main: Suhrkamp 1997.

—: *Das Zeit-Bild. Kino 2.* Frankfurt am Main: Suhrkamp 1997.

—: *Differenz und Wiederholung.* München: Fink 1997.

Derrida, Jacques: Cogito und Geschichte des Wahnsinns. In: Ders.: *Die Schrift und die Differenz*, aus d. Franz. v. Rodolphe Gasché / Ulrich Köppen. Frankfurt am Main: Suhrkamp 1972, S. 53–101.

—: *Mémoires. Für Paul de Man*, hrsg. v. Peter Engelmann. Wien: Passagen 1988.

—: *Gesetzeskraft. Der „mystische Grund der Autorität".* Frankfurt am Main: Suhrkamp 1991.

—: *Vom Geist. Heidegger und die Frage.* Frankfurt am Main: Suhrkamp 1992.

—: *Spectres de Marx: l'état de la dette, le travail du deuil et la nouvelle Internationale.* Paris: Galilée 1993.

—: *Specters of Marx: The State of Debt, the Work of Mourning, and the New Inernational*, aus d. Franz. v. Peggy Kamuf. New York: Routledge 1994.

—: *Marx' Gespenster. Der verschuldete Staat, die Trauerarbeit und die neue Internationale*, aus d. Franz. v. Susanne Lüdemann. Frankfurt am Main: Fischer 1995.

—: Die Rhetorik der Droge. In: Ders.: *Auslassungspunkte. Gespräche*, aus d. Franz. v. Karin Schreiner / Dirk Weissmann. Wien: Passagen 1998, S. 241–266.

—: *Limited Inc.*, aus d. Franz. v. Werner Rappl / Dagmar Travner. Wien: Passagen 2001.

—: *Fichus. Frankfurter Rede*, aus d. Franz. v. Stefan Lorenzer. Wien: Passagen 2003.

—: *Marx' Gespenster. Der Staat der Schuld, die Trauerarbeit und die neue Internationale*, aus d. Franz. v. Susanne Lüdemann. Frankfurt am Main: Suhrkamp 2004.

—: *Marx & Sons*, aus d. Franz. v. Jürgen Schröder. Frankfurt am Main: Suhrkamp 2004.

—: *Leben ist Überleben*, aus d. Franz. v. Markus Sedlaczek. Wien: Passagen 2005.

—: *As if I were Dead / Als ob ich tot wäre*. Wien: Turia + Kant 2007.

—: *Das Tier, das ich also bin*, aus d. Franz. v. Markus Sedlaczek. Wien: Passagen 2010.

Derrida, Jacques / Hans-Georg Gadamer: *Der ununterbrochene Dialog*, hrsg. v. Martin Gessmann. Frankfurt am Main: Suhrkamp 2004.

—: *Echographien. Fernsehgespräche*, hrsg. v. Peter Engelmann. Wien: Passagen 2006.

Derrida, Jacques / Elisabeth Roudinesco: *Woraus wird Morgen gemacht sein? Ein Dialog*, aus d. Franz. v. Hans-Dieter Gondek. Stuttgart: Klett-Cotta 2006.

Derrida, Jacques / Michael Sprinker: *Ghostly Demarcations: A Symposium on Jacques Derrida's Specters of Marx*. London / New York: Verso 2008.

Derrida, Jacques / Bernard Stiegler: *Échographies de la télévision: entretiens filmés*. Paris: Galilée 1996.

Detcheva, Violeta: Kurzschluss. Versuch über Gotscheffs Theater am Beispiel von Koltès' ‚Kampf des Negers und der Hunde' und Aischylos' ‚Die Perser'. In: Peter Staatsmann / Bettina Schültke (Hrsg.): *Das Schweigen des Theaters – Der Regisseur Dimiter Gotscheff*. Berlin: Vorwerk 8 2008, S. 129–139.

Dick, Philip K.: *Blade Runner*, aus d. Engl. v. Norbert Wölfl. München: Heyne 2002 [Orig.: *Do Androids Dream of Electric Sheep?*].

Didi-Huberman, Georges: Das Archiv brennt. In: Ders. / Knut Ebeling (Hrsg.): *Das Archiv brennt*. Berlin: Kadmos 2007, S. 7–32.

Digital National Security Archive. http://www2.gwu.edu/~nsarchiv/NSAEBB/NSAEBB122/index.htm (Zugriff am 10.03.2014).

Döblin, Alfred: *Hamlet oder Die lange Nacht nimmt ein Ende*. München: dtv 1987.

Dolar, Mladen: *His Master's Voice. Eine Theorie der Stimme*. Frankfurt am Main: Suhrkamp 2007.

Dresden, Sem: *Holocaust und Literatur*. Frankfurt am Main: Jüdischer Verlag 1997.

Dreyer, Matthias: *Theater der Zäsur. Antike Tragödie im Theater seit den 1960er Jahren*. Paderborn: Fink 2014.

Dückers, Tanja: Wohin in Berlin? In: *Jungle World*, 12.04.2006. http://jungle-world.com/artikel/2006/15/17278.html.

During, Simon: Beckford in der Hölle. Eine Episode aus der Geschichte der säkularen Magie. In: Brigitte Felderer / Ernst Strouhal (Hrsg.): *Rare Künste. Zur Kultur- und Mediengeschichte der Zauberkunst*. Wien / New York: Springer 2007, S. 339–365.

Dziewior, Yilmaz (Hrsg.): *Robert Kusmirowski*. Hamburg: Hatje Cantz 2006.

Eagleton, Terry: Marxism Without Marxism. In: Michael Sprinker (Hrsg.): *Ghostly Demarcations. A Symposium on Jacques Derrida's Specters of Marx*. New York: Verso 1999, S. 83–87.

Eckartshausen, Karl von: *Sammlung der merkwürdigsten Visionen, Erscheinungen, Geister- und Gespenstergeschichten. Nebst einer Anweisung, dergleichen Vorfälle vernünftig zu untersuchen, und zu beurtheilen*. München: Joseph Lindauer 1792.

—: *Aufschlüsse zur Magie aus geprüften Erfahrungen über verborgene philosophische Wissenschaften und verdeckte Geheimnisse der Natur.* München: Pflüger 1923.

—: *Blicke in die Zukunft oder Prognostation des 19. Jahrhunderts nach den Gesetzen der Wahrscheinlichkeit berechnet, vermöge welcher man künftige Ereignisse voraussagen kann.* Müllheim: Ambra 1997.

Edensor, Tim: *Industrial Ruins. Spaces, Aesthetics, Materiality.* Oxford / New York: Berg 2005.

Eggen, Dan / Dafna Linzer: Secret World of Detainees Grows More Public. In: *Washington Post,* 07.09.2006. http://www.washingtonpost.com/wp-dyn/content/article/2006/09/06/AR2006090602142.html (Zugriff am 13.03.2014).

Ellrich, Lutz: Carl Niessens Handbuch der Theater-Wissenschaft – Versuch einer ethnologischen Relektüre. In: *Maske und Kothurn* 1–2 (2009), S. 175–192.

Eschkötter, Daniel: Phantombilder der abstrakten Existenz. Die Szene der Überwachung bei Christian Petzold. In: Winfried Pauleit / Christine Rüffert / Karl-Heinz Schmid / Alfred Tews (Hrsg.): *Public Enemies. Film zwischen Identitätsbildung und Kontrolle.* Berlin: Bertz + Fischer 2011, S. 88–100.

Felderer, Brigitte / Ernst Strouhal: Am Spielplatz rarer Künste. Zu den Geschichten der Zauberkunst – eine Einleitung. In: Dies. (Hrsg.): *Rare Künste. Zur Kultur- und Mediengeschichte der Zauberkunst.* Wien / New York: Springer 2007, S. 11–31.

Ferenczi, Alexis: Salon du livre 2014: polémique autour des écrivains argentins invités. In: *The Huffington Post avec AFP,* 21.03.2014. http://www.huffingtonpost.fr/2014/03/20/salon-du-livre-argentine-polemique-ecrivain-opposant_n_5001816.html (Zugriff am 14.04.2014).

Fiedler, Leslie: *Love and Death in the American Novel.* 1960. New York: Stein and Day 1982.

Fischer-Lichte, Erika: *Ästhetik des Performativen.* Frankfurt am Main: Suhrkamp 2004.

—: *The Transformative Power of Performance. A New Aesthetics,* aus. d. Deutschen v. Saskya Iris Jain. London / New York: Routledge 2008.

Fischer Fussell, Paul: *The Great War and Modern Memory.* New York / London: Oxford University Press 1975.

Flatau Theodor S./ Gutzmann, Hermann: *Die Bauchrednerkunst. Geschichtliche und experimentelle Untersuchungen.* Leipzig: Meiner 1894.

Foakes, R. A.: ‚Armed at Point Exactly': The Ghost in Hamlet. In: *Shakespeare Survey* 58 (2005), S. 34–47.

Forrest, Jennifer: Scripting the Female Voice: The Phonograph, the Cinematograph, and the Ideal Woman. In: *Nineteenth-Century French Studies* 27,1–2 (1998–1999), S. 71–95.

Foucault, Michel: *Wahnsinn und Gesellschaft,* aus d. Franz. v. Ulrich Köppen. Frankfurt am Main: Suhrkamp 1969.

—: *Die Ordnung der Dinge.* Frankfurt am Main: Suhrkamp 1974.

—: Andere Räume. In: Karlheinz Barck / Peter Gente / Heidi Paris / Stefan Richter (Hrsg.): *Aisthesis. Wahrnehmung heute oder Perspektiven einer anderen Ästhetik.* Leipzig: Reclam 1990, S. 34–46.

—: *Überwachen und Strafen. Die Geburt des Gefängnisses,* aus d. Franz. v. Walter Seitter. Frankfurt am Main: Suhrkamp 1994.

—: *Diskurs und Wahrheit. Berkeley-Vorlesungen 1983*, aus d. Engl. v. James Pearson. Berlin: Merve 1996.

—: Erwiderung auf Derrida. In: Ders.: *Dits et Ecrits. Schriften in vier Bänden*, Bd. II: 1970–1975, hrsg. v. Daniel Defert / François Ewald / Jacques Lagrange (Mitarbeit), aus d. Franz. v. Reiner Ansén / Michael Bischoff / Hans-Dieter Gondek / Hermann Kocyba / Jürgen Schöder. Frankfurt am Main: Suhrkamp 2002, S. 347–367.

—: Nietzsche, die Genealogie, die Historie. In: Ders.: *Dits et Ecrits. Schriften in vier Bänden*, Bd II: 1970–1975, hrsg. v. Daniel Defert /François Ewald / Jacques Lagrange (Mitarbeit), aus d. Franz. v. Reiner Ansén / Michael Bischoff / Hans-Dieter Gondek / Hermann Kocyba / Jürgen Schöder. Frankfurt am Main: Suhrkamp 2002, S. 166–191.

—: *Der Mut zur Wahrheit*, aus d. Franz. v. Jürgen Schröder. Frankfurt am Main: Suhrkamp 2012.

—: *Die Regierung des Selbst und der anderen*, aus d. Franz. v. Jürgen Schöder. Frankfurt am Main: Suhrkamp 2012.

Frank, Manfred: *Einführung in die frühromantische Ästhetik*. Frankfurt am Main: Suhrkamp 1989.

Frenzel, Elisabeth: *Stoffe der Weltliteratur. Ein Lexikon dichtungsgeschichtlicher Längsschnitte*. Stuttgart: Kröner 2005.

Freud, Sigmund: Eine Schwierigkeit der Psychoanalyse. In: *Imago. Zeitschrift für die Anwendung der Psychoanalyse auf die Geisteswissenschaften* 5 (1917), S. 1–7.

—: Das Unheimliche. In: *Imago. Zeitschrift für Anwendung der Psychoanalyse auf Geisteswissenschaften* 5 (1919), S. 297–324.

—: *Das Unbehagen in der Kultur*. Frankfurt am Main: Fischer 1994.

—: Das Unheimliche (1940). In: Ders. (Hrsg.): *Gesammelte Werke*, Bd. XII, hrsg. v. Anna Freud. Frankfurt am Main: Fischer 1999.

Frontisi, Françoise/ Jean-Pierre Vernant: Figures du masque en Grèce ancienne. In: Jean-Pierre Vernant / Pierre Vidal-Naquet: *La Grèce ancienne*, Bd. 3: Rites de passage et transgressions. Paris: Seuil 1992, S. 297–315.

Frye, Mira Katharina: *Geistererscheinungen, Hirngespinste und Augengespenster. Medien des Gespenstischen im späten 18. Jahrhundert*. Magisterarbeit, Humboldt-Universität zu Berlin 2008. http://www.culture.hu-berlin.de/files/Magisterarbeit_Frye.pdf (Zugriff am 21.03.2014).

Fuest, Leonhard: *Noch einmal Gespenster. Zur Begründung der Hantologie*. http://dekonstrukte.de (Zugriff am 05.05.2014).

—: Poetopharmazie. http://www.poetopharmazie.de (Zugriff am 12.12.2014).

Fugmann, Tom: Was darf Kunst? Streit um Video des Künstlers Artur Zmijewski. In: *3sat Kulturzeit*, 23.11.2011. http://www.3sat.de/page/?source=/kulturzeit/themen/158663/index.html (Zugriff am 25.03.2014).

Fussell, Paul: *The Great War and Modern Memory*. New York / London: Oxford University Press 1975.

Garloff, Katja: Expanding the Canon of Holocaust Literature: Traumatic Address in Hubert Fichte and Wolfgang Hildesheimer. In: *New German Critique* 96 (2005), S. 49–74.

Gary, Romain: *La danse de Gengis Cohn*. Paris: Gallimard 1967.

Getz, John R: Irving's ‚Dolph Heyliger': Ghost Story or Tall Tale?. In: *Studies in Short Fiction* 16 *(1979),* S. 67–68.

Ghost. In: *Oxford Language Dictionary.* Oxford: Oxford University Press 2006, S. 492.

Giardinelli, Mempo: Was man heute in Argentinien schreibt und liest. Variationen über den literarischen Diskurs in Argentinien Mitte der neunziger Jahre. In: Rafael Sevilla / Ruth Zimmerling (Hrsg.): *Argentinien. Land der Peripherie?* Bad Honnef: Horlemann 1997, S. 74–84.

Gildner, Matthew: Psychological Torture as a Cold War Imperative. In: Almerindo E. Ojeda (Hrsg.): *The Trauma of Psychological Torture.* Westport: Praeger Frederick 2008, S. 23–39.

Ginzburg, Carlo: *Spurensicherung. Die Wissenschaft auf der Suche nach sich selbst.* Berlin: Wagenbach 1995.

Girshausen, Theo: *Ursprungszeiten des Theaters. das Theater der Antike.* Berlin: Vorwerk 8 1999.

Glissant, Édouard*: Kultur und Identität. Ansätze zu einer Poetik der Vielheit*, aus d. Franz. v. Beate Thill. Heidelberg: Wunderhorn 2005.

Goddu, Teresa A.: *Gothic America: Narrative, History, and Nation.* New York: Columbia University Press 1997.

Goethe, Johann Wolfgang: *Wilhelm Meisters Lehrjahre.* München: dtv 1977.

—: *Faust*, hrsg. v. Erich Trunz. München: Beck 1994.

Goldblatt, David: *Art and Ventriloquism.* London / New York: Routledge 2006.

González, José Eduardo: Entre alegoría y realismo: El problema del estilo en Borges. In: *Revista de crítica literaria latinoamericana* 39 (1994), S. 141–156.

Gordon, Avery F.: *Ghostly Matters. Haunting and the Sociological Imagination.* London: University of Minnesota Press 2008.

Graves, Robert: *Good-bye to All That and Other Great War Writings.* London: Carcanet 2007.

Greenblatt, Stephen: *Hamlet im Fegefeuer*, aus dem Engl. v. Klaus Binder. Frankfurt am Main: Suhrkamp 2008.

Gregos, Katerina: Robert Kusmirowski. In: *Flash Art* 252 (Januar/Februar 2007). http://www.flashartonline.com/interno.php?pagina=articolo_det&id_art=20&det=ok (Zugriff am 19.03.2014).

Grüny, Christian: Von der Sprache des Gefühls zum Mittel der Qual. Musik als Folterinstrument. In: *Musik & Ästhetik* 15,57 (2011), S. 68–83.

The Guantánamo Testimonials Project. http://humanrights.ucdavis.edu/projects/the-guantanamo-testimonials-project/ (Zugriff am 06.03.2014).

Gumbert, Hans Ludwig (Hrsg.): *Lichtenberg in England. Dokumente einer Begegnung*, Bd. 1: Einleitung und Text. Wiesbaden: Harrassowitz 1977, S. 46–49.

Gumbrecht, Hans Ulrich: *Nach 1945. Latenz als Ursprung der Gegenwart.* Berlin: Suhrkamp 2012.

Hahn, Marcus / Erhard Schüttpelz (Hrsg.): *Trancemedien und Neue Medien um 1900. Ein anderer Blick auf die Moderne.* Bielefeld: Transcript 2009.

Halbwachs, Maurice: *On Collective Memory*, aus d. Franz. v. Lewis A. Coser. Chicago / London: Chicago University Press 1992.

Han, Byung-Chul: *Im Schwarm. Ansichten des Digitalen.* Berlin: Matthes & Seitz 2013.

Hanstein, Ulrike/ Anike Höppner / Jana Mangold (Hrsg.): *Re-Animationen. Szenen des Auf- und Ablebens in Kunst, Literatur und Geschichtsschreibung.* Wien et al.: Böhlau 2012.

Haraway, Donna: Ein Manifest für Cyborgs. Feminismus im Streit mit den Technowissenschaften. In: Dies.: *Die Neuerfindung der Natur: Primaten, Cyborgs und Frauen*, aus d. Engl. v. Fred Wolf. Frankfurt am Main: Campus 1995, S. 33–72.

Haß, Ulrike: Rolle. In: *Metzler Lexikon Theatertheorie*, hrsg. v. Erika Fischer-Lichte / Doris Kolesch / Matthias Warstat. Stuttgart: Metzler 2005, S. 278–283.

Hawthorne, Nathaniel: *The House of the Seven Gables.* New York: Norton 2006.

Heard, Mervyn: *Phantasmagoria. The Secret Life of the Magic Lantern.* Hastings: Projection Box 2006.

Heeg, Günther: *Das Phantasma von der natürlichen Gestalt. Körper, Sprache und Bild im Theater des 18. Jahrhunderts.* Frankfurt am Main / Basel: Stroemfeld 2000.

—: Reenacting History: Das Theater der Wiederholung. In: Ders. / Micha Braun / Lars Krüger / Helmut Schäfer (Hrsg.): *Reenacting History: Theater & Geschichte.* Berlin: Theater der Zeit 2014, S. 10–39.

Hegel, G. W. F.: *Vorlesungen über die Philosophie der Geschichte.* Stuttgart: Reclam 1961.

Heidegger, Martin: Der Spruch des Anaximander. In: Ders.: *Holzwege.* Frankfurt am Main: Klostermann 1950, S. 326–327.

—: *Sein und Zeit. Martin Heidegger Gesamtausgabe*, Bd. 2. Frankfurt am Main: Klostermann 1977.

—: *Metaphysische Anfangsgründe der Logik im Ausgang von Leibniz. Martin Heidegger Gesamtausgabe*, Bd. 26. Frankfurt am Main: Klostermann 1978.

Heimsuchung. In: *Deutsches Wörterbuch von Jacob Grimm und Wilhelm Grimm.* http://woerterbuchnetz.de/DWB/?sigle=DWB&mode=Vernetzung&lemid=GH05538#XGH05538 (Zugriff am 07.12.2014).

Heinse, Gottlob Heinrich: *Geister und Gespenster in einer Reihe von Erzählungen dargestellt. Ein nothwendiger Beitrag zu des Hofraths Jung genannt Stilling Theorie der Geisterkunde.* Basel: Flick 1810.

Held, Klaus: *Lebendige Gegenwart. Die Frage nach der Seinsweise des transzendentalen Ich bei Edmund Husserl, entwickelt am Leitfaden der Zeitproblematik.* Den Haag: Nijhoff 1966.

Herbrechter, Stefan: *Posthumanismus. Eine kritische Einführung.* Darmstadt: WBG 2009.

Herrmann, Christian von: *Das Archiv der Bühne. Eine Archäologie des Theaters und seiner Wissenschaft.* München: Fink 2005.

Hibbert, Samuel: *Andeutungen zur Philosophie der Geistererscheinungen oder: Versuch, die hierbei statthabenden Täuschungen auf ihre natürlichen Ursachen zurückzuführen.* Weimar: Gr. H. S. priv. Landes-Industrie-Comptoirs 1825.

Hildesheimer, Wolfgang: Tynset. In: Ders.: *Gesammelte Werke in sieben Bänden*, Bd. 2: Monologische Prosa, hrsg. v. Christiaan Lucas Hart Nibbrig / Volker Jehle. Frankfurt am Main: Suhrkamp 1991, S. 7–153.

Hillesheim, Jürgen: *„Ich muß immer dichten". Zur Ästhetik des jungen Brecht.* Würzburg: Königshausen & Neumann 2005.

Hofmann, Karl-Ludwig / Peter Riede (Hrsg.): *La Guerre – Der Krieg. Frans Masereels Bilder gegen den Krieg.* Saarbrücken: Frans-Masereel-Stiftung 2010.

Horstkotte, Silke: Die Geister von Auschwitz: Fotografie und spektrale Erinnerung in Stephan Wackwitz' *Ein unsichtbares Land* und *Neue Menschen.* In: Arne De Winde / Anke Gilleir (Hrsg.): *Literatur im Krebsgang. Totenbeschwörung und* memoria *in der deutschsprachigen Literatur nach 1989.* Amsterdam / New York: Rodopi 2008, S. 273–297.

Hügel, Hans-Otto: Ästhetische Zweideutigkeit der Unterhaltung. Eine Skizze ihrer Theorie. In: Ders.: *Lob des Mainstreams. Zu Begriff und Geschichte von Unterhaltung und Populärer Kultur.* Köln: Halem 2007, S. 13–32.

Hurst, Steve: Ventriquolist Entertainers in the 18th and 19th Century. http://www.ventriloquistcentral.com/ventriloquism-tribute/ventriloquists-history/ (Zugriff am 12.06.2014).

Husserl, Edmund: *Phänomenologie des inneren Zeitbewusstseins (1883–1917). Husserliana*, Bd. X. Den Haag: Nijhoff 1966.

Ingegneri, Angelo: Über die Kunst Bühnenstücke darzustellen. In: *Maske und Kothurn* 5,1 (1959), S. 81–88.

International Committee of the Red Cross: Report on the Treatment of Fourteen ‚High Value Detainees'. http://wlstorage.net/file/icrc-report-2007.pdf (Zugriff am 06.03.2014).

Irving, Washington: *History, Tales, and Sketches.* New York: Library of America 1983.

—: *Bracebridge Hall; Tales of a Traveller; the Alhambra.* New York: Library of America 1991.

Iser, Wolfgang: *Das Fiktive und das Imaginäre. Perspektiven literarischer Anthropologie.* Frankfurt am Main: Suhrkamp 1991.

Jameson, Fredric: Third-World Literature in the Era of Multinational Capitalism. In: *Social Text* 15 (1986), S. 65–88.

Jarecka, Dorota: Zmutowany świat Zbigniewa Libery. In: *Gazeta Wyborcza*, 30.11.2009. http://wyborcza.pl/1,75475,7310665,Zmutowany_swiat_Zbigniewa_Libery.html (Zugriff am 18.03.2014).

Jens, Walter: *Herr Meister. Dialog über einen Roman.* Frankfurt am Main / Berlin / Wien: Ullstein 1974.

Jentsch, Ernst: Zur Psychologie des Unheimlichen. In: *Psychiatrisch-Neurologische Wochenschrift* 8,22 (1906), S. 195–198; 8,23 (1906), S. 203–205.

Jünger, Ernst: In Stahlgewittern (1920). In: Ders.: *Werke*, Bd. 1: Tagebücher I. Der Erste Weltkrieg. Stuttgart: Klett-Cotta 1961, S. 9–310.

—: Das Wäldchen 125. Eine Chronik aus den Grabenkämpfen 1918. In: Ders.: *Werke*, Bd. 1: Tagebücher I. Der Erste Weltkrieg. Stuttgart: Klett-Cotta 1961, S. 311–453.

Jung-Stilling, Heinrich: *Theorie der Geister-Kunde, in einer Natur-, Vernunft- und Bibelmäßigen Beantwortung der Frage: Was von den Ahnungen, Gesichten und Geistererscheinungen geglaubt und nicht geglaubt werden müßte.* Nürnberg: Raw'sche Buchhandlung 1808.

Kant, Immanuel: *Werkausgabe*, Bd. III: Die Kritik der reinen Vernunft, hrsg. v. Wilhelm Weischedel. Frankfurt am Main: Suhrkamp 1974.

—: Träume Eines Geistersehers, Erläutert Durch Träume Der Metaphysik. In: Ders. *Werkausgabe*, Bd. 2: Vorkritische Schriften bis 1768, hrsg. v. Wilhelm Weischedel. Frankfurt am Main: Suhrkamp 1977, S. 919–989.

—: Anthropologie in pragmatischer Hinsicht. In: Ders.: *Gesammelte Schriften*, Bd. 7, hrsg. v. d. Preußischen Akademie der Wissenschaften. Berlin: Akademie 2000, S. 117–334.

Kantor, Tadeusz: *A Journey Through Other Spaces: Essays and Manifestos 1944–1990*, aus d. Poln. u. hrsg. v. Michal Kobialka. Berkeley: University of California Press 1993.

Karimi, Kian-Harald: Von der äußeren in die innere Mongolei. Medialität und Domestizierung des Körperlichen bei Mario de Sá Carneiro, Adolfo Bioy Casares und Michel Houellebecq. In: Cerstin Bauer-Funke / Gisela Febel (Hrsg.): *Der automatisierte Körper. Literarische Visionen des künstlichen Menschen vom Mittelalter bis zum 21. Jahrhundert.* Berlin: Weidler 2005, S. 259–283.

Karlsen, Carol K: *The Devil in the Shape of a Woman.* New York: Norton 1987.

Kast, Joseph: *Ernster Blick in das kuenftige Leben oder das Reich der Geister.* Würzburg: Dorbath 1818.

Kellerhoff, Sven Felix: Nacktes Spiel in der Gaskammer – zensiert? In: *Die Welt*, 01.11.2011. http://www.welt.de/kultur/history/article13691556/Nacktes-Spiel-in-der-Gaskammer-zensiert.html (Zugriff am 05.12.2014).

Kelleter, Frank: *Amerikanische Aufklärung: Sprachen der Rationalität im Zeitalter der Revolution.* Paderborn: Schöningh 2002.

Kiefer, Klaus H.: *„Die famose Hexen-Epoche". Sichtbares und Unsichtbares in der Aufklärung.* München: Oldenbourg 2004.

Kimmerle, Heinz: Die unsichtbare Welt der Geister in Derridas *Spectre de Marx*. In: *Hegel-Jahrbuch* 1 (2005), S. 401–408.

Kitchin, Rob / Chris Perkins / Martin Dodge: Thinking about Maps. In: Dies. (Hrsg.): *Routledge Studies in Human Geography.* London / New York: Routledge 2009, S. 1–25.

Kittler, Friedrich A.: *Grammophon. Film. Typewriter.* Berlin: Brinkmann & Bose 1986.

—: Draculas Vermächtnis. In: Ders.: *Draculas Vermächtnis. Technische Schriften.* Leipzig: Reclam 1993, S. 11–57.

—: Die Laterna magica der Literatur: Schillers und Hoffmanns Medienstrategien. In: *Athenäum. Jahrbuch für Romantik* 4 (1994), S. 219–237.

—: Es gibt keine Software. In: Ders.: *Die Wahrheit der technischen Welt. Essays zur Genealogie der Gegenwart.* Berlin: Suhrkamp 2013, S. 285–300.

Kloepfer, Rolf: Das Theater der Sinn-Erfüllung: Double & Paradise vom Serapionstheater (Wien) als Beispiel einer totalen Inszenierung. In: Erika Fischer-Lichte (Hrsg.): *Das Drama und seine Inszenierung. Vorträge des internationalen literatur- und theatersemiotischen Kolloquiums Frankfurt am Main, 1983.* Tübingen: Niemeyer 1985, S. 199–218.

Kluge, Friedrich: *Etymologisches Wörterbuch der deutschen Sprache*. Berlin: de Gruyter 2011.

Kolesch, Doris: Natürlich künstlich. Über die Stimme im Medienzeitalter. In: Dies. / Jenny Schrödl (Hrsg.): *Kunst-Stimmen*. Berlin: Theater der Zeit 2004, S. 19–39.

Kolesch, Doris / Sybille Krämer (Hrsg.): *Stimme. Annäherung an ein Phänomen*. Frankfurt am Main: Suhrkamp 2006, S. 130–146.

Kowalczyk, Izabela: Historia w sztuce współczesnej. In: Grzegorz Borkowski / Monika Branicka / Adam Mazur (Hrsg.): *Nowe zjawiska w sztuce Polskiej po 2000 roku*. Überarb. Auflage. Warszawa: Centrum Sztuki Współczesnej Zamek Ujazdowski 2008, S. 25–28.

Krämer, Sybille: Das Medium als Spur und Apparat. In: Dies. (Hrsg.): *Medien, Computer, Realität. Wirklichkeitsvorstellungen und Neue Medien*. Frankfurt am Main: Suhrkamp 1998, S. 73–94.

—: *Medium, Bote, Übertragung. Kleine Metaphysik der Medialität*. Frankfurt am Main: Suhrkamp 2008.

KUBARK Counterintelligence Interrogation Manual und 1983 *Human Resources Exploitation Training Manual [HRETM]*. http://www2.gwu.edu/~nsarchiv/NSAEBB/NSAEBB122/ index.htm (Zugriff am 10.03.2014).

Kugler, Lena: *Freuds Chimären. Vom Narrativ des Tieres in der Psychoanalyse*. Zürich: Diaphanes 2011.

Kuh, Anton: Der Bauchredner. In: Ders.: *Sekundentriumph und Katzenjammer*, hrsg. v. Traugott Krischke. Wien: Kremayr & Scheriau 1994, S. 39–41 [Orig. in: *Prager Tagblatt*, 07.04.1918].

Kurzweil, Ray: *Menschheit 2.0. Die Singularität naht*, aus d. Engl. v. Martin Rötzschke. Berlin: Lola 2013.

L'Argentine à la croisée des mondes, hrsg. v. Groupe Express-Expansion. In: *Lire* 423 (2014), S. 54–65.

Laçan, Jacques: Desire and the Interpretation of Desire in Hamlet. In: *Yale French Studies* 55/56 (1977), S. 11–52.

—: Hamlet. In: *Wo Es War* 1,2 (1986), S. 3–60.

—: *Die vier Grundbegriffe der Psychoanalyse. Das Seminar Band XI*, hrsg. u. aus d. Franz. v. Norbert Haas. Weinheim / Berlin: Quadriga 1987.

—: Hamlet (Vorträge V–VII). In: *Wo Es War* 2,3–4 (1987), S. 5–45.

—: *Die Übertragung. Das Seminar, Buch VIII*. Wien: Passagen 2008.

Lachmann, Renate: *Erzählte Phantastik, Zu Phantasiegeschichte und Semantik phantastischer Texte*. Frankfurt am Main: Suhrkamp 2002.

Lacoue-Labarthe, Philippe: Der Umweg. In: Werner Hamacher (Hrsg.): *Nietzsche aus Frankreich*, aus d. Franz. v. Thomas Schestag. Frankfurt am Main / Berlin: Ullstein 1986, S. 77–110.

—: Musica Ficta (Figuren Wagners). In: Ders.: *Dichtung als Erfahrung / Die Fiktion des Politischen / Musica Ficta (Figuren Wagners)*, aus d. Franz. v. Thomas Schestag. Basel / Weil am Rhein: Engler 2009, S. 247–404.

Laub, Dori: Zeugnis ablegen oder Die Schwierigkeit des Zuhörens. In: Ulrich Baer (Hrsg.): *Niemand zeugt für den Zeugen. Erinnerungskultur und historische Verantwortung nach der Shoah*. Frankfurt am Main: Suhrkamp 2000, S. 68–83.

Lauderbach, Peter: Nach dem Krieg ist vor dem Krieg. In: *Süddeutsche Zeitung*, 13.10.2006.

Lefebvre, Henri: *The Production of Space*. Malden / Oxford / Carlton: Blackwell 1991.

Lehmann, Hans-Thies: Prädramatische und Postdramatische Theater-Stimmen. Zur Erfahrung der Stimme in der Live-Performance. In: Doris Kolesch / Jenny Schrödl (Hrsg.): *Kunst-Stimmen*. Berlin: Theater der Zeit 2004, S. 40–66.

—: *Postdramatisches Theater*. Frankfurt am Main: Verlag der Autoren 2011.

Leonhard, Jörn: Verheißung, Wiederauferstehung, Erlösung: Bismarck und Hindenburg als historische Wiedergänger in der neueren deutschen Geschichte. In: Claire Gantet / Fabrice d'Almeida (Hrsg.): *Gespenster und Politik. 16. bis 21. Jahrhundert*. München: Fink 2007, S. 303–320.

Lepecki, André: Inscribing Dance. In: Ders. (Hrsg.): *Of the Presence of the Body. Essays on Dance and Performance Theory*. Middletown: Wesleyan University Press 2004, S. 124–139.

—: *Exhausting Dance. Performance and the Politics of Movement*. New York: Routledge 2006.

Lessing, Gotthold Ephraim: *Hamburgische Dramaturgie*, hrsg. v. Kurt Wölfel. Frankfurt am Main: Insel 1986.

Levi, Primo: *Ist das ein Mensch?* Frankfurt am Main: Fischer 1958.

Lévinas, Emmanuel: *Totalität und Unendlichkeit. Versuch über die Exteriorität*. Freiburg / München: Alber 1987.

—: *Jenseits des Seins oder anders als Sein geschieht*. Freiburg / München: Alber 1992.

—: *Gott, der Tod und die Zeit*. Wien: Passagen 1996.

—: *Die Zeit und der Andere*. Hamburg: Meiner 2003.

Lloyd Smith, Allan: *American Gothic Fiction: An Introduction*. New York: Continuum 2004.

Löffler, Petra: Phantome – Bewegungen mit dem Ungewissen. In: *illinx – Berliner Beiträge zur Kulturwissenschaft* 1 (2009), S. 97–120.

—: Ghost Sounds und die kinematographische Imagination. Christian Petzolds GESPENSTER und YELLA. In: Thomas Schick / Tobias Ebbrecht (Hrsg.): *Kino in Bewegung. Perspektiven des deutschen Gegenwartsfilms*. Wiesbaden: VS 2011, S. 63–78.

Lojo, Maria Rosa: ‚Zivilisation und Barbarei', ‚Zentrum und Peripherie' in der argentinischen Erzählliteratur. In: Rafael Sevilla / Ruth Zimmerling (Hrsg.): *Argentinien. Land der Peripherie?* Bad Honnef: Horlemann 1997, S. 85–97.

Loquai, Franz: *Hamlet und Deutschland. Zur literarischen Shakespeare-Rezeption im 20. Jahrhundert*. Stuttgart / Weimar: Metzler 1993.

Loyer, Pierre le: *A Treatise of Specters or Straunge Sights, Visions, and Apparitions Appearing Sensibly Vnto Men: Wherein Is Delivered the Nature of Spirites, Angels, and Divels, Their Power and Properties: As Also of Witches, Sorcerers, Enchanters, and Such Like: With a Table of the Contents of the Severall Chapters Annexed in the End of the Booke*. London: Lownes 1605.

Luhmann, Niklas: Das Medium der Kunst. In: Ders.: *Schriften zu Kunst und Literatur*. Frankfurt am Main: Suhrkamp 2008, S. 123–138.

Lyotard, Jean-François: *Wozu philosophieren?*, aus d. Franz. v. Thomas Laugstien. Berlin / Zürich: Diaphanes 2013.

Maase, Kaspar: *Grenzenloses Vergnügen. Der Aufstieg der Massenkultur 1850–1970.* Frankfurt am Main: Fischer 1997.

Macho, Thomas: Stimmen ohne Körper. Anmerkungen zur Technikgeschichte der Stimme. In: Doris Kolesch / Sybille Krämer (Hrsg.): *Stimme. Annäherung an ein Phänomen.* Frankfurt am Main: Suhrkamp 2006, S. 130–146.

Man, Paul de: A Modern Master [1964]. In: Jaime Alazraki (Hrsg.): *Critical Essays on Jorge Luis Borges.* Boston: Hall 1987, S. 55–62.

Mann, Klaus: Der Bauchredner. In: Ders.: *Speed. Erzählungen aus dem Exil*, hrsg. v. Uwe Naumann. Reinbek: Rowohlt 1990, S. 32–38 (Orig. in: *Der kleine Bund*, 15.12.1935, S. 398–400).

Mannoni, Laurent: „Je sais bien … mais quand même". La Croyance. In: *Les temps modernes* 19,212 (1964), S. 1262–1286.

—: Je sais bien, mais quand même… In: Ders.: *Clefs pour l'Imaginaire ou l'autre Scène.* Paris: Seuil 1969, S. 9–33.

—: *The Great Art of Light and Shadow. Archaeology of the Cinema*, aus d. Franz. v. Richard Crangle. Exeter: University of Exeter Press 2000.

Marks, Jonathan H.: Doctors as Pawns? Law and Medical Ethics at Guantánamo Bay. In: Almerindo E. Ojeda (Hrsg.): *The Trauma of Psychological Torture.* Westport: Praeger Frederick 2008, S. 92–112.

Martens, Gunter: Schon zu Beginn der Moderne ‚postmodern'? – Zur poetologischen Konzeption in Nietzsches Frühwerk. In: Anja Lemke / Martin Schierbaum (Hrsg.): *‚In die Höhe fallen'. Grenzgänge zwischen Literatur und Philosophie.* Würzburg: Königshausen & Neumann 2000, S. 73–98.

Martin, Daniel: „Some Trick of the Moonlight": Seduction and the Moving Image in Bram Stoker's Dracula. In: *Victorian Literature and Culture* 40 (2012), S. 523–547.

Martin, Robert K. / Eric Savoy: *American Gothic: New Interventions in a National Narrative.* Iowa City: University of Iowa Press 1998.

Marty, Dick: Alleged Secret Detentions and Unlawful Inter-state Transfers involving Council of Europe Member States. Committee on Legal Affairs and Human Rights, Draft Report. http://assembly.coe.int/CommitteeDocs/2006/20060606_Ejdoc162006PartII-FINAL.pdf (Zugriff am 06.03.2014).

Mausfeld, Rainer: Foltern für das Vaterland. Über die Beiträge der Psychologie zur Entwicklung von Techniken der ‚weißen Folter'. Universität Kiel. http:// www.zpid.de/redact/link.php?link=608529 (Zugriff am 06.03.2014).

McCoy, Alfred: *Foltern und foltern lassen. 50 Jahre Folterforschung und -praxis von CIA und US-Militär.* Frankfurt am Main: Zweitausendeins 2005.

McHale, Brian: *Postmodernist Fiction.* London / New York: Routledge 1987.

Meier, Georg Friedrich: *Gedancken von Gespenstern.* Halle: Hemmerde 1749.

Menke, Bettine: Rhetorik der Echo. Echo-Trope, Figur des Nachlebens. In: Dörte Bischoff / Martina Wagner-Egelhaff (Hrsg.): *Weibliche Rhetorik – Rhetorik der Weiblichkeit.* Freiburg: Rombach 2003, S. 135–159.

Menke, Christoph: *Die Gegenwart der Tragödie. Versuch über Urteil und Spiel.* Frankfurt am Main: Suhrkamp 2005.

—: *Recht und Gewalt.* Berlin: August 2012.

Merle, Lucia: Más polémica: el director del Salón del Libro de París atacó a Piglia. In: *Clarín*, 19.03.2014. http://www.clarin.com/sociedad/polemica-Salon-Libro-Paris-Piglia_0_1104489612.html (Zugriff am 14.04.2014).

Merleau-Ponty, Maurice: *Phénoménologie de la Perception.* Paris: Gallimard 1945.

—: *Phänomenologie der Wahrnehmung.* Berlin: de Gruyter 1960.

—: Das Auge und der Geist (1961). In: Ders.: *Das Auge und der Geist. Philosophische Essays.* Hamburg: Meiner 2003, S. 275–317.

Mersch, Dieter: *Medientheorien zur Einführung.* Hamburg: Junius 2006.

Metz, Christian: Aural Objects. In: *Yale French Studies* 60 (1980): Cinema/Sound, S. 24–32.

Monegal, Emir Rodríguez: Borges: Una teoría de la literatura fantástica. In: *Iberoamericana* 95 (1976), S. 177–189.

Moretti, Franco: Conjectures on World Literature. In: *New Left Review* 1 (2000), S. 54–68.

—: More Conjectures. In: *New Left Review* 20 (2003), S. 73–81.

Müller, Heiner: *Gesammelte Irrtümer 2. Interviews und Gespräche.* Frankfurt am Main: Verlag der Autoren 1991, S. 50–70.

Muñoz, Gerardo García: *El Sueño Creador. Adolfo Bioy Casares, el ABC de la invención.* México D. F.: Consejo Nacional para la Cultura y las Artes 1994.

Mytkowska, Joanna: Entzweite Zeit. In: Yilmaz Dziewior (Hrsg.): *Robert Kusmirowski.* Ausstellungskatalog Kunstverein in Hamburg. Ostfildern: Hatje Cantz 2005, S. 16–25.

Nadar [d. i. Gaspard Félix Tournachon]: *Als ich Photograph war*, aus d. Franz. v. Trude Fein. Frauenfeld: Huber 1978.

Nägele, Rainer: Gespenster-Gespinst. http://www.corpusweb.net/dd2-gespenster-gespinst.html (Zugriff am 26.11.2014).

Nancy, Jean-Luc: Theaterereignis. In: Nikolaus Müller-Schöll (Hrsg.): *Ereignis. Eine fundamentale Kategorie der Zeiterfahrung. Anspruch und Aporien.* Bielefeld: Transcript 2003, S. 323–331.

Negri, Antonio: The Specter's Smile. In: Michael Sprinker (Hrsg.): *Ghostly Demarcations. A Symposium on Jacques Derrida's Specters of Marx.* New York: Verso 1999.

Nell, Werner: Mythen(de)konstruktion: Trauma, Schuld, Aufarbeitung der Vergangenheit in Alfred Döblins *Hamlet oder Die lange Nacht nimmt ein Ende* (1945/46). In: *Literatur für Leser* 2 (2007), S.63–86.

Nibbrig, Christiaan L. Hart: *Geisterstimmen: Echoraum Literatur.* Weilerswist: Velbrück 2001.

Niessen, Carl: *Handbuch der Theater-Wissenschaft*, Bd. 1.2: Ursprung des asiatischen und griechischen Dramas aus dem Toten-und Ahnenkult. Emsdetten: Lechte 1953.

Nietzsche, Friedrich: Geburt der Tragödie aus dem Geiste der Musik. In: Ders.: *Sämtliche Werke. Kritische Studienausgabe*, Bd. 1, hrsg. v. Giorgio Colli / Mazzino Montinari. München / Berlin / New York: dtv / de Gruyter 1988, S. 9–156.

—: Die Geburt des tragischen Gedankens. In: Ders.: *Sämtliche Werke. Kritische Studienausgabe*, Bd. 3.2, hrsg. v. Giorgio Colli / Mazzino Montinari. München / Berlin / New York: dtv / de Gruyter 1988, S. 72–91.

—: Nachgelassene Fragmente Frühjahr 1988. In: Ders.: *Sämtliche Werke. Kritische Studienausgabe*, Bd. 13, hrsg. v. Giorgio Colli / Mazzino Montinari. München / Berlin / New York: dtv / de Gruyter 1988.

Nitsch, Wolfram: Die Insel der Reproduktionen. Medium und Spiel in Bioy Casares' Erzählung *La invención de Morel*. In: *Iberoromania* 60 (2004), S. 102–117.

Norton, Mary Beth: *In the Devil's Snare: The Salem Witchcraft Crisis of 1692*. New York: Knopf 2002.

Ostheimer, Michael: *Ungebetene Hinterlassenschaften. Zur literarischen Imagination über das familiäre Nachleben des Nationalsozialismus*. Göttingen: Vandenhoeck & Ruprecht 2013.

Paas, Sigrun / Staatliche Kunsthalle Karlsruhe: *Der Schlaf Der Vernunft Gebiert Ungeheuer: Francisco De Goya (1746–1828). Die „Caprichos": Ausstellung in Der Staatlichen Kunsthalle Karlsruhe Vom 10.Dezember 1976 Bis Zum 20. Februar 1977*. Karlsruhe: Staatliche Kunsthalle Karlsruhe 1976.

Paglen, Trevor / A. C. Thompson: *Torture Taxi. On the Trail of the CIA's Rendition Flights*. Cambridge: Icon 2007.

Paranagua, Paulo A.: L'Argentine au Salon du livre de Paris suscite une polémique. In: *Le Monde*, 17.03.2014. http://www.lemonde.fr/livres/article/2014/03/17/l-argentine-au-salon-du-livre-de-paris-suscite-une-polemique_4374228_3260.html (Zugriff am 14.04.2014).

Pauleit, Winfried / Christine Rüffert / Karl-Heinz Schmid / Alfred Tews (Hrsg.): *Public Enemies. Film zwischen Identitätsbildung und Kontrolle*. Berlin: Bertz + Fischer 2011.

Paulus, Siegmund Philipp: *Neueste Blicke in das abentheuerliche Reich der Gespenster und bösen Geister*. Göttingen: In Commission der Diederichschen Buchhandlung 1833.

Pavis, Patrice: Die Inszenierung zwischen Text und Aufführung. In: *Zeitschrift fur Semiotik* 11,1 (1989), S. 13–27.

Pearson, Mike / Michael Shanks: *Theatre/Archeology*. New York / London: Routledge 2001.

Peeters, Benoît: *Jacques Derrida. Eine Biographie*, aus d. Franz. v. Horst Brühmann. Berlin: Suhrkamp 2013.

Pegasus of Apollo: The Ghost of Continental to the Embryo of the New Emission. In: *Worcester Magazine … Containing Politicks, Miscellanies, Poetry, and News* (1786–1788), S. 501.

Pérez, Maria Rodríguez: *La invención de Morel* y *Ceci n'est pas une pipe*. In: *Espéculo* 26 (2004), o. Pag.

Peters, Karin: *Der gespenstische Souverän. Opfer und Autorschaft im 20. Jahrhundert*. München: Fink 2013.

Pfaller, Robert: *Die Illusionen der anderen. Über das Lustprinzip in der Kultur*. Frankfurt am Main: Suhrkamp 2002.

Piglia, Ricardo: El escritor argentino y la tradición [1957]. In: Ders.: *Obras completas*, Bd. I: 1923–1949. Barcelona: Emecé 1989, S. 267–274.

—: Prólogo. In: Adolfo Bioy Casares: *La invención de Morel* [1940]/*El gran Serafín*. Madrid: Cátedra 1998, S. 89–91.

—: *Respiración Artificial* [1980]. Barcelona: Anagrama 2010.

Pike, David: *Metropolis on the Styx. The Underworlds of Modern Urban Culture, 1800–2001.* Ithaca / London: Cornell University Press 2007.

Plinius: *Epistulae. Liber VII / Briefe. 7. Buch: Lateinisch / Deutsch*, hrsg. v. Heribert Philips. Stuttgart: Reclam 1994, S. 61–63.

Poe, Edgar Allan: The Fall of the House of Usher. In: Ders.: *The Selected Writings of Edgar Allan Poe*, hrsg. v. G. R. Thompson. New York: Norton 2004, S. 199–215.

Pott, Sabine: *Film als Geschichtsschreibung bei Rainer Werner Fassbinder. Fassbinders Darstellung der Bundesrepublik Deutschland anhand ausgewählter Frauenfiguren in seiner „BRD-Trilogie": Die Ehe der Maria Braun (1978), Lola (1981) und Die Sehnsucht der Veronika Voss (1982).* Frankfurt am Main: Lang 2004.

Rancière, Jacques: Borges and French Disease [2004]. In: Ders.: *The Politics of Literature.* Cambridge: Polity 2011, S. 128–146.

Rauterberg, Hanno: In der Matschpfütze des Seins. In: *Die Zeit*, 30.03.2006. http://www.zeit.de/2006/14/Biennale/seite-2 (Zugriff am 12.12.2014).

Raymond, George: *The Life and Enterprises of Robert William Elliston, Comedian.* London / New York: Routledge 1857.

Rayner, Alice: *Ghosts. Death's Double And the Phenomena Of Theatre.* Minneapolis / London: University of Minnesota Press 2006.

Reisz, Josef: Poltergeister, Zombies und Twitter: So bringe ich meinen Twitter Account zum Pulsieren. http://blog.socialhub.io/poltergeister-zombies-und-twitter-so-bringe-ich-meinen-twitter-account-zum-pulsieren (Zugriff am 11.11.2014).

Rejali, Darius: *Torture and Democracy.* Princeton: Princeton University Press 2007.

Resch, Jessica: *Odysseus' Wandlung im Nachkriegsdeutschland. Die Figur des griechischen Helden in der deutschsprachigen Erzählprosa.* Marburg: Tectum 2012.

Roach, Joseph R: Garrick, the Ghost, and the Machine. In: *Theatre Journal* 34,4 (1982), S. 431–440.

Robertson, Etienne Gaspard: *Mémoires récréatifs, scientifiques et anecdotiques d'un physicien-aéronaute*, Bd 1: La Fantasmagorie. Langres: Café Clima 1985.

Rokem, Freddie: *Geschichte aufführen. Darstellungen der Vergangenheit im Gegenwartstheater.* Berlin: Neofelis 2012.

Ross, Sherwood: More Than Two-Dozen Countries Complicit In US Torture Programme. In: *The Public Report*, 01.04.2010. http://pubrecord.org/torture/7326/two-dozen-countries-complicit-torture/ (Zugriff am 10.03.2014).

Runia, Eelco H.: Presence. In: *History & Theory* 45,1 (2006), S. 1–29.

—: Spots of Time. In: *History & Theory* 45,3 (2006), S. 305–316.

Rydiger, Monika / Natalia Żak / Paulina Orłowska (Hrsg.): *Pamięć. Rejestry i terytoria / Memory. Registers and Territories.* Ausstellungskatalog Galeria Międzynarodowego Centrum Kultury w Krakowie. Kraków: MCK 2013.

Saltarino, Signor: *Artisten-Lexikon. Biographische Notizen über Kunstreiter, Dompteure, Gymnastiker, Clowns, Akrobaten, Spezialitäten etc. aller Länder und Zeiten.* Düsseldorf: Lintz 1895.

Sarlo, Beatriz: *Una modernidad periférica: Buenos Aires 1920 y 1930* [1988]. Buenos Aires: Nueva Visión 2007.

Sarmiento, Domingo Faustino: *Facundo. Civilización y barbarie* [1845], hrsg. v. Roberto Yahni. Madrid: Cátedra 2008.

Sartre, Jean-Paul: *Das Sein und das Nichts. Versuch einer phänomenologischen Ontologie*. Hamburg: Rowohlt 1962.

Saussure, Ferdinand de: *Grundfragen der allgemeinen Sprachwissenschaft*. Berlin / New York: de Gruyter 2001.

Sawicki, Diethard: *Leben mit dem Toten. Geisterglauben und die Entstehung des Spiritismus in Deutschland 1770–1900*. Paderborn: Schöningh 2002.

Schaeffer, Pierre: Acousmatics. In: Christoph Cox / Daniel Warner (Hrsg.): *Audio Culture. Readings in Modern Music*. New York / London: Continuum 2004, S. 76–81.

Scharfe, Martin: Wiedergänger. Die Lebenden sterben, die Toten leben – Anmerkungen zu einer flüssigen Kulturgrenze. In: Johanna Rolshoven (Hrsg.): *„Hexen, Wiedergänger, Sans-Papiers…". Kulturtheoretische Reflexionen zu den Rändern des sozialen Raumes*. Marburg: Jonas 2003, S. 66–90.

Schefer, Jean-Louis: *Der gewöhnliche Mensch des Kinos*. Paderborn: Fink 2013.

Schiller, Friedrich: Der Geisterseher. In: Ders.: *Sämtliche Werke*, Bd. 5, hrsg. v. Peter-André Alt / Albert Meier / Wolfgang Riedel. München: dtv 2004, S. 48–160.

Schlosser, Johann Georg: Erklärung über die Aufforderung der Berliner Monatsschrift Nov. 1787, S. 449, den Grafen Cagliostro betreffend. In: *Deutsches Museum* 1 (1788), S. 51–60.

Schlösser, Siegfried: Im Schützengraben. In: Ders.: *Sonette aus dem Schützengraben; nebst einem Zwischenspiel aus der Heimat und einem Anhang. 1915/16*. Leipzig: Sarasin 1916, S. 44.

Schmitz, Helmut: Annäherung an die Generation der Großväter: Stephan Wackwitz' *Ein unsichtbares Land* und Thomas Medicus' *In den Augen meines Großvaters*. In: *Bios* 19,2 (2006), S. 247–266.

Schmitz-Emans, Monika: Gespenstische Rede. In: Moritz Baßler / Bettina Gruber / Martina Wagner-Egelhaaf (Hrsg.): *Gespenster: Erscheinungen – Medien – Theorien*. Würzburg: Königshausen & Neumann 2005, S. 229–251.

Scholem, Gershom: Dibbuk (Dybbuk). In: *Encyclopaedia Judaica*, Bd. 3: Coh–Doz, hrsg. v. Fred Skrolnik. Detroit: Macmillan 2007, S. 643–644.

Schwarze, Johann Christoph Jonas: *Die ungegründete Leugnung der Gespenster betrachtet in einem Sendschreiben an den Herrn Hofrath Hennings zu Jena*. Jena: Mauke 1779.

Sconce, Jeffrey: *Haunted Media. Electronic Presence from Telegraphy to Television*. Durham: Duke University Press 2000.

Scott, Walter: Lines, Addressed to Monsieur Alexandre, the Celebrated Ventriloquist (1824). In: Ders.: *The Poetical Works*. Edinburgh: Cadell 1841, S. 705.

—: *Letters on Demonology and Witchcraft (1830)*. London: Wordsworth 2001.

Sebald, W. G.: *Campo Santo*. Frankfurt am Main: Fischer 2006.

Seel, Martin: Inszenieren als Erscheinenlassen. Thesen zur Reichweite eines Begriffs. In: Josef Früchtl / Jörg Zimmermann (Hrsg.): *Ästhetik der Inszenierung. Dimensionen eines künstlerischen, kulturellen und gesellschaftlichen Phänomens.* Frankfurt am Main: Suhrkamp 2001, S. 48–62.

Serres, Michel: Orphée en morceaux. In: Ders.: *Jouvences sur Jules Verne.* Paris: Éditions de Minuit 1974, S. 251–269.

—: *Die Legende der Engel*, aus d. Franz. v. Michael Bischoff. Frankfurt am Main: Insel 1995.

Shakespeare, William: *Hamlet.* New York: Mathuen 1981.

—: *Hamlet.* Bd. 1: Text. Zweisprachige Ausgabe, hrsg., aus d. Engl. u. komm. v. Holger M. Klein. Stuttgart: Reclam 1984.

—: *Hamlet.* Stuttgart: Reclam 2010.

—: *Hamlet. Englisch/Deutsch*, hrsg. v. Holger M. Klein. Stuttgart: Reclam 2014.

Siegmund, Gerald: *Abwesenheit. Eine performative Ästhetik des Tanzes. William Forsythe, Jérôme Bel, Xavier Le Roy, Meg Stuart.* Bielefeld: Transcript 2006.

—: Recht als Dis-Tanz: Choreographie und Gesetz in William Forsythes *Human Writes.* In: *Forum Modernes Theater* 22,1 (2007), S. 75–93.

—: ‚Un-Fug': Gespenster und das Wahrnehmungsdispositiv des Theaters. In: Ders. / Petra Bolte-Picker (Hrsg.): *Subjekt : Theater. Beiträge zur analytischen Subjektivität. Festschrift für Helga Finter zum 65. Geburtstag.* Frankfurt am Main / Berlin: Lang 2011, S. 31–45.

—: Gespenster-Ethik, oder warum Gespenster das Theater lieben. In: *Nebulosa* 4 (2013), S. 140–150.

Smith, Daniel W.: Deleuze and Derrida. Immanence and Transcendence. In: Paul Patton / John Protevi (Hrsg.): *Between Deleuze & Derrida.* New York: Continuum 2003, S. 46–66.

Smith, Greg: Supernatural Ambiguity and Possibility in Irving's 'The Legend of Sleepy Hollow'. In: *The Midwest Quarterly* 42,2 (2001), S. 174.

Sprenger, Florian: *Medien des Immediaten. Elektrizität – Telegraphie – McLuhan.* Berlin: Kadmos 2012.

Stadler, Ulrich: Gespenst und Gespensterdiskurs im 18. Jahrhundert. In: Moritz Baßler / Bettina Gruber / Martina Wagner-Egelhaaf (Hrsg.): *Gespenster. Erscheinungen – Medien – Theorien.* Würzburg: Königshausen & Neumann 2005, S. 127–139.

Sternberg, Leo: Aus den Schützengräben (I. Die Brüder, II. Die Ablösung). In: Ders.: *Gott hämmert ein Volk. Kriegsdichtungen.* Berlin / Leipzig: Behr 1916, S. 40–41.

Stoker, Bram: *Dracula.* London: Penguin 1994.

Taguba, Antonio M.: The Taguba-Report. On Treatment Of Abu Ghraib Prisoners In Iraq. http://news.findlaw.com/hdocs/docs/iraq/tagubarpt.html#ThR1.12 (Zugriff am 06.03.2014).

Tanzverbot in der Gaskammer. In: *taz*, 31.10.2011. http://www.taz.de/!80983/ (Zugriff am 12.12.2014).

Todorov, Tzvetan: *Introduction a la littérature fantastique* [1970]. Paris: Seuil 1990.

Trinks, Ralf: *Zwischen Ende und Anfang. Die Heimkehrerdramatik der ersten Nachkriegsjahre (1945–1949).* Würzburg: Königshausen & Neumann 2002.

Turner, Cathy: Palimpsest or Potential Space? Finding a Vocabulary for Site-Specific Performance. In: *New Theatre Quarterly* 4 (2004), S. 373–390.

Uhlig, Ingo: *Poetologien des Ereignisses bei Gilles Deleuze.* Würzburg: Königshausen & Neumann 2008.

Underwood, Thomas Richard: *A narrative of Memorable Events in Paris, Preceding the Capitulation, and during the Occupancy of that City by the Allied Armies in the Year 1814.* London 1828.

Vallant, Christoph: *Hybride, Klone und Chimären. Zur Transzendierung der Körper-, Art- und Gattungsgrenzen.* Würzburg: Königshausen & Neumann 2008.

Ventriloquist Entertainers in the 18th and 19th Centuries. http://www.ventriloquistcentral.com/ventriloquism-tribute/ventriloquists-history (Zugriff am 12.06.2014).

Verne, Jules: *Das Karpatenschloß*, aus d. Franz. v. Hansjürgen Wille / Barbara Klau. Zürich: Diogenes 1977.

Vogl, Joseph: Beliebige Räume. Zur Mikropolitik städtischer Topographie. In: *Thesis* 49,3 (2003), S. 37–43.

—: *Das Gespenst des Kapitals.* Berlin / Zürich: Diaphanes 2010.

—: *Über den Schrei.* Wien / Göttingen: Vienna University Press / V&R unipress 2013.

Vondung, Klaus: *Die Apokalypse in Deutschland.* München: dtv 1988.

Vorländer, Karl: *Geschichte der Philosophie*, Bd. 2. Paderborn: Salzwasser 2011.

Wackwitz, Stephan: *Ein unsichtbares Land. Familienroman.* Frankfurt am Main: Fischer 2003.

—: *Neue Menschen. Bildungsroman.* Frankfurt am Main: Fischer 2005.

Wagener, Samuel Christoph: *Die Gespenster. Kurze Erzählungen aus dem Reiche der Wahrheit.* Berlin: Friedrich Maurer 1797–1800.

—: *Neue Gespenster. Kurze Erzählungen aus dem Reiche der Wahrheit.* Berlin: Friedrich Maurer 1801–1802.

Waldenfels, Bernhard: *Topografie des Fremden. Studien zur Phänomenologie des Fremden 1.* Frankfurt am Main: Suhrkamp 1997.

Warsza, Joanna: „Künstler sind in der Lage, dieselben Ereignissequenzen in Gang zu setzen wie Politiker." Artur Zmijewski im Gespräch. In: *Das Magazin der Bundeskulturstiftung* 18 (2011). http://kulturstiftung-des-bundes.de/cms/de/mediathek/magazin/magazin18/zmijewski/index.html (Zugriff am 18.03.2014).

Weber, Samuel: „Mitteilbarkeit" und „Exponierung" – Zu Walter Benjamins Auffassung des „Mediums". In: *Thewis* 1 (2004). http://thewis.de/?q=node/35 (Zugriff am 25.08.2014).

Weissberg, Liliane: Bilderwechsel: Barthes, Benjamin, Freud und der Exkurs der Photographie. In: *Freiburger literaturpsychologische Gespräche. Jahrbuch für Literatur und Psychoanalyse* 24 (2005): Kulturtheorie, S. 217–240.

Wieland, Christoph Martin: Ueber den Hang der Menschen, an Magie und Geistererscheinungen zu glauben. In: Ders.: *Sämmtliche Werke*, Bd. 30. Leipzig: Göschen'sche Verlagsbuchhandlung 1857, S. 89–103.

Willemsen, Roger: *Hier spricht Guantánamo. Roger Willemsen interviewt Ex-Häftlinge.* Frankfurt am Main: Zweitausendeins 2006.

Winter, Hans-Gerd: „Du kommst, und niemand will dich haben." Heimkehrertexte der unmittelbaren Nachkriegszeit. In: Ursula Heukenkamp (Hrsg.): *Schuld und Sühne. Kriegserlebnis und Kriegsdeutung in deutschen Medien der Nachkriegszeit (1945–1961).* Amsterdam / Atlanta: Rodopi 2001, S. 283–296.

Woolf, Virginia: *The Waves.* New York: Harvest / HBJ 1959.

Wübben, Yvonne: *Gespenster und Gelehrte. Die ästhetische Lehrprosa G. F. Meiers.* Tübingen: de Gruyter 2007.

Zangl, Veronika: *Poetik nach dem Holocaust. Erinnerungen – Tatsachen – Geschichten.* München: Fink 2009.

Zbigniew Libera. http://culture.pl/en/artist/zbigniew-libera (Zugriff am 18.03.2014).

Žižek, Slavoj: *Mapping Ideology.* London: Verso 1994.

—: Fantasy as a Political Category: A Lacanian Approach. In: *JPCS. Journal for the Psychoanalysis of Culture & Society* 1,2 (1996), S. 77–85.

—: *The Ticklish Subject. The Absent Centre of Political Ontology.* London / New York: Verso 1999.

—: *Was ist ein Ereignis?* Frankfurt am Main: Fischer 2014.

—: Hollywood as an Ideological Machine. http://www.youtube.com/watch?v=r8lXwQX3MBw&list=PL55242F5F8ADD0A2E&index=1 (Zugriff am 29.10.2013).

Zur Lippe, Rudolf: *Naturbeherrschung am Menschen I. Körpererfahrung als Entfaltung von Sinnen und Beziehungen in der Ära des italienischen Kaufmannskapitals.* Frankfurt am Main: Suhrkamp 1981.